集装箱运输理论与实务

主　编　刘　迪
副主编　盛进路　赵晓宇　张　熳
主　审　杨华龙

中南大学出版社
www.csupress.com.cn

图书在版编目(CIP)数据

集装箱运输理论与实务/刘迪主编. —长沙:中南大学出版社,
2014.10

ISBN 978 - 7 - 5487 - 1190 - 2

Ⅰ.集... Ⅱ.刘... Ⅲ.集装箱运输 Ⅳ.U169

中国版本图书馆 CIP 数据核字(2014)第 220138 号

集装箱运输理论与实务

主编 刘 迪

□责任编辑	刘颖维	
□责任印制	易红卫	
□出版发行	中南大学出版社	
	社址:长沙市麓山南路	邮编:410083
	发行科电话:0731-88876770	传真:0731-88710482
□印　装	长沙瑞和印务有限公司	

□开　本	787×1092 1/16 □印张 17.5 □字数 445 千字	
□版　次	2014 年 10 月第 1 版　□2014 年 10 月第 1 次印刷	
□书　号	ISBN 978 - 7 - 5487 - 1190 - 2	
□定　价	38.00 元	

高等院校交通运输类"十二五"规划教材

编审委员会

主 任：田红旗

副主任：王 炜

委 员(按姓氏笔画排序)：

巴兴强	邓连波	冯芬玲	叶峻青	刘 迪	张云丽
杨 岳	杨 林	肖龙文	陈 坚	罗意平	姚加林
胡郁葱	夏学苗	秦 进	阎春利	黄 玲	雷定猷
黎茂盛	丁柏群	马庆禄	方晓平	王 燕	邓红星
史 峰	朱晓立	李明华	陆百川	郑国华	夏伟怀
徐玉萍	高广军	曹瑾新	黄细燕	温惠英	漆 昕
潘迪夫	魏堂建				

总序

　　交通运输业是国民经济体系的重要组成部分，也是促进国民经济发展的重要基础产业和推动社会发展的先决条件。在最近的 30 年里，我国交通运输业整体上取得飞速发展，交通基础设施、现代化运输装备、客货运量总量和规模等都迅猛扩展，大量的新技术、新设备在铁路等交通运输方式中被投入应用。同时，通过大量的交通基础设施建设，特别是近年来我国高速铁路的不断投入使用，使我国的交通供需矛盾得到一定的缓解，我国交通运输网络的结构也得到了明显改善，颇具规模的现代化综合型交通运输网络已经初步形成。

　　我国交通运输业日新月异的发展，不仅对专业人才提出了迫切的需求，更使其教材建设成为专业建设的重点和难点之一。为解决当前国内高校交通运输类专业教材内容落后于专业与学科科技发展实际的难题，由中南大学出版社组织国内交通运输领域内的一批专家学者，协同编写了这套交通运输类"十二五"规划教材。参与规划和编写这套教材的人员都是长期从事交通运输专业的科研、教学和管理实践的一线专家学者，他们不仅拥有丰富的教学和科研经验，同时还对我国交通运输相关科学技术的发展和变革也有深入的了解和掌握。这套教材比较全面、系统地介绍了目前国内交通运输领域尤其是高速铁路的客货运输管理、运营技术、车站设计、载运工具、交通信息与控制、道路与铁道工程等方面的内容，在编写时也注意吸收了国内外业界最新的实践和理论成果，突出了实用性和操作性，适合高等院校交通运输类以及相关专业的培养目标和教学需求，是较为系统和完整的交通运输类系列教材。该套教材不仅可以作为普通高校交通运输专业课程的教材，同时还可以作为各类、各层次学历教育和短期培训的首选教材，也比较适合作为广大交通运输从业人员的学习参考用书。

　　由于我们的水平和经验所限，这套教材的编写也有不尽如人意的地方，敬请读者朋友不吝赐教。编者在一定时期之后会根据读者意见以及学科发展和教学等的实际需要，再对教材进行认真的修订，以期保持这套教材的时代性和实用性。

　　最后衷心感谢参加这套教材编写的全体同仁，正是由于他们的辛勤劳动，编写工作才得以顺利完成。我们还应该真诚感谢中南大学出版社的领导和同志们，正是由于他们的大力支持和认真督促，这套教材才能够如期与读者见面。

中南大学副校长、教授

前　言

　　集装箱运输是目前世界上最先进的运输组织和管理形式，它的普及和发展程度代表着一个国家和地区的交通运输现代化水平。近年来，世界经济全球化和区域经济一体化的发展，特别是大型跨国公司在发展中国家投资，使国际贸易日趋频繁，极大地推动了集装箱运输的发展。以集装箱运输为基础的智能化多式联运，在现代物流中呈现出越来越明显的优势，已成为当今运输领域最为关注的焦点。

　　为了适应集装箱运输快速发展对相关专业高素质人才的培养需求，我们在综合已出版的相关论著及国内外理论研究和实务经验的基础上，编写了这本《集装箱运输理论与实务》。本书的内容包括：集装箱运输的发展过程及趋势、集装箱运输系统构成、集装箱及其标准化、集装箱货流组织与货物装载、集装箱码头与货运站、水路集装箱运输组织、铁路集装箱运输组织、公路集装箱运输组织、航空集装箱运输组织、集装箱多式联运组织、集装箱多式联运的信息化等。

　　本书在内容结构上始终以集装箱运输系统构成为贯穿主线，全面系统地阐述了集装箱运输的各项基本要素和各种运输方式子系统的基本理论与运作实务，内容丰富，体系清晰；在编写形式上，每章后都设置了重点与难点、思考与练习，有助于读者明确学习目标，理解和掌握本书的知识点；在内容表达上，通过大量的图片、表格、计算、流程等来帮助读者理解相关的基本理论、基本概念和业务操作程序与技术，具有很强的可读性和实践性。

　　本书由刘迪担任主编，负责总体框架设计、大纲编写、初稿增删、修改、统稿和定稿工作，盛进路、赵晓宇和张熳担任副主编，杨华龙教授担任主审。全书共10章，具体编写分工如下：刘迪编写第1章、第3章、第9章；盛进路编写第5章；赵晓宇编写第7章、第8章；张熳编写第6章；汪玲编写第4章；张旭编写第10章；施俊庆编写第2章。滕英祥老师和刘英哲老师也参与了资料收集、整理和部分内容的编写工作。

　　本书可作为高等院校交通运输、物流管理、物流工程、国际贸易及相关专业的本科生的教材或研究生、教师的教学参考书，也可供运输企业、物流企业的各级管理人员、业务人员自学进修或岗位培训使用。

　　编者在编写过程中得到了众多专家、学者的指导与帮助，并参考、吸收、引用了大量文献资料，其中从朱晓宁、孙家庆、杨菊花、段满珍、伍德春、杨茅甄等老师编写的专著和教材中获益最多。在此，向参阅的书籍、论文、资料的作者以及提出指导意见和建议、帮助收集资料的所有人士表示诚挚的谢意。同时，感谢中南大学出版社相关领导和编辑的关心与支持。

　　由于集装箱运输的实践性较强，发展迅速，加之编写者的学识和实践经验有限，书中疏漏和不当之处在所难免。恳请业内专家、学者和广大读者给予批评指正，使本书更臻完善。

编　者

2014 年 8 月

目　录

第 1 章
绪　论

1.1　集装箱运输的形成与发展

集装箱运输(container transportation)，是指以集装箱这种大型容器为载体，将货物装在集装箱内集合组装成集装单元，以便在现代流通领域内运用大型装卸机械和大型载运工具进行装卸、搬运作业和完成运输任务，从而更好地实现货物"门到门"运输的一种高效率和高效益的运输组织方式。

集装箱运输是一种先进的运输方式，突破了传统件杂货运输装卸作业的"瓶颈"，是运输领域的一次伟大变革，它的出现带动了世界范围的运输革命，使运输业的发展进入了前所未有的新时期。

1.1.1　世界集装箱运输的发展沿革

集装箱运输虽然是一种现代化的运输方式，但其发展却经历了漫长的过程。不同时期的社会生产力发展，客观上需要与之相适应的运输方式，集装箱运输正是适应生产力发展的需求而形成并发展的。集装箱运输的形成与发展大致可分为四个阶段：萌芽期、开创期、扩展期和成熟期。

1. 萌芽期(19 世纪初—20 世纪 50 年代中期)

集装箱运输起源于英国。1801 年，英国的詹姆斯·安德森提出将货物装入集装箱进行运输的构想。1830 年，英国铁路上首先出现了一种装煤的容器，并使用大容器装运件杂货。19 世纪中期后，在英国的兰开夏使用一种运输棉纱、棉布的带活动框架的托盘，成为"兰开夏托盘"，可将其看作集装箱的雏形。

正式使用集装箱来运输货物是在 20 世纪初期。1900 年，在英国铁路上首次出现简单的集装箱运输，1917 年，美国铁路试行集装箱运输。其后，在短短的十余年间，德国、法国、意大利、日本相继出现集装箱运输。

1928 年在罗马举行的世界公路会议上，各国对国际运输中使用集装箱的问题进行了讨论。会上还讨论了铁路和公路间最优的合作方案，并认为集装箱作为运输容器协调公路与铁路间的货物运输是非常有利的。该会议还促使欧洲各铁路公司间签订有关集装箱运输的协定和统一制定集装箱的标准。

1931 年在法国巴黎成立了集装箱运输的国际组织——国际集装箱协会，负责研究制定集装箱标准及协调各国间的集装箱运输等工作，还出版了刊名为《集装箱》的杂志，并通过举办展览等活动，对集装箱运输的优越性进行宣传。

第二次世界大战期间，美国军方为了将大量的军需物资以"单元化"和"门到门"的服务方式运抵世界各地的美军驻地，使用了一种名为"Conex"的小型集装箱运输系统。由于其使用效果良好，所以战后美军仍继续研究、发展这一运输系统，1952年美国陆军开始建立"军用集装箱快速运输勤务系统"，使用集装箱运输弹药和其他军用品。

20世纪50年代，美国军方针对公路运输的迅速发展，相继采用了驮背运输（TOFC）和箱驮运输（COFC），就是把集装箱半挂车或集装箱装到铁路平车上进行运输。这种运输方式的采用为开展铁路和公路之间的联合运输，实现以集装箱为媒介的"门到门"运输奠定了基础。

这一阶段集装箱运输的特点是：主要是欧美地区的发达国家在其内部尝试陆上集装箱运输，运距较短，发展缓慢。其主要原因在于社会生产力还较落后，没有达到开展集装箱运输所需的水平，没有充足而稳定的适箱货源，集装箱运输所需的物质技术基础与配套的设施落后，集装箱运输的组织管理水平也较差，致使集装箱运输的优越性不能很好地发挥，影响集装箱运输的开展。

2. 开创期（20世纪50年代中期—20世纪60年代中期）

第二次世界大战以后，各国经济得到迅速发展，国际贸易量大幅增加。尤其是欧美等发达国家，落后的件杂货运输方式严重影响到其生产效率和经济效益的提高，强烈要求变革原有的运输方式，给集装箱运输的发展提供了前所未有的良机。

1955年，美国人马尔康·麦克林提出集装箱运输必须实现海陆联运的观点。1956年4月，他通过自己拥有的美国泛大西洋轮船公司将一艘T-2型油船改装，在甲板上设置了一个可装载58只35 ft①集装箱的平台，取名为"马科斯顿"号，在纽约—休斯敦航线上首次进行集装箱试运。3个月后，取得了巨大的经济效益，平均每吨货物的装卸费从原来的5.83美元降低到0.15美元，仅为原来装卸费的1/39。

泛大西洋轮船公司集装箱试运的成功，显示了集装箱运输的优越性。紧接着，1957年10月，该公司又将6艘C-2型杂货船改装为吊装式全集装箱船，舱内设计了格栅结构，船上安装了起重设备，第一艘船命名为"盖脱威城"号。"盖脱威城"号载重量为9 000 t，可装载35 ft×8 ft×8.5 ft的集装箱226个，每箱总重25 t，仍航行于纽约—休斯敦航线上，这是世界上第一艘全集装箱船。"盖脱威城"号的投入使用，开创了现代海上集装箱运输的新纪元。

为显示泛大西洋轮船公司在推行海陆集装箱联运中所获得的巨大成功，1960年4月，泛大西洋轮船公司正式宣布更名为海陆联运公司。从1961年5月，该公司陆续开辟了纽约—洛杉矶—旧金山航线、阿拉斯加航线，从而奠定了美国国内集装箱运输的基础。1966年该公司开辟了纽约—欧洲的国际海洋集装箱运输航线和美国—日本的国际海洋集装箱运输航线。从此，海上集装箱运输开始发展成为国际贸易中通用的运输方式。

海陆联运公司开展集装箱运输获得的成就，引起了世界航运界的重视，一些大航运公司争相效仿，海上集装箱运输日趋活跃。继海陆联运公司之后，1958年美国马托松航运公司开始经营加州—夏威夷之间的集装箱运输。1961年，美国总统公司以2艘改装的半集装箱船驶向远东地区。

---

① ft（英尺）为长度单位，1 ft = 0.304 8 m。

这一阶段集装箱运输的特点是：集装箱运输仅限于欧美一些先进国家，主要从事铁路、公路和国内沿海运输；所使用的集装箱船都是改装的，其典型船舶的装载量不过 500 TEU①，速度也较慢；使用的箱型主要是 24 ft、27 ft、35 ft 的非标准集装箱，部分使用了长度为 20 ft 和 40 ft 的标准集装箱；集装箱的材质开始以钢质为主，到后期铝制箱开始出现；船舶装卸以船用装卸桥为主，只有少数专用码头上有岸边装卸桥；码头装卸工艺主要采用海陆联运公司开创的底盘车方式，跨运车刚刚出现；集装箱运输的经营方式是仅提供港到港的服务。

3. 扩展期（20 世纪 60 年代中期—20 世纪 80 年代中期）

1966 年—20 世纪 80 年代中期，集装箱运输的优越性越来越被人们承认，以海上运输为主导的国际集装箱运输发展迅速，是货物运输进入集装箱化的关键时期。

1966 年 4 月，海陆联运公司用经过改装的全集装箱船开辟了纽约—欧洲集装箱运输国际航线。1967 年 9 月，马托松船公司将"夏威夷殖民"号全集装箱船投入到日本—北美太平洋沿岸航线。在美国航运的启迪下，日本和西欧各国也开始建造全集装箱船。1968 年日本建造的第一艘全集装箱船"箱根丸"号航行于日本—加利福尼亚航线，相继有 6 家船公司在该条航线上开展集装箱运输。英国等西欧国家先后开辟了北大西洋、日本和澳大利亚航线的集装箱航运业务。与此同时，在世界各海港相继建成了专门为停泊集装箱船的专用码头和泊位，配备了相应的集装箱装卸、搬运设备。铁路、公路等其他运输方式也都积极调整设备，以应付集装箱运输时代的来临。可见，集装箱运输的大力发展极大地改变了海陆联运的面貌，也引起了世界海运的重大变革。集装箱运输已从美、日、澳及欧洲的一些先进国家扩展至东南亚、中东、南非等地。

集装箱全球航运的开始，推动了集装箱标准化、专用船舶、专用码头和装卸设备的发展。集装箱的箱型标准化，从非国际标准集装箱转而采用 20 ft 和 40 ft 的国际标准集装箱，并开始出现高度为 8.5 ft、9.0 ft、9.5 ft 型的高容积集装箱。世界集装箱保有量大幅度增长，从 1970 年的 51 万 TEU 增加到 1983 年的 440 万 TEU。集装箱船型由改装船过渡到专用的 500~2 000 TEU 的第一代和第二代小型和中型全集装箱船。世界整个船队的集装箱船载箱能力迅速扩大，1970 年约 23 万 TEU，1983 年达到 208 万 TEU。集装箱船舶的行踪已遍布全球范围。随着海上集装箱运输的发展，各港口纷纷建设专用集装箱泊位，世界集装箱专用泊位到 1983 年已增至 983 个。世界主要港口的集装箱运输吞吐量在 20 世纪 70 年代的年增长率达到 15%。专用泊位的前沿均装备了装卸桥，并在鹿特丹港的集装箱码头上出现了第二代集装箱装卸桥，每小时可装卸 50 TEU。码头堆场上轮胎式龙门起重机、跨运车等机械得到了普遍应用，底盘车工艺则逐渐趋于没落。在此时期，传统的件杂货运输管理方法得到了全面改革，与先进运输方式相适应的管理体系逐步形成，电子计算机也得到了广泛的应用。尤其是 1980 年 5 月在日内瓦召开了有 84 个联合国贸易和发展会议成员参加的国际多式联运会议，通过了《联合国国际货物多式联运公约》。该公约对国际货物多式联运的定义、多式联运的单证内容、多式联运经营人的赔偿责任等主题均有所规定。

这一阶段集装箱运输的特点是：虽然在 20 世纪 70 年代中期，由于石油危机的影响，集装箱运输发展速度减慢，但是这一阶段发展时期较长，特别是许多新工艺、新机械、新箱型、新船型以及现代化管理都是在这一阶段涌现出来的，世界集装箱向多式联运方向发展也孕育

---

① TEU 为 twenty equivalent unit 的缩写，是以长度为 20 ft 的集装箱为国际计量单位，也称国际标准箱单位。

于此阶段之中，故可称之为集装箱运输的发展阶段。

4. 成熟期(20 世纪 80 年代中期至今)

20 世纪 80 年代中期以后，世界航运市场摆脱了石油危机带来的影响，开始走出低谷，集装箱运输又重新走上稳定发展的道路，进入成熟期。

在该阶段，集装箱运输已遍及世界上所有海运国家，发达国家件杂货运输的集装箱化程度超过 80%。集装箱航线扩及中南美、中国、印度等国家、地区，以环球航线为主，并建立了辐射状的接驳网络。无船经营人纷纷成立，海陆空集装箱联运及复合运输的产生，使竞争更为激烈。

集装箱运输在成熟阶段的特征主要表现在以下几个方面：

(1)在运力方面，世界集装箱船舶运力大量增加，单船规模也越来越大。

20 世纪 80 年代末以来，集装箱船舶以大型、节能的全集装箱船为主，出现了第三代(3 000 TEU)、第四代(4 000 TEU)、第五代(5 000 TEU)、第六代(6 000 TEU)集装箱船，以及载箱量 8 000 TEU 以上的超巴拿马型集装箱船。全球各航运公司不断增加集装箱船舶的投入数量和船型规模，一些大航运公司纷纷使用超大型集装箱船组织环球航线。

据 Alphaliner 最新运力数据统计，截至 2014 年 7 月 2 日，全球主要班轮公司运力情况如表 1 - 1 所示。

(2)在港口方面，世界集装箱港口吞吐量快速增长，港口配套设施设备趋于完善。

与船舶大型化相适应的现代化集装箱港口成为当代国际集装箱运输的重要枢纽，并持续高速发展。表 1 - 2 列出了 2009—2013 年世界主要集装箱港口吞吐量情况。

为了适应港口吞吐量的快速增长和大型船停泊和装卸作业的需要，大型、高速、自动化装卸桥也得到了进一步发展。为了使集装箱从港口向内陆延伸，一些国家对内陆集疏运的公路、铁路、内河水路和中转场站及以车辆、船舶进行了大量的配套建设。

(3)在运输管理方面，随着国际法规的日益完善和国际管理的逐步形成，实现了管理方法的科学化、管理手段的现代化。

一些先进国家建立了港区管理及其口岸相关部门联网的综合信息管理，广泛采用了电子数据交换(EDI)系统。一些大公司已能通过通信卫星在全世界范围内对集装箱实行跟踪管理，加速了集装箱的周转，降低了集装箱运输中集装箱的用箱成本。先进国家的集装箱运输成套技术为发展多式联运打下了良好的基础。

(4)在运输组织方面，开始进入多式联运和"门到门"运输阶段。

实现多种运输方式的联合运输是现代交通运输的发展方向，集装箱运输在这方面具有独特优势。先进国家由于建立和完善了集装箱的综合运输系统，使集装箱突破了传统运输方式的"港到港"概念，综合利用各种运输方式的优点，为货主提供了"门到门"的优质运输服务，从而使集装箱运输的优势得到充分发挥。"门到门"运输是一项复杂的国际综合运输系统工程，先进国家为了发展集装箱运输，将此作为专门学科，培养了大批集装箱运输高级管理人员、业务人员及操作人员，使集装箱运输在理论和实务方面都得到了逐步完善。

虽然世界集装箱运输已进入成熟阶段，但也应看到世界各国之间集装箱运输的发展是不平衡的。集装箱运输是资本密集、管理技术要求高的产业，发展中国家由于资金和人才的短缺，起步也较晚，一般还处于集装箱运输的发展阶段，少数还处于起步阶段。但集装箱运输已广泛用于国际贸易，发展中国家必须吸收先进国家的先进技术和管理经验，才能跟上时代的要求，适应国际贸易发展的需要。

表 1 - 1　全球主要集装箱班轮公司运力情况表

排名	运营商	运力份额（%）	总运力 载箱量（TEU）	总运力 船舶数（艘）	自有运力 载箱量（TEU）	自有运力 船舶数（艘）	租用运力 载箱量（TEU）	租用运力 船舶数（艘）	船舶订单 载箱量（TEU）	船舶订单 船舶数（艘）
1	马士基航运 APM - Maersk	14.9	2 721 146	576	1 519 917	250	1 201 229	326	219 038	13
2	地中海航运 Mediterranean Shg Co	13.6	2 480 091	497	1 056 575	193	1 423 516	304	429 448	37
3	达飞轮船 CMA CGM Group	8.7	1 583 347	430	545 625	84	1 037 722	346	371 036	39
4	长荣海运 Evergreen	4.9	886 577	191	517 931	109	368 646	82	246 224	20
5	中远集运 COSCO Container L.	4.3	785 129	160	457 935	97	327 194	63	73 772	7
6	赫伯罗特 Hapag - Lloyd	4.2	764 671	152	417 576	65	347 095	87		
7	中海集运 CSCL	3.5	641 293	136	461 777	75	179 516	61	125 108	8
8	韩进 Hanjin Shipping	3.3	593 739	98	259 614	35	334 125	63	70 720	8
9	美国总统轮船 APL	3.1	568 272	103	377 343	49	190 929	54	9 200	1
10	商船三井 MOL	3.1	567 453	111	207 558	33	359 895	78	115 344	14
11	东方海外 OOCL	2.8	505 518	93	354 607	50	150 911	43	35 552	4

续表

排名	运营商	运力份额(%)	总运力		自有运力		租用运力		船舶订单	
			载箱量(TEU)	船舶数(艘)	载箱量(TEU)	船舶数(艘)	载箱量(TEU)	船舶数(艘)	载箱量(TEU)	船舶数(艘)
12	汉堡南美航运 Hamburg – Süd Group	2.7	498 826	108	253 165	43	245 661	65	117 616	14
13	日本邮船 NYK Line	2.7	494 458	109	295 591	53	198 867	56	112 000	8
14	阳明海运 Yang Ming	2.2	402 786	88	227 954	45	174 832	43	229 308	19
15	现代商船 Hyundai M. M.	2.1	377 319	60	138 567	20	238 752	40	86 200	8
16	川崎汽船 K Line	2.0	359 865	69	127 352	21	232 513	48	69 350	5
17	太平船务 Pacific Int. Line	1.9	355 090	161	250 009	113	105 081	48	42 779	11
18	以星航运 Zim	1.9	346 977	85	136 897	25	210 080	60		
19	阿拉伯联合航运 UASC	1.6	298 415	50	198 164	26	100 251	24	271 760	18
20	南美轮船 CSAV Group	1.3	242 955	48	84 850	15	158 105	33	65 100	7

表 1 - 2　2009—2013 年世界主要集装箱港口吞吐量（万 TEU）

2013 年排名	港口名称（中文）	所属国家及地区	2013 年 吞吐量	2012 年 吞吐量	2012 年 排名	2011 年 吞吐量	2011 年 排名	2010 年 吞吐量	2010 年 排名	2009 年 吞吐量	2009 年 排名
1	上海	中国	3 362	3 253	1	3 173.9	1	2 906.9	1	2 500.2	2
2	新加坡	新加坡	3 258	3 166	2	2 993.7	2	2 843.1	2	2 586.6	1
3	深圳	中国	2 328	2 294	4	2 249.9	4	2 251	4	1 825	4
4	香港	中国香港地区	2 229	2 311	3	2 422.4	3	2 369.9	3	2 098.3	3
5	釜山	韩国	1 768	1 703	5	1 617.5	5	1 314.4	5	1 050.2	5
6	宁波—舟山	中国	1 735	1 683	6	1 463.9	6	1 314.4	6	1 050.2	8
7	青岛	中国	1 552	1 450	8	1 302.0	8	1 201.2	8	1 026	9
8	广州	中国	1 531	1 452	7	1 430.8	7	1 255	7	1 119	6
9	迪拜	阿联酋	1 350	1 327	9	1 200	9	1 160	9	1 112.4	7
10	天津	中国	1 300	1 230	10	1 149.4	11	1 008	11	870	11
11	鹿特丹	荷兰	1 162	1 187	11	1 190	10	1 114	10	974.3	10
12	巴生	马来西亚	1 023	999	12	890	13	887	13	730.9	14
13	大连	中国	1 002	806.4	17	640	19	524.2	21	457.7	22
14	高雄	中国台湾地区	992	984	13	945.7	12	918	12	858.1	12
15	汉堡	德国	921	893	14	860	15	791	15	700.7	15
16	安特卫普	比利时	858	863	15	866.4	14	847	14	730.9	13
17	厦门	中国	801	720.2	19	646	18	582	19	468	19
18	洛杉矶	美国	790	808	16	794.1	16	782.5	16	675	16
19	丹戎帕拉帕斯	马来西亚	747	772	18	750	17	654	17	600	17
20	长滩	美国	673			610.7	20	630	18	507	18

1.1.2　中国集装箱运输的发展过程

中国集装箱运输起步较晚，始于 20 世纪 50 年代中期的铁路集装箱运输。20 世纪 70 年代，中国海上集装箱运输正式启动。80 年代开始夯实基础，90 年代全面进入发展时期。集装箱运输始终处于分段运输阶段，集装箱多式联运尚处于发展初期。

1. 试运期（20 世纪 50 年代中期—20 世纪 70 年代）

1955 年，中国铁道部成立了集装箱运输营业所，各铁路局成立了集装箱运输营业分所，有关单位也成立了专门机构负责管理集装箱业务。铁路先投入的是铁木合制的 2.5 t（后增载为 3 t）的集装箱。这种箱外形尺寸长、宽、高分别为 2 000 mm、1 250 mm、2 450 mm，自重625 kg，是根据当时 30 t 砂石车的尺寸设计制造的，1 车装 12 箱，能充分利用车辆容积和载重量。最初只有 400 多个箱在 6 个办理站间运输，到 1958 年先后制造了 5 971 个箱，在 18 个主要零担站办理运输。集装箱运量由 1956 年的 13.4 万 t 增加到 1958 年的 55 万 t。当时，还曾试办了上海—大连、沈阳的水陆联运，开辟了天津、广安门站集装箱国际联运，并掌握有700 多辆汽车开展门到门运输服务。但由于当时对集装箱运输认识不足，特别是集装箱运输所需要的场地、装卸机械等配套设施薄弱，1958 年精简机构时撤销了集装箱运输管理机构。在以后近 20 年间，铁路集装箱运输实际处于无人管理、徘徊停滞的状态。到 1977 年，集装箱运输量下降至 21.3 万 t，这期间虽然铁道部科学研究院不断研究，并曾于 1973—1976 年试制了 1 t 箱和 5 t 箱，但终因设备条件和组织管理不配套及其他客观原因，始终没打开铁路集装箱运输局面。因而，铁路集装箱运输发展陷入了停滞局面。1977 年，铁道部召开"全路货运工作会议"，会上决定恢复原来的集装箱运输管理机构，大力发展集装箱运输，并制订了集装箱运输的发展规划。

2. 创业期（20 世纪 70 年代—20 世纪 80 年代）

20 世纪 70 年代，随着中国政治、经济的发展，国际贸易活动也开始增多。面对着世界上蓬勃发展的国际集装箱运输形势，中国开始在海运企业组织集装箱运输的试验。1973 年 9 月开辟了天津、上海—日本的海上集装箱运输。1978 年 9 月，上海—澳大利亚的集装箱班轮正式开通，结束了国轮没有海上国际集装箱运输航线的历史。

20 世纪 80 年代初，伴随着国际集装箱船舶大型化，中国航运业开始启用大型集装箱船。与此同时，中国各主要港口步入大力推进集装箱码头建设的时期。设立了专门的组织机构，制定规章制度，培养专业人才，建设集装箱船队和专用码头，配置大型专用机械设备等，各方面均初具规模，并开辟了一批集装箱班轮航线。1981 年 12 月，中国第一个集装箱专业化码头在天津建成，开启了中国专业化集装箱港口发展的序幕。随后的几年里，中国从事集装箱运输的港口由上海、天津、青岛、广州 4 个扩大到深圳、厦门、大连等近 20 个。中国港口集装箱年吞吐量年均增长 52.6%。1988 年集装箱吞吐量最大的港口是上海港，达 31.29 万 TEU。

20 世纪 80 年代后期，在国家计委、外贸、交通、铁道等部门的协作下，中国在上海港组织开展了集装箱多式联运的工业性试验，开启了国际集装箱多式联运的道路。

3. 发展期（20 世纪 90 年代至今）

进入 20 世纪 90 年代，中国集装箱运输进入了快速、全面发展阶段，水路、公路、铁路集装箱运输的快速发展，也为中国集装箱运输开创了新的局面。特别是水路集装箱运输的增长速度远远超过世界平均水平，引起全球航运界的热切关注。

在 1989—2001 年期间，中国专业化的集装箱码头逐渐发展起来，大陆港口集装箱吞吐量也从 1989 年的 117.03 万 TEU，增长到 2001 年的 2 665.5 万 TEU。上海、深圳、天津、广州、青岛、大连、宁波、厦门等沿海八大港口先后进入年吞吐量百万标箱的港口行列。其中，上海港和深圳港 2001 年吞吐量都超过 500 万 TEU。

2002 年，中国内地港口以 3 721 万 TEU 的集装箱吞吐量，首次超过连续 46 年保持世界首位的美国，跃居世界第一位，为世人所瞩目。2003 年，上海、深圳双双跨入千万标箱的大港行列，分别位居世界集装箱大港的第三、第四名。随后几年内，中国集装箱运输发展迅猛，2007 年，内地港口集装箱吞吐量突破 1 亿标箱。2013 年，内地港口完成集装箱吞吐量 18 878 万 TEU，连续十余年保持世界第一，集装箱吞吐量超过 1 000 万 TEU 的港口由 2003 年的 2 个上升为 7 个，分别为上海、深圳、宁波—舟山、青岛、广州、天津和大连 7 个港口，加上厦门，进入世界前 20 位的集装箱港口达到 8 个。表 1-3 列出了 2005—2013 年中国内地主要集装箱港口吞吐量情况。

表 1 - 3　2005—2013 年中国内地主要集装箱港口吞吐量情况表（万 TEU）

2013 年排名	港口名称	2013 年	2012 年	2011 年	2010 年	2009 年	2008 年	2007 年	2006 年	2005 年
1	上海	3 362	3 252.9	3 173.9	2 906.9	2 500.2	2 798	2 616.8	2 171	1 808.4
2	深圳	2 328	2 294.1	2 249.9	2 251	1 825	2 141.4	2 109.9	1 846.9	1 619.7
3	宁波—舟山	1 735	1 683	1 463.9	1 314.4	1 050.2	1 122.6	934.9	706.8	519.1
4	青岛	1 552	1 450	1 302	1 201.2	1 026	1 032	946.2	770.2	631
5	广州	1 531	1 474.4	1 430.8	1 255	1 119	1 100.1	920	660	468.4
6	天津	1 300	1 230	1 149.4	1 008	870	850	710.3	595	480.1
7	大连	1 002	806.4	640	524.2	457.7	450.3	381.3	321.2	265.5
8	厦门	801	720.2	646	582	468	503.5	462.7	401.9	334.2
9	连云港	549	502	485	387	303.2	300.1	200.1	130.2	100.5
10	营口	530	485.1	403	333.8	253.7	203.6	137	101.1	78.7

为适应国际集装箱运输的快速发展，中国集装箱码头基础设施建设也不断向专业化、大型化发展，港口装卸作业效率、集装箱装卸设备、行业精神文明等都有了很大的发展。

在水路集装箱运输快速发展的同时，也凸显出中国铁路集装箱运输发展缓慢这一缺陷。近年来，虽然铁路集装箱运输在绝对运量上有所增加，但增长速度仍极为缓慢。铁路集装箱运量与同行业（如海运业）有较大差距，特别是在以国际集装箱为主导的集装箱多式联运业务中，其所占比重更是偏低。

1.1.3　集装箱运输的发展趋势

随着集装箱运输走向成熟以及经营管理的现代化，集装箱运输将朝着物流中心化、管理现代化、港口高效化、船舶大型化、运输综合化的方向发展，以降低运输成本、缩短运输周期，真正为客户提供优质、快速、准时、价廉的服务。

1. 箱型有大型化、专用化的发展趋势

一些发达国家为了充分利用运输工具的载运能力，近年来在国际标准化组织的多次会议上提出了修改集装箱标准的建议，其内容主要包括增大集装箱的尺寸和重量。集装箱重量和尺寸的改变对运输基础设施、运输工具和装卸机械都有直接影响，尤其是对内陆的集疏运将提出更高的要求。近年来，40 ft 及其以上集装箱在总箱量中比重逐年增加，冷藏、罐式、敞顶等特种货物的专用箱也呈增长趋势。

2. 干线船向大型化、高速化发展

对规模经济效益的追求和造船技术不断提高使干线航线营运船型日益大型化。目前，在欧美干线市场，8 000 TEU 以上超巴拿马型船层出不穷。2008 年，载箱量 10 000 TEU 的集装箱船"中远大洋洲"号投入运营。2009 年，载箱量 14 028 TEU 的集装箱船"地中海丹尼特"号投入地中海航运欧洲航线。目前，世界上运营的最大型集装箱船由马士基航运（MAERSK）保有，为其"E"级船系列，可以承载 6 800 只 40 ft 的高箱，通常以容纳 15 500 TEU 计算。按目前的发展趋势看，集装箱船大型化进程还在继续。据报道，MAERSK 航运已经开始订造 18 000 TEU 型集装箱船，新船型面世后将改变现有船舶市场的根本面貌。但是，集装箱船舶的大型化趋势也会遇到一系列的障碍，这包括港口的水深条件、起重设备的作业尺寸、港口的装卸效率及陆路的集疏运能力等问题。

在集装箱船进一步向大型化发展的同时，集装箱船的高速化也将引起关注。集装箱船大多采用高航速，通常为 20～23 kn(节，海里/h)，美国、日本、韩国、西欧等一些发达国家和地区，正在开发研究航速在 35 kn 以上的超高速集装箱船。韩国也制定了研制航速 40～45 kn 超高速集装箱船的计划，以实现高速、省时的运输，解决新鲜食品、机电及电子产品、医药等货物的运输。从发展的眼光看，超高速集装箱船是颇具发展前景的。

3. 集装箱码头趋向深水化、大型化和高效化

随着集装箱船舶的大型化，特别对 8 000 TEU 以上的超大型船来说，水深条件越来越成为船公司选择港口的重要因素。船舶的大型化要求有自然条件良好的处于航运干线附近的深水港与之配套，全球运输中的枢纽港的作用日益重要。因此，集装箱码头规模的扩大，码头深水化、高效化已成为枢纽港的必要条件。为此，集装箱码头将向着全自动化作业方向发展，装卸工艺有待突破性改进，作业设备将进入新一轮的更新换代时期。

4. 港口中转作用日益重要

船公司在主要航线上配置超大型集装箱船，这些大型集装箱船只是在少数货源稳定可靠的、拥有深水泊位的港口之间航行，这些港口则将其他港口的货源通过支线船吸引过来加以中转，这种情况导致了一些集装箱港口地位的变化。过去在集装箱吞吐量居前列的一些港口因其他一些港口的超越而退居其后。如鹿特丹、纽约等港，原来都拥有广阔的腹地和充足的货源，集装箱吞吐量曾保持领先地位，但由于周围港口的竞争及中转量有限，集装箱吞吐量难以有较大幅度增加。而另一些港口则由于其优越的地理位置和其他有利条件，吸引了大量的中转箱，从而使集装箱吞吐量飞速上升。在世界集装箱港口吞吐量排名中，香港、新加坡一直排在前列，其原因是中转箱量占其总吞吐量的比例高达 50%～60%，国外有专家称这样的港口为大中心港。而一般的干线港虽然在吸引本腹地货源及在自己的集疏运网络内起枢纽港的作用，但对大中心港来说，它仍有支线港的作用。

5. 多式联运日益完善

集装箱运输的优势之一是便于组织多式联运。发展多式联运的关键在于：一是港口必须拥有完善的内陆集疏运网络；二是多式联运的经营管理必须正规化、现代化、国际化。一些发达国家除了大力发展港口基础设施和海运船队外，还重视配套建设，使船队、专用码头、内陆集疏运网络相互匹配，形成日益完善的多式联运综合运输系统。同时，他们非常重视管理，在国际组织中积极活动，拟定与集装箱运输有关的国际公约，并通过国内立法，完善集装箱运输规章制度，在全球建立货运代理和多式联运经营的网络，力图通过经营管理的完善，提高运输服务质量，在日益激烈的竞争中，巩固与提高各自的声誉。发展中国家由于财力、物力、人才条件所限，多式联运业务尚处于发展阶段，但形势所迫，应当吸收发达国家发展集装箱运输的软件、硬件成套技术，加快发展步伐，迎合世界交通运输集装箱化的潮流。

6. 信息管理实现现代化

现代管理已进入信息时代，集装箱运输也不例外。尤其是电子数据交换(EDI)已经在航运界发挥日益重要的作用。集装箱运输有关部门单位之间，依靠电子计算机和通信网络，实现信息自动交换和自动处理，可使集装箱运输一套复杂的纸面单证逐步为电子单证所取代，各种业务手续可大大简化，并对集装箱动态信息进行有效跟踪，从而大大提高运输效率和运输服务质量。

7. 经营规模化

随着集装箱运输一体化的迅速发展,各大班轮公司通过兼并和组织联营集团,实现了规模经营。各大班轮公司相继成为全球承运人,并以货物集拼、仓储、运输、分拨的全方位服务,进一步完善干线网络,充分利用各种运输方式,高效、快捷地组织"门到门"运输服务;广泛采用 EDI 系统,对集装箱运输的全过程实现现代化管理,合理安排航线,扩大干线直挂港的范围,缩短航班周期,加快货运速度,降低运输成本,提高运输服务质量。

1.2　集装箱运输的特点与流通途径

1.2.1　集装箱运输的特点

在国际贸易运输中,由于传统的件杂货运输长期以来存在着转运点多,货物搬运次数多,货损、货差严重,货物装卸时间长,货运手续繁杂,运输效率低,运输监管困难等问题,因此对货主、承运人及港口的经济效益产生极为不利的影响。为克服传统货物运输中存在的问题,适应社会经济与国际贸易的发展需求,产生了集装箱运输的形式,并在多式联运的推动下于 20 世纪中后期迅速发展,成为当今世界上最先进的运输工艺和最主要的国际贸易运输形式。与传统件杂货运输相比,集装箱运输具有以下特点。

1. 高效益

集装箱运输经济效益高主要体现在以下三个方面:

(1)简化运输包装,节约包装费用。

集装箱具有坚固、密封的特点,其本身是一种具有较高强度的容器,在运输途中可以起到保护货物的作用。货物适用集装箱运输时,其自身的运输包装强度可以减弱,甚至无须运输包装,节省了包装费用。据统计,用集装箱方式运输电视机,本身的包装费用可节约50%。

(2)减少营运费用,降低运输成本。

由于集装箱的装卸基本上不受恶劣气候的影响,船舶非生产性停泊时间缩短,又由于装卸效率高,装卸时间缩短,对船公司而言,可提高航行率,降低船舶运输成本;对港口而言,可以提高泊位通过能力,从而提高吞吐量,增加收入。同时,由于集装箱运输货物的安全性提高,运输中保险费用也相应下降。据英国有关方面统计,该国在大西洋航线上开展集装箱运输后,运输成本仅为普通件杂货运输的1/9。

(3)简化业务手续,降低运杂费用。

由于采用集装箱运输的组织形式,无需在途中对货物进行换装作业,从而简化了货物全程运输所涉及的各环节(托运、装卸、理货、通关、中转、交付等)业务的手续,加之在集装箱运输过程中,各港口、场站对装卸费、中转费大都采用优惠价格,各项运杂费用降低。

2. 高效率

集装箱运输的高效率体现在以下四个方面:

(1)扩大成组单元,提高装卸效率,降低劳动强度。

在装卸作业中,装卸成组单元越大,装卸效率越高。托盘成组化与单件货物相比,装卸单元扩大了 20～40 倍；而集装箱与托盘成组化相比，装卸单元又扩大了 15～30 倍。加之集装箱运输采用高效率的专用机械装卸，使集装箱在港口码头、场站的装卸效率得到大幅提高。

（2）缩短港站停留时间，提高运输工具利用率。

由于装卸效率提高，各种运输工具在港口和场站停留的时间大大缩短，使运输工具每个航次（班次）中航行（运行）时间与航次（班次）总时间的比值明显增大，加快了运输工具的周转率，大大提高了运输工具的利用率。

（3）多层堆码，提高库场利用率。

由于集装箱的强度远远大于货物运输包装的强度，集装箱货物在库场中堆码时，最多可达四层，因而可以大大减少货物堆码占用面积，提高库场利用率。

（4）缩短货物运达时间，流动资金周转率高。

由于货物装卸效率提高，货物在港站停留时间减少，加上集装箱货物在运输过程（特别是长距离运输）中普遍采用大批量高速的运输组织方式（如铁路中的直达专列、快运班车，海运中的干线运输等）和行政手续的简化，使货物的运达时间比传统的零担运输明显缩短。这样可以缩短买方货物占用资金的周期。而对于卖方来说，由于集装箱货物交接地点已从港口、车站交接转变为内陆地区以至"门到门"的交接，卖方可以在交货后即可取得运输单据，使结汇时间提前，因此对买卖双方来讲，由于货物运输而占用的流动资金周转率都有较明显的提高。

3. 高质量

集装箱运输是一种高质量的运输方式，主要体现在以下两个方面：

（1）减少货损、货差，提高货运质量。

集装箱运输中是以箱为运输单元的，其装卸、换装、运输暂存过程中都是以箱为单位整体进行，加之在运输过程中，货物都是装在箱内且箱子又有较高强度和较好的封闭性，货物装载又有较高要求，因此使用集装箱运输货物，可以减小全程运输中，由于各种原因引起的货损、货差、被盗、丢失的可能性。据我国的统计，用火车装运玻璃器皿，一般破损率在 30% 左右，而改用集装箱运输后，破损率下降到 5% 以下。在美国，类似运输破损率不到 0.01%，日本也小于 0.03%。

（2）货物运送速度快。

由于集装箱货物在港站停留时间缩短，在运输过程中普遍采用大批量高速度的运输组织方式，提高了集装箱货物的运送速度。

4. 高投资

集装箱运输是一种资本高度密集型的运输产业，主要体现在以下四个方面：

（1）船公司必须对船舶和集装箱进行巨额投资。

根据有关资料表明，集装箱船每立方英尺的造价为普通货船的 3.7～4 倍。一般情况下，每条集装箱船需要配备的集装箱数量为其载箱量的 3 倍。开展集装箱运输所需的高额投资，使得船公司的总成本中固定成本占有相当大的比例，高达 2/3 以上。

（2）巨大的集装箱码头投资。

集装箱运输离不开集装箱专用码头，专用集装箱泊位的码头设施包括码头岸线和前沿、货场、货运站、维修车间、控制塔、门房，以及集装箱装卸机械等，耗资巨大。

（3）投资内陆设施建设。

为开展集装箱多式联运，还需有相应的内陆设施及内陆货运站等，为了配套建设，就需要兴建、扩建、改造、更新现有的公路、铁路、桥梁、涵洞等，这方面的投资更是惊人。可见，没有足够的资金，实现集装箱化是困难的，必须根据国力量力而行。

（4）人力资源投资。

随着运输工具的现代化、大型化以及装卸机械的大型化、专业化和管理现代化，集装箱运输所需的人力资源将进一步减少，但对管理人员、技术人员、业务人员的素质将提出更高的要求，人员的工资、培训等人员投资将增加。

5. 标准化和专业化

集装箱运输的标准化和专业化主要体现在以下几方面：

①箱型的标准化带来的装在箱内运输货物重量和外形尺度的标准化。

②各种运输方式中运输工具的专业化和标准化。

③各类港、站设施的专业化和结构、布局及设计要求的标准化。

④各类装卸、搬运机械设备的标准化。

⑤运输管理组织、运输装卸技术工艺标准化。

⑥运输法规、运输单据的统一化、标准化等。

6. 高协作

集装箱运输是把高效装卸的专业化码头、快速周转的运输船队、四通八达的集疏运网络、功能齐全的中转站、各种类型的运输经营人和实际承运人、遍及世界的代理网络、科学准确的信息传递和单证流转、协调工作的口岸各部门（海关、三检、理货、保险及其他服务部门等）有机结合在一起的大规模运输工程。集装箱运输系统整体功能的发挥，要依赖于上述各方面的协调发展和密切配合。如果互相配合不当，就会影响整个运输系统功能的发挥，如果某一环节失误，必将影响全局，甚至导致运输生产停顿和中断。因此，要求做好整个运输系统各环节、各部门之间的高度协作。

7. 适于组织多式联运

由于集装箱运输在不同运输方式之间换装时，无须搬运箱内货物而只需换装集装箱，这就提高了换装作业效率，适于不同运输方式之间的联合运输。集装箱在海关的监督下装货铅封以后，可以一票到底直达收货人仓库开箱验关，只要铅封不损坏，中途无须开箱检查，在换装转运时，海关及有关监管单位只需加封或验封转关放行，从而提高了运输效率。所以集装箱运输是最适合国际多式联运的一种方法。

1.2.2　集装箱货物的流通途径

集装箱货物的流通途径体现了集装箱运输系统内各种运输方式之间的高度协调性，是集装箱运输之所以适用于多式联运方式的必然因素。

在传统的国际货物运输中，托运人要从内陆各地用铁路、公路等运输方式将货物集中到出口港，再按照与船公司签订的运输合同装船出运。货物运到目的港卸船后，再通过铁路、公路等运输方式将货物运到交货地点。在货物运输的全过程中，各运输区段的运输批量、运输线路和实际承运人的选择，各段之间的衔接等运输组织工作，都是由众多的托运人独立进行的。从总体来看，运输的路线是错综复杂的，运输组织也是很混乱的。此外，由于各托运人托运货物的批量较小,特别在内陆运输中无法实现经济规模化。

随着集装箱运输的发展和集装箱运输系统的建立和完善,与传统的国际运输相比较,集装箱货物的运输无论在全程流通过程还是在运输组织上都发生了革命性的变化。图 1-1 显示了集装箱货物的整体流通途径。

从图 1-1 可以看出,对于装运港附近的货物,托运人可将其直接送到集装箱码头。如果是整箱货,可直接运到码头堆场;如果是拼箱货,先将货物交到码头或码头附近集装箱货运站,货物装箱后再运到码头堆场。对于装运港内陆广大腹地的货物,无论是拼箱货还是整箱货,托运人均可将其送到船公司或其他运输部门设在该地的内陆集装箱货运站。内陆集装箱货运站与集装箱码头之间开辟有定期的集装箱专列。因此,在内陆货运站堆放的集装箱会很快地通过集装箱专列运到装运港码头堆场。此外,在装运港附近的卫星港也可以通过水路支线运输将集装箱运到起运港码头堆

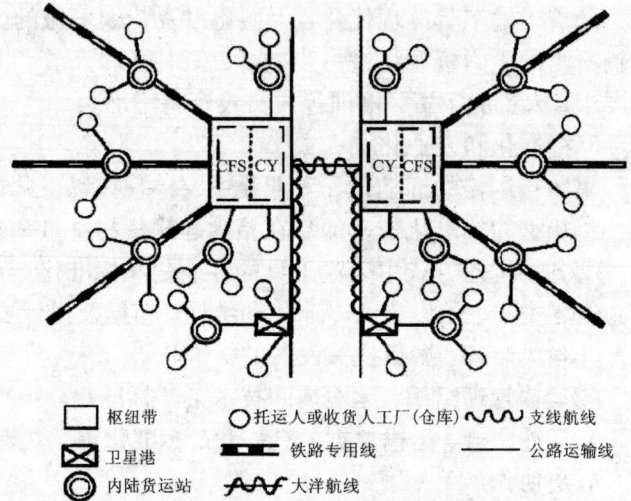

图 1-1 集装箱货物的整体流通途径

场。集装箱集中到起运港后装船,通过海上干线运输运到卸货港,又通过同样的方式将集装箱输疏运出去。

从以上集装箱货物整体流通途径来看,集装箱运输与传统的货物运输有本质区别。首先,在货物集疏运过程中,分散在各地的小批量货物应预先在内陆地区的集散点(集装箱货运站)集中,组织一定批量后通过内陆、内河或支线运输,采用集装箱专列、船舶等大型的运输工具,将其运往枢纽港集装箱码头堆场(或相反),使集装箱货物运输建立在大规模生产的基础上。其次,集装箱货物的流通过程体现了集装箱运输系统高度的整体性与组织协调性,把集装箱运输全程中所涉及的不同运输方式、不同服务环节紧密地联系为一个整体。在集装箱运输过程中,从接受货物地点到交付货物地点的全程运输,都是由集装箱运输经营人负责组织的,这种组织形式将使集装箱运输产生规模效益,最终保证了运输总成本的降低。

1.3 集装箱运输系统构成

集装箱运输是一种"门到门"的运输方式,涉及面广,是一个复杂的运输系统工程。前述集装箱运输的特点及集装箱货物的整体流通途径都反映了这个大系统的复杂性和协调性。因此,在集装箱运输组织的过程中,需要利用系统工程的方法论对该系统进行分析,以实现系统运行的最优化。集装箱运输系统可以从集装箱运输活动的基本要素和由这些基本要素的不同组合而形成的各个子系统两个层面去认识和分析。

1.3.1 集装箱运输的基本要素

集装箱运输活动是由适箱货源、标准集装箱、载运工具、集散节点、运输路线、运输经营人以及信息等基本要素组成的统一体。适箱货源是运输服务的劳动对象；集装箱既是货物运输包装，又是运输载体；载运工具是运输经营人从事集装箱运输的生产工具；集散节点是集装箱货物的集散地和衔接点；运输路线是载运工具的活动场所（通路）和集装箱运输的实现方法；运输经营人是集装箱运输服务的供给者或组织者；信息是将以上各基本要素相连通从而实现提高集装箱运输效率的手段。这些基本要素之间的相互协调，为集装箱运输的营运活动提供了保障。

1. 适箱货源

为了保证集装箱运输的顺利进行，首先必须具备足够的适箱货源。了解适箱货物的属性，做好适箱货源的组织工作，提高揽货工作质量，才能为集装箱运输提供充足而稳定的货源。做好适箱货物的装箱工作，是保证集装箱运输高质量进行的关键。这部分内容将在第3章中具体介绍。

2. 标准集装箱

标准集装箱是集装箱运输必要的装货设备。提供适合于各种适箱货物要求的各种类型的集装箱并做好箱务管理工作，是集装箱运输正常进行的重要环节。关于集装箱的内容，将在第2章中详细论述。

3. 载运工具

因为集装箱货物可以通过水路、铁路、公路和航空四种运输方式进行运运，所以集装箱运输的载运工具包括集装箱船舶、铁路集装箱专用车辆、公路集装箱运输车辆和航空货运飞机四种。

（1）集装箱船舶。

集装箱船舶是水路集装箱运输的载运工具，了解集装箱船舶的结构特点并做好集装箱在船舶上的配积载，对保障水路集装箱运输安全、提高码头装卸船效率十分重要。这部分内容将在第5章中具体阐述。

（2）铁路集装箱专用车辆。

铁路集装箱专用车辆是铁路集装箱运输的载运工具，车辆上设有固定集装箱的紧固装置。根据不同的车底板长度和车底架结构，铁路集装箱专用车辆有不同的类型。这部分内容将在第6章中具体阐述。

（3）公路集装箱运输车辆。

公路集装箱运输车辆是公路集装箱运输的载运工具，包括集装箱牵引车和挂车，它们通常是根据集装箱的箱型、种类、规格尺寸和使用条件来确定的。这部分内容将在第7章中具体阐述。

（4）航空货运飞机。

航空货运飞机是航空集装箱运输的载运工具，根据用途可分为机舱全都用于装载货物的全货机和上舱（主舱）用于载客、下舱（腹舱）用于载货的客货两用机。这部分内容将在第8章中阐述。

4. 集散节点

集装箱货物的整体流通途径表明，集装箱运输的大规模生产必须依赖于各级集散节点，即枢纽港站。它们是集装箱货物在各种运输方式及各个运输区段之间集结、疏散、交接的场所，同时也是集装箱货物堆存、装卸作业的地点。因此，这类集散节点在整个集装箱运输过程中占有重要地位，是保证集装箱运输高效组织的关键。集装箱运输的集散节点主要包括集装箱码头和集装箱货运站两大类。

（1）集装箱码头。

集装箱码头是专供停靠集装箱船舶、装卸集装箱用的港口作业场所，是在集装箱运输过程中，水陆联运的衔接点，也是集装箱多式联运的枢纽。因此，做好集装箱码头的各项工作，对于加速车、船和集装箱的周转，降低运输成本，提高整个集装箱运输系统的效率和经济效益，均具有极其重要的意义。关于集装箱码头的内容将在第4章中详细论述。

（2）集装箱货运站。

集装箱货运站是集装箱运输中的另一类重要集散节点，是集装箱多式联运中必不可少的中间环节。它的主要任务是进行集装箱货物的装拆箱作业，负责集装箱货物的集中、分散、堆存、保管等作业。根据各自的服务特色，集装箱货运站也往往冠以不同的称谓，如铁路集装箱办理站、公路集装箱中转站等。所有这些集装箱货运站都通过铁路、公路等运输方式相互连接或与码头相连。关于各类集装箱货运站的内容，将分别在第4章、第6章、第7章、第8章中具体阐述。

5. 运输路线

运输路线是集装箱运输的实现方法，各种运输方式的经营人都要规划自己的运输路线，如海运集装箱班轮航线、铁路集装箱班列运行线、公路集装箱运输路线及空运航线。此外，多式联运经营人在集装箱多式联运的全程运输组织过程中，还要根据货主的需求，在对已有的运输方式及其组织形式进行分析的基础上，在货主指定的始发、终到地点之间，设计出最佳的运输方式组合和运输路线。关于集装箱运输路线的内容，将分别在第5章、第6章、第7章、第8章和第9章中进行阐述。

6. 运输经营人

运输经营人是集装箱运输的运营主体，是集装箱运输服务的供给者或组织者。根据经营的业务范围不同，运输经营人包括实际承运人（水路、铁路、公路、航空集装箱运输公司）、多式联运经营人、集装箱场站经营人（码头、货运站经营人）、集装箱运输代理人等。这些运输经营人或者独立经营，或者联合经营，或者代理经营，并在互相协作的基础上共同完成集装箱运输组织。关于各类运输经营人的内容，将分别在第4章、第5章、第6章、第7章、第8章和第9章中进行阐述。

7. 信息

集装箱运输全过程除了集装箱货物的移动过程外，还包括信息的传递过程。有效、迅捷地将上述各基本要素的信息在各个运输环节中传递，将物流运输及信息流传输作为一个整体，是实现提高集装箱运输效率的有效途径。关于集装箱运输系统信息化的内容将在第10章中介绍。

1.3.2　集装箱运输子系统

集装箱运输的各个基本要素，按各种不同的运输方式组合起来，大致可以组成以下四个子系统。

1. 水路集装箱运输子系统

适箱货源、集装箱、集装箱船舶、集装箱码头、集装箱班轮航线以及集装箱船公司等基本要素，可组合成水路集装箱运输子系统。水路集装箱运输子系统完成集装箱的远洋运输、沿海运输和内河运输，是承担运输最大的一个子系统。水路集装箱运输子系统由集装箱码头装卸系统和集装箱航运系统两个次级系统组成，这部分理论与实务将分别在第 4 章和第 5 章中进行论述。

2. 铁路集装箱运输子系统

适箱货源、集装箱、铁路集装箱专用车辆、铁路集装箱办理站、铁路运输线以及铁路集装箱运输公司等基本要素，组合成铁路集装箱运输子系统。它既是一个独立的运输系统，又是集装箱多式联运的重要组成部分。随着陆桥运输的起始与发展，铁路集装箱运输子系统在整个国际集装箱多式联运中，正起着更加重要的作用。关于铁路集装箱运输子系统的理论与实务内容详见第 6 章。

3. 公路集装箱运输子系统

适箱货源、集装箱、集装箱卡车、公路集装箱中转站、公路网络以及公路汽车运输公司等基本要素，构成了公路集装箱运输子系统。公路集装箱运输子系统在集装箱多式联运过程中，可有效地连接水运、铁路、航空集装箱运输，并承担中、短途的内陆运输和"末端运输"任务，为货主提供高效的物流服务。关于公路集装箱运输子系统的理论与实务内容详见第 7 章。

4. 航空集装箱运输子系统

适箱货源、航空集装箱、货运飞机、空运机场、空运航线以及航空货运公司等基本要素，构成了航空集装箱运输子系统。近年来，随着世界经济整体的增长，航空运输速度快，对需求响应及时，从而可缩短资金占用时间等优越性逐渐凸现，航空集装箱运输子系统的地位正在逐渐提高。但由于航空运输设备与设施的特殊性，航空集装箱运输相对独立，很少与水路、铁路、公路联运，因此该子系统基本作为一个独立的系统运行。关于航空集装箱运输子系统的理论与实务内容详见第 8 章。

重点与难点

重点：(1)集装箱运输的发展趋势；(2)集装箱运输的特点；(3)集装箱运输系统构成。
难点：(1)集装箱货物的流通途径。

思考与练习

---

1. 什么是集装箱运输？
2. 简述集装箱运输的发展历程。
3. 简述集装箱运输的发展趋势。
4. 与传统件杂货运输相比，集装箱运输具有哪些特点？
5. 简述集装箱货物的流通途径。
6. 简述集装箱运输活动的基本要素。

第2章
集装箱及其标准化

2.1　集装箱定义与标准

2.1.1　集装箱定义

集装箱(container)，顾名思义是一种容器。但这种容器与货物的外包装和其他容器不同，是一种专门为在不同方式运输中搬运货物而特别设计的，是能适应多种特殊要求的容器，是具有一定强度、刚度和规格，专供周转使用的大型装货容器。在中国内地南部及香港，集装箱也被称为"货柜"或"货箱"。

1968年，国际标准化组织(International Organization for Standardization, ISO)第104技术委员会起草的国际标准(ISO/R 830-1968)《集装箱术语》中，对集装箱作了定义。该标准后来又多次修改。国际标准 ISO 830-1981《集装箱名词术语》中，对集装箱定义如下。

"集装箱是一种运输设备：

①具有足够的强度，可长期反复使用。

②适于一种或多种运输方式的运送，途中转运时箱内货物不需换装。

③具有快速装卸和搬运的装置，特别便于从一种运输方式转移到另一种运输方式。

④便于货物装满和卸空。

⑤具有 1 m^3 以及 1 m^3 以上的容积。

集装箱这一术语，不包括车辆和一般包装。"

目前，中国、日本、美国、法国等有关国家，都全面地引用了国际标准化组织的定义。

2.1.2　集装箱标准

纵观集装箱运输的发展历程，集装箱标准化对国际集装箱多式联运的发展起了很大的推动作用。集装箱标准化，不仅能提高集装箱作为共同运输单元在海、陆、空运输中的通用性和互换性，而且能提高集装箱运输的安全性和经济性，促进国际集装箱多式联运的发展。同时给集装箱的载运工具和装卸机械提供了选型、设计和制造的依据，从而使集装箱运输成为相互衔接配套、专业化和高效率的运输系统。

集装箱标准按使用范围可以分为国际标准、国家标准、地区标准和公司标准四种。

1. 国际标准

国际标准集装箱是指，根据国际标准化组织（ISO）第 104 技术委员会制定的国际标准来建造和使用的国际通用的标准集装箱。第 104 技术委员会自 1961 年成立以来，对集装箱国际标准作过多次补充、增减和修改。现行的国际标准为第 1 系列共 4 种规格 13 种箱型，见表 2 - 1。

表 2 - 1　国际标准集装箱规格尺寸和总重量

规格	箱型	长度		宽度		高度		最大总重量	
		mm	ft/in	mm	ft/in	mm	ft/in	kg	lb
40 ft	1AAA	12 192	40/0	2 438	8/0	2 896	9/6	30 480	67 200
	1AA					2 591	8/6		
	1A					2 438	8/0		
	1AX					<2 438	<8/0		
30 ft	1BBB	9 125	29/11.25	2 438	8/0	2 896	9/6	25 400	56 000
	1BB					2 591	8/6		
	1B					2 438	8/0		
	1BX					<2 438	<8/0		
20 ft	1CC	6 058	19/10.5	2 438	8/0	2 591	8/6	24 000	52 920
	1C					2 438	8/0		
	1CX					<2 438	<8/0		
10 ft	1D	2 991	9/9.75	2 438	8/0	2 438	8/0	10 160	22 400
	1DX					<2 438	<8/0		

注：1 in = 2.54 cm；1 lb = 0.453 6 kg。

上述 A、B、C、D 四类集装箱中，以 A 类与 C 类（长度分别为 40 ft 和 20 ft）集装箱最为通用，其总数量也较多。1AX、1BX、1CX、1DX 四种集装箱箱型基本被淘汰。

A、B、C、D 四类国际标准集装箱长度之间的关系如图 2 - 1 所示。

1A 型 40 ft（12 192 mm）、1B 型 30 ft（9 125 mm）、1C 型 20 ft（6 058 mm）、

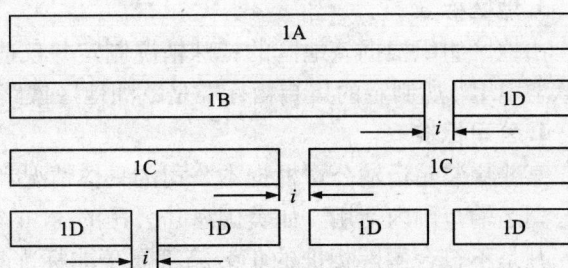

图 2 - 1　国际标准集装箱长度之间的关系

1D 型 10 ft（2 991 mm），间距 i 为 3 in（76 mm），各类国际标准箱长度之间的关系为：

1A = 1B + i + 1D = 9 125 + 76 + 2 991 = 12 192（mm）。

1B = 1D + i + 1D + i + 1D = 3 × 2 991 + 2 × 76 = 9 125（mm）。

1C = 1D + i + 1D = 2 × 2 991 + 76 = 6 058（mm）。

2. 国家标准

各国政府参照国际标准，并考虑本国运载工具和货源、货流的具体情况，制定本国的集装箱标准。

　　我国系列 1 集装箱国家标准为 2008 年 10 月由中国国家标准化管理委员会发布的国家标准 GB/T 1413—2008《系列 1 集装箱分类、尺寸和额定质量》,见表 2 – 2。

表 2 – 2　GB/T 1413—2008《系列 1 集装箱分类、尺寸和额定质量》

箱型	长度		宽度		高度		总重	
	mm	ft / in	mm	ft / in	mm	ft / in	kg	lb
1EEE	13 716	45 / 0	2 438	8 / 0	2 896	9 / 6	30 480	67 200
1EE					2 591	8 / 6		
1AAA	12 192	40 / 0	2 438	8 / 0	2 896	9 / 6	30 480	67 200
1AA					2 591	8 / 6		
1A					2 438	8 / 0		
1AX					< 2 438	< 8 / 0		
1BBB	9 125	29 / 11.25	2 438	8 / 0	2 896	9 / 6	30 480	67 200
1BB					2 591	8 / 6		
1B					2 438	8 / 0		
1BX					< 2 438	< 8 / 0		
1CC	6 058	19 / 10.5	2 438	8 / 0	2 591	8 / 6	30 480	67 200
1C					2 438	8 / 0		
1CX					< 2 438	< 8 / 0		
1D	2 991	9 / 9.75	2 438	8 / 0	2 438	8 / 0	10 160	22 400
1DX					< 2 438	< 8 / 0		

　　说明:省略了集装箱长度、宽度、高度的允许公差。

3. 地区标准

　　由地区组织根据该地区的特殊情况制定并仅适用于该地区的集装箱标准。如欧洲国际铁路联盟(UIC)所制定的集装箱标准是欧洲地区铁路上使用的标准。

4. 公司标准

　　某些集装箱运输公司根据本公司的具体情况和条件而制定的集装箱标准。这类箱主要在该公司运输范围内使用。如美国海陆公司的 35 ft 集装箱,麦逊公司的 24 ft 集装箱等。

　　凡是不符合国际标准的集装箱都属于非标准集装箱,即表 2 – 1 中所列集装箱以外的所有集装箱。如非标准长度集装箱有美国海陆公司的 35 ft 集装箱,总统轮船公司的 45 ft 及 48 ft 集装箱;非标准高度集装箱有可以装载两层小汽车的高度为 3.2 m 的汽车集装箱;非标准宽度集装箱有在德国、法国和瑞典等欧洲各国的铁路上使用的宽度为 2.5 m 的集装箱等。

2.2　集装箱术语

　　国际标准化组织制订《集装箱术语》(ISO/R 830—1984)的目的,一方面,对集装箱的有关术语有一个共同的理解,使各术语有了正确的、完整的、统一的表达和解释,从而使有关文件能够得到有效的贯彻和执行,取得预期的效果。另一方面,集装箱术语的统一是广泛地采用电子计算机的一个必要条件。由于各个术语有了准确和明确的定义，就能废除许多同义词和多义词，在实现自动化检索时就可以简化设备，大大提高电子计算机的使用效率和准确程度。

2.2.1 集装箱的基本术语

1. 有关集装箱尺寸的术语

集装箱的尺寸是指集装箱的长度、宽度、高度和箱门有效尺寸。集装箱的长、宽、高尺寸又分外部尺寸和内部尺寸两种。

集装箱的外部尺寸(external dimensions)：是包括集装箱永久性附件在内的集装箱外部最大长、宽、高尺寸。它是确定集装箱能否在船舶、底盘车、货车、铁路车辆之间进行换装的主要参数，是各运输部门必须掌握的一项重要技术资料。集装箱外部长、宽、高的乘积为集装箱的体积。

集装箱的内部尺寸(internal dimensions)：是按集装箱内接最大矩形平行六面体确定的长、宽、高净空尺寸，不考虑顶角件凸入箱内部分。它决定集装箱内容积和箱内货物的最大尺寸。集装箱内部长、宽、高的乘积为集装箱的容积。

箱门有效尺寸：是指箱门开口部分的宽度和高度。由于箱门上端有门楣，故其开口高度比内部的高度要小。箱门开口部分的有效尺寸越大越好，尽可能设法接近与内部尺寸。

公称尺寸(nominal dimensions)：是指不计公差，用近似整数表示的集装箱尺寸。如 1A 型集装箱公称长度为 40 ft(12 m)，1C 型集装箱公称长度为 20 ft(6 m)。

2. 有关集装箱重量的术语

集装箱的重量分自重、载重和额定重量三种。

自重(tare weight)又称空箱质量(tare mass)，以 T 表示，它是空集装箱的重量，包括各种集装箱在正常工作状态下应备有的附件和各种设备。如机械式冷藏集装箱的机械制冷装置及其所需的燃油；台架式集装箱上两侧的立柱；敞顶集装箱上的帆布顶篷等。

载重(payload)又称载货质量，以 P 表示，它是集装箱最大容许承载的货物重量，包括集装箱在正常工作状态下所需的货物紧固设备及垫货材料等在内的重量。

额定重量(rating)又称额定质量，以 R 表示，它是指集装箱的空箱重量和箱内装载货物的最大容许重量之和，即最大工作总重量(max gross mass)，简称最大总重。

额定重量减去自重等于载重，即 $P = R - T$。

集装箱在装货前，为了使集装箱的容积和载重能充分利用，必须仔细参阅集装箱上述各主要参数。

由于集装箱的制造材料和制造厂不同，即便是同一种类的集装箱，其尺寸和重量参数也是不同的；即使是同一材料、同一制造厂制造的集装箱，其制造时间不同，尺寸和重量参数也有差异。因此，在选用集装箱时，必须引起注意。

3. 集装箱的计算单位

集装箱计算单位又称集装箱换算单位，有利于统一计算集装箱的运输量，有 6.1 m (20 ft)和 12.2 m(40 ft)两种。换算成 6.1 m(20 ft)用 TEU 表示，换算成 12.2 m(40 ft)用 FEU 表示。

2.2.2　集装箱的结构术语

1. 集装箱的方位性术语

这里的方位性术语主要是指区分集装箱的前、后、左、右以及纵、横的方向和位置的定义。占集装箱总数85%以上的通用集装箱均一端设门，另一端是盲端。对此种类型的集装箱规定如下：

前端(front)：是指没有箱门的一端。

后端(rear)：是指有箱门的一端。

如集装箱两端结构相同，则应避免使用前端和后端这两个术语，若必须使用时，应依据标记、铭牌等特征加以区别。

左侧(left)：从集装箱后端向前看，左边的一侧。

右侧(right)：从集装箱后端向前看，右边的一侧。

纵向(longitudinal)：是指集装箱的前后方向。

横向(transverse)：是指集装箱的左右方向，与纵向垂直。

2. 通用集装箱上的主要部件

通用集装箱的结构及主要部件如图 2-2 所示。

角件(corner fitting)：集装箱箱体的 8 个角上都设有角件。角件用于支承、堆码、装卸和拴固集装箱。集装箱上部的角件称顶角件，下部的角件称底角件，左右对称。

角柱（corner post）：连接顶角件与底角件的立柱。

角结构(corner structures)：由顶角件、角柱和底角件组成的构件，是承受集装箱堆码载荷的强力构件。角件和角柱均为铸钢件，用焊接方法连接在一起。铸钢件应按国家标准进行热处理，铸件表面应平整，并清除毛刺。

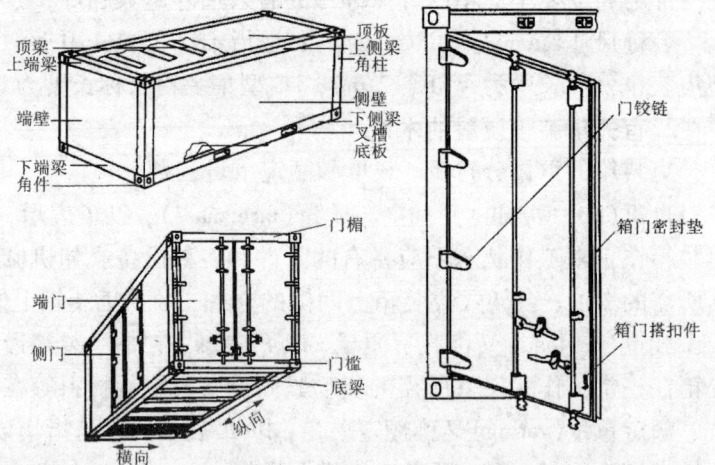

图 2-2　通用集装箱的结构及主要部件名称

上端梁(top end transverse member)：箱体端部与左、右顶角件连接的横向构件。

下端梁(bottom end transverse member)：箱体端部与左、右底角件连接的横向构件。

门楣(door header)：箱门上方的梁。

门槛(door sill)：箱门下方的梁。

上侧梁(top side rail)：侧壁上部与前、后顶角件连接的纵向构件。左、右对称，左面的称左上侧梁，右面的称右上侧梁。

下侧梁(bottom side rail)：侧壁下部与前、后底角件连接的纵向构件。左、右对称，左面的称左下侧梁，右面的称右下侧梁。

顶板(roof sheet)：指箱体顶部的板。顶板要求用一张整板制成，不得用铆接或焊接成的板，以防铆钉松动或焊缝开裂而造成漏水。

顶梁(roof bearers or cross member)：在顶板下连接上侧梁，用于支承箱顶的横向构件。

箱顶(roof)：在端框架上和上侧梁范围内，由顶板和顶梁组合而成的组合件，使集装箱封顶。箱顶应具有标准规定的强度。

底板(floor)：铺在底梁上承托载荷的板。一般由底梁和下端梁支承，是集装箱的主要承载构件。箱内装货的载荷由底板承受后，通过底梁传导给下侧梁，因此底板必须有足够的强度，通常用硬木板或胶合板制成。木板应为搭接或榫接，也可采用开槽结构。

底梁(floor beaters or cross member)：在底板下连接下侧梁，用于支承底板的横向构件。底梁从箱门起开始编号直到端板为止。底梁一般用 C、Z 或 I 形型钢或其他断面的型钢制作。图 2 - 3 为底梁、下侧梁和底板的分解图。

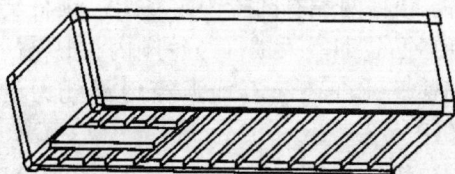

底结构和底框架(base structures and base frame)：由集装箱底部的四个角件，左、右两根下侧梁、下端梁、门槛、底板和底梁组成。在 1C 和 1CC 型集装箱的底结构上还设有叉槽，1A 和 1AA 型集装箱的底结构上有的设有鹅颈槽，如图 2 - 4 所示。而底框架是由下侧梁和底梁组成的框架。

叉槽(folk pockets)：横向贯穿箱底的结构，供货叉插入的槽。20 ft 集装箱上一般设一对叉槽，必要时也可以设两对叉槽。40 ft 型集装箱上一般不设叉槽。

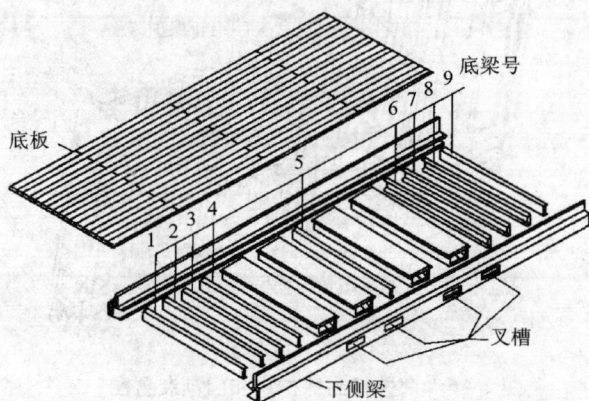

图 2 - 3　底梁、下侧梁和底板的分解图　　　　　　图 2 - 4　底结构和鹅颈槽

鹅颈槽(gooseneck tunnel)：设在集装箱箱底前部，用以配合鹅颈式底盘车上的凹槽。这种设计在 40ft 型集装箱上比 20ft 型集装箱用得普遍。

端框架(end frame)：是指集装箱前端的框架，由前面的两组角结构、上端梁和下端梁组成。后端的框架实为门框架，它由后面的两组角结构、门楣和门槛组成。

端壁(end wall)：在端框架平面内与端框架相连接形成封闭的板壁(不包括端框架在内)。在端壁的里面一般设有端柱，以加强端壁的强度。

侧壁(side wall)：与上侧梁、下侧梁和角结构相连接，形成封闭的板壁。不包括上侧梁、下侧梁和角结构在内。在侧壁的里面一般有侧柱，以加强侧壁的强度。

端柱(end post)：在端壁上与上端梁、下端梁和端板相连接的垂直构件(主要设在铝集装箱上)。

侧柱(side posts):在侧壁上与上侧梁、下侧梁和侧板相连接的垂直构件(主要设在铝集装箱上)。

端板(end panel):覆盖在集装箱端部外表面的板。

侧板(side panel):覆盖在集装箱侧部外表面的板。

箱门(door):通常为两扇后端开启的门。用铰链安装在角柱上,并用门锁装置进行关闭。

端门(end door):设在箱端的门,一般通用集装箱前端设端壁,后端设箱门。

侧门(side door):设在箱侧的门,一般通用集装箱均设端门而不设侧门,只在必要时才设侧门。

门铰链(door hinge):靠短插销(一般用不锈钢制)使箱门与角柱连接起来,保证箱门能自由转动的零件。门铰链的结构形式应使箱门能开启270°为原则。

箱门密封垫(door seal gasket):是指箱门周边为保证密封而设的零件。密封垫的材料一般采用氯丁橡胶。

箱门搭扣件(door holder):进行装、卸货物作业时,保证箱门开启状态的零件,它设在箱门下方和相对应的侧壁上。其形式各异,有采用钩环的,也有采用钩链或绳索的。

3. 门锁装置

集装箱的门锁装置由箱门锁杆、锁杆托架、锁杆凸轮、锁杆凸轮座、门锁把手和把手锁件等组成。门锁装置各零件如图2-5所示。

箱门锁杆(door locking bar or door locking rod):设在箱门上垂直的轴或杆,锁杆两端有凸轮固定其上。锁杆转动后凸轮即嵌入锁杆凸轮座内,把箱门锁住。锁杆还起着加强箱门承托力的作用。

锁杆托架(door lock rod bracket):把锁杆固定在箱门上并使之能转动的承托件。

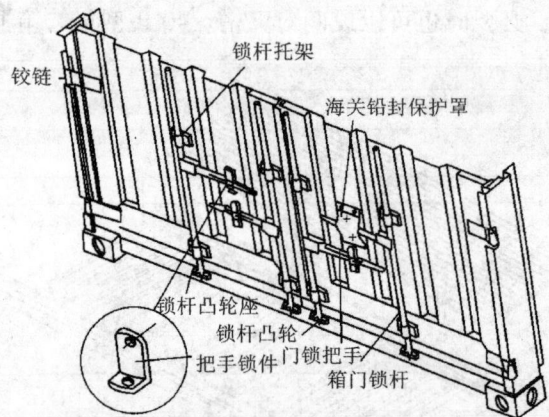

图2-5 海关铅封保护罩和门锁装置图

锁杆凸轮(locking bar cams):设于锁杆端部的门锁件,通过锁件的转动,把凸轮嵌入凸轮座内将门锁住。

锁杆凸轮座(locking bar cam retainer or keeper):保持凸轮成闭锁状态的内承装置,有时又称卡铁。

门锁把手(door locking handle):装在箱门锁杆上,在开关箱门时用来转动锁杆的零件。

把手锁件(door locking handle retainer or handle lock):用来保持箱门把手使它处于关闭状态的零件。

海关铅封件(customs seal retainer):通常设在箱门的把手锁件上,海关用于施加铅封的设置。一般都采用孔的形式。

海关铅封保护罩(custom seal protection cover):设在把手锁件上方,用于保护海关铅封而加装的防雨罩，一般用帆布制。

2.2.3　其他有关术语

1.集装箱能力

这里的集装箱能力，不包括各种类型集装箱的所有能力，而仅仅指那些需要加以定义的能力，主要的有堆码能力、拴固能力和箱底承载能力等几种。

堆码能力(stacking capability)：是指相同尺寸的集装箱在堆码的条件下，承受动、静载荷的能力。集装箱在舱内或场地上堆码时，都可能产生不整齐堆码状态。按国际标准的规定，其容许偏离值纵向为 38 mm，横向为 25.4 mm。

拴固能力(restraint capability)：是指集装箱用底角件拴固时，箱底结构能承受在运输中可能产生的纵向加速度力的能力。

箱底承载能力(floor loading capability)：是指箱底承受载重或拆装箱用机具的轮压所产生的动、静荷载的能力。

2.集装箱性能

集装箱的性能主要是指刚性和风雨密性。

刚性(rigidity)：是指集装箱在运输中(特别是在船舶摇摆时)抵抗横向或纵向挤拉载荷的能力。

风雨密性(weather proofness)：是指具有按规定喷水试验所要求的严密性。

3.集装箱堆码

集装箱的堆码有时会产生不正确的堆码状态，它分为偏码和偏置。

偏码(offset stacking)：是指集装箱堆码时，因上下层的角件未对准而产生偏移的状态。

偏置(misgather)：是指扭锁的端部错开，扭锁端部(俗称蘑菇头)未能嵌入底角件底孔内的堆置状态。

2.3　集装箱标记

为了便于集装箱在流通和使用中识别和管理，便于单据编制和信息传输，国际标准化组织制定了集装箱标记。《集装箱的代号、识别和标记》(ISO 6346：1981(E))规定的集装箱标记有必备标记和自选标记两类，每一类标记又分为识别标记和作业标记。

2.3.1　必备标记

1.识别标记

(1)箱主代号(owner No.)。

箱主代号即集装箱所有人的代号，通常由 4 位大写拉丁字母表示。前三个字母由公司制定，为防止代号重复，所有箱主在使用代号之前应向国际集装箱局(BIC)登记注册。目前国际集装箱局已在 16 个国家和地区设有注册机构，并每隔半年公布一次在册的箱主代号一览表。第四个字母用 U(它为集装箱这种特殊设备的设备识别码)表示。

(2)顺序号(serial No.)。

顺序号通常由 6 位阿拉伯数字组成。若有效数字少于 6 位，则在前加 0 补足 6 位。箱主代码和顺序号组成箱号。

（3）核对数字（check digit）。

由 1 位阿拉伯数字表示，列于 6 位顺序号之后，置于方框之中或者与箱号之间互相隔开空一格数字。

设置核对数字的目的是防止箱号在记录时发生差错。运营中的集装箱频繁地在各种运输方式之间转换，每进行一次转换和交接，就要记录一次箱号。在多次记录中，如果偶然发生差错，记错一个字符，就会使该集装箱从此不知下落。为不致出现此类丢失集装箱及所装货物的事故，在箱号记录中设置了一个自检测系统，即设置一位核对数字。该"自检测系统"的原理如下：

①箱主代号四个拉丁字母与箱号 6 位阿拉伯数字视作一组，共 10 个字符。前四位拉丁字母字符一一与等效数值对应，参见表 2 - 3。

表 2 - 3　等效数值表

	字母	A	B	C	D	E	F	G	H	I	J	K	L	M
箱主代号	等效数值	10	12	13	14	15	16	17	18	19	20	21	23	24
	字母	N	O	P	Q	R	S	T	U	V	W	X	Y	Z
	等效数值	25	26	27	28	29	30	31	32	34	35	36	37	38
顺序号	数字	0	1	2	3	4	5	6	7	8	9			
	等效数值	0	1	2	3	4	5	6	7	8	9			

注：表中省略了等效数值 11、22、33，因为这几个数都是模数 11 的倍数。

②6 位顺序号数字与等效数值完全相同。

③箱主代号的 4 个等效数值与 6 位顺序号，共 10 个数值，分别乘以 $2^0 \sim 2^9$ 的加权系数。

④将所有乘数累加，然后除以模数 11，所得的余数即为核对数字，余数 10 的核对数字为 0。

在集装箱运行中，每次交接记录箱号时，在将箱主代号和顺序号录入电脑时，电脑就会自动按上述原理计算核对数字。当记录人员键入最后一位核对数字与电脑计算得出的数字不符时，电脑就会提醒箱号记录出错。这样，就能有效避免箱号记录出错的事故。

【例 2 - 1】　某集装箱的箱主代号和顺序号为 TRIU583888，核对数字是 0，检验是否有误。

解：首先，上面 10 个字符（该集装箱的箱主代号及顺序号）对应的等效数值分别是：31，29，19，32，5，8，3，8，8，8。

然后，加权求和：

$$S = 31 \times 2^0 + 29 \times 2^1 + 19 \times 2^2 + 32 \times 2^3 + 5 \times 2^4 + 8 \times 2^5 + 3 \times 2^6 + 8 \times 2^7 + 8 \times 2^8 + 8 \times 2^9$$
$$= 31 + 58 + 76 + 256 + 80 + 256 + 192 + 1\,024 + 2\,048 + 4\,096 = 8\,117$$

最后，用 8 117 除以 11，取余数。经计算得余数为 10，则核对数字为 0，箱主代号和顺序号正确。

目前，由于自动道口的使用，特别是第二代自动道口采用射频识别技术，利用集装箱或集卡上配置的电子标签，将箱号信息读入道口的自动设施中，非常准确方便，出错的概率几乎可以忽略不计，这时核对数字的作用几乎不存在了。

2. 作业标记

（1）额定重量和自重标记。

额定重量即最大工作总重（max gross mass），自重即集装箱空箱重量（tare mass），ISO 688 规定应以公斤（kg）和磅（lb）同时在箱体标出，如图 2-6 所示。

（2）空陆水联运集装箱标记。

空陆水联运集装箱是指可在飞机、船舶、卡车、火车之间联运的集装箱，其容积为 1 m³ 或 1 m³ 以上，装有顶角件和底角件，具有与飞机机舱内栓固系统相配合的栓固

max gross	00000kg
	000001b
tare	0000kg
	00001b
net	00000kg
	000001b

图 2-6　额定重量、自重和最大净载重标记

装置，箱底可全部冲洗并能用滚装装卸系统进行装运。为适用于空运，这种集装箱自重较轻、结构较弱、强度仅能堆码两层，因而国际标准化组织对这种集装箱规定了特殊的标志，该标记为黑色，位于侧壁和端壁的左上角，并规定标记的最小尺寸为：高 127 mm（5 in），长 355 mm（14 in），字母标记的字体高度至少为 76 mm（3 in）。如图 2-7 所示。

标记表示如下要求：

①在陆地上堆码时只允许在箱上堆码 2 层。

②在海上运输时，不准在甲板上堆码，在舱内堆码时只能堆装 1 层。

（3）登箱顶触电警告标记。

该标记一般设在罐式集装箱顶上和位于登箱顶的扶梯处，以警告登梯者有触电的危险。该标记为黄色底黑色三角形，如图 2-8 所示。

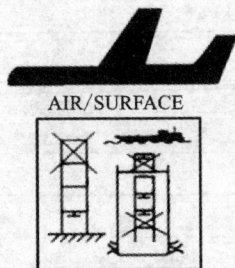

图 2-7　空陆水联运集装箱标记　　　　图 2-8　登箱顶触电警告标记

2.3.2　自选标记

1. 识别标记

1984 年的国际标准中，识别标记有国家代码，由 2～3 个拉丁字母组成。1995 年的新国际标准中，取消了国家代码。识别标记主要由尺寸代号和类型代号组成，按照《标记的标志方法》，尺寸和箱型代号作为一个整体在集装箱上标志。其组配代码结构为四位字符，前两位是尺寸代号，后两位是箱型代号。

（1）尺寸代号。

尺寸代号以两个字符表示，包含了集装箱的长度和高度的尺寸特性。其中第一个字符表示箱长，10 ft 箱长代号为 1，20 ft 箱长代号为 2，30 ft 箱长代号为 3，40 ft 箱长代号为 4，5～9 箱长代号为未定号，英文字母 A～R 为特殊箱长代号。第二个字符表示箱高，8 ft 箱高代号为 0，8 ft 6 in 箱高代号为 2，9 ft 箱高代号为 4，9 ft 6 in 箱高代号为 5，高于 9 ft 6 in 性高代号为 6，半高箱（箱高为 4 ft 3 in）代号为 8，低于 4 ft 箱高代号为 9。

（2）类型代号。

类型代号可反映集装箱的用途和特征，由两位字符组成。第一位为拉丁字母，表示集装箱的类型；第二位为阿拉伯数字，表示某类型集装箱的特征。如通用集装箱，一端或两端有箱门，类型代号为 G0，详见表 2 - 4。

表 2 - 4　集装箱类型代号

代码	箱型	箱型群组代码	主要特征	箱型代号
G	通用集装箱	GP	一端或两端有箱门	G0
			货物的上方有透气罩	G1
			一端或两端有箱门，并且在一侧或两侧设全开或局部箱门	G2
V	通风式集装箱	VH	无机械排风装置，但在上下两侧设有自然通风窗	V0
			箱内设有机械式通风装置	V2
			外置式机械通风装置	V4
B	无压干散货集装箱	BU	封闭式	B0
			气密式	B1
	承压干散货集装箱	BK	水平方向卸货，试验压力 150 kPa	B3
			倾斜卸货，试验压力 150 kPa	B5
S	以货物种类命名的集装箱	SN	牲畜集装箱	S0
			汽车集装箱	S1
			活鱼集装箱	S2
R	保温集装箱	RE	机械制冷	R0
	制冷/加热集装箱	RT	机械制冷/加热	R1
	自备电源的机械制冷/加热集装箱	RS	机械制冷	R2
			机械制冷/加热	R3
T	罐式集装箱	TN	装运非危险性液体货	T0 - T2
		TD	装运非危险性液体货	T3 - T6
		TG	装运气体货物	T7 - T9
U	敞顶集装箱	UT	一端或两端开口	U0
			全部敞顶，带固定的侧壁（无开门）	U5
A	空陆水联运集装箱	AS		A0

对于能确定类型，但特征尚未确定或不明确的集装箱，可直接用箱型群组代码表示。如

属于通用集装箱类型,但无法确定特征的,可直接标志为 GP。

2. 作业标记

(1)超高标记。

凡高度超过 8.5 ft(2.6 m)的集装箱应标出超高标记,该标记为在黄色底上标出黑色数字和边框,如图 2-9 所示,同时在箱体每端和每侧角件间的顶梁及上侧梁上标打长度至少为 300 mm 的黄黑斜条的条形标记,以便在地面或高处作业时能清晰识别。

(2)国际铁路联盟标记。

欧洲各国边界相连,铁路车辆往来频繁,而各国铁路都有各自的规章、制度,手续也极为复杂,为了简化手续,故对旅客、货物、车体及其他业务方面作了专门的规定,并制定了《国际铁路联盟条例》。《国际铁路联盟条例》对集装箱的技术条件作了许多规定,满足该条例中规定的集装箱,可以获得"国际铁路联盟"标记,即表示该集装箱已取得"国际铁路联盟"各缔约国的承认。在欧洲铁路上运输集装箱时,该标记是必备的通行标志。

该标记中方框上部的 i、c 表示国际铁路联盟,方框下部的数字表示各铁路公司的代号。例如图 2-10 中,33 表示中华人民共和国铁路的代号。

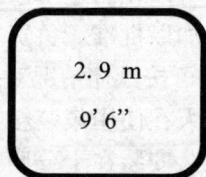

图 2-9　超高标记

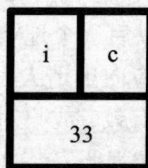

图 2-10　国际铁路联盟标记

2.3.3　通行标记

除了上述必备标记与自选标记外,为使集装箱在运输过程中能顺利地通过或进入他国国境,箱上必须贴有按规定要求的各种通行标志。否则,必须办理繁琐证明手续,延长了集装箱的周转时间。集装箱上主要的通行标记有安全合格牌照、集装箱批准牌照、检验合格徽、防虫处理板、农林徽等。

(1)安全合格牌照。

该牌照表示集装箱已按照《国际集装箱安全公约》(International Convention for Safe Container,简称 CSC 公约)的规定,经有关部门检验合格,符合有关的安全要求,允许在运输运营中使用。安全合格牌照是一块长方形金属牌,尺寸要求不得小于 200 mm × 100 mm,牌上应标有"CSC 安全合格"字样,同时标有其他内容的文字。在运输运营中使用的集装箱,在安全合格牌照上还必须标明维修间隔的时间。

安全合格牌照主要标示内容如图 2-11 所示。

(2)海关运输加封批准牌照(TIR 批准牌照)。

联合国的欧洲经济委员会(ECE)为使集装箱进出各国国境时不必开箱检查以加速集装箱的流通,于 1956 年制定了能使集装箱顺利通过国境的公约,即《集装箱海关公约》(CCC)。该公约于 1972 年在日内瓦修订,1975 年 12 月 6 日生效。1959 年欧洲经济委员会又制定了为

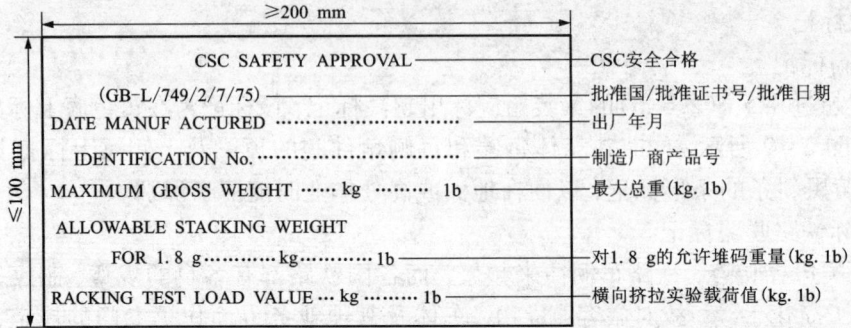

图 2-11　集装箱 CSC 安全合格牌照

便于集装箱内货物报关的《关于在国际公路运输手册担保下进行国际货物运输的报关公约》（Customs Convention on the International Transport of Goods under Cover of TIR Carnets，TIR 公约）。

用于运输海关加封货物的集装箱，如符合规定的技术条件可以在制造阶段按定型设计批准，也可在制成以后逐个地或按同一型号的一定数目的集装箱加以批准。负责审批的主管当局经审查批准后应向申请人发放批准证明书。这一批准证明书可按具体情况对按批准型号生产的集装箱全部有效，或只对一定数目的集装箱有效。被批准人在使用集装箱运输海关加封货物前，应将批准牌照安装在批准的集装箱上。批准牌照应永久安装在十分明显并与其他官方批准牌照相近的地方。

批准牌照也是一种金属板，其尺寸要求与安全合格牌照一样，不得小于 200 mm × 100 mm。该牌照上应以英文或法文标明如图 2-12 所示内容。牌照上的文字应易读并能保持长久。

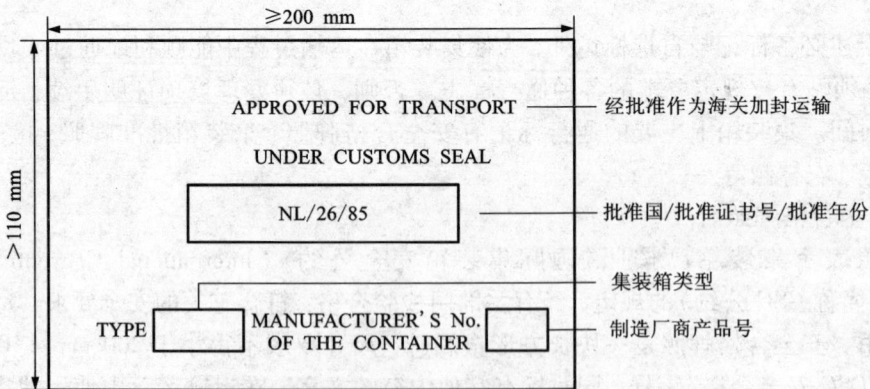

图 2-12　批准牌照（TIR 批准牌照）

如果集装箱已经不符合批准时所规定的技术条件，在它被用来运输海关加封货物以前，应当恢复到批准时所具有的状态，以便重新符合上述技术条件。

如果集装箱上主要特征已经改变，对该集装箱的批准应立即停止使用。在它用来运输海关加封货物以前，应由主管当局重新批准。

（3）检验合格徽。

检验机关根据 ISO 的要求对集装箱进行各种试验，确认集装箱在运输过程中对于运输工具（如船舶、货车、拖车）是安全的，试验合格后应在箱门上贴有代表该检验机关的检验合格徽。凡贴有检验合格徽的集装箱可以认为是 ISO 的标准集装箱。图 2－13 为中国船级社的检验合格徽。

（4）防虫处理板。

对于澳大利亚和新西兰的集装箱，防虫处理板（immunisation plate 或 rating plate）是必备的通行标志。

图 2－13 中国船级社的检验合格徽

澳大利亚和新西兰两国过去的山林资源曾因进口植物带来的虫害受到了严重危害，在吸取这一教训的基础上，他们强烈要求对进口的木料及其他植物，包括集装箱上使用的木材在内，必须进行防虫处理，以防止植物及其产品的病虫侵入国内和在国内蔓延，并以此作为允许集装箱入境的条件之一。

澳大利亚卫生局规定，需经防虫处理的集装箱应向政府申报，由有关部门检定。认定可以后发放防虫处理板。防虫处理板上应记有处理年份和处理时使用的药名。防虫处理板牢固地安装在集装箱上较醒目的地方。

（5）农林徽。

农林徽是指带有熏蒸设施的集装箱标记，一般贴在冷藏集装箱和散货集装箱的箱门上，证明该集装箱可以在箱内利用规定的药品进行熏蒸。

2.4 集装箱分类

运输货物用的集装箱种类繁多，分类方法不一。仅以国际标准的第 1 系列集装箱为例，除按尺寸分类外，还可以按材料、结构和用途的不同进行分类。

2.4.1 按使用材料分类

集装箱在使用中经常受到很大的压力和拉力。因此，集装箱的材料首先要有足够的刚性和强度，应尽量采用质量轻、强度高、使用年限长、维修保养费用低的材料。此外，还要考虑到这些材料既要价格低廉，又便于取得。随着集装箱运输的发展，在集装箱的制造中也不断采用新的材料。

现有的国际标准集装箱按使用材料分类，有钢集装箱、铝集装箱、玻璃钢集装箱和不锈钢集装箱四种。

1. 钢集装箱

钢集装箱的外板用钢板，结构部件也均采用钢材。钢集装箱的最大优点是强度大、结构牢、焊接性和水密性好，而且价格低廉。同样尺寸的钢集装箱与铝集装箱比较，钢集装箱的价格为铝集装箱的 60% ~ 70% 。

钢集装箱的最大缺点是质量大，20 ft 型钢集装箱的自重一般 2 200 kg 左右，由于自重大，降低了装货量。此外，钢集装箱容易腐蚀、生锈，每年一般需要进行两次除锈涂漆，降低了使用率。钢集装箱的使用年限较短，国外一般为 11～12 年。

据统计目前世界上拥有钢集装箱的数量，占世界总箱量的 85% 左右。

2. 铝集装箱

通常说的铝集装箱，并不是纯铝制的，而是主要部件使用各种轻铝合金，故称铝合金集装箱。铝合金一般都采用铝 - 镁合金，这种铝合金集装箱的最大优点是质量轻，铝合金的相对密度为钢的 1/3，20 ft 铝集装箱的自重为 1 700 kg，比钢集装箱轻 20%～25%。同一尺寸的铝集装箱可以比钢集装箱装更多的货物。

铝集装箱不生锈，外表美观，铝 - 镁合金在大气中自然形成氧化膜，可以防止腐蚀，但遇海水有点蚀作用，如采用纯铝包层超硬铝板或在箱外涂一层特殊的透明涂料，就能对海水起很好的防蚀作用，最适合用于海上运输。铝合金集装箱的弹性好，加外力后容易变形，外力除去后一般就能复原，因此最适合在有箱格结构的全集装箱船上使用。铝集装箱的使用年限比钢集装箱长，一般为 15～16 年。

铝集装箱的缺点是焊接和耐磨性差、疲劳强度不足，故角件、角柱及框架结构一般仍采用钢材。由于铝集装箱价格高，一般用来制造特种集装箱，如罐式集装箱、冷藏集装箱。

3. 玻璃钢集装箱

玻璃钢集装箱是在钢制的集装箱框架上装上玻璃钢复合板构成的，玻璃钢复合板主要用作侧壁、端壁、箱顶板和箱底板。美国于 1967 年最早使用玻璃钢集装箱，1968 年已有 6 家公司制造玻璃钢集装箱。目前美国生产的玻璃钢集装箱已占集装箱总产量的 20%。英国和日本也在研究、设计、制造和推广使用玻璃钢集装箱。

玻璃钢集装箱的特点是强度大、刚性好。由于玻璃钢复合板具有一定的厚度，能承受较大的外力，箱壁上一般不需要再加衬板，从而可以增加 7%～10% 的内容积。玻璃钢的隔热性、防腐性、耐化学性都比较好，能防止箱内产生结露现象，有利于保护箱内货物不遭受湿损。玻璃钢板可以整块制造，防水性好，还容易清洗，最适合作兽皮集装箱和动物集装箱用。此外，玻璃钢集装箱还有不生锈、容易着色的优点，故外表美观。由于维修简单，维修费用也低。因为玻璃钢集装箱有上述优点，在现有的集装箱中可制作如下几类的集装箱：杂货集装箱、冷藏集装箱、罐式集装箱、通风集装箱、兽皮集装箱、散货集装箱、动物集装箱、航空集装箱。

玻璃钢集装箱的主要缺点是质量较大，与钢集装箱相差不大，另外，关于塑料老化和拧螺栓处的强度降低等问题还需进一步研究解决。根据英国、日本、美国的市场情况看，玻璃钢集装箱的价格比同样尺寸的钢集装箱贵 44%～50%。据统计，玻璃钢集装箱的数量占世界总箱量的 3.8% 左右。

4. 不锈钢集装箱

不锈钢是一种新的集装箱材料，它有如下优点：强度大、不生锈、外表美观；在整个使用期内无需进行维修保养，使用率高；耐蚀性能好。

其缺点是价格高、初始投资很大，一般都用作罐式集装箱。

2.4.2　按结构分类

集装箱按结构分类有如下三种不同的分类方法。

1. 内柱式和外柱式集装箱

这里的柱主要是指集装箱的端柱和侧柱。侧柱和端柱位于侧壁和端壁之内的称为内柱式集装箱；侧柱和端柱位于侧壁和端壁之外的称为外柱式集装箱。一般玻璃钢集装箱和钢集装箱均没有侧柱和端柱，故内柱式和外柱式集装箱是指铝集装箱而言。

内柱式集装箱(见图 2-14)的优点是外表平滑、美观，受斜向外力不易损坏，印刷标记时比较方便。外板与内衬板之间留有一定的空隙，防热效果好，能减少货物的湿损率。在修理和更换外板时，不需要取下内衬板。

外柱式集装箱(见图 2-15)的优点是当受外力作用时，外力由侧柱或端柱承受，起到了保护外板的作用，外板不易损坏。由于集装箱内部壁面平整，有时也不需要有内衬板。

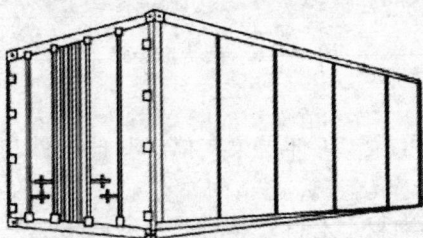

图 2-14　内柱式集装箱　　　　　　　　图 2-15　外柱式集装箱

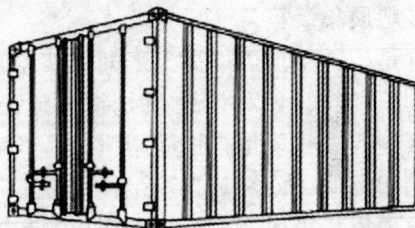

2. 折叠式和固定式集装箱

折叠式集装箱是侧壁、端壁和箱门等主要部件能很方便地折叠起来，在再次使用时可以再撑开来的一种集装箱。主要用在资源不平衡的航线上，为了减少回空时的舱容损失，提高营运的经济性。

国际标准的 20 ft 折叠式集装箱折叠起来后，其体积可以缩小 3/4，运输时可以通过连接器接在一起，其外部尺寸成为一个标准的 20 ft 型集装箱。

与折叠式集装箱相反，侧壁、端壁和箱顶等部件永久固定在一起，呈密闭状的集装箱为固定式集装箱，这种集装箱又称为非折叠式集装箱。

折叠式集装箱由于各主要部件是用铰链连接的，故其结构强度比固定式集装箱弱。固定式集装箱是集装箱的主流，折叠式集装箱是集装箱的一种例外。

3. 预制件式和薄壳式集装箱

集装箱的骨架由许多预制件组合起来，并由它承受主要载荷，由于外板和骨架均为预制件，故称为预制件式集装箱。铝质和钢质的预制件式集装箱的外板采用铆接或焊接方法与骨架连接在一起，而玻璃钢的预制件式集装箱，其外板用螺栓与骨架连接。

薄壳式集装箱像飞机的结构那样，把集装箱的所有部件结合成一个刚体，其优点是重量轻，受扭力作用时不会引起永久变形，所以集装箱的结构一般或多或少都采用薄壳理论进行设计。

2.4.3　按用途分类

随着集装箱运输的发展，为了适应装载各种不同种类的货物，出现了许多不同种类的集装箱，这些集装箱不仅外形不同，结构不同，其内尺寸的参数也不同。现就各种不同种类集装箱的特点介绍如下。

1. 杂货集装箱

杂货集装箱(dry cargo container)又称干货集装箱,是一种通用集装箱,用以装载除液体货和需要调节温度的货物外的其他货物,其使用范围极广,如图2-16所示。据统计,世界集装箱中,杂货集装箱约占85%。杂货集装箱有的除后端设端门外,在侧壁上还设有侧门,这种设有侧门的集装箱在铁路货车上装箱十分方便。

2. 敞顶集装箱

这是一种箱顶可以拆下来的集装箱,箱顶又分硬顶和软顶两种。硬顶是指顶篷用一整

图2-16 杂货集装箱

块钢板制成。软顶是指顶篷用帆布、塑料布制成,以可拆式扩伸弓梁支撑。其他构件与通用集装箱相类似,如图2-17所示。

敞顶集装箱适合于装载大型货物和重型货物,如钢材、木材,特别是像玻璃板等易碎的重货。这些货物常利用吊车从箱顶部吊入箱内,既不易损坏货物,又可减轻装箱的劳动强度,而且也便于在箱内把货物固定。

(a) 硬敞顶集装箱   (b) 软敞顶集装箱

图2-17 敞顶集装箱

3. 台架式集装箱

台架式集装箱(platform based container)是ISO/TC104在1984年《集装箱术语》(ISO 830-1984)修改以后出现的新名词,其中包括了过去的板架集装箱(flat rack container)在内。现在台架式集装箱的结构种类很多,主要类别如图2-18所示。

总的来说,台架式集装箱没有箱顶和侧壁,可以用吊车从顶上装货,也可以用叉式装卸车从箱侧装货,适合于装载长大件和重件货,如重型机械、钢材、钢管、木材、钢锭、机床及各种设备。还可以用两个以上的板架集装箱并在一起,组成装货平台,用以装载特大件货物。还有的板架集装箱其端壁可以折叠起来,以减少空箱回空时的舱容损失。其结构形式如图2-19所示。

台架式集装箱的主要特点:为了保持其纵向强度,箱底较厚,箱底的强度比一般集装箱强度大,而其内部高度比一般集装箱低。为了把装载的货物系紧,在下侧梁和角柱上设有系

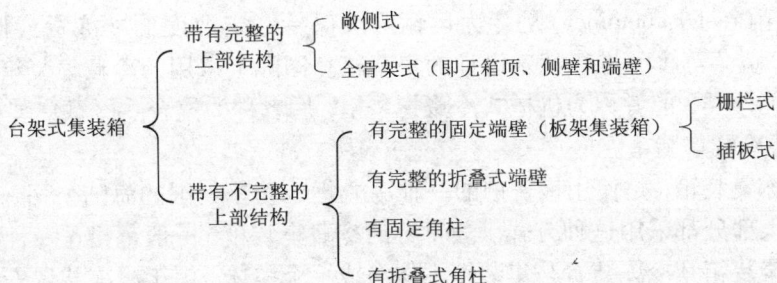

图 2 - 18 台架式集装箱类别

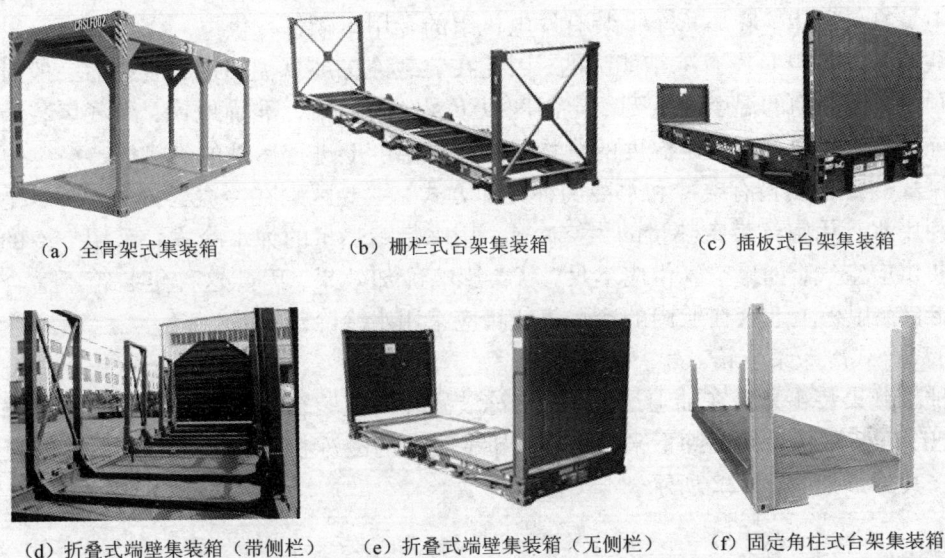

(a) 全骨架式集装箱 　　　(b) 栅栏式台架集装箱 　　　(c) 插板式台架集装箱

(d) 折叠式端壁集装箱 (带侧栏) 　　(e) 折叠式端壁集装箱 (无侧栏) 　　(f) 固定角柱式台架集装箱

图 2 - 19 台架式集装箱结构形式

环。为了防止运输过程中货物坍塌,在集装箱的两侧还设有立柱或栅栏。台架式集装箱没有水密性,怕水湿的货物不能装运。在陆上运输中或在堆场上贮存时,为了不淋湿货物应有帆布遮盖。

4. 平台集装箱

平台集装箱 (platform container) 是指无上部结构、只有底结构的一种集装箱。平台的长度和宽度与国际标准集装箱的箱底尺寸相同,可使用与其他集装箱相同的紧固件和起吊装置,其外形如图 2 - 20 所示。

图 2 - 20 平台集装箱

平台集装箱又分为有顶角件和底角件的平台集装箱和只有底角件而没有顶角件的平台集装箱两种。平台集装箱在欧洲使用较多。

5. 冷藏集装箱

冷藏集装箱(reefer container)是专为运输要求保持一定温度的冷冻货或低温货，如鱼、肉、新鲜水果、蔬菜等食品进行特殊设计的集装箱。国际上采用的冷藏集装箱分为可制冷和只具有保温功能两类，前者称为机械式冷藏集装箱，后者称为离合式冷藏集装箱。

(1)机械式冷藏集装箱。

它又称冷冻集装箱，是使用最普遍的一种冷藏集装箱。美国的海陆公司、麦逊公司和日本的各船公司大部分都采用这种方式。通常称的冷藏集装箱，一般都指这一种集装箱。

这种冷藏集装箱其冷冻装置与集装箱本体组成一个整体，由于冷冻装置安装在集装箱箱体内，不会妨碍船上或陆上集装箱专用机械的搬运和装卸，其外形如图2－21所示。

机械式冷藏集装箱只要一供电，冷冻机运转，就能给箱内供应冷气。在船上，它由船舶发电机供电。在码头上，它由陆上电源供电。在公路上运输时，它由带有发电机组的专用底盘车供电。在铁路上，它靠货车上装有发电机组的专用车辆进行供电。

冷藏集装箱本身是没有冻结能力的，因此在装载冷冻或低温货时，装箱前一般对货物要求进行预冷，使货物的温度降低到给定温度以下，然后装箱。准确地说，冷藏集装箱是一种带有冷冻装置，能把具有一定温度的货物保持在该温度上进行运输的隔热集装箱。

机械式冷藏集装箱有空冷和水冷两种冷却方式，主要区别在冷凝器内放热时，是利用空气还是利用水。用空气带走热量的为空冷式，用水带走热量的为水冷式。采用空冷的冷藏集装箱需要供应空气，如果空气供应不足，就会影响冷却效果，因此这种集装箱不适合装在舱内，只能装在甲板上。装在舱内的冷藏集装箱应采用水冷冷却方式。

(2)离合式冷藏集装箱。

这种冷藏集装箱只是在陆上运输时，冷冻装置才与集装箱本体结合在一起。在海上运输时，可把冷冻装置从箱体上卸下来，箱内冷却靠船上的冷冻机舱制冷，通过冷风管道系统供应冷风。其外形如图2－22所示。

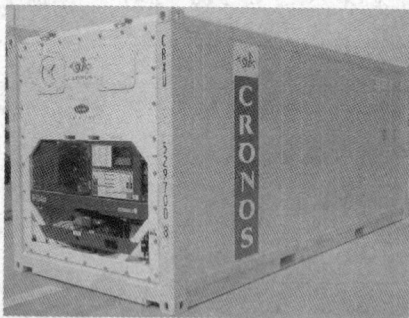

图2－21　机械式冷藏集装箱

图2－22　离合式冷藏集装箱

由于离合式冷藏集装箱的本体内不带冷冻装置，因此集装箱的本体实际上是一种隔热集装箱。其特点是，在集装箱端壁上设有上、下两个气孔，下面的孔是冷风进气孔，上面的孔是冷风出气孔，在冷风孔上设有自动开闭的盖，与船上冷风管连接时，把盖打开，不连接时把盖关上。在海上运输中，就靠冷冻机舱内供应冷风，通过冷风管和冷风进气孔送进集装箱内。在陆上运输或在码头堆场上存放时，则在箱的本体上安装冷冻装置进行冷却。

冷藏集装箱并不是只装运 0℃ 以下的货物,还可以装运 0℃ 以上的货物,由于箱内有加温设备,可以使箱内温度保持在 0℃ ~25℃。

6. 散货集装箱

散货集装箱(bulk container)是一种密闭式集装箱,有玻璃钢制和钢制的两种。前者由于侧壁强度较大故一般装载相对密度较大的散货用,如麦芽和化学品等;后者原则上用于装载相对密度较小的货物,如谷物。

散货集装箱除了端部设有箱门外,在箱顶上还设有 2 ~3 个装货口。装货口有圆形的和长方形的两种。在箱门的下方还设有两个长方形的卸货口。散货集装箱如图 2 – 23 所示。

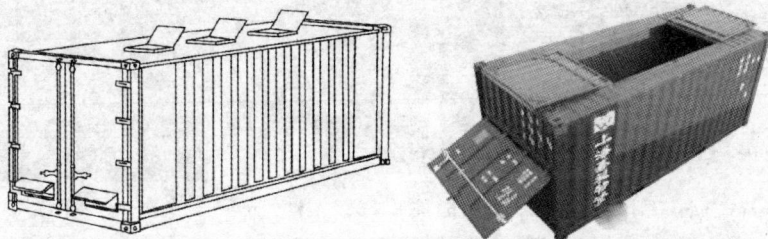

图 2 – 23　20 ft 散货集装箱

散货集装箱顶部的装货口应设水密性良好的盖,以防雨水侵入箱内。一些国家对进口植物需进行检疫,如澳大利亚的检疫制度十分严格,进口粮食要求在港外锚地进行熏蒸杀虫。因此,在散货集装箱上有的设有投放熏蒸药品用的开口,以及排除熏蒸气体的排出口,熏蒸时还要求集装箱能保持完全气密。

散货集装箱还可以用来装载杂货,为了防止装载杂货时箱内货物的移动和倒塌,故箱底和侧壁上也设有系环,以便能系紧货物。

7. 通风集装箱

通风集装箱(ventilated container)的外表与杂货集装箱相同,是一种带有箱门的密闭式集装箱。为了通风,一般在侧壁或端壁上设有 4 ~6 个通风口。它适于装载球根类、食品以及其他需要通风、防止汗湿的货物,能有效地防止新鲜食品在运输途中腐烂变质,如将通风口关闭,同样可以作为杂货集装箱使用,其外形如图 2 – 24 所示。

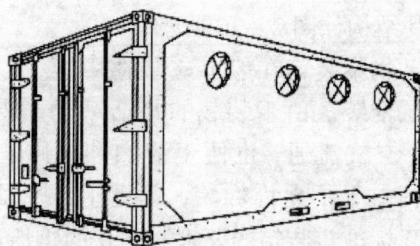

图 2 –24　通风集装箱

集装箱的通风方式一般采用自然通风。为了达到较好的通风效果,箱体采用双层结构,其侧壁和端壁的外板采用镀锌钢板或铆接铝板,顶板和底板采用玻璃钢胶合板,内衬板和外板保持 60 mm 的间隙,内衬板用涂漆的玻璃钢板。

8. 罐式集装箱

罐式集装箱(tank container)是专用以装运酒类、油类(如动植物油)、液体食品以及化学品等液体货物而设计的,还可以装运酒精及其他液体的危险货物。

罐式集装箱主要由罐体和箱体框架两部分构件组成。框架一般用高强度钢，其强度和尺寸应符合国际标准的要求。角柱上也装有国际标准角件，装卸时与国际标准集装箱相同。罐体是装运货物的主体，其形状和尺寸在国际标准中没有具体规定。罐体顶部设有入孔（即装货口），装货口的盖子必须水密，罐底设有排出阀。罐的结构应便于拆卸和容易清扫。有些液体货物随外界温度变化而增加黏度，装卸时需要加温，所以在某些罐体下部设有加热器。在运输途中为能从外面随时观察罐内的货温，罐上还装有温度计。此外，罐上还应设有安全阀和梯子，罐顶最好有踏脚板，便于人员在顶上操作。钢制的罐式集装箱如图 2 - 25 所示。

(a) 罐式集装箱结构   (b) 液体罐式集装箱   (c) 装轻油的罐式集装箱

图 2 - 25　罐式集装箱

9. 动物集装箱

动物集装箱（pen container）是一种装运鸡、鸭、鹅等活家禽和牛、马、羊、猪等活家畜用的集装箱。为了遮蔽太阳，箱顶采用胶合板遮盖，侧面和端面都有用铅丝网制的窗，保证良好的通风。侧壁下方设有清扫口和排水口，配有上下移动的拉门，可把垃圾清扫出，其结构如图 2 - 26 所示。

动物集装箱在船上应装在甲板上，不允许多层堆装。由于装载的是活动物，装在甲板上，空气流通，也便于清扫和照顾。动物集装箱由于不允许堆装，载重小，故强度低

图 2 - 26　动物集装箱

于国际标准集装箱的要求，20 ft 的钢质动物集装箱的载重仅 4 800 kg，总重不到 8 t。

10. 汽车集装箱

汽车集装箱（car container）是在简易箱底上装一个钢制框架，通常没有箱壁（包括端壁和侧壁），箱底应用防滑钢板，以防止汽车在箱内滑动。汽车集装箱有装单层（只装一层）的和双层的两种。一般汽车（指小轿车）的高度为 1.35 ~ 1.45 m，如装在 8 ft（2 438 mm）高的标准集装箱内，其箱容要浪费 2/5 以上的容积。因此，汽车是一种不经济的装箱货。为了提高箱容利用率，常见的有装双层的汽车集装箱，这种双层汽车集装箱高度有两种，一种为 10.5 ft（3 200 mm），另一种为 8.5 ft 高的 1.5 倍，即 12.75 ft（3 886 mm）。因此，汽车集装箱一般不是国际标准集装箱。汽车集装箱如图 2 - 27 所示。

汽车装箱后，要利用集装箱上的系环把车辆拉紧加以固定，然后再用方形木条钉成井字

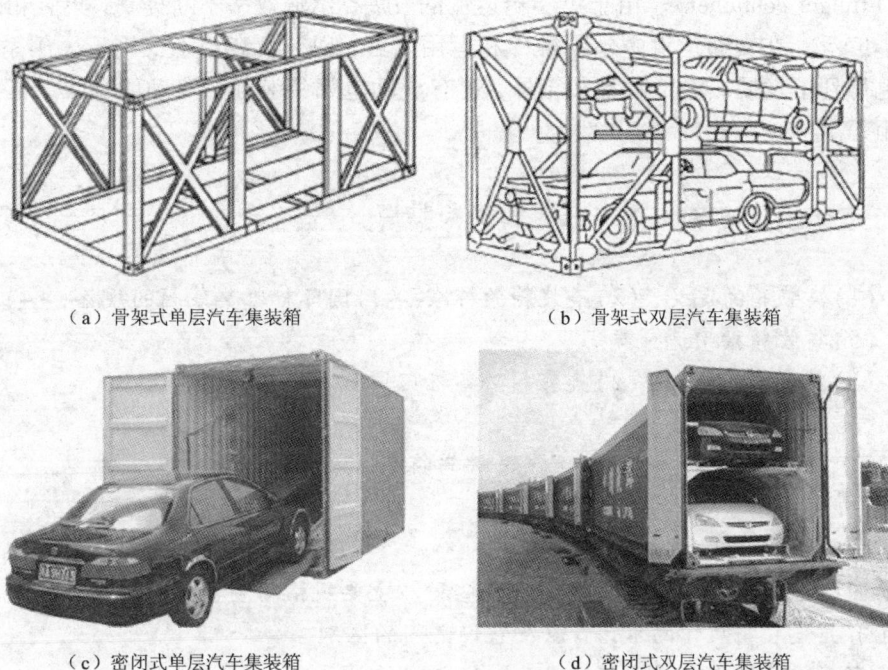

（a）骨架式单层汽车集装箱　　　　　　　　　（b）骨架式双层汽车集装箱

（c）密闭式单层汽车集装箱　　　　　　　　　（d）密闭式双层汽车集装箱

图 2 - 27　汽车集装箱

形木框，垫在车轮下面，防止车辆滚动，并要求在轮胎与箱底或木条碰到的部分要用纱头或破布保护起来，防止船舶和运行车辆摇摆时产生的振动和冲击而磨损轮胎。但按货主的要求，一般不希望垫方形木条，而船运汽车的实践证明，即使只用绳索拉紧，其固定的牢固程度也已经足够，因此一般不再垫井字木框。

11. 服装集装箱

服装集装箱（garment container）的特点是，在箱内上侧梁上装有许多根横杆，每根横杆上垂下若干条皮带扣、尼龙带扣或绳索，成衣利用衣架上的钩，直接挂在带扣或绳索上，其结构如图 2 - 28 所示。这种服装装载法属于无包装运输，它不仅节约了包装材料和包装费用，而且减少了人工劳动，提高了服装的运输质量。由于它具有许多优点，因此目前已广泛地被采用。

服装集装箱实际是杂货集装箱的一种特殊结构，它的主要参数与杂货集装箱相同，只是上侧梁由于承受了相当大的负荷，因此略需加强。

图 2 - 28　服装集装箱

这种集装箱如无服装装载时，只需把横杆上的绳索或带扣收起，即可作普通杂货集装箱使用，应用灵活方便。

12. 其他用途的集装箱

集装箱是因运输货物的需要而产生的，所以也称为"货物集装箱"（cargo container）或"货运集装箱"(freight container)。由于集装箱运输的发展，运输效率不断提高，集装箱运用的范围也越来越广泛。在交通运输中不断推广和运用以后，现在集装箱不仅用于民用系统，在军用系统中也得到了发展。除货物集装箱外，还有流动电站集装箱、流动舱室集装箱、流动办公室集装箱等。

重点与难点

重点：(1)集装箱的定义；(2)集装箱的标准；(3)国际标准集装箱的规格；(4)集装箱的基本术语；(5)集装箱按用途分类。

难点：(1)集装箱的标记；(2)集装箱必备标记中核对数字的计算。

思考与练习

1. 简述集装箱的定义。
2. 目前国际标准集装箱的主要规格有哪些种？主要规格箱型之间的尺寸关系是什么？
3. 简述有关集装箱尺寸的术语，以及它们之间的区别。
4. 简述有关集装箱重量的术语，以及它们之间的关系。
5. 集装箱上有哪些标记？
6. 集装箱是如何分类的？

第 3 章
集装箱货流组织与货物装载

3.1　集装箱货流组织

3.1.1　集装箱货物的集散方式

在传统的国际货物运输中，运输组织是混乱的，由于各托运人托运货物的批量都较小，在内陆运输中无法实现经济规模。与传统的货物运输相比较，集装箱货物的运输无论在全程流通过程还是在运输组织上都发生了根本性的变化。从前述集装箱货物的整体流通途径来看，采用集装箱运输货物时，一般先将分散的小批量货物预先在内陆集散点加以集中，组成大批量货物以后，通过内陆运输（铁路或公路运输）将其运到装船港。用船将集装箱运到卸船港后，再通过内陆运输将集装箱运到最终目的地。

在集装箱货物的运输过程中，货物的集散方式有整箱货和拼箱货两种，两者的运输过程是不同的。

1. 整箱货及整箱货物运输

整箱货（full container load，FCL）是指由发货人负责装箱、计数、填写装箱单，并由海关加铅封的货物。整箱货的拆箱一般由收货人办理，也可以委托承运人在货运站拆箱，但承运人不承担箱内的货损、货差责任，除非货方举证确属承运人责任事故的损害，承运人才负责赔偿。承运人对整箱货以箱为交接单位。只要集装箱外表与收箱时相似和铅封完备，承运人就完成了承运责任。整箱货提单上要加上"委托人装箱、计数并加铅封"的条款。

整箱货物运输是承运人从发货人手中接过海关铅封后的整箱货物，经过公路、铁路、水路等各种运输方式，在运输过程中不进行掏装箱作业，一直运送到目的地收货人指定的交货地点交付。这种形式即所谓的"门到门"运输。采用这种运输形式，一般货物批量大，全部货物均属于一个发货人和收货人，并到达一个目的地。

整箱货物运输过程大体如下：

①发货人在自己工厂或仓库装箱地点配置集装箱。

②发货人在自己工厂或仓库装箱地点装箱。

③通过内陆运输或内河运输将集装箱货物运至集装箱码头。

④在集装箱码头堆场办理交接，根据堆场计划在堆场内暂存集装箱货物，等待装船。

⑤根据装船计划将集装箱货物装上船舶。

⑥通过水上运输将集装箱货物运到卸船港。

⑦根据卸船计划从船上卸下集装箱货物。

⑧根据堆场计划在堆场内暂存集装箱货物。

⑨通过内陆运输将集装箱货物运至收货人工厂和仓库。

⑩收货人在自己工厂或仓库掏箱地点掏箱。

⑪集装箱空箱回运至集装箱堆场。

2. 拼箱货及拼箱货物运输

拼箱货(less than container load, LCL)是指装不满一整箱的小票货物。这种货物通常是由承运人分别揽货并在集装箱货运站内集中, 而后将两票或两票以上的货物拼装在一个集装箱内, 运到目的地的集装箱货运站后拆箱, 分别交货。对于这种货物, 承运人要负担装箱与拆箱作业, 装拆箱费用仍向货方收取。承运人对拼箱货的责任, 基本上与传统散杂件货物运输相同。

拼箱货物运输是由货主通过普通汽车将货物运输到集装箱货运站, 承运人将货物集中后, 把不同票而到达同一目的地的货物拼装在一个集装箱内, 再运输到集装箱码头堆场, 等待装船。船舶到达目的港后, 运输到集装箱货运站拆箱, 再利用普通汽车运送到收货人处。采用这种运输形式, 一般货物批量较小, 不足以装满一箱, 货物可以来自不同的起运地, 但必须运往同一目的港。

拼箱货物运输过程大体如下:

①发货人自己负责将货物运至集装箱货运站。

②集装箱货运站负责配箱、装箱。

③集装箱货运站负责将装载货物的集装箱运至集装箱码头。

④根据堆场计划将集装箱暂存堆场, 等待装船。

⑤根据装船计划将集装箱货物装上船舶。

⑥通过水上运输将集装箱货物运抵卸船港。

⑦根据卸船计划从船上卸下集装箱货物。

⑧根据堆场计划在堆场内暂存集装箱货物。

⑨将集装箱货物运到货运站。

⑩集装箱货运站掏箱交货。

⑪集装箱空箱回运至集装箱堆场。

在集装箱运输中, 有时也会出现这两种集散方式结合的情况, 即承运人从发货人处以整箱形态接收货物, 而以拼箱形态交付货物(针对每个箱中的货物只有一个发货人, 多个收货人的情况)或相反(针对每个箱中的货物有多个发货人, 而只有一个收货人的情况)。

典型的整箱货物运输和拼箱货物运输的货流过程如图 3 - 1 所示。

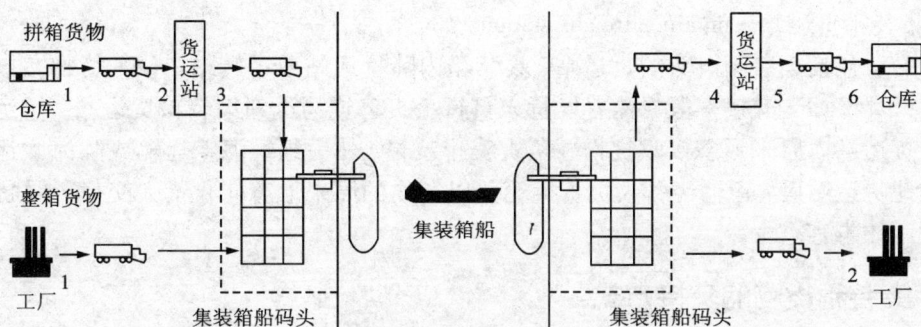

图 3 – 1　整箱货运输和拼箱货运输的货流过程示意图

3.1.2　集装箱货流的组织形式

根据集装箱货物运输的过程以及两种集散方式,存在四种集装箱货流的组织形式:

①FCL/FCL:在发货地组织整箱货,运到收货地后以整箱货送交收货人。

②FCL/LCL:在发货地组织整箱货,运到收货地货运站作为拼箱货拆箱,再分送各收货人。

③LCL/FCL:在发货地货运站组织拼箱货装箱,运到收货地整箱送交收货人。

④LCL/LCL:在发货地货运站组织拼箱货装箱,运到收货地货运站再拆箱分送各收货人。

集装箱货流的组织形式如图 3 – 2 所示。

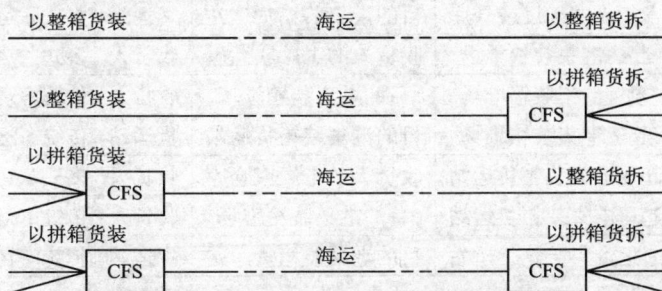

图 3 – 2　集装箱货流的组织形式示意图

3.1.3　集装箱货物的交接地点

在集装箱运输过程中,集装箱货物的交接地点主要有三类:

(1)托运人或收货人工厂或仓库(door)。

这类指承运人或其代理人在发货人的工厂或仓库接收货物或在收货人的工厂或仓库交付货物。door 交接的集装箱货物都是整箱交接。一般意味发货人或收货人自行装(拆)箱。运输经营人负责自接收货物地点到交付货物地点的全程运输。

(2)集装箱堆场(container yard,CY)。

集装箱码头堆场交接,一般意味着发货人应自行负责装箱及集装箱到发货港码头堆场的运输,承运人或其代理人在码头堆场接收货物,责任开始。货物运达卸货港后,承运人或其代理人在码头堆场上向收货人交付货物时,责任终止。由收货人自行负责集装箱货物到最终目的地的运输和掏箱。在集装箱码头堆场交接的货物都是整箱交接。

（3）集装箱货运站（container freight station，CFS）

这类一般包括集装箱码头的货运站、集装箱内陆货运站或中转站。CFS 货物交接通常是拼箱交接，因此 CFS 交接一般意味着发货人自行负责将货物送到集装箱货运站，承运人或其代理人在货运站以原来形态接收货物并负责安排装箱，然后组织海上运输或陆海联运。货物运到目的地货运站后，运输经营人负责拆箱并以货物的原来形态向收货人交付。收货人自行负责提货后的事宜。

3.1.4　集装箱货物的交接方式

根据四种集装箱货流组织形式和三类集装箱货物交接地点，集装箱货物有九种不同的交接方式，分别为：门到门（door/door）、门到场（door/CY）、门到站（door/CFS）、场到门（CY/door）、场到场（CY/CY）、场到站（CY/CFS）、站到门（CFS/door）、站到场（CFS/CY）、站到站（CFS/CFS）。在这九种不同的交接方式中，承运人与货方承担的责任、义务不同，承运人的运输组织的内容、范围也不同，其内容及区别如表 3 - 1 所示。

表 3 - 1　九种集装箱货物交接方式的内容及区别

交接方式	装箱人	承运人接收货物地点	承运人交付货物地点	拆箱人	运输形式	贸易形式
door/door	发货人	发货人的工厂或仓库	收货人的工厂或仓库	收货人	多式联运	单一的买方和卖方
door/CY	发货人	发货人的工厂或仓库	目的港集装箱堆场	收货人	多式联运	单一的买方和卖方
door/CFS	发货人	发货人的工厂或仓库	目的港集装箱货运站	货运站	多式联运	多个买方单一卖方
CY/door	发货人	起运港集装箱堆场	收货人的工厂或仓库	收货人	多式联运	单一的买方和卖方
CY/CY	发货人	起运港集装箱堆场	目的港集装箱堆场	收货人	传统海运	单一的买方和卖方
CY/CFS	发货人	起运港集装箱堆场	目的港集装箱货运站	货运站	传统海运	多个买方单一卖方
CFS/door	货运站	起运港集装箱货运站	收货人的工厂或仓库	收货人	多式联运	单一买方多个卖方
CFS/CY	货运站	起运港集装箱货运站	目的港集装箱堆场	收货人	传统海运	单一买方多个卖方
CFS/CFS	货运站	起运港集装箱货运站	目的港集装箱货运站	货运站	传统海运	单一买方多个卖方

由于整箱货物由发货人/收货人在工厂装/拆箱，因此，整箱货物的交接地点为 door 或 CY；而拼箱货物由承运人委托的货运站装拆箱，因此，拼箱货物的交接地点为 CFS。由此可见，集装箱货物的九种交接方式与四种货流组织形式之间存在一定的联系与对应关系，即：door/door、door/CY、CY/door、CY/CY 对应的货流组织形式为 FCL/FCL；door/CFS、CY/CFS 对应的货流组织形式为 FCL/LCL；CFS/CY、CFS/door 对应的货流组织形式为 LCL/FCL；CFS/CFS 对应的货流组织形式为 LCL/LCL。两者之间的关系如图 3 - 3 所示。

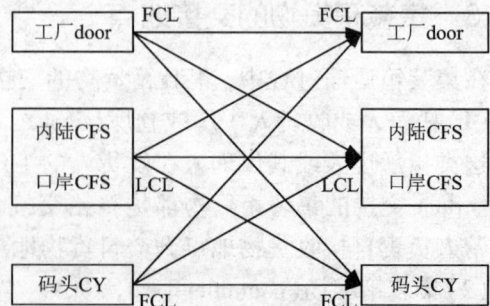

图 3 - 3　集装箱货流组织形式与交接形式的关联

在上述九种交接方式中，最典型的集装箱货物交接方式是第一种交接，即"门到门"运输，它是集装箱运输最理想的形式。只有实现了"门到门"运输，才能充分发挥集装箱运输的优势。

3.2　集装箱货物分类及箱型选择

3.2.1　集装箱货物的分类

集装箱运输以后，由于种类不同的集装箱适合装载的货物不同，所以货物分类的方法与普通货物运输时有所不同。一般有以下两种分类方法。

1. 按货物性质分类

可分为普通货物和特殊货物。

（1）普通货物（general cargo）。

普通货物一般通称为百杂货，该种货物的运输不需要特殊方法进行装卸和保管，可以按件计数的货物的总称。其特点是货物批量不大，但其货价较高，具有较强的运费负担能力，通常用定期船运输。普通杂货根据其包装形式和货物的性质又可分清洁货和污货两类。

①清洁货（clean cargo），清洁货又称细货（fine cargo）或精良货，该种货物清洁而干燥，货物本身对积载和保管无特殊要求，如与其他货物混载不会损坏或污染其他货物，如罐头食品、纺织品、棉纱、布匹、橡胶制品、陶瓷器、漆器、电气制品和玩具等。

②污货（dirty cargo），又称粗货（rough cargo，troublesome cargo），是按货物本身的性质和状态分类，指容易发潮、发热、风化、融解、发臭，或者有可能渗出液汁、飞扬货粉、产生害虫而使其他货物遭受严重损失的货物。属于这一类货物的有渗出液汁的兽皮，飞扬粉末的水泥、石墨，污损其他货物的油脂、沥青，生虫的椰子核、牛骨、干燥生皮，发生强烈气味或臭气的胡椒、樟脑、牛皮等。

（2）特殊货物（special cargo）

特殊货物是指在性质、重量、价值或货物形态上具有特殊性，运输时需要用特殊集装箱装载的货物。它包括冷藏货、活动植物、重货、高价货、危险货、液体货、易腐货和散货等。

①冷藏货（refrigerated cargo），是指需用冷藏集装箱或保温集装箱运输的货物，如水果、蔬菜、鱼类、肉类、鸡蛋、奶油和干酪等。

②活动植物（livestock and plants），指活的家禽、家畜及其他动物，以及树苗和其他苗木等植物。

③重货（heavy cargo），指单件重量特别大的货物，如重型机械等货物。

④高价货（valuable cargo），是指无论按容积或重量来计算，其价格都比较昂贵的货物，如生丝、绸缎、丝织品、照相机、电视机以及其他家用电器等。

⑤危险货（dangerous cargo），是指本身具有易燃、易爆、有毒、有腐蚀性、放射性等危险特性的货物。危险货物装箱时必须有特别的安全措施，有危险货物的集装箱装船时也同样如此，以保证运输设备及人身的安全。

⑥液体货（liquid cargo），指需装在罐、桶、瓶、箱等容器内进行运输的液体或半液体货物。许多液体货还具有一定程度的危险性，需特别引起重视。此外，液体货易泄漏和散发，经常会污染其他货物。

⑦易腐货(perishable cargo)，指在运输途中因通风不良或遇高温、高湿等原因容易腐败变质的货物。

⑧散货(bulk cargo)，指食物、盐、煤、矿石等无特殊包装的散装运输的货物。随着集装箱运输的发展，水泥、糖等也可用集装箱散装运输。

2. 按适箱程度分类

尽管集装箱化进展很快，但也并不是所有的货物都适合集装箱运输。根据适合装箱的程度，可分如下几种：

(1)最适合装箱货(prime containerizable cargoes)。

这些货一般是指货价高、运费也高的商品，而且货物通常具有装箱效率高的特点。因为这些货物的尺寸、容积与重量都适合装箱。属于这一类的货物有：各种酒类、香烟及烟草、药品、塑料及其制品、纺织品、小型电器、光学仪器、打字机以及各种家用电器等。如冷藏集装箱装运的果蔬及肉类、乳酪等也都属于此类，这些货物一般也都易被盗窃和损坏。

(2)适合装箱货(suitable containerizable cargoes)

这一类货物一般价格并不太高，运费也比最适合装箱货便宜，不易受损坏和盗窃。属于这一类商品的有：纸浆、罐装植物油、电线、电缆、金属制品、皮革、炭精棒、黑色颜料、煤焦油等支付赔偿费较高的商品。

(3)边际装箱货(marginal containerizable cargoes)。

边际装箱货又称临界装箱货，这一类货从技术上看是可以装箱的，但由于价格低廉，运费便宜，从经济角度看是不利的。这些货物在包装方面均难以进行集装箱化。属于这一类的货物有：钢锭、铅锭、生铁块、原木、砖瓦等。这些商品一般不会受损坏或被盗窃。

(4)不适合装箱货(unsuitable containerizable cargoes)。

这一类货物是指那些从技术上看装箱是有困难的，或货流量大时可以用专用运输工具(包括专用车、专用船)运输的货物。因为利用专用运输工具可以提高装卸效率，降低成本，例如原油、矿砂、砂糖等不宜装箱运输。又例如桥梁、铁路、大型发电机等设备，由于尺度大大超过国际标准集装箱中最大尺寸的集装箱，故装箱有困难，但可以装在组合式的平台箱上运送。

随着集装箱运输的发展，装载特种货物的专用集装箱也得到了一定的发展。专用集装箱出现以后，各货种适合装箱程度的等级，可能有所提高，边际装箱货和不适合装箱货的货种将日益减少。

3.2.2 按货物种类选择集装箱

集装箱运输与普通散件杂货运输相比较，由于搬运货物的次数减少了，故货物产生的货损事故也相应地减少。但是由于装箱时忽视了货物的性质和货物的包装状态，使用了不恰当的集装箱而引起货损，在集装箱运输中也经常发生。为了保证集装箱运输中货物的完整无损，应根据不同货物的性质、种类、体积、重量和形状来选择适当的集装箱。

目前，国际上常用的集装箱有杂货集装箱、敞顶集装箱、通风集装箱、台架式集装箱、动物集装箱、冷藏集装箱、罐式集装箱和散货集装箱等。

按货物性质，有的货物清洁而干燥，没有明显的特殊要求，也不会损坏其他货物，则可选用杂货集装箱。有的货物包装虽清洁或干燥，但根据其特性会对其他货物产生漏损、污损、熏染臭气，则应采用通风集装箱、敞顶集装箱或台架式集装箱等特殊集装箱。还有的货物易受周围温度、湿度的影响,如具有易腐蚀性的新鲜水果、蔬菜、鱼类和肉类等货物,就需使用保温集装箱、冷藏集装箱等。按货物性质分类,货物装箱时应选用的集装箱种类见表 3 - 2。

表 3 - 2　不同货物种类的集装箱选择

货物类型		选用集装箱
普通杂货	清洁货	杂货集装箱 通风集装箱 敞顶集装箱
	污货 (易受损货)	台架式集装箱 冷藏集装箱 散货集装箱
特殊货	易腐货 冷藏货	冷藏集装箱 通风集装箱
	活动植物	动物集装箱 通风集装箱
	重货	敞顶集装箱 台架式集装箱 平台集装箱
	高价货	杂货集装箱
	危险货	杂货集装箱 冷藏集装箱 台架式集装箱
	液体货	罐式集装箱
	散货	散货集装箱
	其他无包装货	台架式集装箱 平台集装箱

应指出的是,一种集装箱并不只适合于装载一种货物;同样,一种货物也可以采用不同种类的集装箱装载,但也不是各种集装箱都能适合装载。所以,正确地按货物种类选择集装箱,这对保证货物运输质量有重要意义。

3.3　货物装箱前的准备

3.3.1　明确货物属性及其对应装箱的要求

1. 货物的种类与性质

对货物种类与性质进行了解,其目的是看其对装箱与选箱及装卸方式、方法等有无特殊要求。例如,对于危险货物,要了解它是属于哪一类危险货物;对于普通货物,则应了解其是清洁货还是污货等。不同的货物具有不同的特性,例如货物的危险性、易碎性、对温湿的敏感性以及能否与其他货物进行混装等,这些具体特性在装箱前必须了解清楚。

2. 货物的尺寸、重量

对货物的具体尺寸与重量的了解，其目的在于合理选用适应其尺寸及重量的集装箱以及箱内可装载的货物数量。集装箱所装货物的重量受集装箱最大载货重量的限制。

3. 货物的包装

货物因其采用不同的包装方式、方法或不同的包装材料使其包装强度有所差别，货物的包装强度和包装材料应符合各种运输方式的运输条件和装卸条件的要求。

3.3.2　了解集装箱运输过程

集装箱运输过程中，可能采用不同的运输方式，进行"门到门"运输。这一运输过程影响对集装箱的选择。

1. 集装箱运输的路线

应了解完成运输任务需要通过哪几种运输方式，如需要通过铁路或公路转运，则在铁路和公路上换装时是怎样操作的，采用什么机械；运输过程中的外界条件如何，是否需要通过高温、高湿地区（例如通过巴拿马运河）等。所选用的集装箱的种类和货物装箱时的方法都与之有关。

2. 到达最终目的地需要的时间

如果集装箱需要转换其他运输方式，则在换装地点是否需要停留，有的为了进行结关，必须在集装箱场上有较长时间的存放，装箱时必须考虑在这些停留和存放时间内，货物会不会变质。

3. 收货和交货形式

集装箱货物的交接地点一般有三类，即集装箱堆场、集装箱货运站和货主仓库。集装箱运往这些交接地点时公路和铁路的设备和条件如何，路面和桥梁能否承受其负荷等。

4. 拆箱地点的设备和条件

应考虑拆箱地点采用何种装卸机械，其起重量多大，拆箱地点有何装货平台。必须注意，有的拆箱地点无法完成 40 ft 型集装箱的作业。

5. 有关各国特有的法令和规则

在公路运输中，各国对车辆的容许长度、重量、净空高度等有不同的限制和规定。有的国家对动植物检疫有特别的手续和要求。在装箱作业前必须充分掌握这些规定和要求，才能顺利地完成运输任务。

3.3.3　集装箱的选择

在了解货物特性和运输过程以后，根据具体货物的要求来选择最合适的集装箱。在选用集装箱时，必须考虑以下问题。

1. 运输线路上的外界条件和特殊要求

（1）在国际多式联运中，如要通过欧洲大陆，则集装箱从卸货港经过陆上运输进入另一国时，必须满足《关于在国际公路手册担保下进行国际货物运输的海关公约》（简称《TIR 条约》）的规定。该条约规定了有关公路上运行的车辆或该车辆上装载的集装箱，在国境线上进行换装和通过国境线的货物，必须办理的海关手续，其主要内容之一是要求公路上运行的车辆或集装箱，必须具有一定的技术条件，并事先要得到有关部门的同意，方能运行通过。

（2）在澳大利亚航线上运输的集装箱，由于澳大利亚政府有关部门的规定，集装箱上所使用的木材，必须经防虫处理。因此，选用集装箱时，必须确实掌握该集装箱上所用的木材是否经过防虫处理。

（3）集装箱在横穿大陆或通过个别的山区地带时，有时其温度、湿度相差很大。对于运输某些温度、湿度十分敏感的货物，要尽量选用绝热性能良好的集装箱，或在箱内铺设具有吸湿性的衬垫材料，或采取其他措施保证货物不受损坏。

2. 装货作业上的要求

根据货物的特性，必须用木材来固定货物时，应尽量避免选用玻璃钢集装箱和箱底无木制底板的金属底集装箱，以免钉钉子后破坏了集装箱的水密性。

3. 装卸机械上的要求

有些重货不使用机械就不能装载，而在拆箱地点又无装货平台设备时，就需要使用敞顶集装箱利用吊车进行装载，但必须注意敞顶集装箱不具备水密性。

4. 货流条件

有些航线上由于货流的不平衡，或者来回航向的货种不同，可能会造成某些专用集装箱回空，所以应尽可能选用回程时也能装载另一种货的集装箱，避免集装箱回空运输。

5. 货物密度与集装箱的容重两者相适应

货物密度是指货物单位容积的质量，简称单位容重。它是货物积载因素（单位重量容积）的倒数：

货物密度 = 该批货物单位质量／该批货物单位体积

对于集装箱来说，把集装箱的最大载货重量除以集装箱的容积，所得之商就是集装箱的单位容重：

某集装箱的单位容重 = 该集装箱的最大载货重／该集装箱的容积

要使集装箱的容积和重量都能满载，就要求货物的密度等于集装箱的单位容重。实际上集装箱装货后，货物与货物、货物与集装箱内衬板、货物与集装箱箱顶板之间都会产生无法利用的空隙（称为弃位），在计算集装箱的容重时，应从其标定的容积中减去弃位空间。因此，在比较集装箱的容重与货物的密度时，应对集装箱的单位容重进行修正。

某集装箱的单位容重 = 该集装箱的最大载货重／（该集装箱的容积 − 装箱弃位）

= 该集装箱的最大载货重／（该集装箱的容积 × 箱容利用率）

因此，集装箱内实际利用的有效容积为集装箱容积乘上箱容利用率，现以 20 ft 和 40 ft 杂货集装箱，以及 20 ft 敞顶集装箱和台架式集装箱为例，其箱的单位容重见表 3 - 3。

表 3 - 3　集装箱的单位容重

集装箱种类	最大载货重量		集装箱容积		箱容利用率为 100% 时的单位容重		箱容利用率为 80% 时的单位容重	
	kg	lb	m^3	ft^3	kg/m^3	lb/ft^3	kg/m^3	lb/ft^3
20 ft 杂货集装箱	21 790	48 047	33.2	1 172	656.3	41.0	820.4	51.3
40 ft 杂货集装箱	27 630	60 924	67.8	2 426	407.5	25.1	509.4	31.4
20 ft 敞顶集装箱	21 480	47 363	28.4	1 005	756.3	47.1	945.4	58.9
20 ft 台架式集装箱	21 230	46 812	28.5	1 007	744.9	46.5	931.1	58.1

货物密度和每箱的单位容重可以衡量装箱货物是重货还是轻货。所谓重货是指货物密度大于集装箱的单位容重;反之,货物密度小于集装箱的单位容重,称为轻货。为使集装箱的容积和载重量得到充分利用,在选箱时,应选择单位容重与货物密度相接近的集装箱。

3.3.4 确定集装箱需用量和装载量

在计算集装箱所需数量之前,先要判定所装货物是重货还是轻货,然后再求出一个集装箱的最大装载量和有效容积,就可算出货物所需的集装箱数量。计算时如果货物是重货,则用货物总重量除以集装箱的最大载货重量,即得所需集装箱的数量;如果货物是轻货,则用货物总体积,除以集装箱的有效容积,即得所需集装箱的数量;如果货物密度与集装箱的单位容重相同,则无论按重量计或按体积计均可得出集装箱的需用量。

【例3-1】 现有纸板箱包装的电气制品共750箱,体积为117.3 m^3,重量为20.33 t,试计算需要多少个20 ft的杂货集装箱?

解:(1)计算货物密度。

货物密度 = 20 330 / 117.3 = 173.3(kg/m^3)

(2)查表确定集装箱的单位容重。

根据表3-3,取箱容积利用率为80%,20ft杂货集装箱的单位容重为820.4 kg/m^3。

(3)确定货物是重货还是轻货。

由于货物的密度小于集装箱的单位容重,可知该货为轻货。

(4)计算所需的集装箱数量。

根据表3-3可知20ft杂货集装箱的有效容积为33.2×80% = 26.54 m^3。

由于货物为轻货,故所需的集装箱数量应等于货物的体积与集装箱有效容积的比,

即117.3 / 26.54 = 4.4(个)。

由此可见,该票货物需要5个20 ft杂货集装箱。

3.3.5 集装箱使用前的检查与清理

货主或货运部门在用空箱装货前,首先要对集装箱进行必要的检查,以确保该集装箱技术上处于良好状态。对集装箱的检查内容包括以下几个方面。

1. 集装箱的外部检查

对集装箱外部的检查,主要是看其外表有无损伤,如发现有弯曲、凹痕、擦伤等痕迹时,应在其损伤周围进行仔细检查,同时对该损伤处的内侧也应进行检查。有时因铆钉松动和断裂,箱顶部分有气孔等原因容易造成漏水,引起货物湿损事故。对于经过修理的地方也要进行检查,检查有无漏水现象。

2. 集装箱的内部检查

可将集装箱关闭后,在其内部察看有无漏光现象,以确认是否存在破孔。也可通过内衬板上有无水湿痕迹判断其有无破孔现象,如发现有水迹,要追查产生水迹的原因。

箱壁或箱底板上如有钉或铆钉突出,或内衬板的压条有曲损时,应尽量设法除去或修补好,如无法除去或修补,应用衬垫物挡起来,以免损坏货物。如箱底捻缝不良,则集装箱放在底盘车上在雨水中运行时,从路面上带起来的泥水,会从底板的空隙中渗进箱内,污染货物,检查时也应注意。

3. 箱门与附件的检查

对箱门进行必要的检查，主要是检查其门锁装置是否处于正常状态，箱门周围的风雨密是否完整，箱门能否顺利关闭，箱门把手的动作是否灵便，箱门能否完全锁上。

对于集装箱附件的检查，主要检查固定货物用的环、眼的安装状态，敞顶集装箱专用布篷有无破损和安装用索具的状态，板架集装箱上的侧立柱、通风集装箱和冷冻集装箱的通风孔、闭锁装置和排水阀的状态是否处于正常状态。

4. 清洁状态的检查

检查集装箱内有无垃圾、恶臭、生锈，是否被污脏，箱内是否潮湿。如果这些方面不符合要求，应向集装箱提供人提出调换集装箱，或进行清扫、除臭作业。如无法采取上述措施，则箱内要铺设衬垫或塑料薄膜等，以防止货物污损。

特别要注意的是，集装箱用水冲洗后，从表面上看好像已经干燥，但箱底板和内衬板里面却含有大量的水分，这是造成货物湿损的重要原因之一。另外，如箱内发现麦秆、草屑、昆虫等属于动植物检疫对象的残留物时，也必须把这些残留物彻底清除。

3.4　集装箱货物的装载

3.4.1　集装箱货物装载的一般要求

可用集装箱装载的货物千差万别，装载的要求也各有不同，但一般应满足下述基本要求。

1. 重量的合理分配

根据货物的体积、重量、外包装的强度以及货物的性质进行分类，把外包装坚固和重量较重的货物装在下面，外包装较为脆弱、重量较轻的货物装在上面，装载时要使货物的重量在箱底上形成均匀分布。否则，有可能造成箱底脱落或底梁弯曲。如果整个集装箱的重心发生偏移，当用扩伸抓具起吊时，有可能使集装箱产生倾斜。此外，还将造成运输车辆前后轮重量分布不均。

2. 货物的必要衬垫

装载货物时，要根据包装的强度来决定对其进行必要的衬垫。

对于外包装脆弱的货物、易碎货物应夹衬缓冲材料，防止货物相互碰撞挤压。为填补货物之间和货物与集装箱侧壁之间的空隙，有必要在货物之间插入垫板、覆盖物之类的隔货材料。要注意对货物下端进行必要的衬垫，使重量均匀分布。

3. 货物的合理固定

货物在装箱后，一般都会产生空隙。由于空隙的存在，必须对箱内货物进行固定处理，以防止在运输途中，尤其是海上运输中由于船体摇摆而造成货物坍塌与破损。货物的固定方法主要有以下几种：

①支撑，用方形木条等支柱使货物固定。

②塞紧，货物与集装箱侧壁之间用方木等支柱在水平方向加以固定，货物之间插入填塞物、缓冲垫、楔子等防止货物移动。

③系紧，用绳索、带子等索具或用网具等捆绑货物。

由于集装箱的侧壁、端壁、门板处的强度较弱,因此,在集装箱内对货物进行固定作业时要注意支撑和塞紧的方法,不要直接撑在这些地方,应设法使支柱撑在集装箱的主要构件上。此外,也可将衬垫材料、扁平木材等制成栅栏来固定货物。

4. 货物合理混装

货物混装时,要避免相互污染或引起事故。

(1) 尽可能避免干、湿货物混装。

液体货物或有水分的货物与干燥货物混装时,如果货物出现泄漏渗出液汁或因结露产生水滴,就有可能引起干燥货物的湿损、污染、腐败等事故,因此,要尽可能避免混装。当然,如果液体货物或有水分的货物装在坚固的容器内,或装在下层,也可以考虑混装。

(2) 尽可能不与强臭货物或气味强烈的货物混装。

如肥料、鱼粉、兽皮等强臭货物,以及胡椒、樟脑等强气味货物不得与茶叶、咖啡、烟草等香味品或具有吸臭性的食品混装。对于与这些恶臭、强臭货物混装的其他货物也应采取必要措施,有效阻隔气味。

(3) 尽可能不与粉末类货物混装。

水泥、肥料、石墨等粉末类的货物与清洁货物不得混装。

(4) 危险货物之间不得混装。

危险货物相互混装,容易引起着火和爆炸等重大灾害。

(5) 包装不同的货物要分别装载。

木质包装的货物不要与纸质包装或袋包装的货物混装,防止包装破损。

5. 货物装载纵向重量分布的最小长度限制

对于货物密度远大于集装箱容重的货物,在装箱时应满足其纵向重量分布最小长度的限制。

装载货物的纵向重量分布是指沿箱体长度方向的重量分布。它对集装箱的安全使用以及安全运输有着重要影响。

单纯地把货物均匀装载在集装箱的横向全部宽度上,并且纵向分布在一定的长度上,若把集装箱作为一个梁时,为了使弯曲力矩保持在一定的数值内,其装载货物的底长度分布率 $\alpha = l/L$(l 为货物在箱底纵向摆放长度,L 为箱底纵向长度)和装载货物重量与集装箱最大载重之比 W/W_0 的关系如图 3-4 所示(W 为装载货物重量,W_0 为集装箱最大载重)。

图 3-4 中以虚线表示的曲线 I 和曲线 II 各为 6.1 m(20 ft)和 12.2 m(40 ft)集装箱在装货重量一定时,随

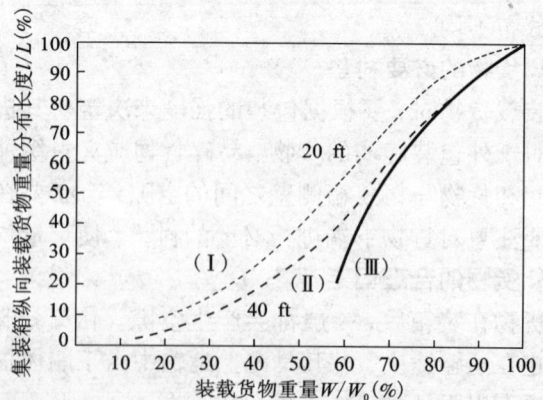

图 3-4　长度与重量关系

着货物底分布长度的减小,底梁和下侧梁之合计挠度达到极限值的曲线。用实线表示的曲线 III 是表示下侧梁中央部分的弯矩达到极限的曲线。由于这些曲线都是按极限值来考虑的,所

以在实际使用这些曲线时，如装载货物的重量分布长度很小，则必须要求货物装到曲线Ⅰ或曲线Ⅱ的左上方的状态时才能满足条件要求。

【例 3 - 2】　用 6.1 m(20 ft)杂货集装箱(标定的最大载货重量为 21 790 kg)装载了10 900 kg 的货物(假如为笨重货)，其最小的货物分布长度应为多少？

解：(1)先求出货物重量与集装箱最大载货重量之比值，即

$$W/W_0 = 10\ 000/21\ 790 = 0.46$$

(2)如图 3 - 4 所示可看出，当 W/W_0 为 0.5 时，$\alpha = l/L$ 约为 0.4，因 6.1 m(20 ft)杂货集装箱的长度 L 为 6 058 mm，所以可得货物摆放长度 l 数值为

$$l = 0.4 \times 6\ 058 = 2\ 423.2\ \text{mm}$$

因此，该货物在箱内的摆放长度不能小于 2 423 mm。

6. 货物的偏心容许范围的限制

装载货物的重量与集装箱最大载重之比和偏心 $\alpha = \Delta l/L$，两者关系如图 3 - 5 所示。

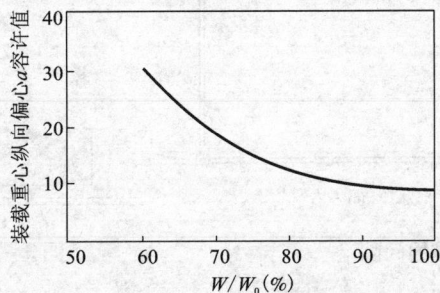

$\alpha\ (=\Delta l/L)$	0.1	0.115	0.134	0.181	0.310	0.405
W/W_0	1.000	0.909	0.833	0.714	0.588	0.555

图 3 - 5　装载货物的重量与集装箱最大载重之比和偏心的关系

如图 3 - 5 所示，当 W/W_0 确定后，相应的装载重心纵向偏心容许值被限制在曲线的下方。例如，W/W_0 为 0.833 时，α 应小于 0.314。

7. 装箱作业中的一般注意事项

货物的装箱作业一般有三种方法：全部用人力装箱；用叉车搬进箱内再用人力堆装；全部用机械装箱，如托盘货用叉车堆装。这三种装箱方式中，用第三种方法装卸效率高，货损事故少，最为理想。但是即使采用机械装箱，如装载时忽视了货物特性和包装状态，或由于装载技术不当等原因，也往往会产生货损事故。因此，将货物装箱时的一般注意事项说明如下：

①在任何情况下所装的货物重量不能超过集装箱的最大载货重量。集装箱的最大载货重量由集装箱的总重减去自重求得，总重和自重都标在集装箱的箱门上。

②每个集装箱的单位容重是一定的，如装载单一货种时，只要知道货物密度，就能断定是重货还是轻货，这对提高装箱效率是很重要的。

③装载时要使箱底上的负荷平衡，不要使负荷偏在一端或一侧。特别是要严格禁止负荷重心偏在一端的情况。

④避免造成集中负荷，如装载机械等重货时，箱底应加木板等衬垫材料，使负荷分散。

⑤装载托盘货时，要确切掌握集装箱的内部尺寸和货物包装的外部尺寸，尽量减少弃位，多装货物。

⑥用人力装货时，要注意包装上有无不可倒置、平放、竖放等装卸指示标志。要正确使用装货工具，捆包货禁止使用手钩。箱装货要整齐、紧密地堆装。容易散捆和包装脆弱的货物要使用衬垫或插入胶合板，防止货物移动，减少货损。

⑦用叉车装箱时，将受到叉车的自由提升高度、门架高度等的限制。在条件允许的情况下，可一次装载两层，但距箱顶和箱底应留有如图3-6所示的间隙。

如条件不允许一次装载两层进箱，则在箱内先装一层。在装载第二层时，门架起升高度应大于第一层货高，门架最大起升高度 h' 小于箱内净空限制高度 h，这时第二层货物才能装在第一层货物的上面，如图3-7所示。

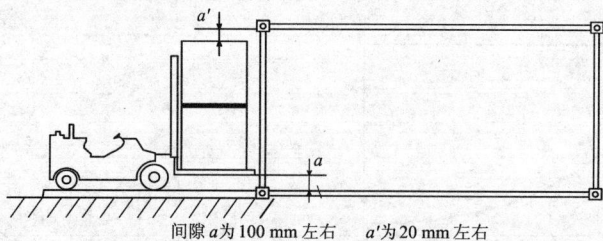

间隙 a 为 100 mm 左右　　　 a' 为 20 mm 左右

图3-6　叉车装箱的间隙　　　　　　　　　　图3-7　叉车在箱内的堆装

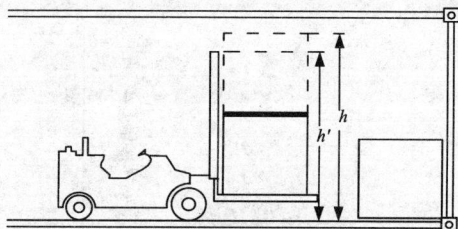

一般起重量 2 t 的叉车，其自由提升高度仅为 500 mm 左右。但是有一些装箱用的小叉车，是全自由提升高度的特制叉车，这种叉车只要箱内的高度允许，就不受门架起升高度的影响而能很方便地装载两层货物。

另外，还需要注意，如货物下面没有垫木，一定要另加垫木，以使货叉能顺利抽出。

3.4.2　典型货物的装载和固定方法

典型货物是指集装箱货物中具有代表性的大宗货物。从货物的包装形式和物理特性上看，主要有纸箱货、袋装货、桶装货、托盘货、捆包货、木箱货、板类货和滚筒货等。

1. 纸箱货的装载和固定

纸箱是集装箱货中最为常见的一种包装，一般用来包装比较精细和轻货物，纸箱货占集装箱货物的70%左右。纸箱货的装载和固定方法：

①装货前根据货物数量和货物尺寸判定集装箱是否能装满容积，如果有较大空隙，应在装载前调整货物堆装高度，使集装箱的底面积全部占满。

②如集装箱内装的是同一尺寸的小型纸箱货，则很容易做到箱内底面积无空隙地紧密堆装，不需要进行货物固定，但为防止运输途中货物倒塌，可以采用分层压缝和纵横交错的堆码方法。

③如果集装箱内装载同一尺寸的大型纸箱，则箱内常会产生空隙。当集装箱的横向空隙为300 mm左右时，一般不需对货物进行固定，在实际装载时，这样大小的空隙可人为地分散

开来或利用上层货物重量相互压紧。如果空隙较大,则需要根据具体情况用支撑或塞紧的方法对货物加以固定。

④如果不同尺寸的纸箱进行混装,应利用其大小变化搭配堆装,以消除空隙。

⑤如果纸箱货较重,而且要一直装到箱顶时,下面的纸箱可能会被压坏变形,产生货损。因此装载纸箱货时要按照纸箱上注明的堆码层数的要求堆码,并在中间层适当地铺上衬垫材料。衬垫材料最好用波纹纸板,其优点是重量轻、价格便宜、摩擦力大,对防止货物滑动效果明显。

2. 袋装货的装载和固定

袋装货也是集装箱中较为常见的货物,种类很多,主要的袋装货有粮食、咖啡、可可、肥料、水泥、聚乙烯、粉状的化学药品等,它们的包装材料不一,有麻袋、布袋、塑料袋、纸袋等。袋装货的装载和固定方法:

①对于装砂糖、水泥的纸袋,装粮谷的麻袋,装粉货的布袋,在货物装箱前,箱内应铺设聚氯乙烯薄膜或帆布,防止因破袋漏出的货物污损集装箱。

②袋包一般在中间呈臌凸形,装载时不像纸箱那样稳定,所以需要层层压缝码放,也可采用砌墙堆放法和交错堆放法,如图 3-8 所示。

③袋装货堆装后容易倒塌和滑动,为了防止袋与袋之间的滑动,可在袋装货中间用粘贴剂粘牢或插入衬垫板和防滑粗纸。

④如果货物堆装高度很高,在箱门附近还有塌货的危险,故需要用系绑用具来加以固定。在箱门附近离箱底 1 m 处铺上系网,用袋包把网压上一半,装完袋包后,用网把上面部分的货物包起来,另一端设法系绑在集装箱的系环上,这样就可以防止箱门附近塌货,如图 3-9 所示。

⑤为了防止袋装货因箱顶漏水受潮,应在货物上面进行必要的防水遮盖。

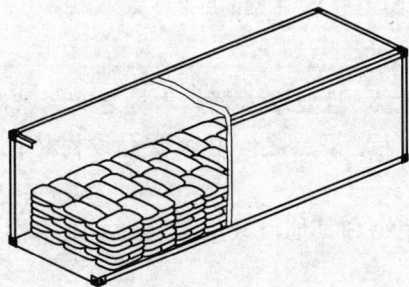

图 3-8 集装箱内袋装货的堆码

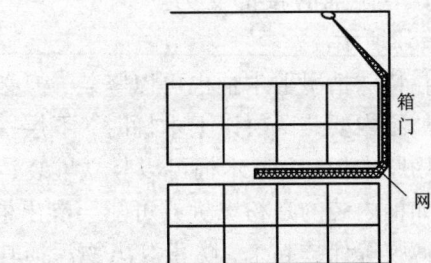

图 3-9 袋装货在箱门处的系网加固

3. 桶装货的装载和固定

桶装货一般包括各种油类、液体和粉末的化学制品、酒精、粮浆等,其形态有铁桶、木桶和塑料桶三种。桶装货在装箱前要严格检查货物是否泄漏。桶装货装入集装箱时容易产生空隙,而且固定时要进行一定的技术处理。各种形态的桶装货的装载和固定方法如下所述。

(1)铁桶的装载和固定。

集装箱运输中常见的是 0.25 m³(55 加仑)的铁桶。这种铁桶在集装箱内可竖立着堆装两层,每个 20 ft 集装箱内一般可装 80 桶。

　　装载时要求桶与桶之间要靠紧，避免间隙，对于桶上有凸缘的铁桶，为了使桶与桶之间的凸缘错开，每隔一行要垫一块垫高板。装载第两层时同样要垫上垫高板，不垫垫高板的一行也要垫上胶合板，使上层桶装载稳定。如图 3 - 10 所示。

　　铁桶装到箱门处时需要用钢带拦挡加固，避免挤靠箱门。如果上层桶数不能装满，上层铁桶需要用钢带或绳索扎在一起，以防移动，并注意里外码放均衡，不使集装箱重心偏心，并做适当的支撑加固。如图 3 - 11 所示。

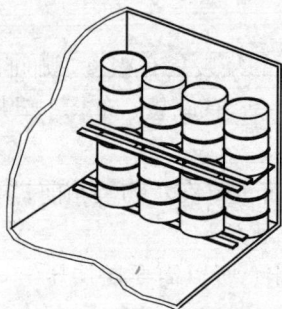

图 3 - 10　铁桶的堆码　　　　　　　图 3 - 11　铁桶的加固

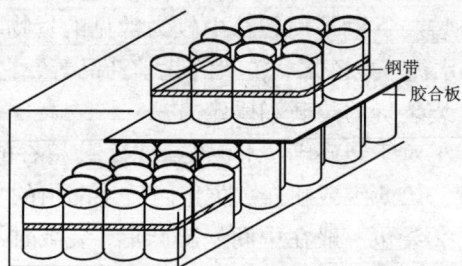

　　（2）木桶的装载和固定。

　　木桶一般呈鼓形，两端有铁箍，由于竖立堆装时容易脱盖，故原则上要求卧装。卧装时在木桶的两端要垫上木楔，木楔的高度要使桶中央能离开箱底，不让桶的腰部受力。如图 3 - 12 所示。

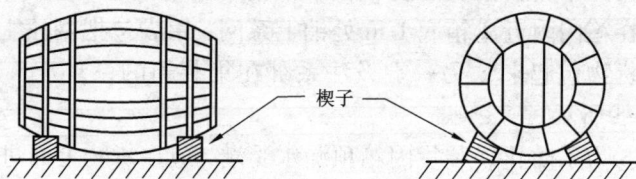

图 3 - 12　木桶的卧装

　　在特殊情况下木桶也可以竖装，但必须经货主同意，且要求木桶与木桶之间紧密堆装。

　　如箱内要装两层以上木桶时，下层一般要竖装，上、下层之间必须要铺设衬垫，衬垫通常采用厚木板，上层木桶可以竖立堆装，也可以卧装。

　　如桶内装的是粉末货或可能会渗出桶外污损集装箱和其他混装的货物时，则木桶应采用塑料薄膜等保护起来，防止渗出物污损其他货物。

　　（3）塑料桶的装载和固定。

　　塑料桶的装载方法大致与铁桶相似，但其强度比铁桶弱得多，故在装箱时要注意使其不翻倒，翻倒后塑料桶很容易破损。装载时必须竖装，不能卧装，装载层数要根据桶的强度而定，有时要有一定的限制。堆装时上、下层之间一定要插入胶合板作衬垫，以便使负荷分散。

　　4. 托盘货的装载和固定

　　托盘上一般装轻纸箱货、袋装货等较多。托盘上的纸箱或袋子可以用粘贴法固定，或用钢带与托盘扎成井字形，或包上用聚乙烯薄膜制成的收缩包装，将货物与托盘牢固地固定在一起，形成托盘货。托盘货的装载和固定方法：

　　①托盘的尺寸在集装箱内横向只能装一块时，货物必须放在集装箱的中央，其固定方法

如图 3 - 13 所示。

②托盘的尺寸在集装箱的横向可放两块时，托盘应紧靠集装箱的两侧放置。中间的空隙小于 50 ~ 60 cm 时，可用图 3 - 14 的方法固定；空隙大于 60 cm 时，应采用斜向支撑的方法固定。

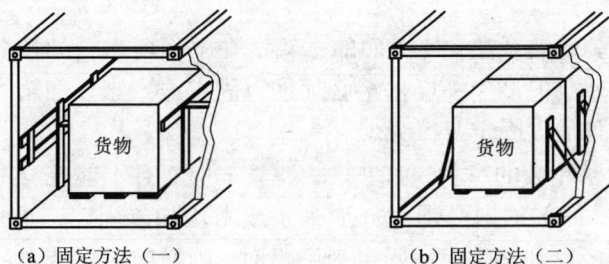

（a）固定方法（一）　　　　（b）固定方法（二）

图 3 - 13　横向装一块托盘的固定

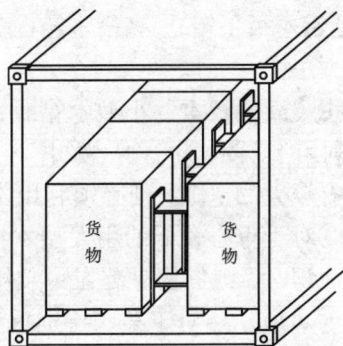

图 3 - 14　横向装两块托盘的固定

③装载 2 层以上的托盘时，无论空隙是在横向还是在纵向，底部都应用挡木固定，上层托盘货还需要用跨挡木条塞紧。如图 3 - 15 所示。如果货物比较重，必要时应用钢带把两层托盘货扎紧。

④当托盘数为奇数时，应把最后一块托盘放在中央，并用绳索通过系环拉紧。

5. 捆包货的装载和固定

捆包货包括纸浆、板纸、羊毛、棉花、棉布、其他棉织品、纺织品、纤维制品以及废旧物料等。一般单件捆包货的重量和体积要比纸箱货大，因此，通常使用带夹紧器的叉车装箱。捆包货的装载和固定方法：

①装载捆包货时为了消除箱底潮湿对货物的影响和便于叉车装卸，一般都需要用厚木板等进行衬垫，如图 3 - 16 所示。

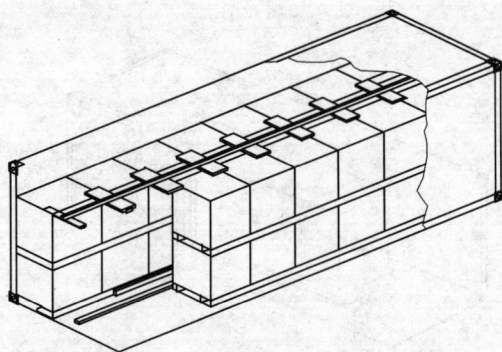

图 3 - 15　装两层托盘的固定

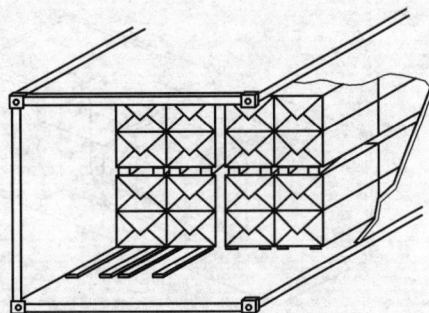

图 3 - 16　捆包货的衬垫

②捆包货容易被铁钉、尖角及其他锋利物损坏，装载时要避免靠近这些货物，或在有锋利之处用衬垫物适当加以保护。

③用粗布包装的捆包货，因摩擦力大，而且很重，比较稳定，一般不需要加以固定。但

对于鼓腹型的货捆,在运输途中却很容易倒塌而使货垛靠在箱门上,为了保险起见,最好在箱门处用方形木条做成栅栏形状。

6. 木箱货的装载和加固

木箱比纸箱坚固,一般用来装重量较大的货物。木箱的种类通常可分为木板箱、板条箱(包括钢丝板条箱)、亮格木箱(又称漏空木箱)等,其尺寸和重量也大小不一。木箱货装载和固定方法:

①装载比较重的小型木箱时,可采用骑缝装载法,使上面的木箱压在下面两木箱的接缝上,利用上层木箱的重量防止下层木箱移动,但最上一层木箱必须加以固定或塞紧。如箱门端留有较大的空隙,则必须利用木板和木条加以固定或撑紧。

②对于重心较低的用大型木板箱或板条箱装的重货,如果只能装载1层而且不能充分利用底面积时,则货物应装在集装箱的中央,底部横向必须用方形木条或木块加以固定,如图3-17(a)所示。对于某些特别重的货物,考虑到只靠底部固定尚不足时,则横向应按空隙的大小做成木框进行塞紧。根据具体情况,纵向必要时也需要固定,如图3-17(b)所示。

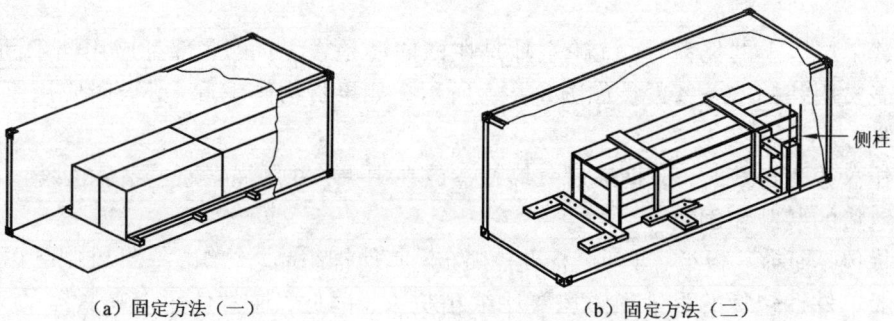

(a) 固定方法(一)　　　　　　　　(b) 固定方法(二)

图3-17　重心低的大型木箱的固定

③对于重心高的木箱,只靠底部固定是不够的,还必须在上面用木条撑紧。如图3-18(a)所示。

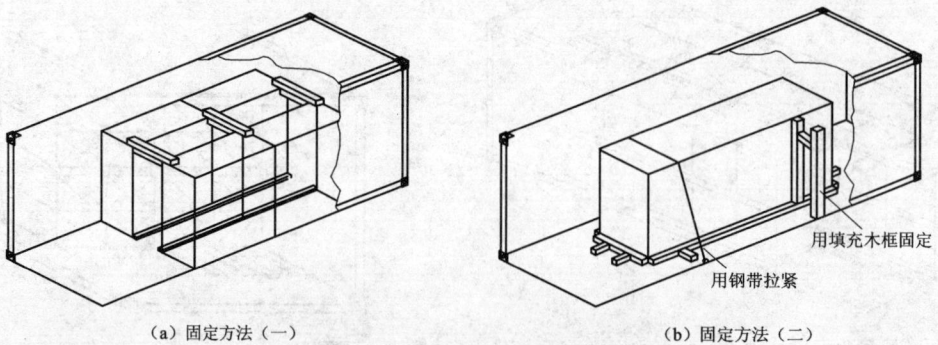

(a) 固定方法(一)　　　　　　　　(b) 固定方法(二)

图3-18　重心高的木箱的固定

当箱内只能装载一件高重心货物时,应将其装在集装箱中央,底部除了要进行固定外,为了防止货物翻倒,还必须用钢带拉紧或填充木框的方法加以固定。如图3-18(b)所示。

④装载大型木箱时，如果木箱装不整齐，而又要使箱内重量平衡和固定作业简化，则可采用以下固定方法：首先底部横向要用侧挡木加以固定，纵向要用后撑挡加以固定，为了使上层的三个木箱形成一个整体，木箱上可用厚为 20 mm 的连接板条钉在一起。为防止它前后移动，前面可用前撑挡固定，后面可采用垫高架把下层木箱垫高，以防止上层木箱的纵向移动，这种方法比用撑挡固定更安全、简便，而且木箱上可不钉钉子。如图 3 – 21 所示。

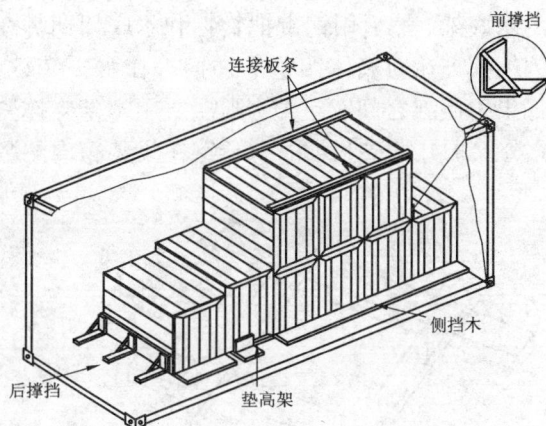

图 3 – 21　多个大型木箱的装载加固

7. 板类货的装载和加固

板类货主要是指玻璃板、纤维板、薄钢板、胶合板等，其包装形式一般用木箱、亮格木箱。考虑到装卸的便利性，对这类货物一般选用敞顶集装箱装载。

从货物性质上看，玻璃板必须竖立堆装，如果采用横装，其自重或重叠堆放的原因就可能使木箱内的玻璃产生裂痕或压碎。所以在玻璃板装载过程中，对于每一吊装入箱的货物，都要进行临时固定，否则集装箱稍有振动，货物就会翻倒。装载玻璃板，应先靠着侧壁开始装，空隙留在中间，最后再用木框架作填充物加以塞紧。为防止木箱之间的碰撞，还应在木箱顶部或端部用木板或木条把木箱连接起来。

纤维板、胶合板等一般要求横装，但其滑动性很大，运输中很可能会造成塌货，因此装载时必须加以有效的固定。无包装的纤维板、胶合板等货物装箱时必须按批码放整齐，货物紧靠集装箱两侧壁向内装载，中间空隙部位用木块顶固撑牢，近箱门的一端用木条横纵向相互连接钉固，木条底部与集装箱地板钉固，使货物不移动、不窜动。

8. 滚筒货和卷盘货的装载和固定

（1）滚筒货。

滚筒货一般有塑料薄膜、柏油纸、钢瓶等，装载时必须注意消除其易滚动的特性。

滚筒货通常要竖装，在侧壁和端壁上要铺设胶合板使其增强受力的能力。装载时，从箱端开始要堆装紧密，货物之间如有空隙，则应用柔软的衬垫等填塞。

对于滚筒货，一般情况下不便于卧装，以防止产生变形或造成货损，如果特殊原因必须卧装时，必须要利用楔子或相应材料使它离开箱体四壁，而且每一层都要用楔子固定，如图 3 – 20 所示。

（2）卷盘货。

卷盘货一般有卷钢、钢丝绳、电缆、盘元等。

图 3 – 20　柏油纸在集装箱内的横向卧装及固定

卷盘货通常属于重货，需要用机械装载。装载时要根据卷盘货物的尺寸制作如图 3 - 21 所示的木底架，然后用钢带把货物和木底架捆绑在一起，这样既方便叉车作业，又能防止运输中因摇摆产生对箱体四壁的冲撞。在水平装载时要铺满整个箱底，尽量使箱底面受力均匀。如果木底架之间有空隙，则需要用木条支撑紧，以防止货物移动，同时要采取必要的措施，充分保护好端壁和箱门。卷钢在集装箱内的装载和固定如图 3 - 22 所示。

图 3 - 21　装载卷盘货的木底架

图 3 - 22　卷钢在集装箱内的装载和固定

3.4.3　特殊货物的集装箱装载

1. 超高货物的装载

超高货物是指货物的高度超过集装箱的箱门高度的货物。超高货只能用敞顶集装箱或板架式集装箱装载。装载超高货物不仅需要考虑装载作业本身的可能性，而且还需考虑下述因素条件。

(1)道路通过能力的限制。

在陆上运输时，公路对通过的高度一般都有一定的限制。对于超过国际标准集装箱高度 20 mm 以上的货物，需事先向交通部门提出申请。对高度有限制的路段或隧道等，应用特制的低架式底盘车运输，或改用驳船进行水上运输。装载超高货物前，应对运输路线作好周密细致的调查。

(2)车站和码头装卸作业条件的限制。

车站和码头所使用的装卸设备，例如装卸桥、跨运车、搬运吊车等都是按标准集装箱设计的，没有考虑装载超高货等特殊情况。因此，装卸超高货时，在机械上要临时安装一定的附属工具，如在装卸桥的集装箱专用吊具的四角分别安装钢丝绳，用来吊装超高集装箱货物。

(3)船舶装载空间的限制。

集装箱船装载超高货物时，一般只能装在舱内或甲板上的最上层。集装箱船舱内的高度是以每层 2.59 m(8 ft 6 in)的高度为单位标准高度设计的。对于可装 6 层的集装箱船来讲，可有 0.15 m(6 in) × 6 = 0.9 m(36 in)高的空隙。实际装载中可利用其高度上的空隙装运超高货物。

2. 超宽货物的装载

对于宽度超过集装箱宽度的货物，除受到集装箱结构上的限制外，还受到装卸作业条件和集装箱船装载条件的限制。对于车站和码头的超宽限制是根据所使用的机械设备的种类而定的。例如跨运车对超出箱体(单边)10 cm 以上的超宽货就难以进行装卸作业。

集装箱船对超宽货物的限制主要由箱格结构入口导槽的形状而定。另外,堆放集装箱时,其集装箱之间的空隙大小对超宽货物也有相应的限制。通常日本集装箱船为 200 mm 左右,而其他国家船舶约为 180 mm。如果所装的超宽货物不超过上述范围,一般在箱格内是可以装载的,而且集装箱与箱格导柱之间有一些超宽余量。这种超宽余量一般为 80～150 mm。

装载超宽货时,还必须充分注意货物的横向固定问题。如果超宽货物产生了横向移动,货物就会紧靠在相邻的集装箱上,严重时甚至会戳破相邻集装箱的箱壁,因此,超宽货集装箱的固定作业要比普通集装箱更为严格。

3. 超长货物的装载

超长货物,一般只能用板架式集装箱装载。装载时,需将集装箱两端的插板取下,并铺放在货物下部。超长货物的超长量有一定限制,最大不得超过 300 mm(即 1 ft 左右)。

在箱格结构的集装箱船上,舱内是不能装载超长货的,因为每个箱格都有横向构件,所以只能在其甲板上装载。

4. 超重货物的装载

由于集装箱运输和装卸中所使用的机械都是按国际标准化组织标准的最大总重来设计的,所以集装箱的实际总重以及集装箱的载货重量都不能超过相应的规定,如 6.1 m(20 ft)集装箱总重规定为 24 t,12.2 m(40 ft)集装箱总重规定为 30.48 t。从装卸作业和运输安全角度来讲,在装载货物时,不能超过相应规定。为此,在装载超重货物时,应将其超重部分从货物上拆卸下来另行装运,也可将超重货物改用总重略大的集装箱装载。

此外,运送超重货物也将受到运载工具的运载能力与道路通过能力的限制。

5. 危险货物的装载

所谓危险货物是指具有引火爆炸或货物本身具有毒性、腐蚀性、氧化性并可能使人体的健康和财物遭受损害的运输对象的总称。

(1)危险货物的装载规则。

用集装箱装载出口的危险货物时,应事先了解和遵守目的港所在国的有关规则,如美国的联邦章程规则、英国的蓝皮书、联合国的政府间海事组织规则等。

在接收危险货物时,先要调查清楚该危险货物的性质、危险等级、标志、装载方法、包装容器、发生事故时应采取的措施等。另外,还要核对装卸港的危险货物规则。

(2)装载方法。

装载危险货物前,先要仔细检查集装箱的强度、结构是否适合装载危险货物,并对集装箱进行彻底清扫,装载时必须使该危险货物不会产生移动、翻倒、冲击、摩擦、压坏、泄漏等危险。

固定货物选用的材料应具有更大的安全系数和强度。危险货物的任何部位都不能突出集装箱外。危险货物装卸时,严禁抛扔、摔碰、坠落、翻滚,避免货物之间的碰撞、摩擦。

(3)混装的限制。

不同种类的危险货物要禁止混装于同一集装箱内,因此,同一集装箱内只能装同一等级的危险货物。不过即使是同一等级的危险货物也只限于装同一品种的危险货物。这是因为虽是同一等级的危险货物,但相互作用时也可能发生危险。另外,当危险货物与非危险货物相互作用可能产生危险时,也不能装在同一集装箱内。危险货物与杂货混装时,应将危险货装在集装箱箱门附近，以备万一发生事故时便于处理。

（4）标志。

集装箱装载危险货物时要把该危险货物的分类名称和标志表示在集装箱外表面容易看到的位置上，图案、形状要醒目。应使用统一规定的危险货物标志。

（5）集装箱危险货物清单。

集装箱装载危险货物时，装箱人要按箱编制记载有下列事项的"集装箱危险货物清单"，并在清单上附记有关表明该危险货物的容器，包装、标志、装载方法等有关规则要求，适合于运输状态等内容，提交给承运人。记载事项有：集装箱号；发货人的姓名、名称和地址；收货人的姓名、名称和地址；危险货物的分类、项目、品种、货名以及容器和包装的名称；危险货物的件数和重量或容积；装载检查。

（6）装箱检查。

《中华人民共和国质量监督局船舶载运外贸危险货物申报规定》中规定：凡船舶载运下列危险货物进港或过境，船舶或其代理人在申报时应提供有关货物特性、安全作业注意事项、人员防护及其他有关资料。这些货物有：放射性物质；感染性物质；新的有机过氧化物；《国际海运危险货物规则》中"未另列明"的物品；散装液体化学品。

另外，凡使用集装箱装运危险货物的，应提交经港务监督考核的装箱检查人员现场检查后签发的《集装箱装箱证明书》。此证明书应由装箱现场检查员填写，一式两份，正本应于集装箱装船三天前向港务监督提交，副本应在办理集装箱移交时交付给承运人。

6. 散货的装载

用散货集装箱运输散货可节约劳动力、包装费、装卸费，并减轻装卸工人的劳动强度和提高装卸效率，所以是一种理想的运输方式。

用散货集装箱运输的散货主要有：麦芽、燕麦、大豆等谷类，粒状和小块状的饲料，粉状和颗粒状的化学制品以及其他如树脂、铝渣、薪土等工业原料的散货。

散货也可采用杂货集装箱运输，但由于杂货集装箱的强度较差，只限于运输干草块、麦芽等较轻的散货。所以在选择运输散货的集装箱时，要充分掌握货物的特性、货物的密度及集装箱的强度等装载条件。

（1）散货集装箱的装载和卸载。

散货集装箱的箱顶上一般都设有 2～3 个装货口，装货时利用圆筒仓或仓库的漏斗或使用带有铲斗的起重机进行装载。利用杂货集装箱装载散货时，通常要把箱门打开后，用带式输送机或带铲斗的装卸车将散货装入箱内口，也可根据散货的特性，用导管利用空气把货物吹入箱内。

散货集装箱一般采用将集装箱倾斜的方式使散货产生自流的方法卸货。常用的方法有两种，一种是利用拖头上的重型提升耦合装置把底盘车连同集装箱的一端一并举升；另一种是利用底盘车上的特种装置，使集装箱前端抬高而倾斜。现在国外常见的是用自动倾斜底盘车运载散货。通常自动倾斜底盘车举升的最大倾斜角为 40°。此外，还可选用吸管卸货。

（2）装载散货集装箱的注意事项。

①运输散装的化学制品时，首先要判明其是否属于危险货物。

②在选定装载散货的集装箱时，必须考虑装货地点和卸货地点的装载和卸载的设备条件。

③对于单向的散货运输，其回程如果装载其他杂货，一般在箱内需衬垫塑料袋，使散货与箱体隔开。塑料袋的两端呈框架型，不用时可把中间的塑料薄膜折起来，使用时可像手风琴风箱方式方便地拉开。也有的像普通散货集装箱那样，把装货口设在箱顶上，出货口设在门端的衬袋。

④在运输谷物、饲料等散货时，应注意该货物是否有熏蒸要求。因此，在装货前应查阅进口国的动植物检疫规则。对需要进行熏蒸的货物应选用有熏蒸设备的集装箱装运。

⑤在装运谷类和饲料等货物时，为了防止水湿而损坏货物，应选用有箱顶内衬板的集装箱装运。

⑥在装载容易飞扬的粉状散货时，应采取措施进行围圈作业。

7. 液体货物的装载

散装运输的液体货物虽然也可以认为是散货的一种，但由于液体货需要用专用的罐式集装箱来运输，因此液体货被列为特殊货物。

用罐式集装箱运输的液体货主要有酱油、葡萄糖、各种酒类等食品类货物和甲酚等各种化学类货物。虽然用罐式集装箱运输液体货能大量地节约包装费和装卸费，但是由于液体货中食品类货物所占比重较大，而对食品的运输要求又较为严格，受限制的条件很多，所以液体货的集装箱运输除一部分能装罐式集装箱运输外，还有大量的液体货仍选用杂货集装箱，并在装箱前进行了罐装处理。

(1) 液体货的罐式集装箱装载注意事项。

①注意罐子本体所使用的材料和罐内所使用的涂料在理化特性上与货物有无抵触。如有抵触时，则罐内应使用内衬袋来装载。

②罐式集装箱的容积和强度是以装载某种特定货物为条件来设计的，如所装货物的密度比特定货物的密度大，罐内则形成半罐状态。在半罐状态下进行运输，货物对罐壁将产生较大的冲击力，严重时会损坏罐体，因此，要根据具体的情况，必要时在罐内安装隔板，以缓和其冲击作用。

③液体的注入和排出是用管路进行的，因此要注意装货和卸货地点的配套设施，是否能与罐状式集装箱的设备相互配合。

④要掌握货物的凝固点、膨胀系数和运输区间内外界气候条件的变化情况，注意货物受热膨胀时是否会溢出集装箱或受冷时是否会凝固而无法排出。对于会凝固的货物 (如沥青)，应选用有加热设备的罐式集装箱运输，同时必须注意卸货地点是否有蒸汽源和电源设备。

⑤对液罐的清洗作业应事先作好安排，要求清洗后能完全除去货物的残渣。

(2) 用其他容器装在集装箱内运输液体货

如果液体货是装在较小的容器里即可与一般杂货的装载方法一样处理。这里说的其他容器是指比铁桶还大的容器，其容量一般为 1 000～2 000 L。采用这种方法运输的主要问题是容器的回收问题。由于容器较大，从反复使用角度考虑，要求容器的强度大、结构牢，因此造价相对较高。

国外使用的这种容器有两种，一种为集装袋，另一种为集装罐。

集装袋是一种用氯乙烯布等人造纤维制成的袋子，不使用时，可以折叠起来存放。集装袋一般用以装运粒状货物和粉状货物。这种袋如装在板架集装箱内，因板架集装箱无侧壁，故装袋时需要用厚板制成的台架。如果装在有侧壁的集装箱内，袋与袋之间紧密堆装无空隙时可不需用台架。

集装罐是一种用铝合金制造的装液体货专用的特殊容器，它分上下两部分，使用时可将其合并起来，不使用时可套叠起来，以减少回收所占用的容积。由于其材质是铝合金的，所以其重量较轻，半个罐可由人力搬运。

8. 冷藏货物的装载

冷藏货物分为冷冻货和低温货两种。冷冻货是指货物在冻结状态下进行运输的货物，运输温度的范围一般在 −20℃ ~ −10℃ 之间。低温货是指货物在还未冻结或货物表面有一层薄薄的冻结层的状态下进行运输的货物，一般的温度调整范围在 −10℃ ~ −16℃。货物要求低温运输的目的主要是为了保持货物的鲜度。有时为了维持货物的呼吸和防止箱内产生水滴而需要在箱内进行通风。

冷藏货中食品类货物占的比重较大，运输质量要求较高，此外还有医药用品、化学用品等冷藏货。冷藏货必须采用冷藏集装箱运输。

（1）运输冷藏货的注意事项。

冷藏货在运输过程中为了防止货物变质需要保持一定的温度。该温度一般叫运输温度。温度值的大小应根据具体货种而定，即使是同一种货物，由于运输时间、冻结状态和货物成熟度的不同，对运输温度的要求也不同。因此，运输时货主应对某一种冷藏货所要求的运输温度有具体的温度要求，承运人必须根据货主所指定的运输温度进行运输。

（2）冷藏集装箱的检查。

冷藏集装箱在装货前首先应检查该箱是否处于正常状态，检查合格后方能装货，检查的主要内容如下：

①检查集装箱的内装、外表、隔热保温材料等有无损坏，还要检查箱门的气密性和箱内是否干燥、清洁。

②根据所运货物的具体要求，检查通风口的关闭状态。如有的低温货为了要维持其呼吸作用需要把通风口打开，但有的低温货却要求把通风口关上。在运输冷冻货时一定要把通风口关闭。否则热气将进入箱内引起货损。

③检查集装箱的通风管和排水口是否堵塞。堵塞时，必须进行清除。

（3）冷冻货物的装载。

冷冻货装箱时要对集装箱进行预冷，同时检查货物本身是否预冷到指定的温度。

装货时不要挡住冷风出口，妨碍冷风在箱内的循环，也不要把货物堆装在风管下面，以免造成冷风循环不畅。为了使冷风循环畅通，在货物之间要使用冷冻的垫货板。

装载冷冻货时，集装箱的通风口必须关闭，形成气密。

（4）凉温、通风货物的装载。

水果、蔬菜等货物，经常进行呼吸作用，从空气中吸收氧气，放出二氧化碳、少量的热和水分。因此，若冷风循环差，会导致氧气量减少，二氧化碳增加，货物的呼吸作用减弱，会使其变质腐败。特别是在常温运输时，其影响更为显著。为此，要使冷风循环畅通，一定要把通风口打开，进行换气，保证货物的供氧。另一种方法是在箱内施放氧气，使氧气保持一定浓度，从而使新鲜物品保持在低氧状态下，不腐烂变质。

（5）冷藏货装载时的一般注意事项。

①冷藏集装箱在装货过程中冷冻机应暂时停止运转。

②在装货前冷藏集装箱内的垫木和其他衬垫材料要进行预冷。

③应选用清洁卫生的衬垫物,以避免污染货物。

④不要使用纸、板等材料作衬垫物,以免堵塞通风管和通风口。

⑤要根据货物的性质和包装形状来选择正确的装载方法。装货时应防止货物堵住通风管,箱顶部分要留出适当空隙,使冷气在箱体内有效流通,达到冷却效果。

⑥由于冷藏货比普通杂货容易滑动,因此要对货物进行固定,固定货物时最好使用网格等作为衬垫材料,以确保冷气的正常流动。

⑦严格禁止将已变质发臭的货物装入箱内。

9. 检疫货物的装载

如果集装箱运输对象为活的动物或植物类货物,因其有可能带有某种害虫、细菌或病原体,所以在其进口时需要对其进行检疫。需要进行动、植物检疫的货物,必须经检查合格后方准进口。检查不合格时,应根据进口国的规定,进行熏蒸或消毒后才能进口,有的只能作焚烧处理。

(1)动物检疫。

需要进行动物检疫的货物主要有牛、马、猪、羊等活动物以及用这些动物制成的畜产品,如牛皮、羊毛、兔毛、猪肉、腊肠等。

动物检疫内容各国均有不同的具体规定,但其基本内容是:

①检疫对象为装载活动物或由其制成的畜产品的集装箱。如果杂货与畜产品混装时,则该集装箱在检查结束前不准打开。要求杂货与畜产品一起进行消毒处理后,才能开箱取出。

②装载动检货物的集装箱,大致分为两类,一类是在运输途中其所带的害虫、细菌或病原体不会逸出箱外的集装箱,如杂货集装箱、冷冻集装箱等。另一类即其所带的害虫、细菌和病原体可逸出箱外的集装箱,如板架集装箱、动物集装箱、敞顶集装箱等。对于第一类集装箱,在进口国是允许进行陆上运输的,其检疫地点可以在卸货港,也可以是在货物交接的指定地点。而第二类集装箱,进口国是不允许进行陆上运输的,故只能在卸货港进行检疫工作。

③对于活动物必须在第一个进口港内接受检疫。

④消毒时一般用 5% 的甲酚液进行消毒。

(2)动检货物的装载。

①活动物一般采用动物集装箱装载,对装载的要求各国都有具体规定,其注意事项如下:在船上应装在甲板上受风浪影响较小的地方,周围最好用一些杂货集装箱遮蔽起来,减少风浪的袭击。另外,装载地要求供水方便,周围应留有通道,以便在航行中进行清扫和喂料,最好把饲料箱放在装畜箱附近。装载地点应不妨碍其他货物的装卸作业,便于进行检疫而不需重复地搬动集装箱。对于上一次已装过活动物的集装箱,如需要再次使用时,应根据有关国家动检规则的要求,进行清扫和消毒。动物集装箱装船时间应在所有集装箱装完后,最后装船,装卸作业最好选定在夜晚进行,以免动物受到刺激而惊乱。

②畜产品一般采用通风集装箱装载。最典型的畜产品运输是兽皮运输。兽皮在运输中会流出液体,故应选择带有液槽的集装箱装运。

③装载中的注意事项:要备有足够的饮用淡水;如露天装载动物时间超过 24 h 时,应有适当的遮盖设备;运输过程中应有专业人员随船照料;为便于在运输途中进行喂料、喂水和

清扫作业,在厕的前后方向应留有 1 068 mm 以上的通道。

(3)植物检疫。

需要进行植物检疫的货物属于食品类的一般有:麦芽等谷物;柠檬、橘子等水果;土豆等蔬菜。属于非食品类的有木材、草制品等货物。如植物检疫不合格,即发现植物上有害虫或确定为有害植物时,应按检疫机关的批示进行熏蒸消毒或就地掩埋。

集装箱进口检疫时,其具体情况应依据各国有关规则进行,其内容大致如下:

①进口集装箱是指从国外运到本国港口以后,卸到码头岸壁、驳船或其他卸货地,进行开箱取货的集装箱。而对于某些密闭集装箱,如临时需要卸到陆地上,不开箱门而直接换装到其他船舶上的集装箱,不视为进口集装箱,所以不需要进行植物检疫。

②检疫地点原则上应在该集装箱所卸码头的指定场所进行。如该地点不能进行检疫时,则应按照检疫人员指定的地点进行。

③经检查后如发现有害虫或确认为是有害植物时,应遵照检疫人员的命令,按规则进行熏蒸或消毒。

④各种货物在检疫时使用的药剂、用药量和熏蒸的时间均有规定。

⑤如经过植物检疫后认为是不合格的货物,而该集装箱又无熏蒸装置时,则可先陆运到具有熏蒸设备的仓库或筒仓进行熏蒸后,再交付货主。

(4)植检货物的装载。

需要进行植物检疫的货物,在谷物中主要是麦芽,在蔬果类中主要是柑橘类货物,而木材中主要是胡桃木。

①麦芽可按散货的装载方法进行装载。

②柑橘类货物一般采用波纹纸板箱包装,以便于进行植物检疫。这类货物通常选用冷冻集装箱装载。

③木材应选用板架集装箱装载,但板架集装箱必须设有立柱,否则运输途中会发生塌货。木材也可以采用敞顶集装箱装载,但装货时作业较复杂,而且容易损坏集装箱。

重点与难点

重点:(1)整箱货物运输与拼箱货物运输;(2)集装箱货物的交接方式;(3)集装箱货物的分类;(4)按货物种类选择集装箱;(5)集装箱的检查与清理;(6)典型货物的装载和固定方法。

难点:(1)集装箱货物交接方式与货流组织形式之间的联系;(2)集装箱货物装载的一般要求。

思考与练习

1.简述整箱货与拼箱货的区别。

2.简述集装箱货流的组织形式。

3.简述集装箱货物的交接方式。

4.集装箱货物是如何分类的?

5. 选用集装箱时要考虑哪些因素?

6. 集装箱在使用前应做哪些检查?

7. 集装箱货物装载的基本要求包括哪几个方面?

8. 货物混装时有哪些要求?

9. 危险货物装载时要了解哪些装载规则?

10. 冷藏货物装载时一般注意事项是什么?

第 4 章

集装箱码头与货运站

4.1　集装箱码头的功能与布置

集装箱码头是专供停靠集装箱船舶、装卸集装箱用的港口作业场所，在整个集装箱运输过程中占有重要地位。做好集装箱码头工作，对于加速车、船和集装箱的周转，降低运输成本和提高集装箱运输效益有着十分重要的意义。

4.1.1　集装箱码头的功能及条件

1. 集装箱码头的功能

（1）集装箱码头是海运与陆运的连接点，是海陆多式联运的枢纽。

在集装箱多式联运中，绝大部分是海陆多式联运，集装箱码头不仅是海上运输和陆上运输的连接点，同时，与运输有关的货物、单证、信息以及集拼、分拨、转运、存储等业务管理也在集装箱码头交叉、汇集，从而使集装箱码头成为多式联运的枢纽。

（2）集装箱码头是换装转运的中心。

随着集装箱船舶的大型化，国际集装箱海运格局发生了根本的变化，从原来单一的港—港运输转变为干线与支线相结合、以枢纽港中转为中心的运输，形成了中心—辐射的新运输格局。在这一新运输格局中，集装箱码头，尤其是处于重要地位的大型国际集装箱码头，成为不同区域的国际货物转运中心，通过集装箱码头的装卸转运，把干线与支线有机地结合起来，从而实现了大型集装箱船舶的规模效益，实现货物从始发港到目的港的快速运输。

（3）集装箱码头是物流链中的重要环节。

现代物流把运输和与运输相关的作业构成一个从生产起点到消费终点的物流链，在这个物流链中，力求在全球寻求最佳的结合点，使综合成本最低、流通时间最短、服务质量最高。由于集装箱码头不可替代的重要地位和作用，它已成为现代物流中重要的环节，并为物流的运作提供了一个良好的平台。

2. 集装箱码头的基本条件

随着集装箱运输的迅速发展，世界集装箱化的比例不断提高，集装箱运量不断上升，集装箱船舶日趋大型化和高速化，要求集装箱码头实现装卸作业高效化、自动化，管理工作现代化、标准化和规范。为满足集装箱运输对集装箱码头的要求，世界各国港口快速发展集装箱专用码头，设置了现代化的硬件及软件系统。一般来讲，集装箱码头应满足以下基本条件：

①具备设计船型所需的泊位、岸线及前沿水深和足够的水域，保证船舶安全靠、离。

②具备码头前沿所必须的宽度、码头纵深及堆场所必须的面积，具有可供目前及发展所需的广阔的陆域，保证集装箱堆存、堆场作业及车辆通道的需要。

③备有适应集装箱装卸船作业、水平运输作业及堆场作业所必需的各种装卸机械及设施、以实现各项作业的高效化。

④具有足够的集疏运能力及多渠道的集疏运系统，以保证集装箱及时集中和疏散，防止港口堵塞，满足快速装卸船舶的需要。

⑤具有维修保养的设施及相应的人员，以保证正常作业的需要。

⑥由于集装箱码头高科技及现代化的装卸作业和管理工作，要求具有较高素质的管理人员和机械司机。

⑦为满足作业及管理的需要，应具有现代管理和作业的必需手段，采用电子计算机及数据交换系统。

4.1.2　集装箱码头的布置及设施

集装箱码头的整个装卸作业是采用机械化、大规模生产的方式进行的，要求各项作业密切配合，实现装卸工艺系统的高效化。这就要求集装箱码头与传统的件杂货码头有根本的区别。集装箱码头要以船舶作业为核心进行布局，码头上各项设施合理布置，并将它们有机地联系起来形成各项作业协调一致、互相配合的有机整体，形成高效率、完善的流水作业线，加速车、船、箱的周转，降低运输成本和装卸成本，实现最佳的经济效益。

适应集装箱滚装船运输的码头，其码头设施主要是以滚动方式进行集装箱装卸作业的倾斜跳板以及适应带轮滚装的广阔的陆域和堆场面积。多用途船一般在多用途码头进行作业。集装箱载驳船所需码头设施更简单，甚至可在锚地等水域作业。

适应吊装式全集装箱船装卸作业的集装箱专用码头的平面布局如图 4 - 1 所示。

集装箱码头陆域纵深应能满足各种设施对陆域面积的要求。由于集装箱船舶日趋大型化，载箱量愈来愈多，因而陆域纵深至少为 350 m 以上，有的集装箱码头陆域纵深达 500 m。

根据集装箱码头装卸作业、业务管理的需要，集装箱码头应有以下主要设施。

1. 靠泊设施(wharf)

靠泊设施主要由码头岸线和码头岸壁组成。码头岸线是供来港装卸的集装箱船舶停靠使用，其长度应根据其所停靠集装箱船的主要技术参数及有关安全规定而定。码头岸壁一般是指集装箱船停靠时所需要的系船设施。集装箱船泊位长度一般为 300 m，前沿水深应满足设计船型的吃水要求，一般为

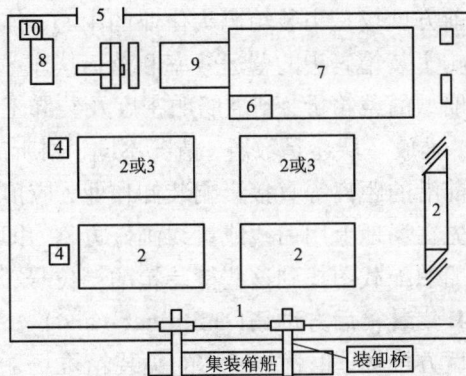

图 4 - 1　集装箱码头平面布局示意图

1—码头前沿；2—前方堆场；3—后方堆场；4—调头区；
5—大门；6—控制塔；7—集装箱货运站；8—维修车间；
9—码头办公室；10—集装箱清洗场

12 m以上。岸壁上设置有系缆桩,用于集装箱船靠泊时拴住集装箱船。为保持岸壁不受损坏,岸壁上设置预防碰撞装置,通常用橡胶材料制作,如图4-2所示。

2. 码头前沿(frontier)

码头前沿是指沿码头岸壁到集装箱编排场之间的码头面积,包括停泊船舶的岸线、集装箱岸桥作业区域等部分。码头前沿设置有岸壁集装箱起重机及其运行轨道。码头前沿的宽度可根据岸壁集装箱起重机的跨距和使用的其他装卸机械种类而定,一般取40 m左右。每个集装箱船专用泊位一般配置2台岸壁集装箱起重机,如图4-3所示。

图4-2　集装箱码头靠泊设施

图4-3　集装箱码头的码头前沿

3. 集装箱前方堆场(container marshalling yard)

前方堆场,又称集装箱编排场,是指将即将装船的集装箱排列待装以及为卸下的集装箱准备好的场地和堆放的位置,通常布置在码头前沿与集装箱后方堆场之间。集装箱前方堆场主要堆放前一航次进港的集装箱和本航次即将出港的集装箱,其主要作用是保证船舶装卸作业快速而不间断地进行。

前方堆场是集装箱码头作业的中心,能否正确划定其适宜的场地面积与合理布局,将直接影响集装箱码头的营运效率和营运成本。前方堆场面积的确定主要与集装箱码头吞吐量、设计船型的载箱量、到港船舶密度及装卸工艺系统有关。如将集装箱直接堆放还是放在底盘车上,堆放一层还是数层,情况不同,则所需的面积也不同。同时,前方堆场的配置方法、离码头前沿的距离等直接影响装卸作业,应慎重考虑。通常在集装箱前方堆场上按集装箱的尺寸预先在场地上用白线或黄线画好方格,即箱位,箱位上编上箱位号。当集装箱装船时,可按照船舶配载图找到这些待装箱的箱位号,然后有次序地进行装船。

4. 集装箱后方堆场(container yard)

后方堆场,也就是通称的集装箱堆场,是指进行集装箱交接、重箱和空箱保管、集装箱安全检查的场所,有的还包括存放底盘车的场地。由于进出码头的集装箱基本上均需要在堆场上存放,因而堆场面积的大小必须适应集装箱吞吐量的要求,应根据设计船型的装载能力及到港的船舶密度、装卸工艺系统、集装箱在堆场上的排列形式等计算、分析确定。

集装箱堆场的大小应根据设计船型的装载能力及到港的船舶密度确定。有关资料表明,岸线长300 m的泊位,堆场面积达105 000 m²,甚至更大。大小还与采用的装卸工艺系统和集装箱在港停留时间有关。

集装箱前方堆场和后方堆场基本连在一起，没有明显的分界线，因此有些国家对集装箱堆场并不分前方堆场或后方堆场，统称为堆场。

5. 调头区(turn around area)

调头区设置在集装箱堆场周围，供集装箱运输车辆及作业机械调头使用。

6. 集装箱货运站(container freight station)

集装箱货运站是拼箱货物进行拆箱和装箱的场所，主要任务是出口拼箱货的接收、装箱以及进口拼箱货的拆箱、交货等。"一关三检"的监督、查验业务也在这里进行。货运站应配备拆装箱作业、场地堆码的小型装卸机械及有关设备。货运站的规模应根据拆箱量及不平衡性综合确定，其宽度、纵深、高度应便于叉车进出作业。

集装箱货运站有的设在码头之内，也有设在码头之外。其设置地点必须靠近铁路和公路。根据国内外营运经验，拼箱货物平均堆存期一般为 3 天。

7. 维修车间(maintenance shop)

维修车间是对集装箱及其专用机械进行检查、修理和保养的场所。它的主要任务是及时对集装箱及主要机械进行检查、维修和保养，使其处于完好的技术状态，提高完好率，以保证集装箱码头不间断地正常进行。

维修车间的规模应根据集装箱的损坏率、修理的期限、码头内所使用的车辆和装卸机械的种类、数量及检修内容等确定。维修车间应配备维修设备。

8. 控制塔(control tower)

控制塔又称中心控制室，简称中控室，是集装箱码头作业的指挥中心，集组织、指挥、监督、协调、控制于一体，是集装箱码头重要的业务部门。其主要任务是监视和指挥船舶装卸作业及堆场作业。控制塔应设在码头的最高处，以便能清楚地看到码头上所有集装箱的箱位及全部作业情况，有效地进行监督和指挥工作。

9. 大门(gate)

大门又称检查口或闸口，俗称道口，是集装箱码头的出入口，也是划分集装箱码头与其他部门责任的地方。集装箱码头门房工作十分重要，所有进出集装箱码头的集装箱均在门房进行检查，办理交接手续并制作有关单据，这些单据不仅作为划分责任的依据，也是集装箱码头电子计算机管理的重要数据来源。

10. 集装箱码头办公楼(container terminal building)

集装箱码头办公大楼是集装箱码头行政、业务管理的地方。目前已基本上实现管理电子计算机化，最终达到管理的自动化。

11. 集装箱清洗场(container washing station)

集装箱清洗场主要任务是对污箱进行清扫、冲洗，以保证空箱符合使用要求。清洗场一般在码头后方，与维修车间设在一起，并配备各种清洗设施。

4.2　集装箱码头机械设备

随着集装箱运输的发展，集装箱码头装卸搬运机械也得到了相应的发展。集装箱的标准化为港口码头装卸高效率化和自动化提供了良好的条件。集装箱码头的机械设备主要分为码头前沿设备、水平搬运设备、堆场作业设备及拆装箱设备等。

4.2.1　码头前沿设备

1. 岸壁集装箱起重机(quayside container crane, QC)

　　岸壁集装箱起重机,又称集装箱装卸桥、桥吊或岸桥,是集装箱码头前沿装卸集装箱船舶的专用机械,现代化集装箱码头普遍采用岸壁集装箱起重机来装卸集装箱船舶。

　　岸壁集装箱起重机沿着与码头岸线平行的轨道行走,它主要由金属结构、起升机构、小车行走机构、大车行走机构、俯仰机构、机房、司机室等组成。金属结构主要由带行走机构的门架、臂架机构、拉杆等组成。臂架又可分为海侧臂架、陆侧臂架以及中间臂架三部分。海侧臂架和陆侧臂架由门中臂架连接。臂架的主要作用是承受起重机上小车的重量,小车带有升降机构,而升降机构又用来承受集装箱吊具和集装箱的重量。海侧臂架一般设计成为可变幅式,当岸壁集装箱起重机移动时,为了船舶和航道的安全,一般将海侧臂架仰起。

　　(1)岸壁集装箱起重机的形式。

　　按框架结构的外形分,岸壁集装箱起重机一般可分为 A 形和 H 形两种,如图 4-4 所示。A 形的特点是自重轻,轮压为 35 t 左右,但稳定性差。H 形的特点是稳定性好,抗风能力强,但自重大,轮压为 38 t 左右。从发展趋势看,集装箱码头大多采用 H 形集装箱起重机。

　　按配备的小车数量分,岸壁集装箱起重机一般可分为单小车集装箱起重机和双小车集装箱起重机两种。

　　按吊具的配备分,岸壁集装箱起重机可分为单吊具、双吊具和三吊具三种。

　　(2)岸壁集装箱起重机在码头上的配备。

　　随着集装箱船舶的大型化的发展,标准的集装箱码头泊位的长度也在不断变长,每个泊位上集装箱起重机的配备也不断完善。一个长度为 300 m 的集装箱船舶泊位,平均配备集装箱装卸桥 2~3 台。通常在一个单独的集装箱泊位,最好需配备两台岸壁集装箱起重机;而在连续泊位上,为了提高岸壁集装箱起重机

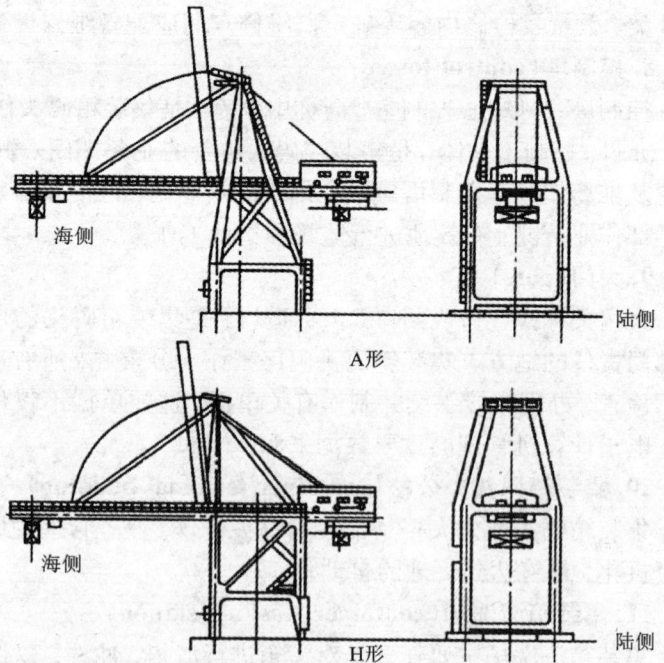

图 4-4　按框架结构划分的岸壁集装箱起重机

的利用率和节省码头的设备投资,平均一个泊位配备的岸壁集装箱起重机台数随连续泊位数的增加而减少,如两个连续泊位一般配备 4 台,三个连续泊位一般配备 5~6 台。在集装箱国际枢纽港中超大型集装箱专用码头,一般按每 80~100 m 配 1 台岸壁集装箱起重机进行配备。

（3）岸壁集装箱起重机的技术参数。

①起重量，是表示岸壁集装箱起重机负载能力的指标，它是额定起重量与吊具自重之和。所谓额定起重量，是指集装箱吊具所能起吊的集装箱的最大总重量。额定起重量应按照 ISO 标准中 40 ft 集装箱的最大总重量 30.5 t 来考虑，再考虑集装箱吊具自重 7 ~ 10 t，故目前集装箱桥吊的起重量多数采用 40.5 t。

②起升高度，集装箱装卸的起升高度由两部分组成，即轨顶面以上的高度和轨顶面以下的高度。轨上高度是指岸壁集装箱起重机吊具上升到最高点时，吊具抓取集装箱面与轨道面之间的垂直距离。轨下高度是指集装箱起重机运行轨道面以下，到吊具所能抓取的舱底最下一层集装箱之间的垂直距离。起升高度取决于集装箱船舶型深、吃水、潮差、甲板面上装载集装箱层数以及码头标高等因素。一般岸壁集装箱起重机的起升高度是 37 m，轨上高度约为 25 m，轨下高度约为 12 m。

③外伸距，是指岸壁集装箱起重机海侧轨道中心线向海侧至集装箱吊具铅垂中心线之间的最大水平距离。它主要取决于到港集装箱船舶最大船宽以及装卸时允许船体向外倾斜 3°等因素。外伸距一般为 35 ~ 38 m。

④内伸距，是指岸壁集装箱起重机陆侧轨道中心线向陆侧至吊具铅垂中心线之间的最大水平距离。内伸距的作用：一是放置集装箱；二是放置舱盖板。内伸距一般为 8 ~ 16 m。

⑤轨距，又名跨距，是指岸壁集装箱起重机两行走轨道中心线之间的水平距离。轨距的大小影响岸壁集装箱起重机的稳定性。一般来讲，集装箱起重机的外伸距越长，起升高度越高，其轨距也随之增宽。从稳定性和更有效地疏运码头前沿的集装箱这两个方面来考虑，轨距内最好能容纳三条运输线。如在轨距内布置 3 条跨运车的作业线，则轨距应在 16 m 左右。随着岸壁集装箱起重机的大型化，在保证起重机总体稳定性和降低轮压的前提下，可增加门架下的作业线数，加快集装箱的疏运，轨距可由 16 m 增至 30 ~ 35 m。

⑥横梁下净空高度，是指岸壁集装箱起重机横梁的下部到轨顶面之间的垂直距离。一般取决于门架下能够通过集装箱水平搬运机械的最大高度。采用装一层箱的火车或拖挂车时，横梁下净空高度只需要 6 m；对于能堆码三层、通过两层集装箱的跨运车，门架横梁下净空高度至少达 10 m；当水平搬运机械采用集装箱叉车时，所配备的集装箱装卸桥的横梁下净空高度应在 13 m 以上。

⑦基距，是指同一轨道两个主支承中心线之间的距离。集装箱桥吊基距的大小除影响集装箱桥吊的稳定性外，还与集装箱在门架下的通过性有密切的关系。根据 ISO 有关标准，集装箱桥吊基距的大小至少应满足 12.2 m（40 ft）集装箱的通过，并考虑到最大舱盖板情况，故基距有效宽度一般为 16.8 m。

⑧工作速度，岸壁集装箱起重机的工作速度包括起升速度、小车行走速度、大车行走速度等参数，对缩短集装箱装卸作业循环时间、提高作业效率意义较大。

起升速度包括起吊额定负荷时的满载起升速度和不起吊负荷时的空载起升速度，一般分别为 90 m/min 和 180 m/min。

普通岸壁集装箱起重机的小车行走速度为 120 m/min。当小车行走速度大于 130 m/min 时，该装卸桥被视为高速型集装箱装卸桥。随着集装箱装卸机械高速化的发展，岸壁集装箱起重机的小车运行速度将进一步提高，可达到 180 ~ 200 m/min。上海港外高桥二期岸壁集装箱起重机的小车行走速度为 240 m/min，并配有电子防摇装置。

　　岸壁集装箱起重机的大车行走速度主要考虑装卸桥调整工作位置的需要。在进行集装箱装卸作业时，当完成了一个舱口作业后，集装箱起重机要移位（大车行走）至船舶的另一个舱口进行作业。大车的行走速度一般在 25~45 m/min。

2. 多用途桥式起重机

多用途桥式起重机即多用途装卸桥，可用于装卸集装箱、重件、成组货物及其他货物。一般在多用途码头采用，装卸效率为 20 箱/h 左右。主要缺点是自重大、轮压大、移机不便，造价也较高。

3. 高架轮胎式起重机

高架轮胎式起重机类似普通轮胎式起重机，机动性较大，通用性好，可任意行走，配备专用装卸吊具和索具，可装卸集装箱、散件杂货等，在多用途泊位使用。主要缺点是自重较大，对码头承载能力要求较高，增加了码头建设投入，而且造价也较高。

4. 其他机械

适用于吞吐量较小的港口，主要有内河港口的浮式起重机，多用途门式起重机等。

4.2.2　水平搬运设备

1. 跨运车（straddle carrier）

跨运车是一种专用于集装箱短途搬运和堆码的机械，其结构如图 4-5 所示。跨运车在集装箱码头的主要任务是：岸壁集装箱起重机与前方堆场之间的装卸和搬运；前方堆场与后方堆场之间的装卸和搬运；对底盘车进行换装；后方堆场与货运站之间的装卸和搬运。

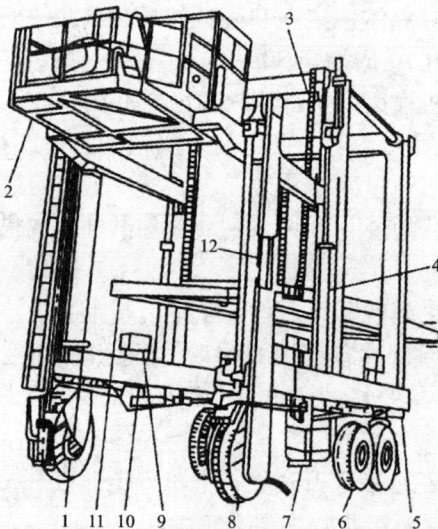

（a）总体结构　　　　　　　　　　　　　　　（b）转向

图 4-5　跨运车的总体结构

1—制动器；2—平台；3—起升链；4—升降油缸；5—底架；6—从动轮；

7—燃油柜；8—驱动轮；9—保持水平装置；10—转向装置；11—集装箱吊具；12—驱动链

　　跨运车在作业时，以门形车架跨在集装箱上，并由装有集装箱吊具的液压升降系统吊起集装箱进行搬运和堆码。它采用旋锁结构与集装箱结合或脱开，吊具能升降，以适应装卸堆码要求，吊具还能侧移、倾斜和微动，以满足箱对位的要求。该机的最大特点是不需要其他机械的协助，可直接进行堆垛、无须换装、快速灵活、机动性好。主要缺点是堆放的高度和宽度有限，适合场地很大的码头，价格昂贵、维修费用较高、驾驶员的视野有待改善。此机型在欧洲集装箱码头采用较多。

2. 集装箱牵引车—底盘车(semi-trailer tractor)

集装箱牵引车又称拖头，是专门用于牵引集装箱底盘车的运输车辆，其本身没有装货平台，不能装载集装箱，必须通过连接器与底盘车连接，牵引底盘车运输，从而实现搬运作业的目的。

底盘车是一种骨架式拖车，装有轮胎的车架，前面有支架，后面有单轴一组轮胎或双轴两组轮胎。车上装有扭锁插头，能与集装箱的角件相互锁紧。牵引车及底盘车结构见图 4 – 6。

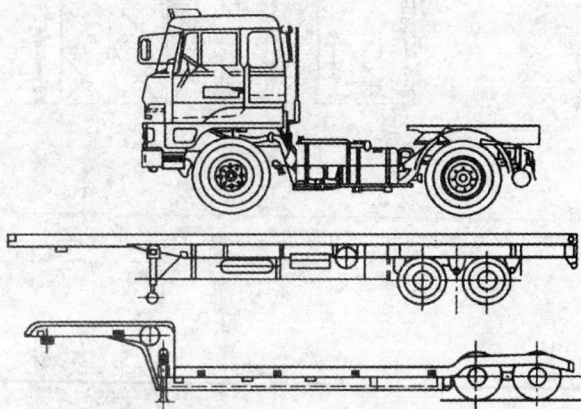

图 4 – 6　牵引车 – 底盘车示意图

集装箱牵引车—底盘车的特点是运行速度快、拖运量大、设备价格较低、营运成本较低，我国大多集装箱码头采用它。

4.2.3　堆场作业设备

1. 轮胎式龙门起重机(rubber-tired transtainer)

轮胎式龙门起重机，俗称轮胎吊或场桥，是最常见的集装箱堆场作业机械。它主要用于集装箱堆场的装卸、搬运及堆码作业。它由前后两片门框和底梁组成的门架支承在充气轮胎上，可在堆场上行走，并通过装有集装箱吊具的行走小车沿着门框横梁上的轨道行走，从底盘车上装卸集装箱和进行堆码作业。轮胎式龙门起重机的驱动方式一般采用自带内燃机发电方式。行走机构可作 90°直角转向，实现转场作业，并采用定向装置或感应电线自动控制系统来保证其在堆场上的直线行走，如图 4 – 7 所示。

轮胎式龙门起重机跨距指两侧行走轮中心线之间的距离。跨距的大小取决于所需跨越的集装箱排数和底盘车的通道宽度。根据集装箱堆场的布置，通常标准的轮胎式龙门起重机横向跨越 6 排集装箱和 1 条车道，其跨度可达 23.5 m。

该机主要特点是机动灵活，可从一个堆场转移到另一个堆场作业，可堆 3 ~ 4 层集装箱，提高了堆场面积利用率，并易于实现自动化作业。主要缺点是自重大、轮压大、轮胎易磨损、造价也较高，适用于吞吐量较大的集装箱码头。

2. 轨道式龙门起重机(rail mounted transtainer)

轨道式龙门起重机俗称轨道吊，是集装箱码头堆场进行装卸、搬运和堆码集装箱的专用机械，如图 4 – 8 所示。它由两片双悬臂的门架组成，两侧门腿用下横梁连接，支承在行走轮台上，可在轨道上行走。

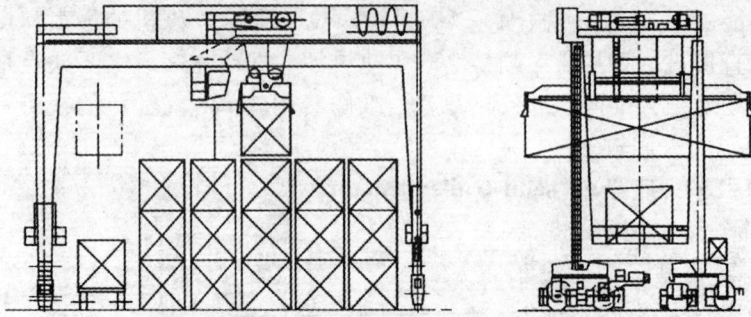

图 4-7　轮胎式龙门起重机

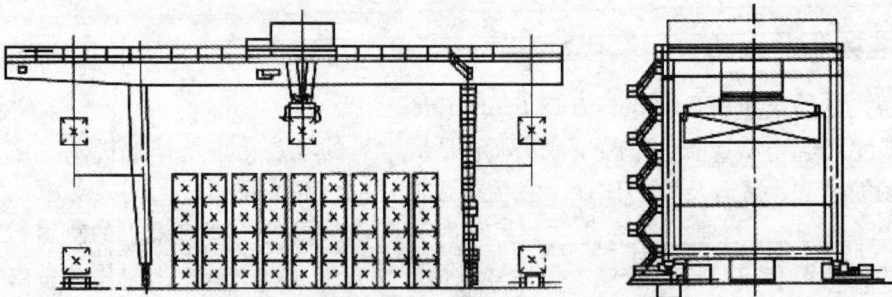

图 4-8　轨道式龙门起重机

　　轨道式龙门起重机的跨度是决定堆场堆存量的一个重要参数,跨度增大,无疑会提高堆存量。但随着跨度的增加,也会带来一些问题。综合考虑,轨道式龙门起重机的跨度设在30~40 m范围内比较合理,其堆存高度一般不超过6层。目前,最大的轨道式龙门起重机横向可跨19排和4条车道,可堆5层高。

　　该机跨度较大,因而堆存能力大,堆场面积利用率高。该机结构简单、操作容易、便于维修保养、易于实现自动化。主要缺点是因为要沿轨道运行,灵活性较差、作业范围受限制。由于跨距大,对底层箱提取困难,适用于堆场面积有限和吞吐量较大的集装箱专用码头。

3. 跨运车

　　参阅4.2.2。

4. 叉车(folk lift truck)

　　叉车是集装箱码头常用的机械,可用于集装箱堆场装卸、堆码及搬运作业,也可用于装卸船及拆装箱作业,如图4-9所示。

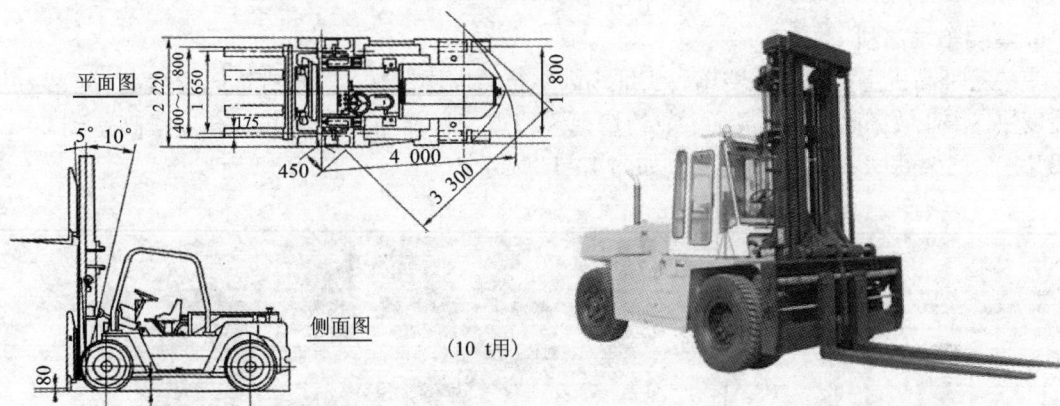

图 4-9　集装箱叉车

　　根据货叉设置的位置不同,叉车可分为正面集装箱叉车和侧向集装箱叉车两种。正面集装箱叉车是指货叉和门架设置在车体正前方的叉车。而侧向集装箱叉车是指货叉和门架位置在车体侧面的叉车。为了方便装卸集装箱,叉车配有标准货叉及顶部起吊和侧面起吊的专用属具。

　　叉车主要优点是:机动灵活,可一机多用,既可作水平运输作业,又可作堆场堆码、搬运;造价较低,使用方便,性能可靠。缺点是作业时回转半径大、堆场面积利用率低、轮压大、维修复杂、集装箱在装卸时的损坏率较高等。该机特别适用于空箱作业。一般在集装箱吞吐量较少的多用途泊位上使用。

5. 集装箱正面吊运机

　　集装箱正面吊运机又称正面吊,其结构特点表现在设置有可伸缩和左右共旋转120°的吊具,便于在堆场吊装和搬运。设置有可变幅的伸缩式臂架及多种保护装置,能保证安全操作。可加装吊钩,吊装其他重、大件货物,如图4-10所示。

　　该机主要优点是:机动性强,可一机多用,既可作吊装作业,又可短距离搬运,一般可吊装4层箱高,并且稳性好,轮压也不高,因此是一种比较理想的堆场装卸搬运机械。该机适用于集装箱吞吐量不大的集装箱码头，也适用于空箱作业。

图 4 - 10   集装箱正面吊运机

6. 集装箱堆高机

集装箱堆高机主要用于集装箱码头堆场内空箱的堆垛和转运，具有堆码层数高、堆垛和搬运速度快、作业效率高、机动灵活、节约场地等特点。目前市场上有起升高度最高达到 20 m、堆码 9 层、门架高度 13 m 的堆高机，如图 4 - 11 所示。

靠近   对位   抓箱   移箱

图 4 - 11   集装箱堆高机

4.2.4　拆装箱机械

集装箱码头的拆装箱作业一般采用 1.5 ~ 3 t 的低门架叉车、手推搬运车等，如图 4 - 12 所示。

4.2.5　集装箱吊具

集装箱吊具是集装箱装卸转运的大型专用机具，是起重设备的重要辅助机具。

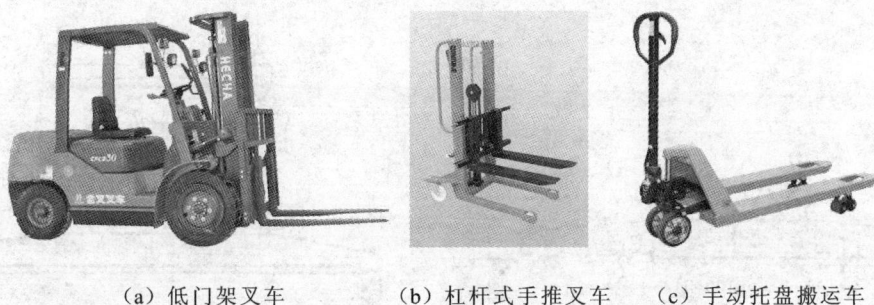

（a）低门架叉车　　　（b）杠杆式手推叉车　　　（c）手动托盘搬运车

图 4 - 12　拆装箱机械

1. 吊具的种类

根据其使用特点，集装箱吊具可分以下三种。

（1）固定式吊具。

固定式吊具又分 6.1 m（20 ft）型和 12.2 m（40 ft）型集装箱专用的两种，如图 4 - 13 所示。

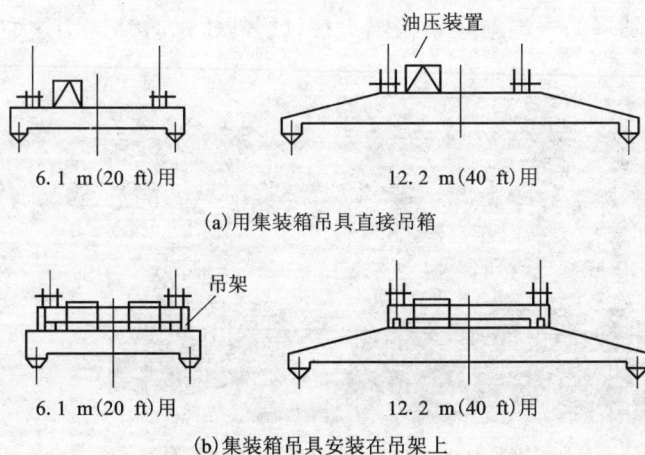

油压装置

6.1 m（20 ft）用　　　12.2 m（40 ft）用

(a)用集装箱吊具直接吊箱

吊架

6.1 m（20 ft）用　　　12.2 m（40 ft）用

(b)集装箱吊具安装在吊架上

图 4 - 13　固定式吊具示意图

（2）伸缩式吊具。

这种吊具是专门为集装箱装卸桥而设计的，利用油压操作使框架能自行伸缩，可用于装卸多种不同尺寸的集装箱。伸缩式集装箱吊具的特点是在变换吊具时所花的时间很少，一般为 1 min 左右，但它的缺点是自重大，通常为 9～10 t。伸缩式集装箱吊具外形如图 4 - 14 所示。

（3）组合式吊具。

它是由装卸 6.1 m（20 ft）型集装箱用的基本吊具和摘挂方便的 12.2 m（40 ft）型集装箱用的辅助吊具两者组合而成，如图 4 - 15 所示。

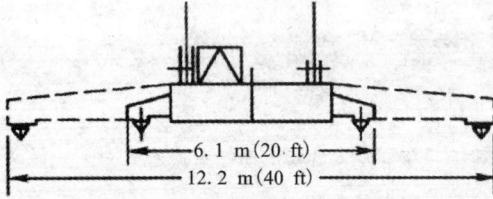

图 4 – 14　伸缩式吊具示意图

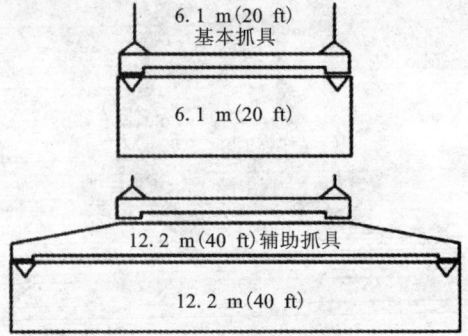

图 4 – 15　组合式吊具示意图

2. 吊具的新发展

　　为适应船舶大型化，提高船舶的装卸效率，满足快速装卸的需要，一些集装箱码头使用了多箱吊具。所谓多箱吊具，是指用一个集装箱吊具可同时起吊两个或两个以上的集装箱的专用吊具。目前已经投入使用的多箱吊具主要有双 20 ft 箱吊具、双 40 ft 箱（或 4 个 20 ft 箱）吊具和三 40 ft 箱吊具等，如图 4 – 16 所示。多箱吊具的出现对岸壁集装箱起重机的作业效率产生显著影响，越来越多的大型新集装箱码头在订购新桥吊时都选用这种吊具系统。

（a）双20 ft箱吊具

（b）双40 ft箱吊具

（c）4个20 ft箱吊具

（d）三40 ft箱吊具

图 4 – 16　多箱吊具

4.3　集装箱码头装卸工艺系统

在集装箱码头上,由集装箱装卸桥和跨运车、轮胎式龙门起重机、轨道式龙门起重机、底盘车和叉车等水平搬运机械可组成不同的装卸工艺系统。

纵观世界各集装箱码头装卸工艺系统,采用跨运车系统的码头泊位较多,其次是龙门起重机系统。而我国各集装箱码头大多采用轮胎式龙门起重机系统。

4.3.1　装卸桥—跨运车系统

装卸桥—跨运车系统是码头前沿采用装卸桥,水平搬运及堆场作业均采用跨运车。

1. 作业流程

卸船时,由装卸桥将集装箱从船上卸到码头前沿,再由跨运车将集装箱搬运至码头堆场的指定箱位,或对底盘车进行换装作业;装船时,集装箱被底盘车送进码头后,由跨运车将集装箱堆码到堆场,并从堆场拖到码头前沿,由装卸桥将集装箱吊装上船。该系统如图 4 - 17 所示。

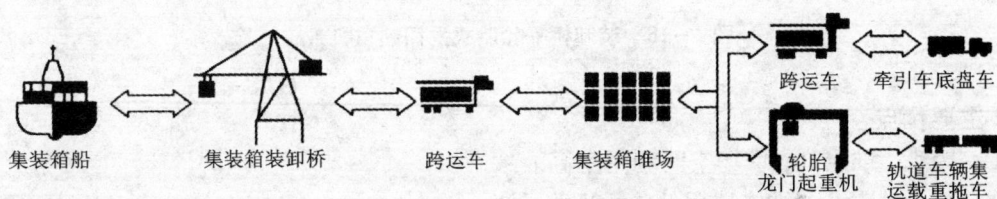

图 4 - 17　装卸桥—跨运车系统

2. 主要优点

①跨运车一机完成多种作业(包括自取、搬运、堆垛、装卸车辆等),减少码头的机种和数量,便于组织管理。

②装卸桥只需将集装箱从船上卸下后,放到码头前沿,无需准确对位,跨运车自行抓取运走,充分发挥装卸桥的效率。

③机动性强,既可水平搬运,又可堆场堆码、拆垛,减少作业环节。

④堆场的利用率较高,所需的场地面积较小。

3. 主要缺点

①跨运车造价较昂贵,且由于液压元件较多,容易损坏,故障率较高。

②轮压较大,对堆场运行通道和码头前沿要求较高的承载能力。

③占用通道面积较大,土建工程投资大。

④不能用于装卸铁路车辆。

4. 适用情况

采用装卸桥—跨运车系统的码头,跨运车的搬运效率应与集装箱装卸桥的效率相适应。理论上讲,跨运车的搬运效率约为普通型装卸桥效率的 1/2。由于存在卸船时装卸桥无须对位,而装船时跨运车和装卸桥需对位等原因,该系统适用于进口重箱量大、出口重箱量小的集装箱码头。

4.3.2　装卸桥—轮胎式龙门起重机（轮胎吊）系统

装卸桥—轮胎式龙门起重机系统是码头前沿采用装卸桥，水平搬运采用底盘车，堆场作业采用轮胎式龙门起重机。

1. 作业流程

卸船时，装卸桥将船上卸下的集装箱装在底盘车上，底盘车将集装箱运至堆场，再由轮胎式龙门起重机进行卸车和码垛作业，以及内陆车辆的换装作业；装船时，轮胎式龙门起重机将由内陆车辆运进码头的集装箱卸到堆场上堆码，再将集装箱装上底盘车，运往码头前沿，等待装卸桥装船。该系统如图4-18所示。

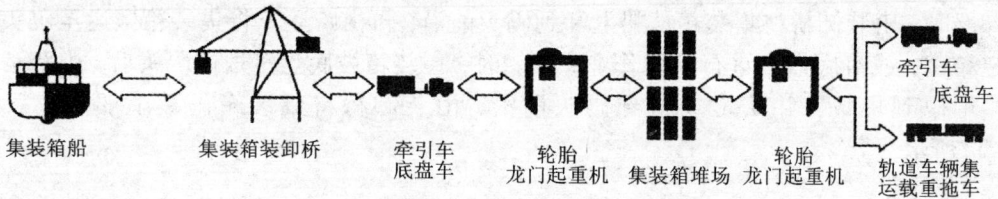

图4-18　装卸桥—轮胎式龙门起重机系统

2. 主要优点

①跨距大，堆层高，堆场空间利用率高。

②机械维修量少，维修费用低，可节省投资。

③轮胎吊采用90°转向和定轴转向，占用通道面积小。

④灵活性比较大，不受轨道的限制，可转场作业。

⑤可采用直线行走自动控制装置实行行走轨道自动控制，便于实现自动化和电子计算机的管理。

3. 主要缺点

①由于水平搬运需要与底盘车联合作业，因此，使用的机械数量多，初次投资较大。

②轮压比较大，一般为50 t，码头的土建投资较大。

③由于跨距大，堆垛层数高，故提取集装箱较困难，翻箱率较高。

④对驾驶员操作技术要求高。

4. 适用情况

装卸桥—轮胎式龙门起重机系统适用于陆地面积较小的码头。我国大部分集装箱码头采用这种工艺系统。

4.3.3　装卸桥—轨道式龙门起重机（轨道吊）系统

装卸桥—轨道式龙门起重机系统是码头前沿采用装卸桥，水平搬运采用底盘车，堆场作业采用轨道式龙门起重机。

1. 作业流程

卸船时，装卸桥将集装箱从船上卸到码头前沿的集装箱底盘车上，然后拖到堆场，采用轨道式龙门起重机进行堆码,并换装到内陆车辆上;装船时,在堆场上用轨道式龙门起重机将集装箱装到集装箱底盘车上,然后拖到码头前沿,用装卸桥把集装箱装船。该系统如图 4－19 所示。

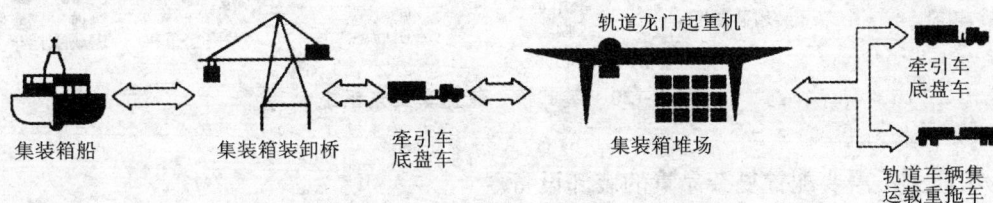

图 4－19　装卸桥—轨道式龙门起重机(轨道吊)系统

2. 主要优点

①机械沿轨道运行,有利于实施计算机控制,易于实现集装箱装卸的自动化。

②与轮胎吊相比,轨道吊的跨距更大,堆高能力更强,在所有工艺系统中,堆场面积利用率最高,单位面积堆箱数最多。

③机械机构简单、维修方便、操作比较可靠。

④便于实现铁路装卸。

3. 主要缺点

①初始投资大。

②机动性差,只能沿轨道运行,不便在堆场之间转移,作业范围受到限制。

③由于堆存量大,相应的翻箱率也会增大。

4. 适用情况

装卸桥—轨道式龙门起重机系统适用于场地面积有限,集装箱吞吐量较大的水陆联运码头。

4.3.4　装卸桥—底盘车系统

装卸桥—底盘车系统是码头前沿采用装卸桥,水平搬运及堆场作业均采用底盘车。底盘车按其使用场所不同,分为一般公路用和货场用两种。一般公路用的底盘车长、宽、高外廓尺寸及轮压和轴负荷均应符合国家标准规定;货场运输用的底盘车外廓尺寸一般可不受国家对于车辆限界的规定限制,但挂车的全长和轴负荷要考虑到码头货场道路的技术条件。

1. 作业流程

卸船时,装卸桥将集装箱从船上卸下直接装在底盘车上,然后由牵引车拉至堆场,在堆场,集装箱存放在挂车上,当需要进行内陆运输时,很方便地用牵引车将其拖走;装船的过程相反,用牵引车将堆场上装有集装箱的挂车拖至码头前沿,再由装卸桥将集装箱装到船上。该系统如图 4－20 所示。

2. 主要优点

①把集装箱存放在底盘车上,因而堆场上的作业环节少,装卸效率高,损坏率小。

②搬运方便,取箱容易,可直接用于陆运,特别适合于"门到门"运输。

③底盘车轮压小,对场地的承载能力要求低,可降低集装箱码头堆场的原始投资。

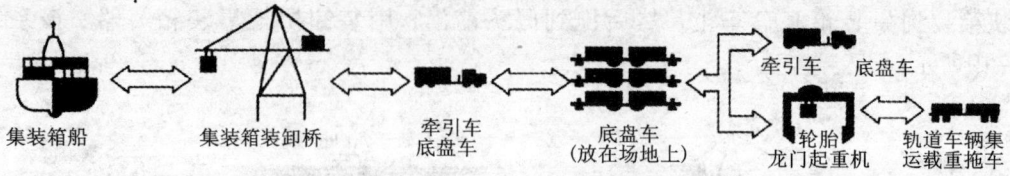

图 4 – 20　装卸桥—底盘车工艺系统

④场地上不需要配置复杂昂贵的装卸设备。

3. 主要缺点

①为停放底盘车和拖挂作业的方便,要求场地面积大,由于不能重叠堆放,场地的利用率很低。

②底盘车的需求量大,投资大,在运量高峰期可能会出现因底盘车不足而间断作业的现象。

③由于装卸桥把集装箱装到挂车上时的对位操作比较困难,从而影响了装卸效率。

④采用这种系统的大型码头拖运距离长,在高峰期容易造成港内道路堵塞。

4. 适用情况

装卸桥—底盘车系统是公路运输高度发展的产物,因此,这种工艺系统适用于有足够的码头陆域和公路四通八达的"门到门"运输方式。在铁路运输占优势、平均堆存期较长以及拆装箱频繁的集装箱码头,一般不宜采用该工艺系统。现在世界上用这一工艺系统的码头非常少。

4.3.5　装卸桥—集装箱叉车系统

装卸桥—集装箱叉车系统是码头前沿采用装卸桥,水平搬运及堆场作业采用叉车。

1. 作业流程

卸船时,装卸桥将集装箱从船上卸到码头前沿,然后由集装箱叉车将其运输到堆场堆码或装车,等待疏运;装船过程则与此相反。该系统如图 4 – 21 所示。

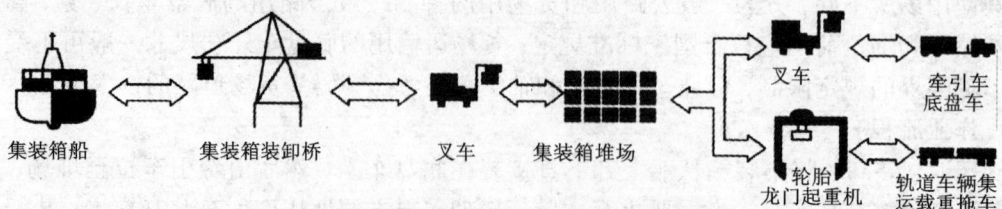

图 4 – 21　装卸桥—集装箱叉车系统

2. 主要优点

①叉车的通用性强,可适用于多种作业,机械在其寿命期内得到充分利用。

②机械价格便宜,初始投资少。

③装卸桥作业时不需对位,可用提高装卸桥的作业速度。

3. 主要缺点

①叉车作业要求比较宽敞的通道及场地,占用通道面积较大;另外,为了快速装卸集装箱,集装箱只能成两列堆放,因此场地面积利用率比较低。

②由于使用的叉车多为正面叉车,叉车前方视野较差,集装箱的损坏率较高。

③叉车作业需对位,因而叉车装卸效率较低。

④机械完好率低,维修费用较高。

4. 适用情况

由于装卸桥—集装箱叉车系统的堆场利用率低,理论上讲作为集装箱码头装卸工艺并不理想。因此,该系统一般只适用于吞吐量较少的散件杂货泊位兼作集装箱泊位使用的综合性码头。

4.4　集装箱码头堆场的有关操作

4.4.1　堆场箱位编码方法和堆垛规则

1. 堆场箱位的编码方法

堆场箱位(yard location code,YLC)一般是指用一组代码来表示集装箱堆放在码头堆场内的唯一物理位置,它是组成集装箱堆场的最小单元。

集装箱码头的堆场通常被划分为多个块(block),构成了堆场的箱区;在每个箱区内又划分多个贝位(bay)、多个列(row)和多个层(tiers)。一个集装箱在堆场内的位置,即堆场箱位是由箱区号(block)、贝位号(bay)、箱排(列)号(row)和箱层号(tier)共同组成,如图 4 - 22 所示。

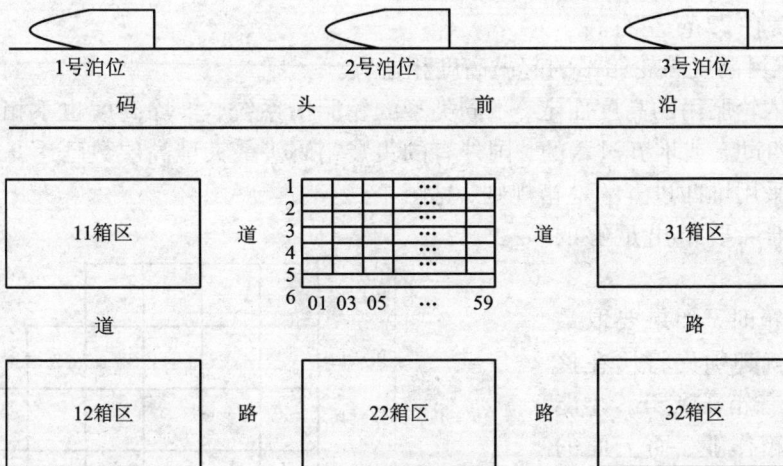

图 4 - 22　码头堆场箱位示意图

箱区号的编码分为两种:一种是用英文字母表示,由一个或两个字母组成;另一种是用数字来表示,一般由两位数字组成,其中第一位表示码头的泊位号,第二位表示堆场从海侧到陆侧后方堆场的顺序号。国内码头普遍采用一位字母或两位数字作为箱区的编码。

贝位号的编码用两位数字表示，一个箱区由若干个贝位组成。由于一个 40 ft 箱占用 2 个地面 20 ft 箱的位置，因此用偶数表示 40 ft 或 45 ft 箱的"贝位号"。同样，一个 20 ft 箱占用 1 个地面 20 ft 箱的位置，因此用奇数表示 20 ft 箱的"贝位号"。

箱排（列）号用一位或两位数字表示。轮胎吊作业堆场箱位的排号，因其跨度一般是六排，因此通常只用一位；轨道吊堆场，由于箱区宽度可超过 10 排，因此通常使用两位。

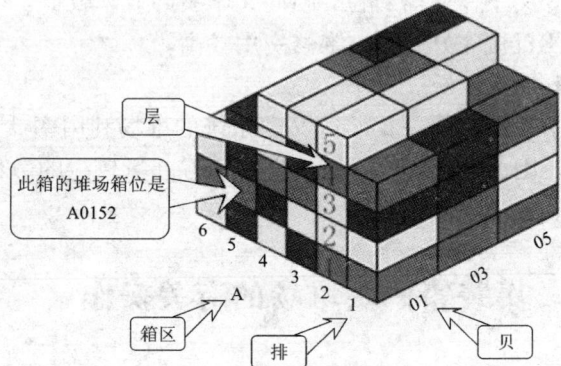

图 4 – 23　轮胎吊作业堆场箱位编码方式示意图

箱层号用一个数字表示。集装箱堆场的堆高一般不可能超过 10 层高。

轮胎吊作业堆场的箱位一般由五位或六位表示，例如，A0152 表示该箱在 A 箱区 01 贝第 5 排第 2 层，如图 4 – 23 所示；210242 表示该箱在 21 箱区 02 贝第 4 排第 2 层。轨道吊作业堆场的箱位一般由六位或七位表示。

2. 堆场的堆垛规则

堆场集装箱堆垛方式和规则因堆场装卸工艺系统、作业机械、集装箱尺寸和集装箱内装载货种的不同而不相同。堆场堆垛的基本规则就是保证集装箱堆放安全，减少翻箱率。

常见的轮胎吊工艺系统下的堆场堆垛规则如下所述。

（1）箱区堆垛宽度与轮胎吊作业宽度相适应。

在码头设计建造时，轮胎吊箱区长度往往与泊位长度相对应。箱区宽度应视轮胎吊的跨度而定，采取六排加一通道堆箱规则，即每个箱区的宽度为 6 排，箱宽再加上一条集卡车道的宽度，净宽度在 22 m 左右。

（2）箱区堆垛高度与轮胎吊的起吊高度相适应。

堆箱层数依轮胎吊的高度而定，不同类型的轮胎吊系统，堆垛高度也不相同，有堆三过四的，也有堆四过五或堆五过六的，国外有的集装箱码头最大堆高层数已达九层。目前我国沿海港口基本采用堆四过五的堆箱规则，见图 4 – 24。

（3）箱区堆垛要留出足够的翻箱位。

在堆场取箱时，如果要取最底层的箱子，就必须先将压在该箱子上面的所有箱子移开，才能取出，这叫翻箱作业，而上面的箱子就移到一些预留的空位上，叫翻箱位。因此，堆箱时不能将同一个贝位上的所有排箱位都堆高至 4 层或 5 层（最高层），必须在每一贝位靠边的 1~2 排留出足

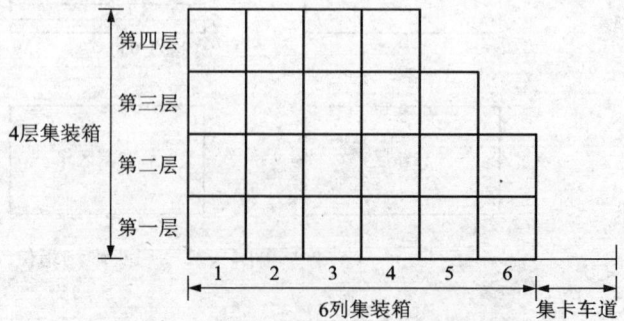

图 4 – 24　轮胎吊堆场堆四过五的堆箱规则

够的空位,作为装卸作业时翻箱使用。堆 4 层高时,应留有 3 个翻箱位,如图 4－28 所示。

(4)箱区堆垛要满足集装箱在堆场中储存的安全要求。

集装箱进场选位时,应充分考虑堆放的安全系数。若箱区的箱位没有堆满,相邻排孤立的层高之差不得大于 3。各箱区之间要留有合适的通道,使集卡、叉车等机械能在堆场内安全行驶。

4.4.2　堆场作业计划的内容

1. 堆场作业类型

堆场作业主要有三类六种作业类型:

①进场作业主要分为进口箱海侧卸船作业进场和出口箱陆侧铁路、公路及 CFS 箱陆运拖车入箱卸车作业进场两种。

②出场作业主要分为出口箱海侧装船作业出场和进口箱陆侧铁路、公路及 CFS 箱陆运拖车提箱装车作业出场两种。

③堆场内倒箱作业主要分为同贝位翻倒作业和异贝位翻倒作业。

2. 堆场作业计划安排策略

这里主要介绍以进出口集装箱作业为主的集装箱码头堆场计划安排策略。

(1)出口箱入箱进场堆场作业计划。

出口集装箱入箱进场作业计划的目标是,应尽量减少装船时集装箱在集卡车上的水平搬运距离和发箱时的同贝翻倒作业。这就要求在编制堆场作业计划时,根据不同航线、不同班期、不同的卸货港堆放。同时,在场地上的堆放要做到集散有度,即同一航次的出口箱,既不能在场地上过分集中地堆放,也不能过分分散地堆放。过分集中堆放,在装船作业时会造成作业路拥堵和人员、机械不能充分利用的弊端;过分分散堆放,由于作业点过多,在装船时会造成现场作业机械和人员的不足,使现场调度管理混乱。

通常情况下,同一箱区应尽量存放同一船名、航次的待装船箱;在场地资源偏紧时,也可在同一箱区堆放不同船名、航次的待装船箱。但要充分考虑不同船名、航次的班期,尽量避免把班期接近的待装船箱堆放在同一箱区,这样做可能导致在装船作业时相互冲突,造成现场瞬间的作业资源不足。不同箱尺寸、卸货港的待装船箱应间隔堆放,堆放时同样应考虑装船作业时作业路的通畅问题。

(2)进口箱卸船进场堆场作业计划。

进口卸船集装箱的堆放较为简单,普遍采用进口箱区半混堆的模式,但不同码头卸船箱区的管理模式仍有区别。因为通常情况下,较早卸船的进口集装箱货主到码头提箱的时间,早于较晚卸船的进口集装箱,所以当货主到码头提箱时,码头堆场的场地翻箱相对较少,提高了码头提箱作业的效率。但同时,进口箱区不间断的归并整理,需要投入一定的人力和物力,这也使码头日常生产组织的难度有所加大。当然,就作业成本而言,全混堆方式的箱区翻箱工作与货主提箱作业同时进行,码头基本无法控制翻箱量;半混堆方式的箱区翻箱整理工作在卸船前进行,码头对卸船箱区的整理相对显得有针对性。

(3)中转箱进出场堆场作业计划。

中转箱场地的作业规划,在以进出口为主的码头一般采用混堆。因为进出口码头的中转箱比例偏低,所以码头堆场在中转箱一程船卸船作业时,一般并不按二程船的航线航次分别堆放，而是将中转集装箱集中堆放在指定的中转箱专用场地内，在二程船装船时，直接从中转箱专用箱区内装船。通常情况下，只有出现批量较大的同属性中转箱，码头才考虑将其安排在二程船装船箱区，或单列某一箱区进行卸船作业，以方便随后进行的二程船装船作业。

（4）空箱箱区进出场作业计划。

在有条件的情况下，码头的空箱场地多数采用叉车作业或轨道龙门吊，以充分利用码头场地资源。但如果是待装船的空箱，也可堆放在同一船名、航次的出口重箱场地内，或附近的场地，以方便装船作业。

（5）集装箱码头堆场的归位、并位、转位作业计划。

堆场内倒箱作业主要分为同贝翻倒作业和异贝翻倒作业，其中异贝翻倒作业又可分为归位、并位和转位三种作业方式，统称为堆场内的归、并、转作业。

归位作业是指码头堆场内箱状态发生变化后，从变化前的箱区，归入状态改变后的指定箱区的作业过程。如出口重箱退关后，箱状态由出口重箱变成退关箱，就需将该箱从出口重箱箱区归入退关箱区。

并位作业一般指同一堆场同一箱区内，将零星分散的集装箱整理合并在一起的作业过程。一般由一台场内作业机械就可完成作业。

转位作业一般指同一堆场不同箱区间，或同箱区不同箱位间集装箱整理转移的作业过程。一般需两台场内作业机械及水平运输机械配合才可完成作业。

集装箱码头堆场内的归、并、转的主要目的是为了提高堆场利用率，提高箱区的作业效率，减少码头作业出差错的可能性，减少翻箱。

4.5　集装箱码头大门业务

集装箱码头大门也称作闸口，其在码头物流系统中占有极其重要的地位，因此，对其设置和管理要求较高。码头大门的布局、通过能力及通过效率高低，将直接影响整个码头物流系统的能力和效率。

4.5.1　集装箱码头大门设置

码头大门在集装箱码头整体平面布局中的设置，主要取决于四个因素：码头吞吐能力、码头吞吐量中从大门通过的比例、码头堆场平面布局及码头外集疏运道路网络布局。前两个因素决定码头大门的大小和通道数量，后两个因素决定码头大门的位置。

由于集装箱码头进出集装箱频繁，门口设置应保证进出大门的集装箱快速、方便的通行而又不出差错，要求大门口在办理集装箱进出口的手续时方便、高效、安全、畅通无阻。大门口的设置如图 4-25 所示。

门口是集装箱码头港区与外界的分界处。集装箱码头大门共有两个门口。一个门口负责载箱拖挂车和空车拖挂车进门，另一个门口负责载箱拖挂车以及空车拖挂车出门。进门和出门部分分别设置载箱拖挂车进出门和空车拖挂车进出门。这是因为：

①载箱拖挂车进出门与空车拖挂车进出门所办理的手续不一样。

②载箱拖挂车和空车拖挂车进出门分别行走各自的路线，可保证门口处的交通畅通。

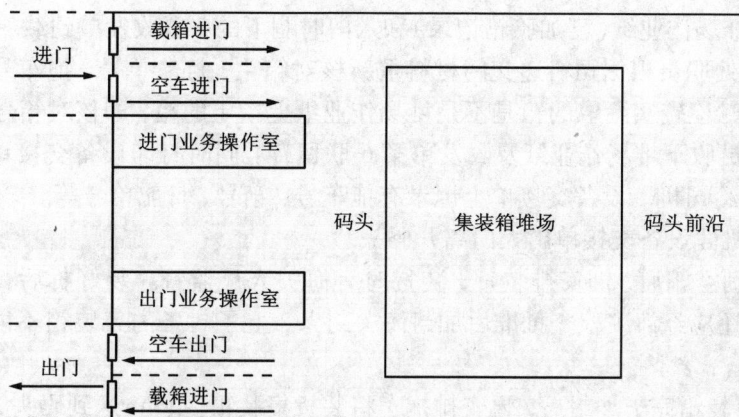

图 4 - 25　集装箱码头进出分离式闸口布置方式

4.5.2　集装箱码头大门业务操作程序

集装箱码头大门业务的操作程序分为出口操作程序和进口操作程序。在整箱货运情况下，出口操作程序是指从货主（客户）到码头堆场提取空箱开始至将装满货的重箱送交码头堆场为止的过程。进口操作程序是指货主（客户）到码头堆场提取重箱至将卸完货的空箱送交码头堆场为止的全过程。现以整箱货运为例说明出口操作程序和进口操作程序。

1. 整箱货运出口操作程序

（1）船公司或其代理人安排拖车或通知货主（客户）安排拖车去码头堆场领取空箱。

（2）拖车司机到船公司或其代理人处领取交收箱用的集装箱收发单。该收发单一式 6 联。与此同时，船公司或其代理人还发给司机封条（类似于锁），封条为每只集装箱一个，装货完毕，加封在集装箱端门上。

（3）拖车司机开车到码头大门，从空车进口处进门，在入口处停车，将集装箱收发单的第一联递交给入口处的码头职员，用于办理入门手续。司机递交收发单第一联后，无需等候，可直接开车去码头专用停车场等候通知。

（4）大门职员将收发单第一联中的有关数据输入电脑，如船公司名称、船名、航次、箱主订舱单号、拖车号以及集装箱类型和尺寸等。然后安排取箱位置（空箱在堆场的位置）和集装箱号码，打印出一张堆场作业纸交给司机。堆场作业纸上注明有箱号和取箱的堆场位置，拖车司机便可开车到堆场作业纸上指定的堆场位置提取空箱。

（5）堆场理货员按司机提供的堆场作业纸，指挥起重机司机将指定的集装箱（空箱）吊到拖车上。吊装时，堆场理货员应观察集装箱底部有无损坏，如有损坏，堆场理货员应通知大门职员更换集装箱，此时拖车司机须持原有堆场作业纸回到入口处改单，即更改集装箱箱号和取箱位置，再回到新的堆场位置取空箱，直到所取集装箱完好为止。

（6）拖车司机取到空箱后，开车到验箱处验箱。出门前须经过详细验箱。因为集装箱装到拖车上后，底部与拖车架接触，无法观察，所以堆场理货员验箱是检查箱底，而出门前的验箱是检查集装箱底部以外的其他所有部位。理货员根据验箱结果在堆场作业纸上签字，具体说明箱型、材质以及箱体是否完好，然后交给司机。

(7)司机持堆场作业纸(已加验箱记录)和入门时剩下的5联收发单到载箱出门处办理出大门手续。出门处职员根据司机递交的材料重新核对箱主、订舱单号、拖车号等，看电脑记录是否有错，同时检查实际取的箱是不是堆场作业纸上指定的箱，即核对箱号。核对正确无误后，出门处职员收下堆场作业纸及收发单第6联留存，同时打印设备交接单连同剩下的4联收发单一起交给司机。设备交接单上记录有拖车号、箱号、订舱单号等。

(8)拖车司机凭设备交接单出大门离开码头。

(9)客户拿到空箱后，即安排装货，装货时有海关人员监督。装好货后，在箱门上加装厂家封条，同时还应经海关检查批准后加封海关封条，上了封条的集装箱不能随意打开，以保货物不致丢失。

(10)集装箱装箱完毕加封后，再安排拖车将装货集装箱(重箱)送到码头，拖车从载箱进口处入大门。在进口处递交集装箱收发单(此时司机携带的运输单证就是上次提取空箱时剩下的4联集装箱收发单和设备交接单)，办理交接箱手续。在办手续前，先经过进门处的理货员验箱，验箱的内容有：①箱体外观检查，是否有损伤、翘曲、破裂现象；②核对箱号是否与单证上相符；③记录封条号码，包括海关关封及厂家施加的厂封；④注明集装箱的类型、材质。验箱内容写在集装箱收发单第2联上。

(11)验箱完毕，进门处职员审单(即审查集装箱收发单)，并将有关箱的货料记录如拖车号、箱号、船名、航次、订舱单号、卸货港、封条号、箱毛重等输入电脑。输入完毕，撕下收发单第2联留存，其余3联交给司机，并打印一张堆场作业纸给拖车司机。此堆场作业纸同上次提空箱时的堆场作业纸形式一样，一个用于提箱，一个用于交箱。堆场作业纸上注有卸箱的堆场位置，拖车司机到指定堆场位置，将堆场作业纸交给堆场理货员。

(12)堆场理货员先审查拖车司机提交的资料，如没有问题，即指挥起重机司机卸箱。卸箱完毕，堆场理货员应在堆场作业纸上签字确认。

(13)拖车离开堆场到空车出门处办理出大门手续，出门处码头职员重新核对进闸口时输入到电脑里的文件资料记录，应特别注意核对箱号、船名、航次、卸货港以及堆场作业纸上有无堆场理货员确认已卸箱到堆场的记录，然后打印设备交接单(出门纸)，撕下收发单第5联留存，剩余2联收发单连同设备交接单交给司机，此设备交接单与上次来提箱时的设备交接单一样。

(14)拖车司机凭设备交接单出大门，出口重箱交货结束。此时，拖车司机原持有的6联集装箱收发单只剩下两联。这两联中的第3联给司机，第4联由船公司或其代理人保留。

2. 整箱货运进口操作程序

整箱货运进口操作程序与出口操作程序相反。

(1)船公司或其代理人安排拖车或通知客户安排拖车去码头提取重箱。

(2)拖车司机去码头提取重箱前先到船公司或其代理人处领取交收箱用的集装箱收发单及其海关放行条，收发单通常为一式6联(前已述及)。

(3)拖车司机开车到码头大门处，从空车进口处入大门。在入门处停车，将手中的收发单第1联和海关放行条递交给进门处码头职员，用于办理进门手续。司机递交收发单后，无需等候，可开车进入码头专用停车场等候通知。

(4)进门处职员根据收发单将有关数据输入电脑，如箱主、拖车号以及集装箱类型和尺寸等。然后安排取箱位置（堆场位置）和集装箱号码，打印出一张堆场作业纸交给司机。堆场作业纸上注明有箱号和取箱的堆场位置，拖车司机便可开车到堆场作业纸上指定的堆场位置提取重箱。

（5）堆场理货员按司机提供的堆场作业纸，指挥起重机司机将指定集装箱（重箱）吊到拖车上。吊装时，堆场理货员应观察集装箱底部有无损坏，如有损坏应作好详细记录并通知船公司加以确认。

（6）司机持堆场作业纸（已经过堆场理货员确认）和进门时剩下的 5 联收发单到载箱出门处办理出大门手续。出门处职员根据司机递交的材料重新核对箱主、箱号、拖车号等，看电脑记录是否有错，同时检查实际取的重箱是不是堆场作业纸上指定的重箱，即核对箱号。核对正确无误后，出门处职员收下堆场作业纸及收发单第 6 联留存，同时打印设备交接单，连同剩下的 4 联收发单一起交给司机。设备交接单上记录有拖车号、箱号等，此设备交接单与提空箱的设备交接单基本一样，不同的是提取重箱时的设备交接单带有条形码，拖车司机出门时凭此条形码开启电子锁（通过电子扫描），出门处的交通栏杆即会自动抬起。

（7）拖车司机凭设备交接单出大门离开码头，将重箱取回。

（8）客户提到重箱后，即安排卸货，卸箱时有海关人员现场监督。

（9）集装箱卸货完毕，拖车将空箱送回码头，此时拖车从载箱进门处进入大门，在进门处递交集装箱收发单（此时司机携带的运输单证就是上次提重箱时剩下的 4 份收发单），办理交接箱手续。在办手续前，先经过进门处理货员验箱，验箱的内容有：①箱体外观检查，是否有损伤、翘曲、破裂现象；②核对箱号是否与单证上相符；③注明集装箱的类型、材质。验箱内容写在收发单第 2 联上。

（10）验箱完毕，进门处职员审单（即审查集装箱收发单），并将有关箱的资料记录输入到电脑，如箱主、拖车号、箱号等。输入完毕，撕下集装箱收发单第 2 联留存，其余 3 联收发单交给司机，并打印一张堆场作业纸给拖车司机。此堆场作业纸同上次提空箱时的堆场作业纸形式一样，只是一个用于提箱，一个用于交箱，堆场作业纸上注有卸箱的堆场位置，拖车司机到指定堆场位置，将堆场作业纸交给堆场理货员。

（11）堆场理货员先审查拖车司机提交的资料，如没有问题，即指挥起重机司机卸箱。卸箱完毕，堆场理货员应在堆场作业纸上签字确认。

（12）拖车离开堆场到空车出门处办理出大门手续。出门处码头职员重新核对进大门时输入到电脑里的文件资料记录，特别注意核对箱号、箱主以及堆场作业纸上有无堆场理货员确认已卸箱到堆场的记录，然后打印设备交接单，撕下集装箱收发单的第 5 联留存，剩余 2 联连同设备交接单交给司机，此设备交接单与提空箱时的设备交接单一样。

（13）拖车司机凭设备交接单出门。进口提取重箱，交还空箱程序结束。

4.6　集装箱货运站

集装箱货运站（container freight station, CFS）是指以装箱、拆箱、集拼和分拨为主要业务的运输服务机构，是国际集装箱运输及多式联运中极其重要的环节和组成部分。通过设置集装箱货运站，进行整箱货物和拼箱货物的保管和交接，可形成一个有机的深入内陆的运输网络，有效地进行集装箱货物的集运和疏运。

4.6.1　集装箱货运站的种类

集装箱货运站根据其位置和职能，具体可分为三种类型。

(1)设在集装箱码头内的货运站。

设在集装箱码头内的货运站是码头的有机组成部分，它所处的位置、实际工作和业务隶属关系都与集装箱码头无法分割。其主要任务是处理各类拼箱货，进行出口货的拼箱作业和进口货的拆箱作业，并对货物进行分类保管。

(2)设在集装箱码头附近的货运站。

这类货运站设置在靠近集装箱码头的地区，处于集装箱码头外面。它不是码头的组成部分，但在实际工作中与集装箱码头的联系十分密切，业务往来也很多，它承担的业务与设在码头内的货运站相同。这类集装箱货运站的设置一般有两种情况：

①有的集装箱码头业务繁忙，自身集装箱货运站规模有限或堆场紧张，设置码头附近的货运站作为集装箱码头的一个缓冲地带，缓解码头的场地紧张。有些拼、拆箱业务就转到码头外集装箱货运站进行。

②集装箱码头内不设集装箱货运站，在集装箱码头外设独立的货运站。我国台湾地区许多货运站属于此类型。

(3)内陆集装箱货运站。

内陆集装箱货运站是在内陆交通比较便利及外贸进出口货物较多的大中城市设立的提供集装箱交接、中转或其他运输服务的专门场所。内陆集装箱货运站将货物预先集中，进行装箱，装箱完毕后，再通过内陆运输将集装箱运送至码头堆场，兼具有集装箱货运站与集装箱码头堆场的双重功能。它既接受托运人交付托运的整箱货与拼箱货，也负责办理空箱的发放与回收。如托运人以整箱货托运出口，则可向内陆货运站提取空箱；如整箱进口，收货人也可以在自己的工厂或仓库卸空集装箱后，随即将空箱送回集装箱内陆货运站。另外，内陆货运站还办理集装箱的装卸及转运、拆装箱及集装箱维修、代理报关及报检等业务。

铁路集装箱办理站有的要从事一些货物拆箱和拼箱的业务，所以通常兼有内陆集装箱货运站的性质。公路集装箱中转站，一般都要进行拼箱货的拆装箱，所以，都属于内陆集装箱货运站。铁路集装箱办理站和公路集装箱中转站的类型、职能及业务详见第6章和第7章。

4.6.2　集装箱货运站的设备和设施

在三类集装箱货运站中，码头附近集装箱货运站和内陆集装箱货运站是完全独立的企业，用于集装箱作业的各种设施设备齐全，功能完备。码头内的集装箱货运站作为集装箱码头的一部分，功能和结构比较简单。集装箱货运站通常拥有以下设备和设施。

1. 带装货月台的仓库

集装箱货运站一般均要配备有一定面积的仓库，用以集货与暂时储存拆箱后等待提取的货物。仓库除了储存区，一般应有装、拆箱区。同时，仓库应配备与卡车和拖车底板相平的装、拆箱月台，便于不卸车直接进行装箱和拆箱。

2. 堆箱场地

集装箱码头内的货运站，不一定要单独拥有自己的堆箱场地。集装箱码头附近的货运站及内陆集装箱货运站，则必须拥有一定面积的集装箱堆场。一方面可以暂时堆存已装好或中转的重箱；另一方面可以作为集装箱码头集中到达或卸船箱子的疏运地点。作为船公司或租箱公司收箱点的集装箱货运站，还应有较大的场地，用以堆放回收或周转的空箱。

3. 拆装箱机械与堆场机械

用于拆、装箱的机械，主要是小型叉车；用于堆场的机械主要是集装箱叉车、汽车吊等。规模较大的集装箱货运站，可以配备集装箱正面吊，用于堆场和装车、卸车。

4. 辅助设施

①洗箱场地，用于某些集装箱装货前的清洗。

②修箱部门，有条件的集装箱货运站可设置修箱部门，开展修箱业务。

③集装箱卡车停车场和加油站，集装箱货运重箱和空箱，以及货物的运进、运出，一般都使用集装箱卡车进行，所以通常应有一定面积的集装箱卡车停车场和加油站。

④修理车间，用于修理集装箱货运站装拆箱机械和堆场机械。

⑤管理与生活后勤设施，包括集装箱货运站业务管理建筑和生活建筑。

4.6.3　集装箱货运站的工作和管理

1. 集装箱货运站的主要工作

集装箱货运站的主要任务就是进行集装箱货物的装拆箱作业，负责集装箱货物的集中、分散、堆存、保管等作业。具体包括以下主要工作：

①集装箱货物的承运、验收、保管和交付。

②拼箱货物的装箱和拆箱作业。

③整箱货的中转。

④重箱和空箱的堆存和保管。

⑤货运单证的处理，运费堆存费的结算。

⑥集装箱及集装箱车辆的维修、保养。

⑦其他服务，如代办海关业务等等。

2. 集装箱货运站的管理

集装箱货运站的经营人是指对货运站进行投资建设、经营管理的机构。一般来说可以是海上运输的集装箱公司、铁路或公路运输经营人，也可以是开展集装箱多式联运的多式联运经营人、无船承运人和较有实力的货运代理人。从我国集装箱运输的发展来看，一些港口企业、地方主管机构也在其本地和内陆腹地采用独资或合作方式建立和经营码头货运站或内陆货运站。

集装箱货运站负责集装箱的中转、储存保管、拆装箱等业务，有的还兼营集装箱的清洗和修理等，涉及的单位很多，它既要配合船公司、港口做好出口集装箱货物到站装箱、拼箱工作，又要协助港口做好进口拼箱货的保管和交付工作。为了提高集装箱货运站的服务质量，加速集装箱的周转，必须对各项业务进行科学管理，使各项进出口业务顺利进行。

4.6.4　集装箱货运站的业务

集装箱码头内的货运站的业务可分为进口拆箱提货业务和装箱出口业务两大部分，其业务流程分别如下。

1. 进口拆箱提货业务

(1)拆箱。

货运站交接条款由码头拆箱的,或码头堆场条款由于收货人无整箱提运能力或其他原因要求码头拆箱的,由码头控制室根据拆箱计划,安排机械将要拆箱的进口重箱移入码头货运站拆箱区。拆箱前,码头货运站人员和外理人员应先共同核对箱号、检验箱体和封志,再由码头人员拆箱、外理人员理货。

(2)库存。

拆箱的货物应及时入库,根据货物的票数、重量、尺寸、包装等特性,选定合适的仓库货位,进行合理堆码。为便于保管和发货,通常还按票制作桩脚牌于该票货物正面明显之处。货物入库后,应及时将货物信息输如计算机,保证货物账货相符。

(3)受理。

收货人办妥进口报关报验手续后,凭提货单到码头受理台办理提货手续。受理台审核提货单无误、收取码头有关费用后,开具提货凭证交收货人,并将提货作业计划按票输入计算机,通知码头货运站仓库做好发货准备。

(4)提货。

收货人提货的方式主要为公路运输,此外还包括内河水运和铁路运输,因此集装箱码头受理提货申请后,根据提运方式的不同,分别编制车提、落驳和装火车的作业计划,以按不同出库去向操作。

2. 装箱出口业务

(1)受理。

发货人根据所托运的船名航次的船期,完成备货和出口清关后,向码头受理台申请货物进库,受理台人员审核装货单并收取有关费用后,开具入库凭证交发货人,并将作业计划输入计算机,由计算机通知货运站仓库做好入库准备。

(2)入库。

码头货运站仓库人员根据入库作业计划,做好货位安排准备。发货人将货物散件送仓库,仓库人员核对入库计划与入库凭证,双方当面清点、检验、交接货物,根据货物不同特性对货物进行合理堆码并制好桩脚牌。入库工作结束后,仓库人员应及时将货物信息输入计算机,做到账货一致。

(3)装箱。

码头集装箱货运站人员根据装箱计划核对桩脚牌,并根据货物的不同特性,选定合适的集装箱箱型和尺寸,按照装箱的技术规范合理装箱。装箱时由外理负责理货,双方对装入箱子的货物进行清点、检验,如有异常应由外理做好记录,以区分装箱前后的责任。装箱完成后,由码头人员如实填制集装箱装箱单,并在海关监管下施封。需要注意的是:对于货运站条款装箱的,应注意避免各票货物之间因物理化学性能造成货损,同时各票货物不仅为同一船名航次,而且应为同一目的港。出库装箱完成后,仓库人员应及时将作业信息输入计算机,以保持仓库的货物与记录一致。

(4)出运。

装箱完成后,码头安排将重箱及时移入出口箱区,配载人员完成船舶配载后,按船名、航次和船期组织装船出运。

重点与难点

重点：(1)集装箱码头的布置及设施；(2)集装箱码头装卸机械系统的构成；(3)集装箱码头装卸工艺系统；(4)集装箱码头大门业务；(5)集装箱货运站的种类；(6)集装箱货运站的工作。

难点：(1)岸壁集装箱起重机的技术参数；(2)集装箱堆场箱位编码方法和堆垛规则。

思考与练习

1. 建设集装箱码头必须具备哪些要求？
2. 简述吊装式集装箱专用码头所具有的主要设施。
3. 简述岸壁集装箱起重机的主要技术参数及其含义。
4. 集装箱码头水平搬运机械和堆场作业机械有哪几种？这些机械分别有哪些优缺点？
5. 集装箱码头装卸工艺系统有哪些？简述各种装卸工艺系统的机械组合。
6. 集装箱码头堆场的箱位是如何表示的？举例说明集装箱码头堆场的箱位表示方法。
7. 简述集装箱码头大门整箱货出口操作程序和进口操作程序。
8. 码头堆场的每个箱区为什么要留有翻箱位？如何确定翻箱位？
9. 集装箱货运站有哪些类型？
10. 简述集装箱货运站的主要工作。

第 5 章

水路集装箱运输组织

5.1 水路集装箱运输概述

5.1.1 水路集装箱运输的分类

水路集装箱运输是指采用船舶载运装集装箱或空箱在各港口间运输的集装箱运输方式，以其长距离、大运量、低成本的特点在集装箱运输系统中占据重要地位。基于不同角度，水路集装箱运输可以分成不同类型。

1. 按集装箱运输的地域分类

水路集装箱运输可以分为集装箱海上运输和集装箱内河运输两类。

(1)集装箱海上运输。

包括集装箱远洋运输和集装箱沿海运输。这类运输船舶吨位大、运量大、效率高，在水路集装箱运输中占主要地位。

(2)集装箱内河运输。

一般又称为内支线运输，是指在国内主要河流、湖泊中进行的集装箱水路运输。这类运输通常使用中小型集装箱船或集装箱拖驳船，能适应较浅的水深和复杂的航道。

2. 按集装箱航线的地位分类

水路集装箱运输可分为干线运输和支线运输两类。

(1)干线运输。

它是指相对固定的时间主要集装箱航线的运输。干线运输一般货源稳定，运量大，班轮公司的实力强大，挂靠港数量少，挂靠港装卸能力强，经济腹地经济总量庞大，对货物的消化能力强或中转能力强。

(2)支线运输。

它是指在某些区域内的集装箱运输。支线运输一方面是对干线运输的中转，将干线船卸在主要挂靠港的集装箱货物通过支线船运往区域内不挂靠的港口；另一方面是满足区域贸易的需求，将区域内各国之间贸易的货物进行交叉运输。

3. 按水路运输的经营方式分类

一般件杂货水路运输可分为定期船运输(班轮运输)和不定期船运输(租船运输)两类。

（1）定期船运输。

它是指班轮公司使用固定的船舶，按照事先制定的船期表，在特定航线的各挂靠港口之间，为非特定的众多货主提供规则的、反复的货物运输服务，并按运价本或协议运价的规定计收运费的一种营运方式。

（2）不定期船运输。

它也称租船运输，是一种既没有事先制定的船期表，也没有固定的航线和挂靠港，而是追随货源，按照货主对运输的要求安排船舶就航的航线，组织货物运输，并根据租船市场行情确定运价或租金水平的一种经营方式。租船运输主要从事大宗物品的运输，如谷物、油类、矿石、煤炭、木材、砂糖、化肥、水泥等，并且经常以整船或整舱的方式装运。

水路集装箱运输的经营方式，从理论上说，也存在班轮运输与租船运输两种，但绝大部分属于班轮运输。

5.1.2　水路集装箱运输的运营主体

与水路集装箱运输相关的运营主体主要包括承运人（班轮公司）、场站经营人（码头、集装箱货运站等）、航运中间商（货运代理、船务代理、航运经纪公司、无船承运人、多式联运经营人等）、其他运输服务企业（船舶理货公司、租箱公司、船舶管理公司、船舶修理公司、燃料物料供应公司、船员劳务公司等）等。

1. 班轮公司

班轮公司是水路集装箱运输服务的供给者，它是指运用自己拥有或自己经营的船舶，提供海上或内河集装箱班轮运输服务，并依据法律规定设立的船舶运输企业。班轮公司既包括利用自身船舶开展运输经营的所有人（简称船东），也包括利用长期租赁（即期租和光租）的船舶开展运输经营的经营人。在法律上班轮公司被称为承运人，有时为了同本身不拥有船舶但却以承运人身份开展运输经营的无船承运人相区别，这类承运人也称为实际承运人。

2. 集装箱场站经营人

集装箱场站经营人包括集装箱码头经营人和集装箱货运站经营人。前者是指接受货主、承运人或其他有关方的委托，负责接管运输货物，并为这些货物提供或安排包括堆存、仓储、装载、卸载、积载、平舱、隔垫和绑扎等与货物运输有关服务的企业；后者是指利用集装箱场所，对货物进行装箱、拆箱工作，并完成货物的交接、分类和短时间保管等辅助工作的企业。

3. 国际船舶代理

国际船舶代理通常是指接受船舶所有人或者船舶承租人、船舶经营人的委托，为其揽货、揽客和（或）为其在港船舶办理各项业务和手续并收取报酬的人。

在我国，根据 2001 年 12 月 11 日国务院颁发的《中华人民共和国国际海运条例》和 2002 年 12 月 25 日交通部发布的《中华人民共和国国际海运条例实施细则》的规定，从事国际船舶代理业务必须经交通部批准，而且禁止外商以独资及控股的形式设立国际船舶代理企业。

4. 国际海上货运代理

国际海上货运代理也称远洋货运代理，通常是指接受进出口发货人、收货人的委托，代办国际海上货物运输及其相关业务并收取服务报酬的人。

在我国，根据《经贸部关于国际货物运输代理行业管理的若干规定》及其实施细则的规定，从事国际海上货运代理业务需要依法注册并在商务主管部门备案。

　　海上货运代理与船舶代理之间在业务内容上存在一定的交叉，因而也具有一定的竞争性。

5. 无船承运人

　　无船承运人是指在集装箱运输中，经营集装箱货运，但不经营船舶的承运人，即以承运人身份接受托运人的货载，签发自己的提单或其他运输单证，向托运人收取运费，通过班轮公司(实际承运人)完成货物运输，承担承运人责任，并依据法律规定设立的企业。

　　无船承运人可以说是国际船舶代理和国际货运代理发展的高级阶段。目前，一些具有较高业务能力和较完善的业务网络的国际船舶代理和国际货运代理企业，在从事传统代理业务的同时，也提供延伸服务，发展成为无船承运人或多式联运经营人，向货主提供"门到门"多式联运服务。无船承运人作为集装箱多式联运的中介，建立起了货主与船公司之间的相互联系和协作，对集装箱多式联运的发展发挥了重要的作用。

5.2　集装箱船舶

5.2.1　集装箱船舶分类

　　集装箱船舶从装卸方式来分类，主要有吊装式、滚装式、浮装式三种。

1. 吊装式集装箱船

　　吊装式集装箱船是指利用船上或岸上的起重机将集装箱进行垂直装卸的船舶，可分为全集装箱船、半集装箱船和集装箱两用船三种。应该指出，通常所称集装箱船，一般都指吊装式集装箱船中的全集装箱船，它是集装箱船中最典型的一种。

　　(1)全集装箱船(full container ship)。

　　全集装箱船又称为集装箱专用船，是一种专为装载集装箱运输而建造的专用船舶，以便在海上能安全、有效地大量运输集装箱。因为它舱内设有永久性的箱格结构，所以只能装运集装箱而无法装载杂货，如图 5-1 所示。

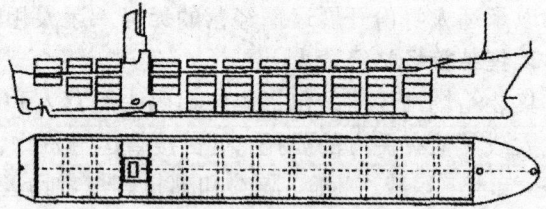

图 5-1　全集装箱船

　　(2)半集装箱船(semi-container ship)。

　　半集装箱船是指普通货船中的一部分船舱(通常是中央部位的船舱)作为集装箱专用舱装载集装箱用，而首、尾为普通杂货舱。这种船的缺点是，由于杂货与集装箱混装在一条船上，装卸时杂货需在杂货码头上装卸，集装箱需在集装箱码头上装卸，因此在装卸过程中需要移泊，船舶营运效率不高。另外，因一部分船舱装了杂货，故船上集装箱装载量减少，这种船舶一般都没有装卸集装箱的起重设备。

　　实际上，这种半集装箱船很少，而大多是采用集装箱两用船，并把集装箱两用船都称为半集装箱船。

　　(3)集装箱两用船(conventional container ship)。

　　这是一种既可以装普通杂货又同时可以装载集装箱的两用船舶。其特点是大舱口、平舱盖,舱盖上也可以装载集装箱。目前世界上的多用途船,大多可以装载集装箱,因此都可以称为集装箱两用船。

2. 滚装式集装箱船

滚装式集装箱船是指利用船侧、船首或船尾的开口,通过跳板将集装箱与拖车一起,沿水平方向拖进、拖出,进行装卸的船舶,如图 5 – 2 所示。它还可分如下几种。

(1)多层甲板滚装船。

它是一种包括上甲板在内的多层甲板船,在各层甲板上都设有固定集装箱用的栓固装置,故在舱内可以装载拖车或集装箱。

(2)尾角跳板滚装船。

滚装船装载集装箱时,跳板与码头平面的夹角不能太大,否则拖车要把载货的集装箱拖上甲板很困难。为了降低这一夹角,又不使码头作业面损失太大,都采用尾角跳板。

(3)滚装/吊装两用船。

它是一种为了加速集装箱的装卸,在舱内利用跳板进行滚装装卸,在甲板上靠岸壁集装箱装卸桥进行吊装的一种特殊船型。为配合这种船型的装卸,国外还有滚装/吊装两用船的专用码头。

图 5 – 2　滚装式集装箱船

3. 浮装式集装箱船

它是把驳船作为集装箱,利用顶轮推着驳船在水面上浮进、浮出,或利用驳船起重机把驳船从水面上吊起,放入舱内的一种大型货船。许多载驳货船的甲板上还装有大量的集装箱。集装箱内河运输经常采用这类船舶。

(1)普通载驳船(拉希船)。

它是一种最主要的载驳船,其主要特点表现在:它是一种单层甲板、无双层底的尾机。舱内为分格结构,设驳船格栅和导柱,驳船顺着垂直导轨装入并固定在舱底,舱内最多可堆装 4 层子驳,甲板上堆装两层。为便于装卸驳船,在甲板上沿两舷设置轨道,并有可沿轨道纵向移动的门式起重机,以便起吊子驳进、出货舱,如图 5 – 3 所示。

图 5 – 3　普通载驳船(拉希船)

（2）海蜂式载驳船（西比船）。

这种载驳船是一种双舷、双底、多层甲板船。甲板上沿纵向设运送子驳的轨道，尾部设升降井和升降平台（升降机），其起重量可达 2 000 t。子驳通过尾部升降平台进、出母船而不是用门式起重机吊装进、出母船，当子驳被提升至甲板同一水平面后，用小车将驳船滚动运到指定位置停放，如图 5-4 所示。

（3）浮坞式载驳船（巴可船）。

这种载驳船主要特点是：子驳进、出母船既不是用门式起重机吊进、吊出，也不是利用升降平台的升、降进、出母船，而是利用载驳船（母船）沉入一定水深，用浮船坞方式将驳船（子驳）浮进、浮出进行装卸和运输，如图 5-5 所示。

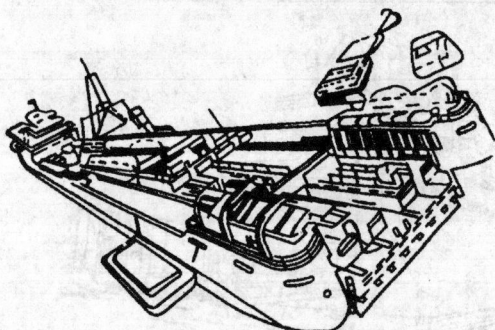

图 5-4 海蜂式载驳船（西比船）   图 5-5 浮坞式载驳船（巴可船）

以上三种载驳船，以普通载驳船应用最多。载驳船的主要缺点是船舶造价高，经济效益较差。

5.2.2 集装箱船结构特点

全集装箱船与普通杂货船相比较具有如下特点：

①集装箱船均为统舱口船，即船舱的尺度与舱口的尺度相同，并且在船体强度允许的条件下，尽量把舱口开大。这是为了既可便于装卸，又可多装集装箱。

②由于集装箱装卸的需要，舱内无中间甲板。

③为了使舱内集装箱固定而不能随意移动，舱内采用分格结构，用箱格导轨把船舱分格成许多箱格。

④由于是统舱口船，故舱口缘材垂直向下直到舱底，从而形成双层侧壁（双层壳），双层侧壁的长度占船长的一半以上。横舱壁也为双层舱壁，船底为双层船底。集装箱中部剖面的布置类型如图 5-6 所示。

⑤由于集装箱船的大舱口，其纵向强度较弱，这种双层侧壁和双层船底大大地增加了其纵向和扭曲强度，对集装箱船十分有利。

⑥集装箱船的横剖面呈 U 字形，为了抵抗横向的水压力、波浪的冲击载荷以及纵向弯矩和扭力，防止 U 字形上部自由端的变形，在集装箱船的纵向设置了许多横舱壁，增加了船舶的横向强度。

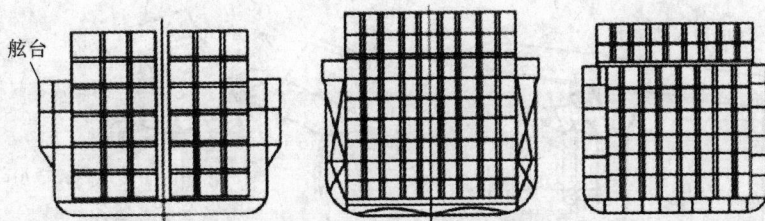

图 5 - 6　集装箱船中部剖面图

5.2.3　与积载有关的装置和设备

1. 箱格导柱

全集装箱船的船舱内均采用箱格结构，它是利用角钢把船舱按集装箱的尺寸分隔成许多箱格，箱格从货舱底部到舱口垂直设置，集装箱装卸时角钢起导向柱作用，故称箱格导柱，同时对集装箱在舱内进行了定位，如图 5 - 7 所示。

有些船舶，为了减少集装箱的绑扎作业，在露天的甲板上还装有甲板箱格导柱。

2. 箱格货舱

它是指装有箱格导柱的集装箱专用舱，舱内设有箱格的目的有二：一方面是为了减少舱内的绑扎作业；另一方面是使舱内的上下层集装箱之

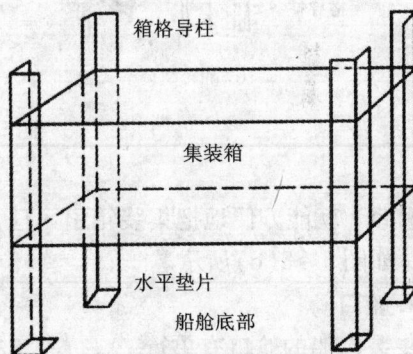

图 5 - 7　集装箱船的箱格导柱

间堆码整齐，不致造成偏码状态。集装箱在舱内堆码时，在舱底板上承受了集装箱四角的集中载荷，因此，位于承受集中载荷的这一部分双层底板的面积应做必要的加强。此外，由于集装箱船是大舱口船，因船体翘曲或扭曲极容易造成箱格导柱变形，变形量过大甚至会造成装卸困难。这一点必须引起注意。

3. 箱格导口

由于箱格导柱与集装箱之间的空隙较小，为了便于集装箱进入箱格内，在箱格导柱的上端设有倾斜面的导向装置，称为导口。导口分固定式导口、铰接式导口与调节式导口三种形式，如图 5 - 8 所示。

固定式导口是最常用的一种形式，从装卸集装箱所受的冲击力看，这是一种最安全的形式，缺点是造成箱与箱之间的空隙较大，如图 5 - 8(a) 所示。

铰接式导口设置在舱口围板上方，在装卸完毕时兼作放舱口盖装置用，与固定式导口相比，可以减少箱格导柱间的空隙，如图 5 - 8(b) 所示。

调节式导口又分为移动型和翻转型两种。

翻转型导口如改变导口的方向，就能把集装箱引入与舱口围板相垂直的任何一列箱格中去，采用此种形式，可以缩小箱格导柱的横向间隙，如图 5 - 8(c) 所示。

移动型导口和翻转型一样，在与舱口相垂直的箱格导柱上设有可移动的导口装置，使其

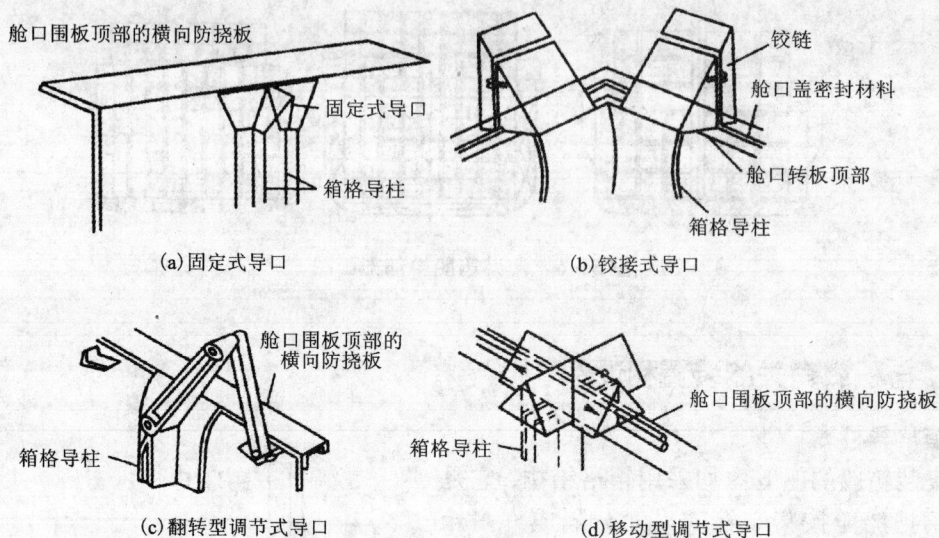

(a)固定式导口

(b)铰接式导口

(c)翻转型调节式导口

(d)移动型调节式导口

图 5 - 8　箱格导口形式

横向移动,就能方便地把集装箱引入任何一列箱格中去。这种方式也可缩小箱格导柱的横向间隙,如图 5 - 8(d)所示。

4.舱口

集装箱船的舱口有单行、双行和三行 3 种:①单行舱口的长度覆盖 1 行集装箱。②双行舱口的长度可覆盖 2 行集装箱。③三行舱口的长度可覆盖 3 行集装箱。

单行舱口对于船体结构以及甲板上和舱内集装箱的装卸是十分有利的,但只限于装载 C 类和 D 类集装箱,不能兼装 A 类和 B 类集装箱。对于双行和三行舱口,它有利于兼装 A、B、C、D 类型集装箱,但给甲板上集装箱的装卸带来了不便。

5.舱盖

(1)形式和结构。

集装箱船的舱盖为了能承受较大的集装箱载荷,故一般采用钢质箱型舱盖,用集装箱装卸桥进行开、闭,靠舱盖四周内侧的橡胶垫和舱口围板顶部的密封材料保持水密。舱盖端板和侧板的下面与舱口围板顶部相接触,把装在舱盖上面的集装箱重量和舱盖本身的重量传给舱口围板。

(2)重量和尺寸限制。

由于舱盖是利用集装箱装卸桥进行吊装的,因此舱盖的重量应与装卸桥的额定负荷相一致,有时要利用浮吊等特殊设备作为重大件来装卸。因此对大型集装箱船的舱盖尺寸有时会受到限制,大型舱盖的重量一般限制在 150 kg/cm^2 左右。

(3)强度。

集装箱堆放在舱盖上时,其载荷集中在集装箱四角的角件底部,由于这几个载荷承载点靠近舱盖的边板,因此在结构上是能够承受这些载荷的。但是,在装 1A 型箱船舱的舱盖上,若要堆装两行 1C 型箱,则在舱盖中央部位承受的载荷相当大,这就要在这一部位增加舱盖舱盖板的厚度,以提高这一部位舱盖的强度,但这会使甲板集装箱重心提高。

5.3　集装箱船舶的配积载

5.3.1　集装箱船配积载的概念和目的

集装箱船与普通货船一样,为了船舶的航行安全,减少中途港的倒箱,缩短船舶在港停泊时间,保证班期和提高经济效益,因而要进行配积载。

船舶的配载和积载有不同的含义。通常配载是指船公司根据订舱单进行分类整理以后,编制一个装船计划配载图,又称预配图或配载计划;而积载是指码头根据预配图和实际装箱情况而编制一套实际装船图,称为积载图,又称最终积载图或主积载图。

5.3.2　集装箱船的箱位表示

每个集装箱在全集装箱船上都有一个用 6 个阿拉伯数字表示的箱位号。它以行、列、层三维空间来表示集装箱在船上的位置。第 1、第 2 两位数字表示集装箱的行号,第 3、第 4 两位数字表示集装箱的列号,第 5、第 6 两位数字表示集装箱的层号。

1. 行号的表示方法

行是指集装箱在船舶纵向(首尾方向)的排列次序号,规定由船首向船尾顺次排列。由于集装箱有 6.1 m(20 ft)和12.2 m(40 ft)之分。因此,舱内的箱格也分为 6.1 m(20 ft)和12.2 m(40 ft)两种。根据箱格结构的不同,有的箱格导柱是固定的,20 ft 的箱格只能装 20 ft 箱,40 ft 的箱格只能装 40 ft 箱。也有的箱格其箱格导柱是可以拆装的,把 20 ft 的箱格导柱拆除就可以装 40 ft 箱。通常情况下,40 ft 箱格内可以装两个 20 ft 箱,但并非所有的 40 ft 箱格内都可以装两个 20 ft 箱。为了区分20 ft 和 40 ft 箱的行位,规定单数行位表示为 20 ft 箱,双数行位表示 40 ft 箱。如图 5 - 9 所示,01、03、05、07……均为 20 ft 箱行号,而 02、06、10、14……均为 40 ft 箱行号。由于 04、08、12……箱位间有大舱舱壁隔开,无法装 40 ft 箱。

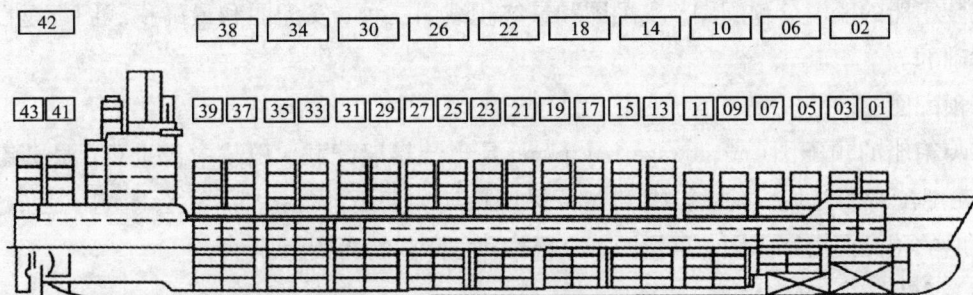

图 5 - 9　集装箱船的行号编号

2. 列号的表示方法

列是指集装箱在船舶横向(左右方向)的排列次序号,有两种表示方法:
①从右舷算起向左舷顺次编号,01、02、03、04、05……以此类推,如图 5 - 10(a)所示。

②从中间列算起，向左舷为双数编号，向右舷为单数编号。如左舷为 02、04、06…… 右舷为 01、03、05…… 中间列为 00 号，如列数为双数，则 00 号空，如图 5 - 10(b)所示。这种表示法目前较常用。

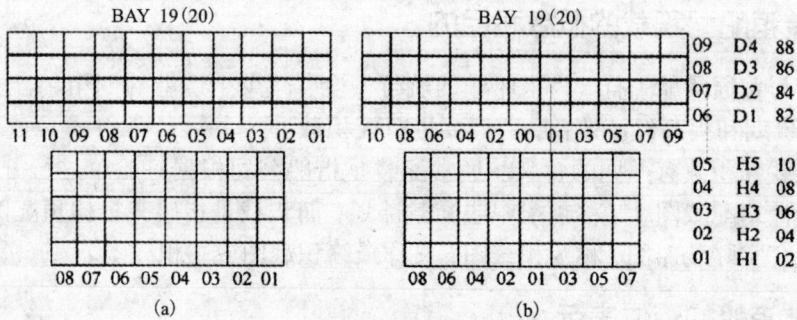

图 5 - 10　集装箱船的列号编号

3. 层号的表示方法

层是指集装箱在船舶垂向(上下方向)的排列次序，有三种表示方法：

①从舱内底层算起，一直往上推到甲板顶层，如舱底第 1 层为 01，往上为 02、03…… 如图 5 - 10 所示。

②舱内和甲板分开编号，舱内层号数字前加 H 字头，从舱底算起为 H1、H2、H3、H4…… 甲板上层号数字前加 D 字头，从甲板底层算起为 D1、D2、D3…… 如图 5 - 10 所示。

③舱内和甲板分开编号，从舱底算起用双数，即 02、04、06、08、10…… 甲板上从甲板底层算起，层号数字前加 8，即 82、84、86…… 如图 5 - 10 所示。目前常用这种编号方法。

5.3.3　集装箱船配积载图的组成

集装箱船的船图分预配图、实配图和最终积载图三种，实配图和最终积载图都是以预配图为基础的。

1. 预配图

集装箱船的预配图(prestowage bay plan)是集装箱船配载、积载中最重要、最关键的环节，装箱船配载的好坏，不仅影响到能否保证班期和营运的经济性，还会影响航运的安全。集装箱船的预配图由字母图、重量图、冷藏箱和危险货物箱图组成。

(1)字母图(letter plan)。

船图上每个箱位内用 1 个英文字母表示该箱的卸箱港，如 K 代表神户港(Kobe)，L 代表长滩港(Long Beach)，N 代表纽约港(New York)，H 代表休斯敦港(Houston)，C 代表查尔斯顿(Charleston)等，一般在预配图上有注明。

如图 5 - 11 所示的字母图，第 37 行甲板上装有去长滩的 23 个箱，舱内去长滩的有 36 个箱，去休斯敦的有 8 个箱。第 39 行舱内装有去长滩的 35 个箱，去休斯敦的有 5 个箱。

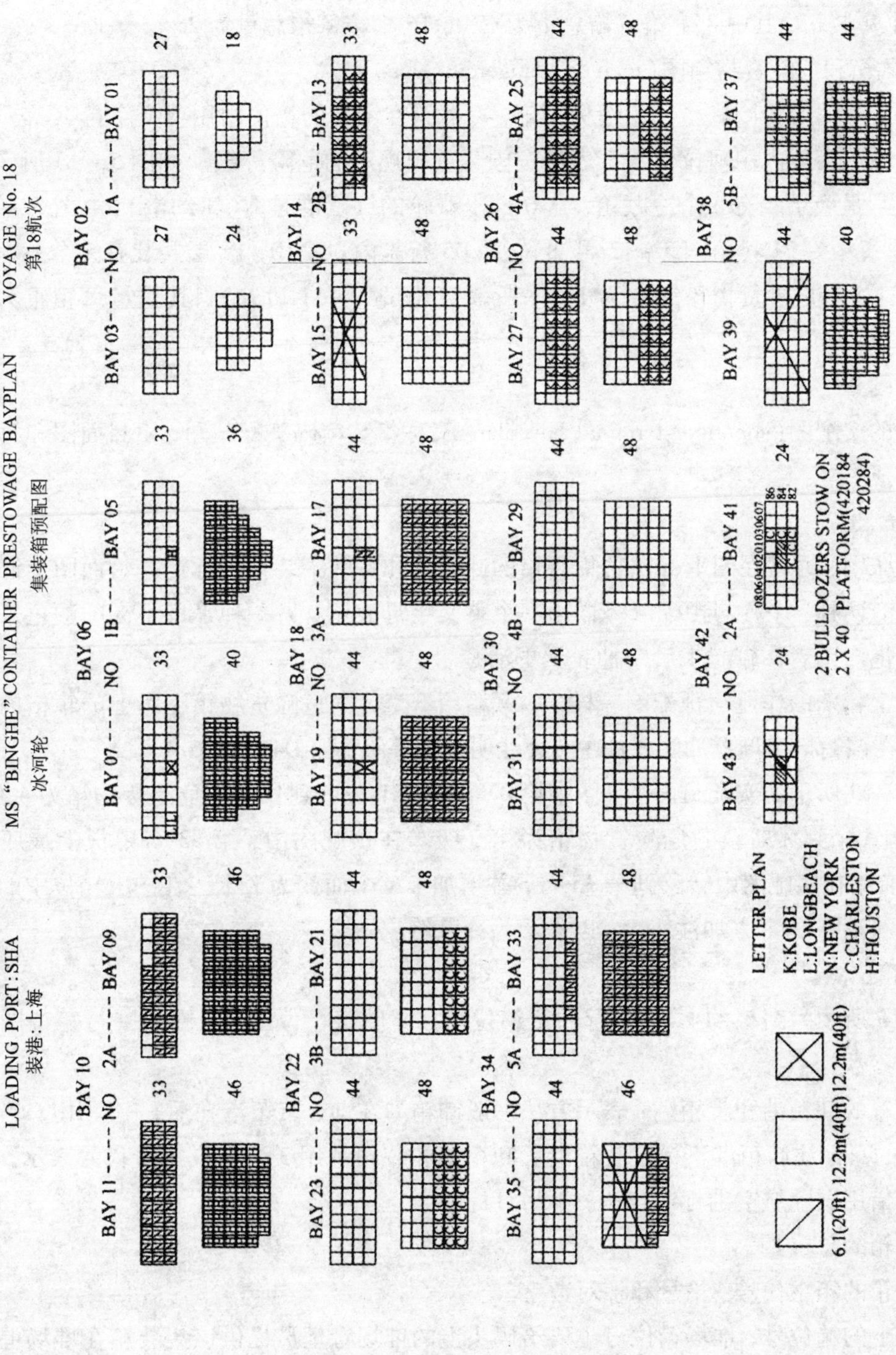
LOADING PORT:SHA
装港:上海
MS "BINGHE" CONTAINER PRESTOWAGE BAYPLAN
冰河轮
集装箱预配图
VOYAGE No. 18
第18航次
BAY 11 ---- BAY 10 NO 2A ---- BAY 09
BAY 07 ---- BAY 06 NO 1B ---- BAY 05
BAY 03 ---- BAY 02 NO 1A ---- BAY 01
BAY 23 ---- BAY 22 NO 3B ---- BAY 21
BAY 19 ---- BAY 18 NO 3A ---- BAY 17
BAY 15 ---- BAY 14 NO 2B ---- BAY 13
BAY 35 ---- BAY 34 NO 5A ---- BAY 33
BAY 31 ---- BAY 30 NO 4B ---- BAY 29
BAY 27 ---- BAY 26 NO 4A ---- BAY 25
BAY 43 ---- BAY 42 NO 2A ---- BAY 41
BAY 39 ---- BAY 38 NO 5B ---- BAY 37
33
33
33
33
27
27
46
46
40
36
24
18
44
44
44
44
33
33
48
48
48
48
48
48
44
44
44
44
44
44
46
48
48
48
48
48
24
24
44
44
40
44
2 BULLDOZERS STOW ON
2 X 40 PLATFORM(420184
420284)
LETTER PLAN
K:KOBE
L:LONGBEACH
N:NEW YORK
C:CHARLESTON
H:HOUSTON
6.1(20ft) 12.2m(40ft) 12.2m(40ft)

图 5－11　预配图(字母图)

（2）重量图（weight plan）。

在图上每个箱位内用阿拉伯数字表示，以吨为单位计算的集装箱总重。如图 5 – 12 所示，第 25 行舱内共装有 20 箱，其中 3 箱每箱总重为 18 t，17 箱每箱总重为 20 t。第 27 行舱内并装 24 个集装箱，其中 8 个箱每箱总重为 17 t，16 个箱每箱总重为 20 t。

（3）冷藏箱和危险货物箱图（reefer / dangerous plan）。

该图上所配的均为冷藏箱和危险货物箱，冷藏箱在图上的箱位内用英文字母 R 表示，危险货物箱在图上箱位内用阿拉伯数字表示按国际危规规定的危险等级。如图 5 – 13 所示，第 33 行甲板上，最底层装有 6 个冷藏箱，这 6 个冷藏箱的卸货港是 N（纽约港）（由图 5 – 11 可知），其重量每箱为 21 t（由图 5 – 12 可知）。第 05 行舱内 08、10、12 层共装有 5 个 1.4 级危险货物箱，这 5 个危险货物箱卸港为 H（休斯敦）（由图 5 – 11 可知），其重量每箱重为 19 t（由图 5 – 12 可知）。

2. 实配图

集装箱的实配图（container terminal bay plan）又称集装箱码头配载图，由封面图和每一行的箱位图组成。

（1）封面图。

只有一张图，通常在图上标注着集装箱的卸箱港和特殊集装箱的标记。封面图上卸箱港的表示方法有两种：一种与预配图一样用一个英文字母表示；另一种是用不同的颜色来表示不同的卸箱港。两者比较起来后一种表示更清楚。

封面图上特殊的作业与预配图一样，冷藏箱用 R 表示，危险货物箱在图上的箱格内标示了卸箱港，在该箱格字母上加圈，并在旁边注明危险等级，如 D4.1、D6.1 等。

如图 5 – 15 所示的实配封面图，图中第 07 行甲板上 2 个到长滩的危险货物箱为 4.0 级，第 05 行舱内 5 个到休斯敦的危险货物箱为 4.0 级。在预配图中，第 33 行甲板上最底层的 6 个冷藏集装箱在实配图中转移到第 35 行，并增加了 1 个而变为 7 个。在图上箱位中的表示方法是在卸箱港 N 的下方加注小 R，以表示为冷藏箱。

（2）行箱位图。

图 5 – 15 所示为图 5 – 14 第 19 行的行箱位图。此图每行位一张，在每一行箱位图中应标有如下内参数：

①集装箱的卸箱港和装箱港，表示方法一般卸箱港在前，装箱港在后，中间用"×"符号隔开，也有的只标注卸箱港不标注装箱港。卸箱港和装箱港用 3 个英文字母代号表示，此代号表示方法借用国际航空港标准代码，不另订标准。

②集装箱的总重。

③集装箱的箱主代号、箱号和核对数字。

④堆场上的箱位号，堆场箱位号主要给码头上的堆场管理员提供该集装箱在堆场上的堆放位置。

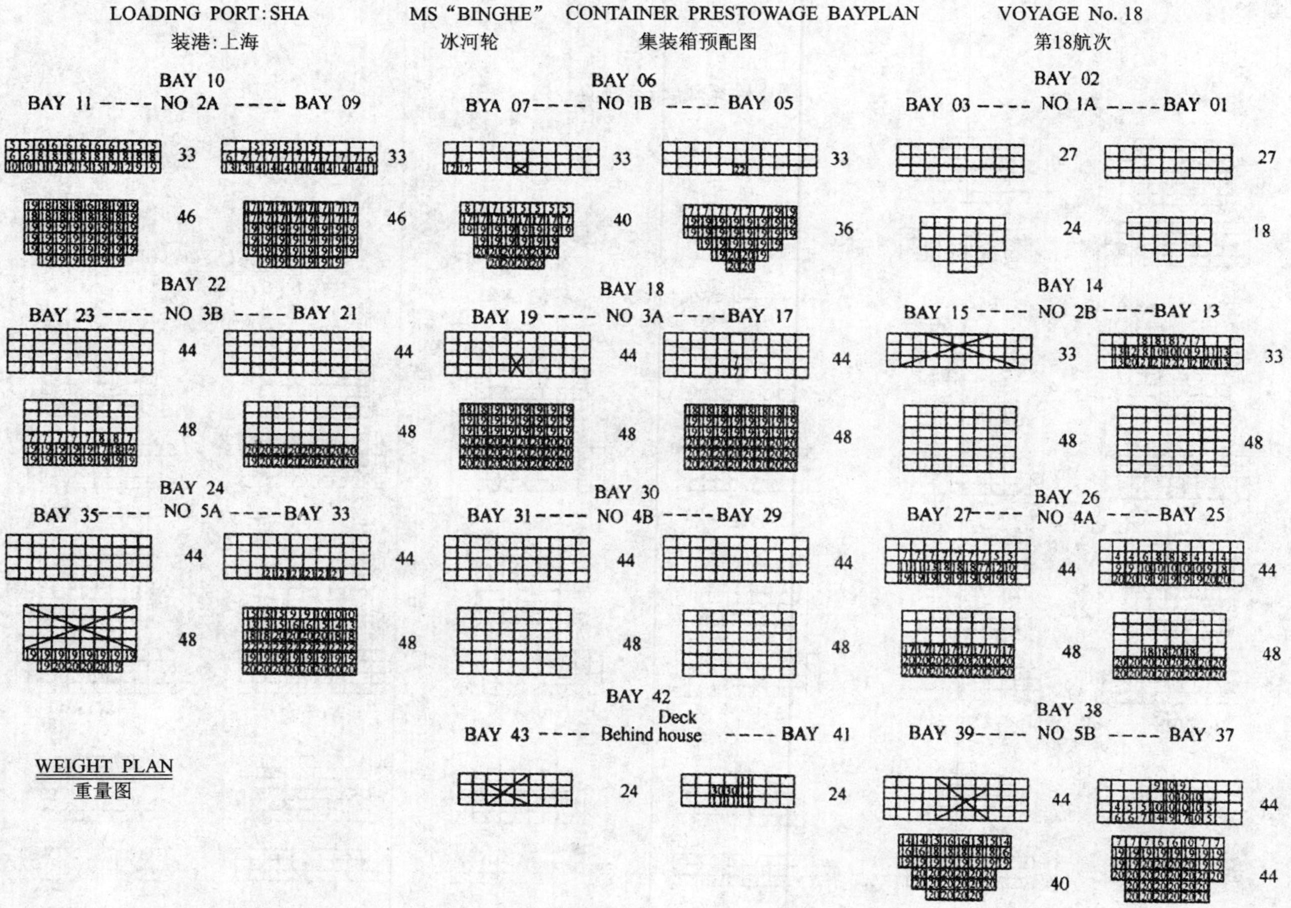
LOADING PORT:SHA
装港:上海
MS "BINGHE"
冰河轮
CONTAINER PRESTOWAGE BAYPLAN
集装箱预配图
VOYAGE No. 18
第18航次
BAY 10
BAY 11 ---- NO 2A ---- BAY 09
33
33
46
46
BAY 06
BYA 07---- NO 1B ---- BAY 05
33
33
40
36
BAY 02
BAY 03 ---- NO 1A ----BAY 01
27
27
24
18
BAY 22
BAY 23 ---- NO 3B ---- BAY 21
44
44
48
48
BAY 18
BAY 19 ---- NO 3A ----BAY 17
44
44
48
48
BAY 14
BAY 15 ---- NO 2B ----BAY 13
33
33
48
48
BAY 24
BAY 35---- NO 5A ----BAY 33
44
44
48
48
BAY 30
BAY 31 ---- NO 4B ----BAY 29
44
44
48
48
BAY 26
BAY 27---- NO 4A ----BAY 25
44
44
48
48
BAY 42
Deck
BAY 43 ---- Behind house ---- BAY 41
24
24
BAY 38
BAY 39---- NO 5B ---- BAY 37
44
44
40
44
WEIGHT PLAN
重量图

图 5-12　预配图(重量图)

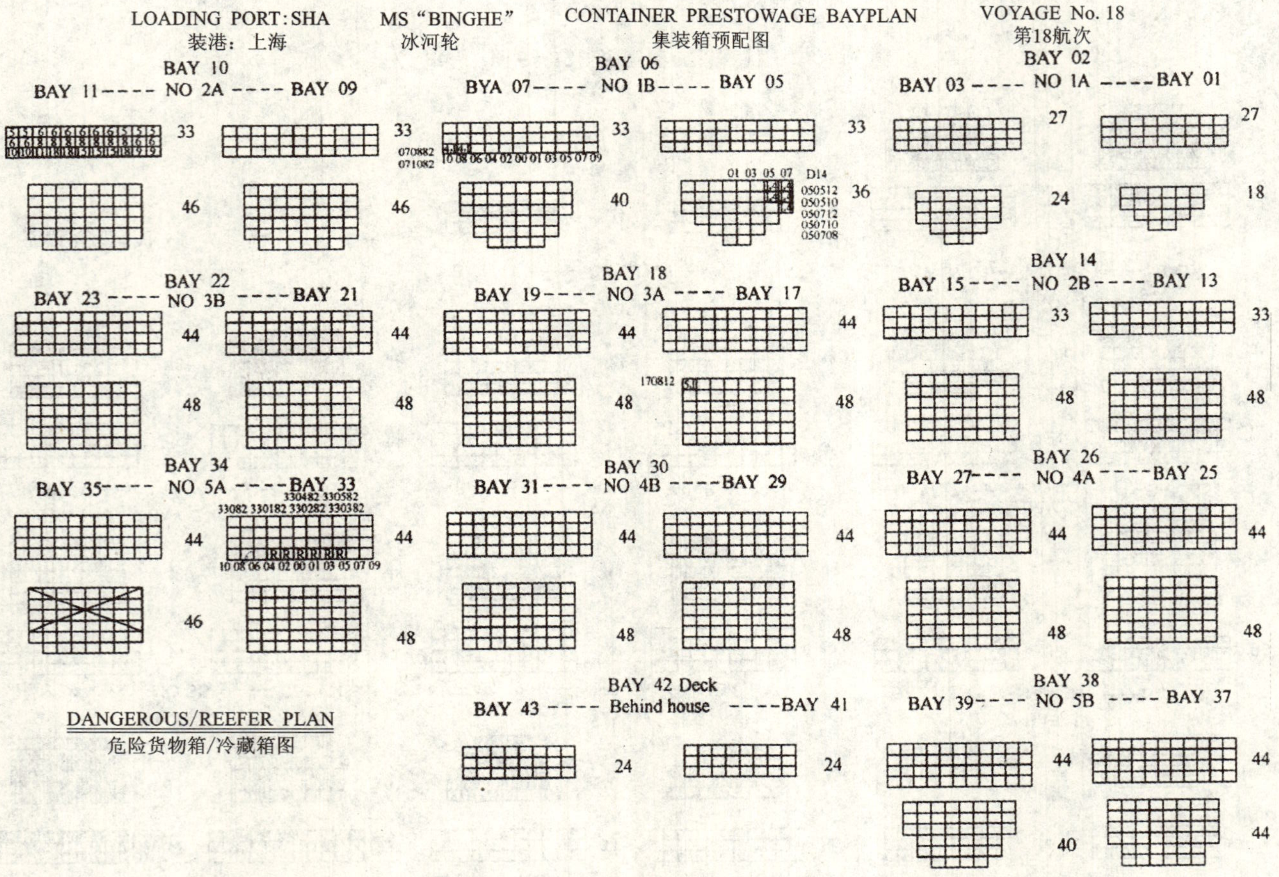

LOADING PORT:SHA MS "BINGHE" CONTAINER PRESTOWAGE BAYPLAN VOYAGE No. 18

装港：上海 冰河轮 集装箱预配图 第18航次

BAY 02

BAY 06 BAY 01

NO 1B ---- BAY 05 NO 1A ---- BAY 01

BAY 10

NO 2A ---- BAY 09 BYA 07 BAY 03 BAY 02

BAY 11 ---- NO 2A ---- BAY 09

BAY 13

NO 1A ---- BAY 01

BAY 14

BAY 15 ---- NO 2B ---- BAY 13

BAY 25

BAY 26

BAY 27 ---- NO 4A ---- BAY 25

BAY 37

BAY 38

BAY 39 ---- NO 5B ---- BAY 37

BAY 17

BAY 18

BAY 19 ---- NO 3A ---- BAY 17

BAY 29

BAY 30

BAY 31 ---- NO 4B ---- BAY 29

BAY 41

BAY 42 Deck

BAY 43 ---- Behind house ---- BAY 41

BAY 21

BAY 22

BAY 23 ---- NO 3B ---- BAY 21

BAY 33

BAY 34

BAY 35 ---- NO 5A ---- BAY 33

27 18 33 48 44 48 44 44

27 24 33 48 44 48 44 40

33 36 44 48 44 48 24

33 40 44 48 44 48 24

33 46 44 48 44 48

33 46 44 48 44 46

D14

01 03 05 07

050512
050510
050712
050708

170812

071082 071082
071082

330482 330582 330582
330082 330182 330282 330382

DANGEROUS/REEFER PLAN

危险货物箱/冷藏箱图

图 5-13　预配图(特殊货物箱图)

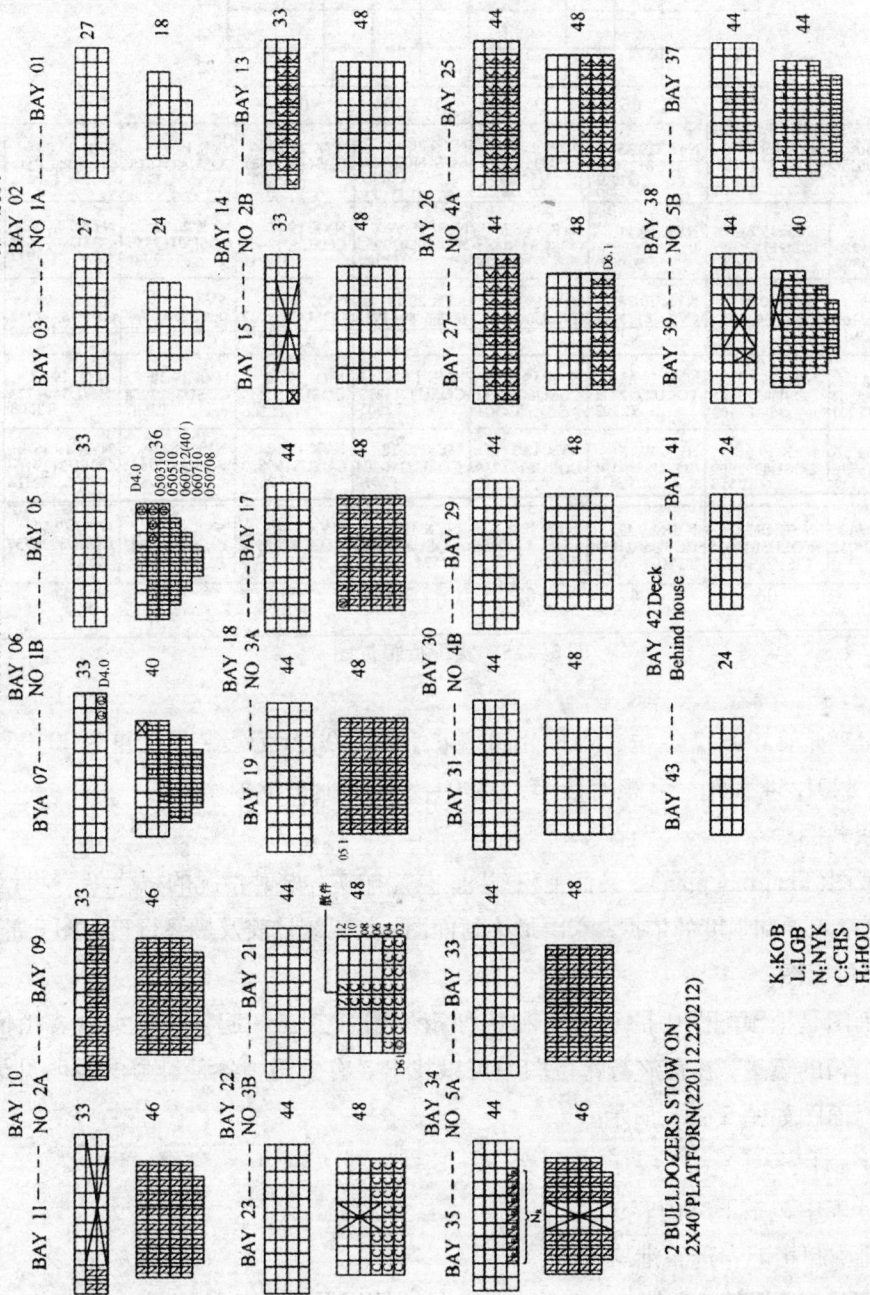

图 5-14　实配封面图

BING HE　　　　VOY　18　　　BAY　19

										88
										86
										84
										82

10　08　06　04　02　00　01　03　05　07　09

NYK 19.50 COSU5000154 G2901	NYK 19.35 COSU8131754 G2902	NYK 19.35 COSU8129037 G2903	NYK 19.69 ICSU3355394 G2904	NYK 20.42 COSU5000160 G3801	NYK 20.27 COSU8154385 G3802	NYK 19.87 COSU8231615 G3903	NYK 20.06 COSU8201254 G3904	12
NYK 20.27 COSU8156958 G3905	NYK 19.21 ICSU3787649 G3906	NYK 19.43 ICSU4157217 G3907	NYK 19.67 COSU8178664 G3908	NYK 18.69 HTMU8039953 G3909	NYK 19.72 COSU8013469 G3910	NYK 20.33 COSU0117550 G3911	NYK 20.06 COSU8075650 G3912	10
NYK 20.19 COSU8023169 G3913	NYK 20.05 COSU8035973 G3914	NYK 20.24 COSU8175069 G3915	NYK 19.96 HTMU8038319 G3916	NYK 20.13 HTMU8047780 G3917	NYK 20.15 COSU8183932 G3918	NYK 19.92 IEAU2353700 G3919	NYK 19.95 GSTU4557788 G3920	08
NYK 19.48 HTMU8058207 T2501	NYK 17.60 COSU8210621 T2502	NYK 19.53 TOLU2722771 T2503	NYK 19.91 COSU8028833 T2504	NYK 17.18 COSU8011419 T2505	NYK 19.32 COSU8157511 T2506	NYK 19.30 COSU5022908 T2507	NYK 19.73 CTIU3404773 T2508	06
NYK 19.62 COSU3116770 T2509	NYK 19.51 COSU8092869 T2510	NYK 17.12 COSU8233191 T2511	NYK 18.51 COSU8101739 T2512	NYK 19.18 COSU8190504 T2513	NYK 19.12 COSU8199883 T2514	NYK 18.09 COSU5037641 T2515	NYK 19.35 COSU8139164 T2516	04
NYK 19.70 ICSU4395750 T2517	NYK 19.34 COSU5034025 T2518	NYK 19.43 COSU5021199 T2519	NYK 1886 COSU8219906 T2520	NYK 18.90 COSU8143483 T2521	NYK 19.61 COSU8208922 T2522	NYK 19.51 COSU8095683 T2523	NYK 19.52 COSU8230757 T2524	02

08　　06　　04　　02　　01　　03　　05　　07

图 5 - 15　实配行箱位图

例如，图 5 - 15 所示 190712 箱位，NYK 为卸箱港纽约，20.06 为集装箱总重为 20.06 t，COSU 为箱主代号，8201254 为箱号和核对数字，G3904 为堆场上箱位号。

3. 最终积载图

最终积载图(final bay plan)，又称主积载图，是船舶实际装载情况的积载图，是计算集装箱船舶的稳性、吃水差和强度的依据，它由最终封面图、装船统计表及最终行箱位图三部分组成。

(1)最终封面图。

最终封面图是把预配图中的字母图和特种箱位图合并在一起，按照实际装箱情况来表示。关于各个箱的重量，在最终行箱位图中可以找出。有关图中各种符号的说明见最终行箱位图。最终封面图如图 5 - 16 所示。

(2)装船统计表。

装船统计表中包括下列内容：

①装箱港、卸箱港和选箱港。

②集装箱状态：重箱、空箱、冷藏箱、危险货物箱以及其他特种箱。

③箱型：分 20 ft 和 40 ft。

④数量和重量的小计和总计。

表 5 - 1 是冰河轮第 14 航次在神户港装船完毕后的统计数字。

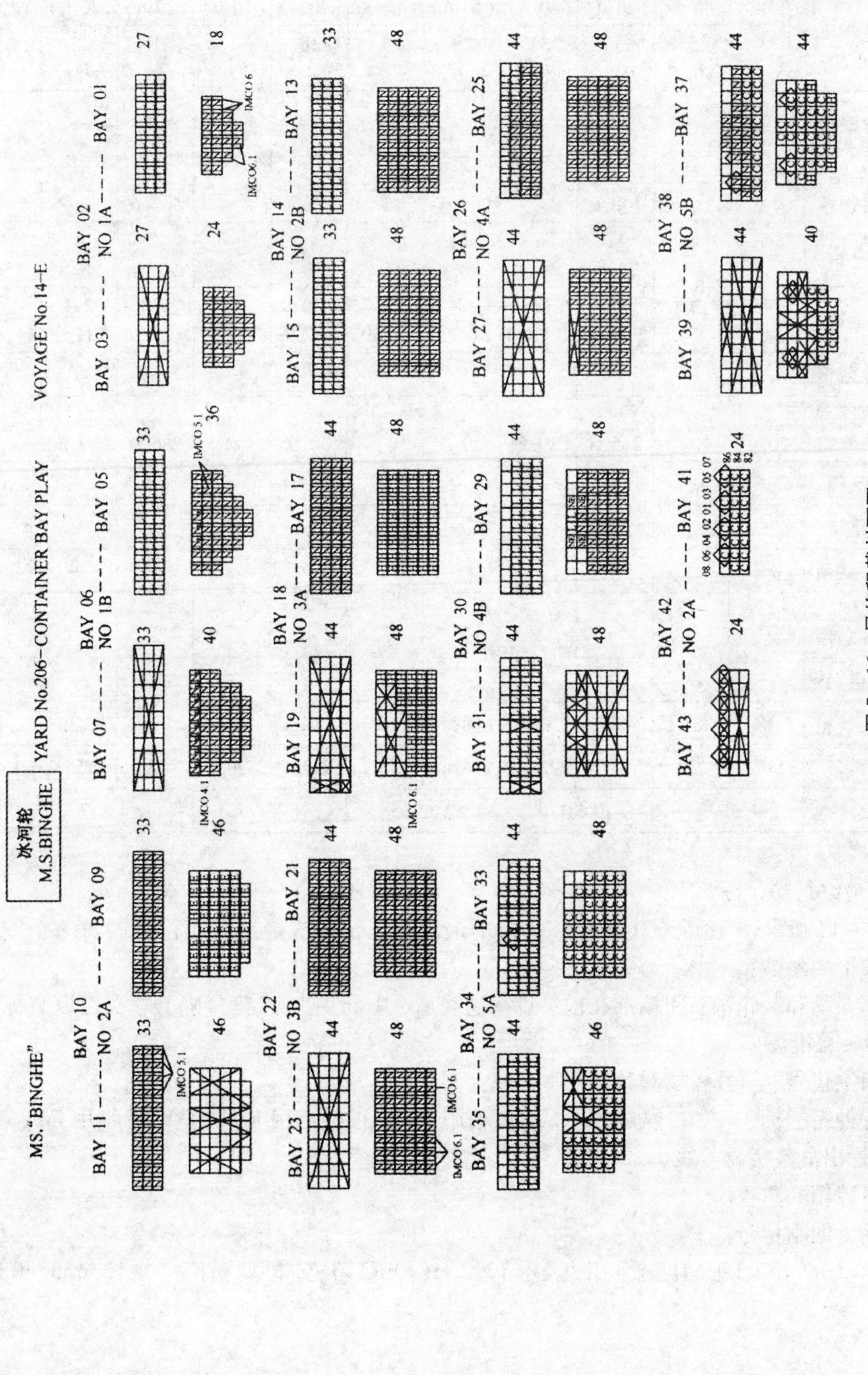

图 5－16　最终积载封面图

表 5 – 1　冰河号第 14 航次在神户港装船统计表(t)

装卸港		长滩 6.1 m (20 ft)	长滩 12.2 m (40 ft)	纽约 6.1 m (20 ft)	纽约 12.2 m (40 ft)	查尔斯顿 6.1 m (20 ft)	查尔斯顿 12.2 m (40 ft)	休斯敦 6.1 m (20 ft)	休斯敦 12.2 m (40 ft)	总计 6.1 m (20 ft)	总计 12.2 m (40 ft)	选港 12.2 m (40 ft)
上海	重箱	33 582.1	5 86.4	111 2 041.5	32 526.7	28 419.3	5 92.3	38 584.8	1 7.7	210 3 627.7	43 693.1	—
	冷藏箱	2 42.1	—	—	—	—	—	—	—	2 42.1	—	—
	危险货物箱			8 148.0		1 19.6				9 167.6		
	空箱			12 27.6	8 28.8					12 27.6	8 28.8	44 158.4
神户	重箱	148 2 323.1	80 1 173.5	323 5 409.3	138 1 964.3	58 1 017.3	57 725.9	21 382.9	19 221.4	550 9 132.6	294 4 112.1	—
	冷藏箱	—	—	—	—	—	—	—	—	—	—	—
	危险货物箱	1 20.4	—	11 215.5	1 20.2	1 20.2		2 30.9		15 286.9	1 20.2	—
	空箱	—	—	—	—	—	—	—	—	—	—	—
	重箱	—	—	—	—	—	—	—	—	—	—	—
	冷藏箱	—	—	—	—	—	—	—	—	—	—	—
	危险货物箱	—	—	—	—	—	—	—	—	—	—	—
	空箱	—	—	—	—	—	—	—	—	—	—	—
总计	集装箱	184	85	465	179	88	62	61	20	798	346	44
	重量	2 967.7	1 239.9	7 841.9	2 540.0	1 476.2	845.2	998.6	229.1	13 284.5	4 854.2	158.4
总重		4 207.9		10 381.9		2 321.5		1 227.7		18 138.7		158.4

（3）最终行箱位图。

图 5 – 17、图 5 – 18 为 33(34) 和 35 行的最终行箱位图。最终行箱位图的每一个箱位上应标有如下内参数：

①卸箱港和装箱港：卸箱港在前，装箱港在后，中间用"×"符号隔开，也可以只标卸箱港，不标装箱港。

②箱主代号、箱号和核对数字。

③特种箱的标志：如冷藏箱用 R，敞顶箱用 O/T，板架箱用 F/R，危险货物用 IM – CO 或 D，还要标出危险货物等级。

④集装箱的总重。

⑤船上的箱位号。

⑥12.2 m(40 ft) 箱的标志：用 ⊠ 表示 12.2 m(40 ft) 箱位，即此箱位已被 12.2 m(40 ft) 箱占用。

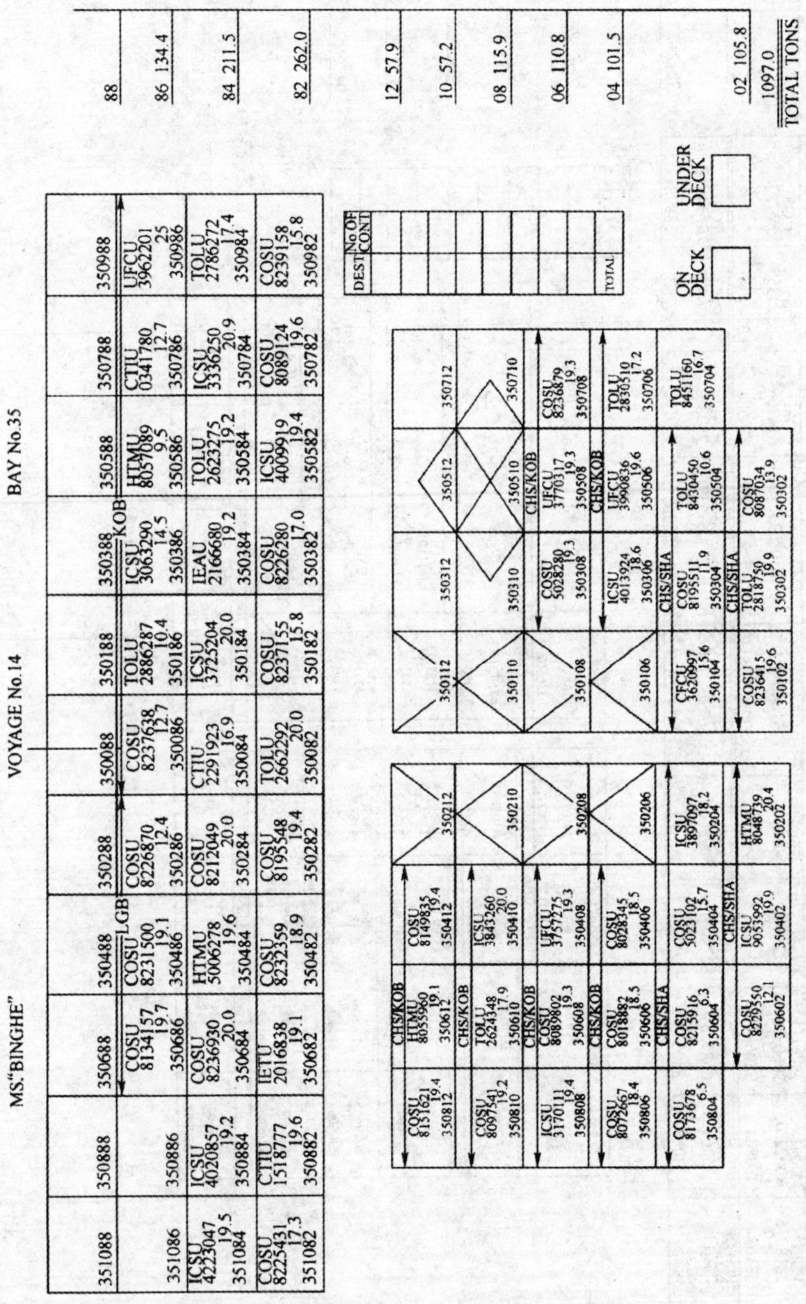

MS:"BINGHE"　　VOYAGE No.14　　BAY No.35

Upper grid (Bay No.35):

Slot	Container	Weight	Slot
350988	UFCU 3962201	25	350986
350788	CTIU 0341780	12.7	350786
350588	HTMU 8054089	9.5	350586
350388 KOB	ICSU 3063290	14.5	350386
350188	TOLU 2886287	10.4	350186
350088	COSU 8237638	12.7	350086
350288	COSU 8228870	12.4	350286
350488 LGB	COSU 8231500	19.1	350486
350688	COSU 8134157	19.7	350686
350888			
351088			
350984	TOLU 2786272	17.4	350984
350784	ICSU 3336250	20.9	350784
350584	TOLU 2623275	19.2	350584
350384	IEAU 2166680	19.2	350384
350184	TOLU 3725204	20.0	350184
350084	CTIU 2291923	16.9	350084
350284	COSU 8212049	20.0	350284
350484	HTMU 5006278	19.6	350484
350684	COSU 8236930	20.0	350684
350884	ICSU 4020857	19.2	350884
351084	ICSU 4223047	19.5	351084
350982	COSU 8239158	15.8	350982
350782	COSU 8089124	19.6	350782
350582	ICSU 4009919	19.4	350582
350382	COSU 8226280	17.0	350382
350182	COSU 8237155	15.8	350182
350082	TOLU 2662292	20.0	350082
350282	COSU 8195548	19.4	350282
350482	COSU 8232359	18.9	350482
350682	IETU 2016838	19.1	350682
350882	CTIU 1518777	19.6	350882
351082	COSU 8225431	17.3	351082

Weight summary (right column):

Tier	TONS
88	
86	134.4
84	211.5
82	262.0
12	57.9
10	57.2
08	115.9
06	110.8
04	101.5
02	105.8
	1097.0 TOTAL TONS

ON DECK　UNDER DECK

DEST	No.OF CONT
TOTAL	

Lower under-deck grids (selected cells):

350512 · 350510 · 350312 · 350310 · 350112 · 350110 · 350108 · 350106

- CHS/KOB UFCU 3770317 19.3 350508
- COSU 8336879 19.3 350708
- CHS/KOB UFCU 3908816 19.6 350506
- TOLU 2805317 17.2 350706
- CHS/SHA ICSU 5028280 19.3 350308
- ICSU 4013234 18.6 350306
- TOLU 8451160 16.7 350704
- CHS/SHA COSU 8195111 19.9 350304
- TOLU 8430450 10.6 350504
- COSU 8070034 13.9 350302
- TOLU 2818759 19.9 350302
- CFCU 3620597 15.6 350104
- COSU 8236415 19.6 350102

Lower on-deck grid (selected cells):

350212 · 350210 · 350208 · 350206

- COSU 8149835 19.4 350412
- ICSU 3843260 20.0 350410
- UFCU 3757275 19.3 350408
- COSU 8029145 18.5 350406
- COSU 5023192 15.7 350404
- CHS/SHA ICSU 9653992 16.9 350402
- ICSU 3897097 18.2 350204
- HTMU 8048739 20.4 350202
- CHS/KOB HTMU 8053860 19.1 350612
- TOLU 2624448 17.9 350610
- COSU 8089802 19.3 350608
- CHS/KOB COSU 8018892 18.5 350606
- CHS/SHA COSU 8215916 6.3 350604
- COSU 8293550 12.1 350602
- CHS/KOB COSU 8136621 19.4 350812
- COSU 8097541 19.2 350810
- ICSU 3170112 19.4 350808
- CHS/KOB COSU 8072847 18.4 350806
- COSU 8173678 6.5 350804

图 5 - 17　最终行箱位图（1）

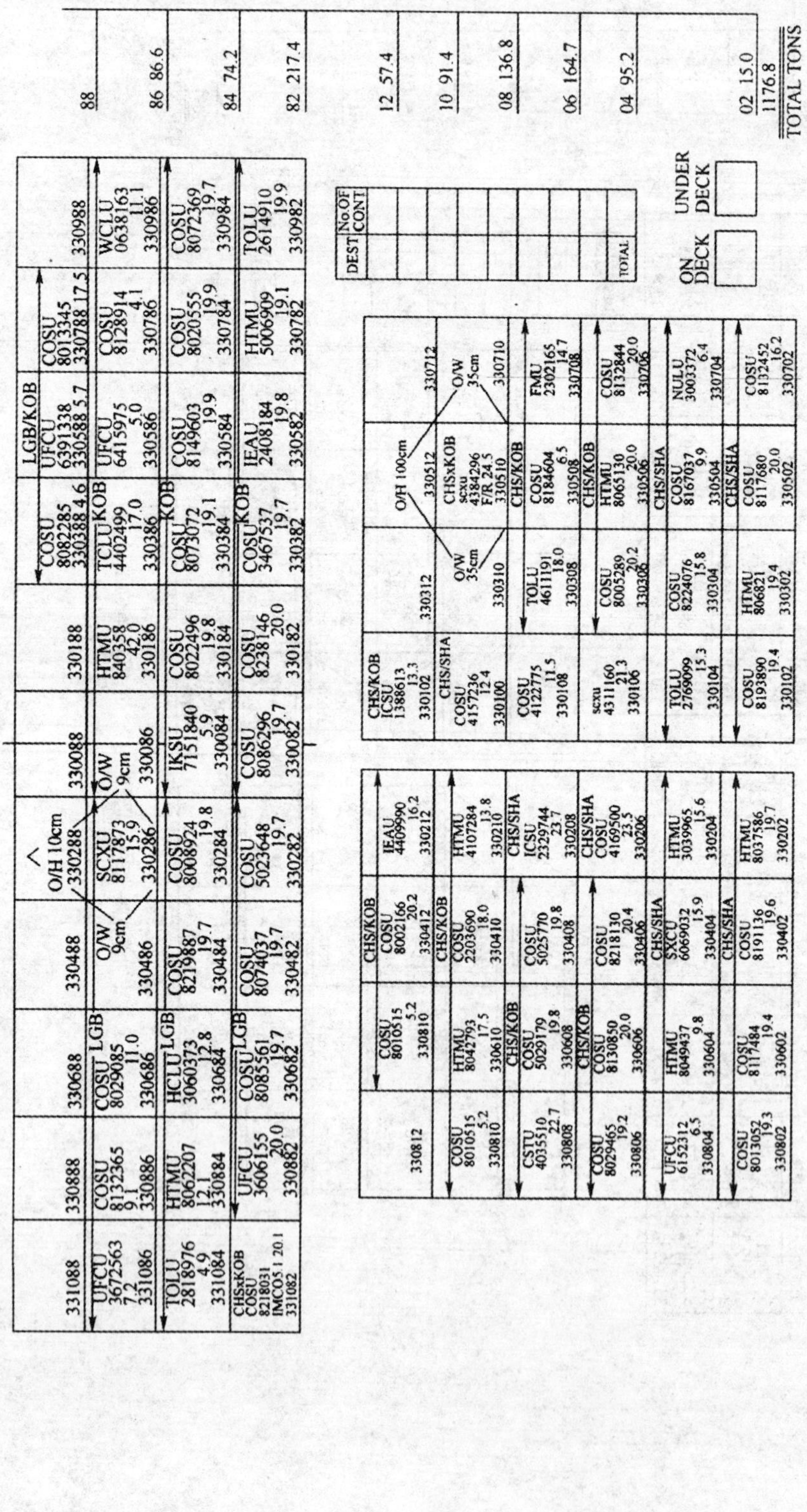

MS. "BINGHE"　　　　VOYAGE No.14　　　　BAY No.33 (34)

图 5－18　最终行箱位图（2）

⑦超高和超宽标志：超高（O/H）箱应在箱位上方用"^"符号表示，并标出其超高的高度；超宽（O/W）箱要在箱位的左向或右向用"＜"或"＞"符号表示，并标出其超宽的宽度。

例如，图 5 – 18 所示中 331082 箱位，CHS × KOB 表示卸箱港查尔斯顿，装箱港神户；COSU8218031 表示箱主代号、箱号及核对数字；IMCO5.1 表示危险货物 5.1 级；20.1 表示总重 20.1 t；D/C 表示杂货集装箱；331082 表示本箱在船上的箱位。

如图 5 – 17 所示，350106、350108 箱位，表示此两箱位被 40 ft 箱所占用，就是说图5 – 18 中 330106、330108 箱位中的 SCXU4311160 和 COSU4122775 这两个集装箱均为 40 ft 箱。

如图 5 – 18 中的 330510 箱位，是一个既超长、又超宽的板架集装箱（F/R）；O/H100 cm，超高 100 cm；O/W35 cm，左侧超宽 35 cm；O/W37 cm，右侧超宽 37 cm。

5.3.4　集装箱船配载、积载图的编制

1. 集装箱船配载、积载图的编制过程

集装箱船配载、积载图的编制过程如下：

①由船公司的集装箱配载中心或船舶大副根据分类整理的订舱单，编制航次集装箱预配图。

②航次集装箱预配图由船公司直接寄送给港口的集装箱装卸公司，或通过船舶代理用电报、电传或传真形式转给港口集装箱装卸公司。

③港口装卸公司收到预配图后，由码头船长（terminal captain）或集装箱配载员，根据预配图和码头实际进箱情况，编制集装箱实配图。

④待集装箱船靠泊后，码头配载员持实配图上船，交由大副审查，经船方同意后应签字认可。

⑤码头按大副签字认可的实配图装船。

⑥集装箱装船完毕后，由理货公司的理货员按船舶实际装箱情况，编制最终积载图。

2. 集装箱船预配图的编制方法

集装箱的预配是编制好集装箱船积载图的关键。编制预配图主要分如下三步：

①由船舶代理将该航次的订舱单进行分类整理，分类时按不同卸港、不同重量、不同箱型来分，特种箱应另行归类。

②船舶代理或船舶调度用传真（或电传）把资料传送给船公司的集装箱配载中心，或由船舶调度把资料直接送交船舶大副。

③集装箱配载中心或大副根据分类整理后的订舱单进行预配。订舱单是编制配载图的最重要的原始资料，是配载的主要依据。编制配载图时重点查阅：装箱港和卸箱港；每箱的总重量；集装箱的种类、箱型和数量；备注中应注明特种箱的特性和运输要求。

3. 编制预配图的要求

（1）保证船舶的稳性。

稳性对船舶航行安全是至关重要的。集装箱船都在甲板装载，其重心很高。集装箱船发展初期，舱内装载量大于甲板装载量；现代的集装箱船，其甲板装载量大部分都已超过舱内。集装箱船的稳性高度（GM）值至少要达到 0.7 m 以上，一般在 1.2～1.5 m 范围内。对于小型集装箱船（甲板上装 8 列）GM 要求为 1.2 m，横摇周期以 15 s 为最佳；大型集装箱船（甲板上装 11 列以上）GM 值要求在 1.5 m，横摇周期以 18 s 为宜。

（2）保持具有适当的吃水差。

船舶是不允许有首倾的，因为这会造成螺旋桨产生空泡，但也不宜有过大的尾倾，因为这会增加船舶的吃水，减少装载量，而且还会影响航速。因此集装箱船应具有适当的吃水差，以保证具有良好的操纵性。由于集装箱船一般采用尾机型，尾部较重，故要适当地将一些重箱配于船首箱位上。船舶最佳吃水差值应从船模试验中取得，或从船舶实际操纵经验中摸索出来。

（3）充分利用船舶的箱位。

集装箱船一般首部箱位较少，故在配载时极易产生过大的尾吃水。尾吃水过大就需要用压载水来调整，就会增加压载重量，减少集装箱的装载量。如上海港是个潮汐港，航道水深浅，大船的吃水受到很大的限制，如果箱量多，平均箱重很大时，预配时要求船舶达到平吃水出港，就能减少压载而使箱位得到充分利用。

（4）要保持船舶的纵向强度。

集装箱船大多数为尾机型船，油舱、淡水舱一般也集中在尾部，所以船舶在开航时如首部箱量满载，容易产生中拱，而且集装箱船都是大舱口，船舶纵向强度本来就弱，如果配载不当，在风浪中容易断裂。为了使船舶具有良好的纵向强度，抵消船舶的中拱变形，配载时要适当地在船中部多配重箱。

（5）尽量避免中途港倒箱。

选择集装箱船，一般途中均需要靠多个中途港，因此配载时必须注意港序，避免中途港倒箱。对于某些航线上的船舶，其箱位少而挂港又多，后港箱压在前港箱上面的情况也不可避免，所以对挂靠日本港口的中远集装箱船规定，倒箱数在10个以内，港口不收费。但是倒箱不仅是经济损失还会贻误船期，应尽量减少。

（6）在平衡舱时，消灭重点舱。

对于箱量特别多的港口集装箱应分舱装载，不要集中装在一个舱内，以免造成重点舱，延长船舶在港装卸时间。在分舱配载时还要注意到几台装卸桥同时作业的可能性。

（7）在装卸作业中要能保持船舶左右平衡。

全集装箱船都采用箱格结构，在装卸中不能产生过大的横倾，一般横倾如大于3°，集装箱进出箱格时就会产生困难。因此，在配载时要注意，不要把同一港口的集装箱集中配于一侧，应左右对称，以免在装卸过程中使船舶出现过大的横倾，影响船舶作业。

（8）要注意特种箱的配载。

各种特种箱都有特殊的配载要求，这些要求必须满足，例如危险货物集装箱必须按国际有关规定的要求配载。

5.4 集装箱班轮运营组织

5.4.1 集装箱班轮运输与集装箱航线

水路集装箱运输一般为班轮运输，集装箱航线一般为班轮航线。

1. 集装箱班轮运输

集装箱班轮运输是指班轮公司使用固定的船舶，按照事先制定的船期表，在特定航线的各挂靠港口之间，为非特定的众多货主提供规则的、反复的货物运输服务，并按运价本或协议运价的规定计收运费的一种营运方式。

集装箱班轮运输的特点可概括为"五固定"，即固定船舶、固定航线、固定港口、固定船期、相对固定的运费率。

2. 集装箱航线

集装箱班轮运输航线按照航线范围的不同，可划分为国际远洋航线、国际近洋航线、国内沿海航线和内河航线等；按照运行组织的不同，可划分为多港挂靠直达运输航线和干支结合分程运输航线两种；按照航行线路的不同，可划分为钟摆式航线和环绕式航线。

(1)世界主要集装箱航线。

目前，世界上规模最大的三条集装箱航线是远东—北美航线，远东—欧洲、地中海航线和北美—欧洲、地中海航线，如图 5－19 所示。这三条航线将当今全世界人口最稠密、经济最发达的三个板块——北美、欧洲和远东联系起来。这三大航线的集装箱运量占了世界集装箱水路运量的大半壁江山。

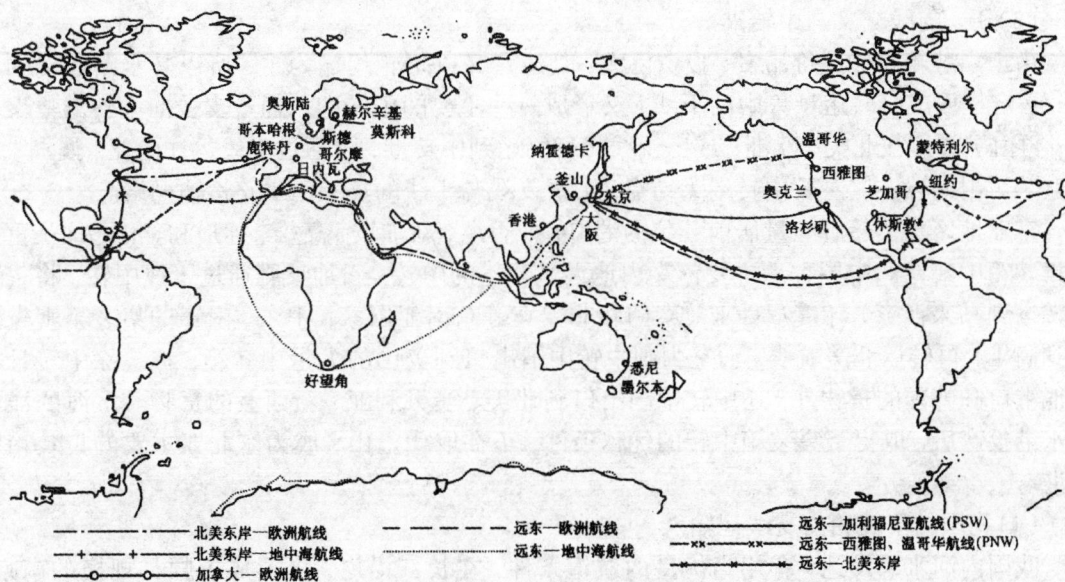

图 5－19　世界主要集装箱航线

①远东—北美航线。该航线也被称为(泛)太平洋航线，实际上可分为两条航线，一条为远东—北美西岸航线，另一条为远东—北美东岸、海湾航线。

②远东—欧洲、地中海航线。该航线也被称为欧洲航线，大多是经马六甲海峡往西，经苏伊士运河至地中海、西北欧的运输，又可分为远东—欧洲航线和远东—地中海航线两条。

③北美—欧洲、地中海航线。该航线也被称为跨大西洋航线，将世界上最发达与富庶的两个区域联系了起来，船公司之间的竞争最为激烈。该航线实际由三条航线组成，分别为：北美东岸、海湾—欧洲航线；北美东岸、海湾—地中海航线；北美西岸—欧洲、地中海航线。

(2)其他国际远洋航线与国际近洋航线。

除以上三大集装箱航线外,世界上还存在一些规模较小的国际远洋航线和国际近洋航线。如远东、北美、欧洲分别开辟的赴澳大利亚航线,以及各区域内的国际近洋集装箱航线等。

我国所处的东亚地区是近年来集装箱运输发展最快的地区,居于世界集装箱港口吞吐量前几位的港口,如香港、新加坡、釜山、高雄、上海等,均集中在这一地区。这一地区主要集装箱航线又可分为四个航区,分别是:

①日本/韩国—中国台湾/中国香港—新加坡航区。

②东亚—东南亚航区:主要从青岛、上海南下经香港、槟榔屿、巴生、新加坡到泰国曼谷。

③中国内地—中国香港/中国台湾/菲律宾航区:这一航区多为短程航线,均从我国内地沿海港口出发,向南到达中国香港、马尼拉等,进行钟摆式运输,主要有上海—香港航线、天津—香港航线、天津新港—香港—马尼拉航线、黄埔—赤湾—马尼拉—高雄—香港航线等。

④东亚—东北亚航区:这一航区从我国沿海港口出发,到达日本、韩国、中国台湾等,主要有福州—厦门—横滨—神户—香港航线、上海—青岛—釜山—香港—基隆航线等。

(3)干、支线交叉与中转港。

由于集装箱船舶造价昂贵、投资巨大,其经营又以班轮运输为主,所以其水路运输的特征,必定是形成一些运量集中的干线,又形成一些主要的中转港。通过支线向中转港集聚货物,再由干线运往北美、欧洲;或由干线将货物运到中转港,再通过支线运往南亚、澳洲、新西兰等。由此以一些主要中转港为结点,形成支线与干线的集装箱水路运输网络。

东亚地区集装箱吞吐量居前几位的港口,如香港、新加坡、高雄、神户和釜山,均是重要的集装箱中转港。中国香港主要依靠内地大量箱量的中转;新加坡则通过干线中转,将集装箱转运到马来西亚、印度尼西亚、泰国和菲律宾等东南亚国家;中东、南亚的集装箱则先集结到高雄,再转运北美航线;而釜山则中转中国出口到美国的大量中转箱;神户除中转日本其他港口和韩国的货物外,还中转中国出口到北美、澳大利亚、新西兰的货物。上海的洋山深水港投产后,取得了集装箱中转的优越条件,正在取代釜山,成为东北亚主要的集装箱中转港。

(4)我国的集装箱内支线运输。

我国内河水系发达,有相当优良的航道条件,在长江沿岸,已形成了颇具规模的南京、南通、张家港等集装箱港口,发展集装箱内支线运输前程广阔。我国的一些船公司和上海等大的集装箱港口早已将视线聚焦于我国的内支线运输,我国的长江等主要水系内支线集装箱运输,也将逐渐成为我国集装箱水路运输的组成部分。

长江由于其优良的水道和航运条件,是我国集装箱内河支线运输的主要水系。目前,由上海向长江上游,一直到宜昌具有装卸国际集装箱能力的港口有上海、南通、张家港、江阴、高港、扬州、镇江、南京、芜湖、安庆、九江、南昌、黄石、武汉、沙市、宜昌等。长江内支线以上海为出海口,可联运东亚、美西、欧洲、地中海各远洋干线航线和沿海各近洋航线。以长江沿线的南京、张家港、南通、芜湖、九江、武汉为中心港口,以江阴、高港、扬州、镇江、安庆、黄石、沙市、宜昌为支线港站,上游可直溯重庆,将是非常有前途的长江集装箱内支线运输网络。

5.4.2　集装箱班轮运营组织的基本内容

集装箱班轮运营组织是指班轮运输企业对在一定时期内班轮生产活动的全面计划和安排，即在一定运输任务的条件下，合理选用船舶、航线、挂靠港，制定最优的运输组织方案并实施的过程。

集装箱班轮运营组织主要解决以下问题：班轮航线设计、航线配船、班轮船期表的编制及班轮日常组织管理。在具体的生产管理过程中，还要经常对班轮航线的运营效益进行核算和分析，对在航次活动中遇到的问题及时作出决策。

1. 确定航线基本港

随着进出口贸易量及海运需求的增大，世界范围内已具有众多的规模港口。所谓基本港是指设备现代化程度较高、班轮定期挂靠的港口。在班轮航线设计初期，班轮公司要对一定时期内拟开辟航线上所有港口之间的集装箱运输需求进行深入调查和预测分析，结合班轮公司经营定位以及经营网络对货流的控制能力，确定航线上的始发港、中途港和终到港。

一般来讲，货源充足的航线，选用大型集装箱船，挂靠的港口数量应少；当货源不是很充足时，为了提高船舶箱位利用率，也可适当增加挂靠港口。确定航线基本港时应考虑以下因素。

(1) 货源与腹地经济条件。

货源是否充足和稳定，是选择和确定航线基本港的前提条件和重要因素。基本港应设置在货源较集中的港口，这样可减少集装箱的转运成本，提高发船密度，有利于加速船舶周转，提高运输效率。同时，基本港要有本地及腹地经济发达的大城市作依托，优先考虑货源集中的沿海大城市作为基本港。

(2) 地理位置。

基本港的地理位置应处于集装箱航线上或离航线不远处；基本港应与铁路集装箱办理站或公路集装箱中转站靠近，便于集装箱多式联运的开展；基本港应具备相对有利的开辟沿海支线运输与内支线运输的条件。

(3) 港口自身条件。

港口自身条件主要是指港口的自然条件、装卸设施及装卸效率、港口的集疏运条件等。基本港应具备足够的泊位水深和泊位长度，配备高效率的集装箱装卸机械和装卸工艺系统，具有足够的堆场容量和堆存能力，以满足大型集装箱船舶靠泊及装卸作业的要求。同时，基本港应拥有多渠道的集疏运系统(包括铁路、公路和水路)与内陆广大腹地相连，实现集装箱集疏运的高速化和便捷化，有效地解决港口堵塞，加速车、船、箱的周转，提高集装箱运输系统的综合效率和经济效益。

(4) 其他因素。

作为一个条件良好的基本港，还应具有高度发达的金融、保险以及各类中介服务企业和设施，便于集装箱运输各类相关业务的开展。

2. 航线配船

航线配船就是在集装箱运输航线上如何最合理地配置船型、船舶规模及其数量，使其不仅能满足每条航线的技术、营运要求，而且能使船司获得良好的经济效益。因此，所配船舶的技术性能和营运性能，应与航线上的货物种类、流向以及船舶挂靠港口的状况相适应。

集装箱班轮航线配船通常应考虑以下因素：

（1）船舶的尺度性能要适应航道水深、泊位水深、码头和船闸的尺度要求。

（2）船舶的航行性能要能适应航线运营的条件。

如船舶的续航能力、抗风浪性能应满足航线所经过航区的要求，以保证船舶的安全航行。

（3）船舶的结构性能、装卸性能和船舶设备等应满足航线货物、港口装卸条件的要求。

例如，长大件货物较多的航线应选择舱口及舱内尺度较大的船舶，船上还应配备有起重机；集装箱货流量较大且稳定的航线应配置专用的集装箱船；在我国广阔的内河水系进行内支线集装箱运输时，应考虑河道航运条件、沿河港口装卸条件，配用集装箱拖驳船队等。

（4）传统的航线配船大都采用"大线配大船"的法则。

即大吨位、高速船舶配置在航距长、装卸效率高、货源充足的航线上。按此法则确定的配船方案虽然在一定程度上体现了经济上合理的原则，但不能保证其最优化。随着运筹理论方法在航运中的应用，各种航线配船的数学模型相继建成。纵观各种模型，大同小异，基本上都是以运力限制和货源运量限制为约束条件、以成本最低或运量最大为目标函数，建立分配问题线性规划模型。这些模型基本上反映了班轮航线配船的实质，为航线配船的优化提供了一种科学方法。

（5）处理好船舶规模、船舶数量、船舶航速与航行班次、航线货运量、挂靠港数目之间的关系。

在货运量一定的情况下，发船间隔越大，航行班次越少，船舶数越少，船舶规模则越大；在发船间隔或航行班次一定的情况下，船舶规模与货运量成正比，即货运量越大，船舶规模也越大；在货运量和发船间隔一定的情况下，船舶规模与往返航次时间成正比，与船舶数成反比；当船舶数和挂靠港数目不变时，航线上船舶航速越快，往返航次时间就越短，船舶规模可缩小。

应当指出，以上的分析基于假定其他条件不变的情况下，当条件发生变化时，情况就会变得复杂。如船舶规模越大，则单位运输成本越低，这必须在航线适箱货源充足及港口装卸效率能满足的条件下才能实现。否则，增加船舶载箱量，反而会造成箱位利用率大幅度降低，其结果反而使单位运输成本提高。可见，在航线配船时，应综合分析，论证后确定。

3. 班轮船期表的制定

班轮船期表是以表格形式反映船舶在空间和时间上运行的计划文件。制定班轮船期表，是集装箱班轮运营组织工作的一项重要内容。班轮公司制定和公布船期表，一是为了招揽航线途经港口的货载；二是有利于船舶、港口和货物及时衔接，使船舶在挂靠港口短暂停泊中达到尽可能高的工作效率；三是有利于提高船公司航线经营的计划质量。

班轮船期表通常以月作为发布周期，本月底发布次月的船期表。主要内容包括：航线、船名、航次编号，始发港、中途港、终点港的港名，到达和驶离各港的时间以及其他有关的注意事项等。

编制船期表通常有以下基本要求：

（1）船舶的往返航次时间（班期）应是发船间隔时间的整数倍。

船舶往返航次时间与发船间隔时间之比，应等于航线配船数。很明显，航线上投入的船舶数必须是整数，所以船舶往返航次时间应是发船间隔的整数倍。实际操作中，按航线参数及船舶技术参数计算得到的往返航次时间，往往不能达到这一要求，多数情况下是采取延长实际往返航次时间的办法，人为地使其成为倍数关系。

（2）船舶到达和驶离港口的时间要恰当。

船舶应尽量避免在非工作日（周六、周日、节假日、夜间）到达港口，以减少船舶在岗的非工作停泊时间，加速船舶周转。船舶应尽可能在当地时间早晨 6：00 左右抵达港口，船舶一靠码头，马上就可以进行装卸作业，减少等待工人时间和夜班工作的加班费用。船舶驶离港口的时间也应根据实际情况加以考虑。例如，在 5 天工作制的港口，周五这一天的货源相对较充足，所以安排船舶周五晚上开航对提高船舶载重利用率有着一定的效果。当几个班轮公司的船舶同时使用港口的同一码头时，装卸公司一般会具体安排每艘船舶的停泊时间。在这种情况下，制定船期表时还必须考虑这方面的时间限制问题。为方便起见，船舶抵离港口的时间都应通过时差换算成当地时间。

（3）船期表要有一定的弹性。

在制定船舶运行的各项时间时，均应留有余地。因为海上航行影响因素多，条件变化复杂。在港口停泊中，因装卸效率变化、航道潮水影响等，对船期也会产生复杂的影响。对这些问题，都应根据统计资料和以往经验，对航行时间加以修正，预先给出一定的富余时间。

5.5　国际集装箱货物海上运输业务与单证

5.5.1　集装箱货物出口海上运输程序及业务

1. 集装箱货物出口海上运输一般程序

集装箱货物出口海上运输程序主要包括订舱、承运、发放空箱、货物装运交接、报检报关、货物交接签证、换取提单、装船等环节。

（1）订舱。

订舱是指发货人（在 FOB 价格条件下，也可以是收货人）或委托其代理人根据贸易合同或信用证条款的规定，向船公司或其代理人在其所营运或代理的船只的截单期前预定舱位的行为。所谓截单期，就是该船接受订舱的最后日期，截单期一般在预定装船日期前几天，以便报关、报检、装箱、集港、制单等项工作的进行。很多情况下，发货人委托货运代理人来办理有关订舱的业务。在订舱时，货运代理人要填制场站收据联单等单据。

（2）承运。

承运是指船公司或其代理人对订舱申请的书面确认行为。船公司或其代理人要考虑其航线、船舶、运输要求、港口条件、运输时间等方面能否满足发货人的要求，从而决定是否接受发货人的托运申请。一旦接受托运申请后，船公司或其代理人审核场站收据联单中的托运单，确认无误后，在场站收据联单中的装货单上签章，确认订舱承运货物。同时，船公司或其代理人根据托运单编制订舱清单，分送集装码头堆场和集装箱货运站，以便据此安排空箱发放及办理货运交接。

（3）发放空箱。

通常，集装箱是由船公司免费提供给货主或集装箱货运站使用的，货主自备箱的比例较小。整箱货运输时，空箱由发货人或其代理人到指定的集装箱码头堆场领取；拼箱货运输时，则由集装箱货运站负责领取空箱。在领取空箱时，必须提交集装箱发放通知书。办理交接时，双方应对集装箱及其附属设备的外表状况进行检查，并分别在设备交接单（出场）上签字确认。

（4）货物装运交接。

领取集装箱后即可组织货物装箱，整箱货和拼箱货的装箱和运输交接作业不同。

对于整箱货，发货人自行装箱或委托货代装箱，并填制装箱单。发货人负责通过内陆运输将已装货物的重箱运至集装箱码头堆场待运。码头堆场对重箱进行检验后，与货方共同在设备交接单（进场）上签字确认，并根据订舱清单，核对场站收据和装箱单，接收货物。

对于拼箱货，发货人将不足一整箱的货物运至集装箱货运站，货运站根据订舱清单的资料，核对无误后接管货物。集装箱货运站将分属于不同货主的零星货物拼装到同一个集装箱内，并填制装箱单，按照船公司重箱进港的要求将重箱送到码头堆场待运。

（5）报检报关。

从货物装箱后，至集装箱货物装船前至少24 h前这段时间，发货人可以进行出口报检报关。发货人或委托其代理人持相关的检验检疫申请单向检验检疫局报检，经检验合格后，检验检疫部门出具通关单或者换证凭单。当集装箱货物进入海关监管场地后，发货人即可委托报关行持报关单、装箱单、装货单、发票、合同、核销单、报关委托书、通关单等向海关申请出口报关。海关审核查验后对出口货物予以放行。

（6）签发场站收据。

对于整箱货，集装箱码头堆场在验收货箱后，即在场站收据上签字，并将签署的场站收据交还给发货人。

对于拼箱货，集装箱货运站在验收接管货物后，即签署场站收据给发货人。

（7）换取提单。

发货人凭经签署的场站收据，向船公司或其代理人换取提单，然后去银行结汇。集装箱提单属于收货待运提单，如果信用证规定需要装船提单，则应在集装箱装船后，经船长或大副签证后，才能换取已装船提单。在大多数情况下，船公司根据发货人的要求，在提单上填注具体的装船日期和船名后，该收货待运提单也便具有了与已装船提单同样的性质。

（8）装船。

集装箱码头根据接受待装的货箱情况、船舶性能和装载情况、订舱清单以及场地积载计划等，制定出装船计划（装船实配图），等船靠泊后，经船方确认，即行装船。

至此，集装箱货物出口海上运输程序结束。集装箱货物出口海上运输程序如图5-20所示。

2. 集装箱货物出口海上运输业务

表5-2显示了发货人、船公司及其代理人、集装箱码头堆场及集装箱货运站各业务单位在集装箱货物出口运输中的业务环节与内容。

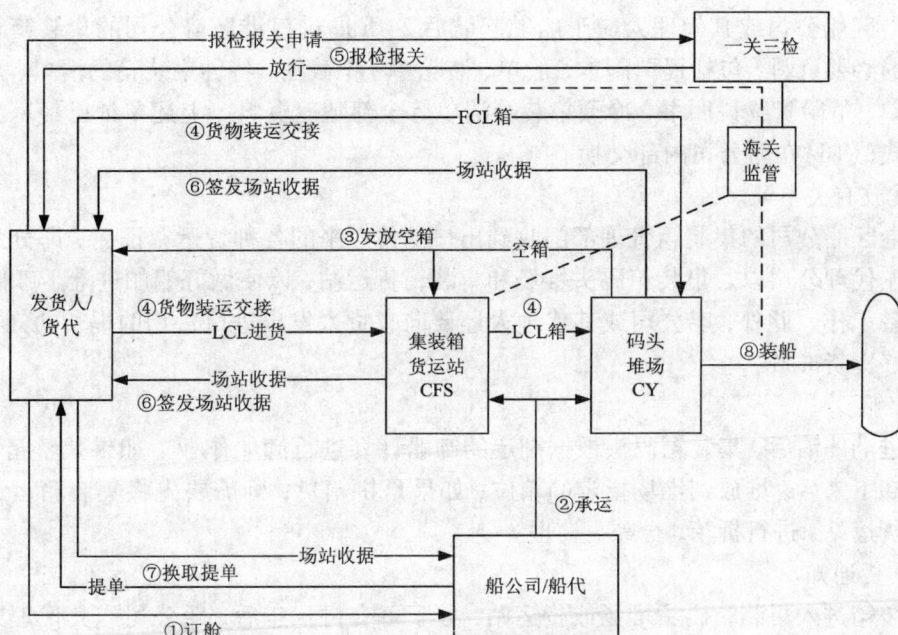

图 5 - 20　集装箱货物出口海上运输流程简图

表 5 - 2　集装箱货物出口海上运输有关方的业务环节与内容

有关方	业务环节与内容
发货人	①订立贸易合同；②备货；③租船订舱(如以 CIF、C&F 价格条件成交时)；④报检报关；⑤货物装箱与托运,并取得场站收据；⑥投保(如以 CIF 价格条件成交时)；⑦支付运费(预付运费),并凭场站收据取得船公司签发的提单；⑧向收货方(买方)发出装船通知(如以 FOB 价格条件成交时)
船公司	①承揽待运的货源；②配备集装箱；③受理托运；④接受货物:视交付条款不同,接受货物地点可能为码头堆场、货运站或发货人工厂；⑤办理船舶联检与靠泊手续(委托船代办理)；⑥装船(由码头负责进行)；⑦向发货人签发正本提单,并向有关方制送相关的装船单证；⑧办理船舶联检与离港手续,驶往卸货港
集装箱码头堆场	①集装箱的交接:接收重箱,发放空箱,并向发货人签发场站收据；②制定堆场作业计划；③集装箱的装船,并签发相关单证；④对堆存在场内的冷藏箱、危险品箱等特殊集装箱进行处理
集装箱货运站	①办理拼箱货物交接,并向发货人签发场站收据；②配箱,装箱；③制作装箱单和出具危险品集装箱装箱证明；④在海关监管之下加海关封志,并将装载的货箱运至码头堆场

5.5.2　集装箱货物进口海上运输程序及业务

1. 集装箱货物进口海上运输一般程序

集装箱货物进口海上运输程序主要包括传送单证资料、发放有关单证、卸船、到货通知、换取提货单、报关报检、提货、交付等环节。

（1）传送单证资料。

出口港区船公司或其代理人应于船舶起航后 24 h 向进口港区船公司的集装箱管理部门发出卸船的必要资料，包括提单副本、舱单、装箱单、积载图、特种集装箱的清单、危险货物集装箱清单、危险货物说明书、冷藏集装箱清单等全部随船资料。上述单证已经基本通过电子化的方式（EDI）在船公司内部交换。

（2）发放有关单证。

进口港区船公司的集装箱管理部门收到出口港传送来的各种货运单证后，即分别发放给进口港船舶代理公司以及集装箱码头堆场和集装箱货运站，以便做好船舶进港、卸船、拆箱、交货等准备工作。此外，船公司或其代理人还要向收货人发出进口货物的提货通知书，通知收货人做好提货准备。

（3）卸船。

船舶进港停泊后，集装箱码头根据制定的卸船计划进行卸船作业。如果是整箱货，集装箱从船上卸下来后，堆放到堆场指定的箱位；如果是拼箱货，则需要先将集装箱运送到指定的集装箱货运站，进行拆箱、分票、整理。

（4）到货通知。

在集装箱进入集装箱码头堆场或货运站，处于可交付状态后，船公司或其代理人向收货人发出到货通知，要求收货人及时来提取货物。

（5）换取提货单。

收货人接到到货通知后，即向银行结清货款及有关费用，取得正本提单。收货人凭到货通知和正本提单向船公司或其代理人换取提货单。船公司或其代理人签发提货单时，除了收回正本提单并查对进口许可证外，还须货方付清运费及一切有关费用。如果场站收据对集装箱有批注，原注也应列入提货单备注栏内。

（6）报关报检。

根据国家有关法律、法规的规定，进口货物必须经办理验放手续后，收货人才能提取货物。因此，收货人或其代理人还须凭提货单和其他有关材料向海关和检验检疫部门申请进口报关报检，海关和检验检疫部门审核查验后在提货单上加盖放行章，准予进口箱提货。

（7）提货。

收货人凭海关放行的提货单到集装箱堆场或集装箱货运站办理提箱提货手续。

（8）交付货物。

整箱货的交付是在集装箱堆场进行的，集装箱堆场的经办人员还必须会同收货人检查集装箱的外表状况，填制集装箱设备交接单（出场）；拼箱货的交付是在集装箱货运站完成的。堆场或货运站凭海关放行的提货单，与收货人结清有关费用（如果在货运过程中产生了相关费用，如滞期费、保管费、再次搬运费等）后交付货物。双方在记载了货物状况的交货记录上签字，作为交接证明。

至此，集装箱货物出口海上运输程序结束。集装箱货物出口海上运输程序如图 5 - 21 所示。

2. 集装箱货物进口海上运输业务

表 5 - 3 显示了收货人、船公司及其代理人、集装箱码头堆场及集装箱货运站各业务单位在集装箱货物进口运输中的业务环节与内容。

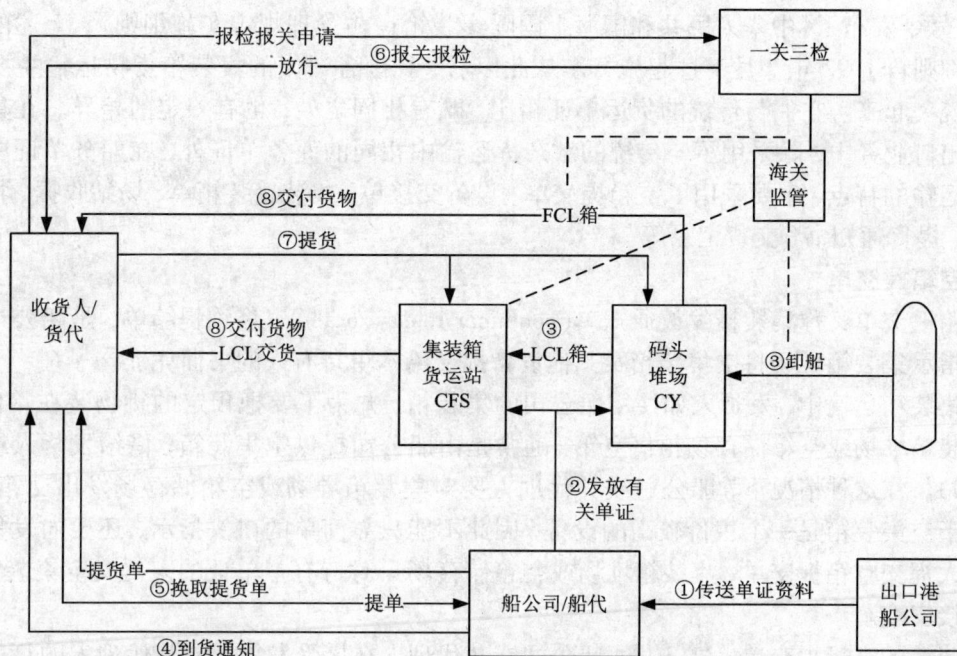

图 5–21　集装箱货物进口海上运输流程简图

表 5–3　集装箱货物进口海上运输有关方的业务环节与内容

有关方	业务环节与内容
收货人	①签订贸易合同；②租船订舱（如以 FOB 价格条件成交时）；③申请开信用证；④投保（如以 FOB 或 C&F 价格条件成交时）；⑤付款从银行处取得正本提单；⑥凭正本提单到承运人或其代理人处换取提货单和设备交接单（整箱货）；⑦凭提货单到码头堆场（整箱货）或货运站（拼箱货）提取货物，整箱货需凭设备交接单提取；⑧返还空箱（整箱货）；⑨损害索赔
船公司	①做好卸船准备工作，包括制定卸船计划、安排联检与靠泊；②制作并传送有关单证；③卸船，由码头安排具体卸船事宜；④凭正本提单和到付运费等向收货人签发提货单和集装箱提、还箱手续（整箱货）
集装箱码头堆场	①集装箱的卸船准备工作，制定卸船计划、堆场计划、交货计划；②卸船与堆放；③交货：整箱货交收货人，拼箱货交货运站，转运内地货交内陆承运人；④制作交货报告和未交货报告
集装箱货运站	①做好提箱、拆箱、交货准备；②向收货人发出交货通知；③从码头堆场领取载货的集装箱；④拆箱交货、空箱退还给码头堆场；⑤制作交货报告和未交货报告

5.5.3　集装箱货物进出口海上运输中的主要单证

集装箱海上运输单证，在 20 世纪 80 年代我国各口岸基本上采用的是传统的货运单证。随着集装箱运输的发展，交通部于 1989 年在上海口岸主持了"国际集装箱运输系统（多式联运）工业性试验"项目，于 1991 年完成并通过国家鉴定验收。1990 年 12 月 5 日，国务院第 68

号令发布了《中华人民共和国海上国际集装箱运输管理规定》，交通部又于 1992 年 6 月 9 日以第 35 号令发布了《中华人民共和国海上国际集装箱运输管理规定实施细则》，上述的规定和实施细则自 1992 年 7 月 1 日起施行。从此以后，我国各口岸的集装箱货物运输主要单证基本上统一起来。它们与传统的货运单证相比，既有相同之处，也有一定的差异。在集装箱货物进出口业务中，除采用了与传统的散杂货运输中相同的商务单证外，在船务单证中根据集装箱运输的特点，主要采用了空箱提交单、设备交接单、集装箱装箱单、场站收据、特殊货物清单、提货通知书、交货记录等。

1. 空箱提交单

空箱提交单又称集装箱发放通知单（container release order），俗称提箱单，是船公司或其代理人指示集装箱堆场将空集装箱及其他设备提交给本单持有人的书面凭证。

在集装箱运输中，发货人如使用船公司的集装箱，并为了要把预定的货物装在箱内，就要向集装箱堆场或空箱储存场租借空箱，通常是由船公司提供空集装箱，借给发货人或集装箱货运站。在这种情况下，船公司或其代理人要对集装箱堆场或空箱储存场发出交箱指示，但是由于空集装箱是一个售价较高的设备，因此不能只靠简单的口头指示，还要向发货人或其代理人提交空箱提交单，集装箱堆场或空箱储存场只对持有本单证的人提交空集装箱，以确保交接安全。

集装箱的空箱提交单一式 3 份，船公司或其代理人在接受发货人或其代理人的订舱委托后，签发空箱提交单，除自留一联备查外，发货人或其代理人和存箱的集装箱堆场或空箱储存场各执一联。

2. 集装箱设备交接单

集装箱设备交接单简称设备交接单（equipment interchange receipt，EIR），是集装箱进出港区、场站时，用箱人（或运箱人）与管箱人（或其代理人）之间交接集装箱及其附属设备的凭证，兼有凭以发放集装箱的功能。它既是一种交接凭证，又是一种发放凭证，对集装箱运输特别是对箱务管理起着重要作用。

集装箱设备交接单一式六联。在集装箱货物出口运输中，设备交接单的前面三联用于出场，印有"出场 OUT"字样，分别为管箱单位联、码头堆场联和用箱人/运箱人联。第一联盖有船公司或其集装箱代理人的图章，集装箱堆场凭其发放空箱。在空箱发放后，第一联、第二联由堆场留存；第三联由提箱人留存。设备交接单的后面三联是进场之用，印有"进场 IN"字样，也分别为管箱单位联、码头堆场联和用箱人/运箱人联。该三联是在装载货物的集装箱送到港口作业区堆场时交接之用，其中第一联、第二联由送货人交付港区，第二联留港区，第一联转给船方据以掌握集装箱的去向，送箱人自留第三联作为存根。

设备交接单的各栏分别由管箱单位的船公司或其代理人，用箱人或运箱人，码头、堆场的经办人填写。船公司或其代理人填写的栏目有：用箱人/运箱人、船名/航次、集装箱的类型及尺寸、集装箱状态（空、重箱）、免费使用期限和进（出）场目的等。由用箱人、运箱人填写的栏目有：运输工具的车号；如果是进场设备交接单，还须填写来自地点、集装箱号、提单号、铅封号等栏目。由码头、堆场填写的栏目有：集装箱进、出场日期、检查记录，如果是出场设备交接单，还须填写所提集装箱号和提箱地点等栏目。

设备交接单的下半部分是出场或进场检查记录，由用箱人（或运箱人）及集装箱码头堆场经办人员在双方交接空箱或重箱时验明箱体记录情况，用以分清双方责任。

3. 集装箱装箱单

集装箱装箱单(container load plan，CLP)简称装箱单，是详细记载每一个集装箱内所装货物名称、数量、尺码、重量、标志和箱内货物积载情况的单证。

无论是由货主自行装载的整箱货，还是由集装箱货运站负责装载的拼箱货，负责装箱的人都要制作装箱单，并且每个载货集装箱都要填制一份装箱单。如果所装货物的种类不同，应该按照从前到后(或从底到门)的装箱顺序填写不同货物的资料。对于特种货物还应加注特定要求，如冷藏货物要注明箱内温度的要求；危险品要列明危险等级，国际危规页码等。

装箱单是详细记载每一个集装箱内所装货物情况的唯一单据。因此，在以集装箱为单位进行运输时，装箱单是一张极其重要的单据。该单据的主要作用有：

①作为发货人、集装箱货运站与集装箱码头堆场之间的货物的交接单证。

②作为向船方通知集装箱内所装货物的明细表。

③作为在装箱地向海关申报货物出口的单据，也作为集装箱船舶进出口报关时向海关提交的载货清单的补充资料。

④作为集装箱船舶计算船舶吃水和稳性的基本数据来源。

⑤作为卸货地点办理集装箱保税运输的单据之一。

⑥作为卸货港集装箱货运站安排拆箱、理箱的单据之一。

⑦当发生货损时，作为处理索赔事故的原始单据之一。

装箱单一式五联，其中，码头堆场、承运人、船代各一联，发货人/装箱人两联。装箱单的流转：发货人或集装箱货运站将货物装箱后，填制五联装箱单，连同重箱一起送至集装箱堆场。堆场业务人员在五联单上签收后，堆场自留码头联，据以编制装船计划；将承运人联和船代联分送船公司和船舶代理公司，据以编制积载计划和处理货运事故；将发货人/装箱人两联返还给货主或集装箱货运站。

4. 场站收据

场站收据(dock receipt，D/R)又称港站收据或码头收据，是由发货人或其代理人编制，是船公司委托集装箱堆场、集装箱货运站在收到整箱货或拼箱货后签发给发货人，证明船公司已从发货人处接收了货物，并证明当时货物状态，船公司对货物开始负有责任的凭证，发货人可据此向承运人或其代理人换取提单。

场站收据是集装箱货物出口运输中的重要单据，通常设计为一式十联(有的口岸是七联)，各联用途如下：

第一联，托运单(货主留底)。

第二联，托运单(船代留底)。

第三联，运费通知(1)。

第四联，运费通知(2)。

第五联(白色)，场站收据副本(1)——装货单联。

第五联(附页)，缴纳出口货物港务申请书(由港区核算应收港务费之用)。

第六联(粉红色)，场站收据副本(2)——大副联。

第七联(黄色)，场站收据正本。

第八联，货代留底。

第九联，配舱回单(1)。

第十联，配舱回单（2）。

场站收据联单虽有十联之多，其核心单据则为第五联、第六联、第七联。

第五联装货单（shipping order，S/O），是接受了发货人或其代理人提出托运申请的船公司，签发给发货人或其代理人的，用以命令船长将承运的货物装船的单据。它既能用作装船的依据，又是货主用以向海关办理出口货物申报手续的主要单据之一，所以又叫关单。对发货人或其代理人来讲，它是办妥货物托运的证明。对船公司或其代理人来讲，它是通知船方接受装运该批货物的指示文件。

第六联大副联，供港区在货物装船前交外轮理货公司，当货物装船完毕后，将大副联交与船上大副。

第七联场站收据正本，俗称黄联。集装箱堆场或集装箱货运站验收集装箱或货物后，如果没有异常，由集装箱码头堆场或货运站在场站收据正本上签章，退回发货人或其代理人，据以签发提单。如果集装箱或货物的实际状况与单据记载不符，或外表状况有缺陷，则需在场站收据上作出批注后，退还给发货人或其代理人。

场站收据联单的流转程序如下：

①发货人或其代理人填制好场站收据一式十联后，发货人留底第一联，货代持剩余的九联单到船公司或其代理人处办理订舱。

②船公司或其代理接受订舱后在第二联托运单上加填船名、航次及编号，并在第五联装货单上盖章，表示确认订舱，然后将第二至第四联留存，其余各联全部退还发货人或其代理人。

③货代留存第八联货代留底，缮制货物流向单及今后查询；将第九联和第十联退回发货人，作配舱回执。

④货代持第五联、第六联、第七联共三联：装货单、大副联和场站收据正本，随同出口货物报关单和其他有关货物出口单证至海关办理货物出口报关手续。

⑤海关审核有关报关单证后，同意出口，在第五联装货单上加盖放行章，并将各联退还货代。

⑥货代将此三联送交集装箱堆场或集装箱货运站，据此验收集装箱或货物，集装箱堆场或集装箱货运站留下第五联装货单和第六联大副联，并签发第七联场站收据正本给发货人或货代。

⑦集装箱装船后，港口场站留下装货单用作结算费用及以后查询，大副联交理货部门送大副留存。

⑧发货人或其代理人持场站收据正本到船公司或其代理人处，办理换取提单手续，船公司或其代理人收回场站收据，签发提单。

5. 特殊货物清单

在集装箱内装运危险货物、动物货、植物货以及冷冻货物等特殊货物时，托运人在托运这些货物时，必须根据有关规章，事先向船公司或其代理人提交相应的危险货物清单、动物货清单、植物货清单和冷冻（藏）货集装箱清单，或称为装货一览表。

6. 提货通知书

提货通知书（delivery notice）是在卸货港的船公司或其代理人向收货人或通知人（往往是收货人的货运代理人）发出的船舶预计到港时间的通知。它是根据卸货港船公司或其代理人掌握的船舶动态，以及装货港船公司或其代理人寄来的提单副本和其他货运单证、资料编制的。

卸货港船公司或其代理人向收货人或通知人发出提货通知书的目的在于要求收货人事先做好提货准备，以便集装箱货物抵港后能尽快疏运出港，避免货物在港口、堆场积压，使集装箱堆场能更充分地发挥其中转、换装作用，使集装箱更快地周转，而得到更充分的利用。

提货通知书只是船公司或其代理人为使货运程序能顺利进行而发出的单证，对于这个通知是否发出、发出得是否及时，以及收货人或其代理人是否能收到，作为承运人的船公司并不承担责任。

7. 交货记录

交货记录(delivery record)是集装箱货物进口运输中的重要单证，共五联：

第一联，到货通知书。

第二联，提货单。

第三联，费用账单(蓝色)。

第四联，费用账单(红色)。

第五联，交货记录。

在交货记录五联单中，核心单据为第一联、第二联、第五联。

第一联到货通知书(arrival notice)，是卸货港的船公司或其代理人在集装箱已经卸入堆场，或拼箱货已移至集装箱货运站，并做好交接准备后，向收货人或通知人发出的要求其及时提取货物的书面通知。收货人可凭到货通知书和正本提单到卸货港的船公司或其代理人处换取提货单。

第二联提货单(delivery order)，是卸货港的船公司或其代理人指示负责保管货物的集装箱堆场或集装箱货运站的经营人，向提单持有人交付货物的非流通性单据。

第五联交货记录(deliverv record)是卸货港的船公司或其代理人向收货人或其代理人交货时，双方共同签署的，证明双方间已进行货物交接和载明其交接状态的单据。

交货记录联单的流转程序如下：

①在船舶抵港前，由卸船港的船公司或其代理人根据装货港传送过来的舱单、提单副本等卸船资料后，制作交货记录一式五联。

②在集装箱卸船并做好交货准备后，由船代向收货人或其代理人发出第一联到货通知书。

③收货人或其代理人凭正本提单和到货通知书向船代换取提货单、费用账单、交货记录共四联，对运费到付的进口货物结清费用，船舶代理核对正本提单后，在提货单上盖专用章。

④收货人或其代理人持提货单、费用账单、交货记录共四联随同进口货物报关单一起送海关报关，海关核准后，在提货单上盖放行章，若需要商检等其他手续，也应得到相关机构的认可放行。

⑤收货人或其代理人持上述四联向集装箱堆场或集装箱货运站办理提货手续，集装箱堆场或集装箱货运站核对相应单证无误后，留下第二联提货单作为放货依据，留下第三联、第四联费用账单作为结算费用的依据，并在第五联交货记录上盖章后退收货人或其代理人，以示同意放货。

⑥收货人或其代理人凭交货记录联提货，提货完毕时，双方均在交货记录上签字，集装

箱堆场或集装箱货运站收回交货记录联。

5.6　提单

5.6.1　海运提单

1. 提单(bill of loading，B/L)的定义

我国《海商法》第71条规定："提单，是指用以证明海上货物运输合同和货物已经由承运人接收或者装船，以及承运人保证据以交付货物的单证。提单中载明的向记名人交付货物，或者按照指示人的指示交付货物，或者向提单持有人交付货物的条款，构成承运人据以交付货物的保证。"《海牙规则》和《海牙—维斯比规则》都没有给提单下定义。而《汉堡规则》鉴于提单在国际贸易和运输中所起的作用，概括了提单的本质属性作为提单的定义，即证明承运人接管货物或货物已装船，证明海上货物运输合同和承运人据以交付货物。我国《海商法》借鉴了这个定义。

2. 提单的性质

(1)提单是海上货物运输合同订立的证明。

提单是在承托双方就货物运输事宜和运费支付等事项达成协议后，承运人对货物已接管或装船后，由承运人或其授权的代理人签发给托运人的载明了承托双方权利、义务和责任的单证。但它不是海上货物运输合同，原因如下：①提单是海上货物运输合同成立后方签发的，早在承托双方就海上运输事宜和运费支付等达成口头或书面协议时海上货物运输合同就成立了。②根据国际航运惯例，当提单条款与海上运输合同条款相冲突时，承托双方权利义务和责任应依据海上货物运输合同确定。③提单条款是承运人根据自身利益需要单方面制定的，并且是由承运人单方面签发的，而海上货物运输合同是由承托双方共同协议或签字的。因此，提单不是海上货物运输合同，而是海上货物运输合同成立的证明。

(2)提单是承运人给托运人签发的已经接收货物或者货物装船的收据。

提单是承运人收到托运人的货物经核查验收后签发给托运人的，表明承运人已按提单中所载内容收到货物，因此，收货人或提单持有人可以凭此收据在目的港向承运人提取货物。但是，提单作为货物收据的作用，视其在托运人或受让人手中而有所不同。提单对托运人来说，是承运人按照提单所列内容收到货物的初步证据，如果事实上承运人收到的货物与提单的记载不符，则可提出确切证据，对抗托运人，只要承运人举证充分，就可以否定提单的效力；但是，对善意接受提单的受让人来说，提单则是最终证据，承运人不得提出相反的证据否定提单所载的内容。

(3)提单是承运人保证凭以交付货物和可以转让的物权凭证。

根据提单的定义，承运人要按提单的规定凭提单交货，谁持有提单，谁就可以提货。提单持有人，不论是谁，只要他能递交提单，承运人保证凭以交付货物，他不会过问其提单来自何方，甚至不会追究如何合法持有提单。所以，提单的持有人就是物权的所有人，充分体现出提单是一张物权凭证，除法律有规定外，提单可以转让和抵押。

3. 提单的种类

按不同的分类标准，提单可以划分为许多种类。

（1）按照货物是否已经装船划分。

①已装船提单（on board or shipped B/L），指整票货物已经全部装进货舱或装在甲板（如集装箱）后，船长或承运人或其授权的代理人凭大副收据所签发的提单。已装船提单除满足与其他提单相同的要求外，提单上一般有"货物已装具名船只"字样或注明装运的船舶和装船日期。航运实践中，除集装箱运输外，大多数采用已装船提单，银行结汇一般也要求使用已装船提单。

②备运提单（received for shipment B/L），又称收货待运提单，是承运人在接管托运人送交的货物后在装船之前应托运人的要求签发的提单。集装箱运输中，集装箱进入集装箱货场或集装箱货运站后，承运人会签发备运提单。因为备运提单只说明承运人接管货物而无法说明货物将何时装船、装哪一条船，所以买方对货物能否按时装船无法肯定，更不能据此估计货物到港时间。货物尚未装船，买方所承担的风险也更大。因此，买方一般不愿意接受该种提单，银行结汇一般也不接受备运提单。货物装船后，托运人可凭备运提单换取已装船提单，或者由承运人在备运提单上加注船名和装船时间并签字盖章使之成为已装船提单。

（2）按照提单收货人栏填写方式划分。

①记名提单（named B/L），指在提单的收货人一栏内具体填写某一特定人或公司名称的提单。我国的《海商法》第 79 条规定，记名提单不得转让。所以提单项下的货物只能由提单上写明的特定收货人提取，避免了转让过程中可能给货方带来的风险。只是在少数国家，依法律可以采取类似财产转让的手法转让记名提单。由于提单的流通受到限制，给贸易商带来很大不便，所以在国际贸易当中使用并不多，一般只在运输展览品或贵重物品时使用。

②不记名提单（bearer B/L），指提单上收货人一栏未写明具体收货人，只填写"持有人"（bearer）字样，即货交提单持有人，或在收货人一栏空白。凭不记名提单可进行交付转让，手续简便，流通性极强。承运人交付货物也仅以提单为依据，提单持有人即被视为货主。但由于在提单遗失时很难区分非法获得提单者和提单的善意受让人，容易造成货物丢失或引起纠纷，因此不记名提单的风险很大，在国际贸易中很少使用。

③指示提单（order B/L），指收货人一栏内填写"凭指示"（to order）或"凭××指示"（to order of ××）字样的提单。指示提单可以作不记名指示（不标明指示人），也可以作记名指示（标明指示人）。指示人可以是托运人、收货人或者是银行。指示提单是一种可转让的商业票据，无论是指示提单或不记名提单，转让时都无须经过原提单签发人，即承运人的同意。转让以背书（endorsement）的方式进行，其中经空白背书后的指示提单又被称为"空白抬头，空白背书的提单"，其功用类似于不记名提单，交付即可转让。交付货物时，对承运人来讲只要提单真实，背书连续，指示提单持有人的身份符合提单上所记载的指示，就可交付货物，完成自己的交付义务。

由此可见，指示提单不仅转让方便，又有一定的流通性，比不记名提单的安全性强，所以它是国际贸易中使用最为广泛的一种提单。

（3）按照提单有无批注划分。

①清洁提单（clean B/L），指在装船时货物的外表状况良好，承运人对提单上的货物说明无疑议，对所记载的"外表状况良好（in apparent good order and condition）"未做相反批注的提单。银行结汇、提单转让一般都要求是清洁提单。但清洁提单只说明承运人确认货物在装船时外表状况良好，无破损，并不能保证货物内在品质的完好，更不能排除货物具有无法直接

观察到的内在瑕疵。

②不清洁提单(unclean or foul B/L)，指承运人明确地对有关货物包装状况不良或存在缺陷等情况加以批注的提单，目的是为了对抗收货人可能提出的索赔。由于清洁提单表明货物表面状况良好，承运人对有关货物的说明不存疑议，如果卸货时货物出现表面残损，就可以推定为承运人在运输途中未尽到自己照料货物的责任，承运人就可能要赔偿由此给货主造成的损失。所以在装船时一旦发现货物表面残损或者承运人对有关货物说明存在疑惑，保护自己的较好办法就是在提单上加以注明，如"包装箱破损"、"货物表面污渍"、"渗漏"等以免除自身责任，这就形成了不清洁提单。又因为货物表面状况不良很可能对货方利益造成侵害，买方风险因此加大，所以银行一般不接受不清洁提单。实际业务中，因为不清洁提单对托运人十分不利，所以习惯上的变通办法是由托运人出具保函，用不清洁提单换取清洁提单，方便银行结汇。但各国法律对保函效力的态度不一，有的一概不予承认，有的则认为只有善意的保函有效(如我国)，而且法律也并没有对所谓善意保函给出一个明确的定义，所以承运人在具体事例中的法律地位仍然很难事先确定，其利益也无法得到保证。因此承运人应慎重行事，不要轻易接受保函。

(4)按照提单运输方式不同划分。

①直达提单(direct B/L)，指由同一船舶将货物从起运港直接运抵目的港卸货所签发的提单。直达提单上不能有"转船"或"在××港转船"之类字样的批注。但有的提单背面条款中写有"……如有需要，承运人可任意将货物交由属于承运人自己的船舶或属于他人的船舶或经由铁路或以其他运输工具直接或间接地驶往目的港……"的字样，也称为"自由转船"条款，此类提单上如果没有转船的批注则仍为直达提单。

2)转船提单(trans shipment B/L)，指在起运港装载的货物不能直接运往目的港，需要在中途换装其他船舶转运至目的港时承运人签发的提单。转船提单一般由负责一程船(由起运港至第一个转运港)的承运人签发并且在提单上加转船批注。因为转船往往增加费用、风险，而且货物在中转港停留的时间不易掌握，对收货人极为不利，因此一般信用证规定不得转船，银行也不接受转船提单。

3)联运提单(through B/L)，指承运人对经由海—海、海—陆、空—海运输的货物所出具的覆盖全程的提单。比较而言，转船提单只不过是在海—海运输形式下所签发的提单，可以说是联运提单中的一种特例。

4)多式联运提单(multi-modal transport B/L or intermodal transport B/L)，指承运人或多式联运经营人对采用多式联运方式的货物出具的提单。多式联运提单主要用于集装箱运输，全程可涉及远洋运输、铁路运输、航空运输、内河运输、公路运输等多种运输形式，以实现所谓"门到门"的服务。业务中，人们常常把联运与多式联运混为一谈，实际上他们各有自己的适用范围。联运提单除适用于包含海运在内的陆—海、空—海联合运输形式外，还可用于海—海联运，也就是转船运输。而多式联运提单则要求货物必须经两种以上运输形式。

4. 提单的正面内容

提单的正面大多记载与货物和货物运输有关的事项，主要内容如下。

(1)托运人(shipper)。

一般为信用证中的受益人。如果开证人为了贸易上的需要，要求做第三者提单(third party B/L)，也可照办。

（2）收货人（consignee）。

如要求记名提单，则可填上具体的收货公司或收货人名称。如属指示提单，则填"指示"（order）或"凭指示"（to order）；如需在提单上列明指示人，则可根据不同要求，填成"凭托运人指示"（to order of shipper）、"凭收货人指示"（to order of consignee）或"凭银行指示"（to order of ×× bank）。

（3）被通知人（notify party）。

这是船公司在货物到达目的港时发送到货通知的收货人，有时即为进口人。在信用证项下的提单，如信用证上对提单被通知人有具体规定时，则必须严格按信用证要求填写。如果是记名提单或收货人指示提单，且收货人又有详细地址的，则此栏可以不填。如果是空白指示提单或托运人指示提单则此栏必须填写被通知人名称及详细地址，否则船方就无法与收货人联系，收货人也不能及时报关提货，甚至会因超过海关规定申报时间被没收。

（4）提单号码（B/L No.）。

一般列在提单右上角，以便于工作联系和查核。发货人向收货人发送装船通知（shipment advice）时，也要列明船名和提单号码。

（5）船名（name of vessel）。

应填写货物所装的船名及航次。

（6）装货港（port of loading）。

应填写实际装船港口的具体名称。

（7）卸货港（port of discharging）。

填写货物实际卸下的港口名称。如属转船，第一程提单上的卸货港填转船港，收货人填二程船公司；第二程提单装货港填上述转船港，卸货港填最后目的港，如由第一程船公司出联运提单（through B/L），则卸货港即可填最后目的港，提单上列明第一程和第二程船名。如经某港转运，要显示"VIA ××"字样。在运用集装箱运输方式时，目前使用"联合运输提单"（combined transport B/L），提单上除列明装货港、卸货港外，还要列明"收货地"（place of receipt）、"交货地"（place of delivery）以及"第一程运输工具"（Pre-carriage by）、"海运船名和航次"（ocean vessel, Voy No.），填写卸货港还要注意同名港口问题，如属选择港提单，就要在这一栏中注明。

（8）货名（description of goods）。

在信用证项下货名必须与信用证上规定的一致。

（9）件数和包装种类（number and kind of packages）。

要按集装箱实际包装情况填写。

（10）唛头（shipping marks）。

信用证有规定的，必须按规定填写，否则可按发票上的唛头填写。

（11）毛重、尺码（gross weight, measurement）。

除信用证另有规定者外，一般以公斤为单位列出货物的毛重，以立方米列出货物体积。

（12）运费和费用（freight and charges）。

一般为预付（freight prepaid）或到付（freight collect）。如 CIF 或 CFR 出口，一般均填上运费预付字样，千万不可漏列，否则收货人会因运费问题提不到货，虽可查清情况，但拖延提货时间，也将造成损失。如系 FOB 出口，则运费可制作"运费到付"字样，除非收货人委托发货人垫付运费。

(13)提单的签发、日期和份数。

提单必须由承运人或船长或他们的代理签发,并应明确表明签发人身份。一般表示方法
有 carrier、captain 或"as agent for the carries：××"等。提单份数一般按信用证要求出具,如
"full set of"一般理解成三份正本若干份副本。等其中一份正本完成提货任务后,其余各份失
效。提单还是结汇的必需单据,特别是在跟单信用证结汇时,银行要求所提供的单、证必须
一致,因此提单上所签的日期必须与信用证或合同上所要求的最后装船期一致或先于装船
期。如果卖方估计货物无法在信用证的最后装船期之前装上船,应尽早通知买方,要求修改
信用证,而不应利用"倒签提单"、"预借提单"等欺诈行为取得货款。

5. 提单的背面条款

提单的背面条款都是印就的条款,主要规定了承运人和货方之间的权利、义务和责任豁
免。这些规定在双方出现争议时将成为重要的法律依据。多数船公司提单的背面都包括以下
条款。

(1)定义条款(definition clause)。

此条款是对提单中所使用的关键词语的含义加以定义,一般来讲包括：船舶、承运人、
货主、货物、集装箱、件数等。定义条款中的规定往往是使这些概念所包含的内容扩大,以
适应商业业务上的需要。例如,船舶是包括能用于完成合同的任何替代船、租赁船以及其他
运送工具；集装箱包括集装箱、托盘、托车等相类似的容器。这里需着重指出的是承运人
(carrier)、货方(merchant)的定义。承运人的定义中包括"承运人、船舶、经营人、承运人的
雇佣人员等",同时又强调分清内陆承运人(inland carrier)和海上承运人；货方的定义中则包
含了"发货人、收货人、受货人、提单持有人等"。

(2)首要条款(paramount clause)。

此条是用以明确提单中所适用法规的条款,规定提单受某国海商法或海上运输法或某国
际公约制约。例如提单上列有"本提单引入海牙规则"则表明即使是在非《海牙规则》缔约国
签发的提单照样适用《海牙规则》,提单中如有与之规定的强制性义务发生抵触的条款,均属
无效。但在有些情况下,当规定的适用法律与真正适用的一国国内法相悖时,还存在着一种
弹性条款,即当发生上述情况时,提单就适用该国的国内法的规定,以避免使提单条款全部
无效。

(3)运费条款(freight clause)。

在此条款中,一般对运费、滞期费、亏舱费以及其他费用均有所涉及,但其关键在于对
运费的规定：运费认为在货物装船时已经取得,不论船舶、货物是否灭失均需支付。

(4)承运人的赔偿责任限制(limitation of liability)。

此条中规定或依发票价值或依市场价等而确定货物价值,同时规定提单下承运人对于货
物损害的最高赔偿限额,对超过的部分不予负责,从而使承运人获得保护。但这种赔偿限额
不能低于其所适用的国际公约或国内法,否则将使之无效。

(5)转船条款(transhipment clause)。

此条规定承运人有转船自由,而对转船后的责任,则规定承运人只对处于自己控制下的
运输负责。承运人对这条应该持谨慎小心的态度,因为在很多情况下据此提出的抗辩都被否
定了。安排转船时,承运人应注意：转船应是合理而适当的,应与货主保持联系、共同协商

等等。

(6)甲板货条款(deck cargo clause)。

《海牙规则》是不适用甲板货的,而把集装箱货物装在甲板上运输,是集装箱船构造和集装箱运输的经济性能所决定的,所以几乎所有集装箱提单都有甲板装载货物条款,其大体内容是:本公司有权将集装箱装在甲板上或甲板下运输。装在甲板上的集装箱应视为装在甲板下。对装在甲板上的集装箱的损坏,本公司不负任何责任。

(7)自由绕航条款(liberty to deviation clause)。

此条规定为了承运人的需要,船舶可以自由绕航,这种需要有的是为了添加燃料,有的是为了揽货,有的是为了救助财产,有的是为了船上人员登陆方便等。显然在绝大多数情况下,自由绕航条款是无效的。单纯是为了承运人自己的利益而进行的绕航对承运人来讲是有很大风险的,绕航属于根本违约,承运人绕航后将丧失一切权利,甚至根本无权收取运费。

(8)危险货物条款(dangerous cargo clause)。

此条一般规定货方应将货物的危险性质事先通知承运人,否则货方对此造成的后果负责,当危险货物在运送过程中发生危险,承运人可随时将其卸下,销毁或使之无害,而不负赔偿责任。这是符合惯例,也是符合法律精神的。

(9)货物检验、货物描述条款(inspection of cargo, description of cargo clause)。

在货物检验中规定承运人在任何时候都有权打开集装箱而检验其中货物内容的权利。而在实际业务中,承运人很少会这样做的,往往是当对货物发生怀疑时而在提单上加以批注。货物描述中提单上的记载只是承运人收到良好状况货物的初步证据,对货物的重量、体积、数量、品质、标志等的准确性概不负责。

(10)索赔通知、时效条款(notice of loss time bar clause)。

此条中的时效的规定应该是符合国际公约或一国海商法或海上运输法的规定,或者比之规定的时效还要长,否则将会使之无效,而对索赔通知的规定并不是如此严格。

(11)双方互有过失碰撞条款(both to blame collision clause)。

由于美国不是 1910 年《碰撞公约》的参加国,其法律又规定碰撞船舶对货物损害负连带责任,为防止货主变向的取得本属航海过失可负责的赔偿,此条中规定本船货主根据美国法律,向对方船舶取得货物的全部损失后,应将其相当数额交还本船船方,以便恢复到 1910 年《碰撞公约》中的做法。

(12)共同海损条款(general average clause)。

此条一般规定共同海损所适用的理算规则,国际上一般是采用经 1990 年修订的 1974 年《约克—安特卫普规则》理算。在这里要着重指出与共同海损有关的"新杰森条款"。根据美国的法律,承运人可负责的过失造成的共同海损并未赋予承运人肯定的共同海损分摊请求权。为改变这种状况,提单中订入了"新杰森条款",其中规定只要承运人尽到了谨慎处理使船舶适航的义务后,就有权请求共同海损的分摊。

(13)托运人装箱条款(shipper-packed containers)。

此条用以明确在集装箱货物是由托运人装载时,承运人对于由装载方式、集装箱本身不适货、或者货物不适于集装箱运输等原因造成的货物灭失或损坏不予负责,并且货方应对承运人由以上原因造成的损失、责任、费用等要予以赔偿。

5.6.2 集装箱提单

1. 集装箱提单的概念与作用

集装箱提单(container bill of loading, container B/L)是集装箱货物运输下主要的货运单据,是负责集装箱运输的经营人或其代理人在收到集装箱货物后而签发给托运人的货物凭证。因此,集装箱运输提单是收货待运提单,在大多数情况下,船公司根据发货人的要求,在提单上填注具体的装船日期和船名后,该收货待运提单也便具有了与普通货物已装船提单同样的性质。

与普通货物提单类似,集装箱提单具有如下作用和法律效力:

①集装箱提单业经签发则表明负责集装箱运输的人收到外表状况良好、铅封号码完整的集装箱货物,其责任已开始。

②集装箱货物至目的港地,提单持有人将提单交还给目的港地集装箱运输经营人的代理人,以取得提货的权利,因此,集装箱提单是交货的凭证。

③集装箱提单业经签发,负责集装箱运输的经营人凭其收取运费,完成或组织完成集装箱货物的运输,所以,该提单是集装箱运输经营人与货物托运人之间运输合同订立的证明。

④集装箱提单是代表货物所有权的凭证,即货物的物权凭证,可自由转让买卖。

集装箱提单也具有不同于普通货物提单的特点:

①由于集装箱货物的交接地点不同,一般情况下,由集装箱堆场或货运站在收到集装箱货物后签发场站收据,托运人以此换取集装箱提单。

②集装箱提单的承运人责任有两种:一是在运输的全过程中,各段承运人仅对自己承担的运输区间所发生的货损负责;二是多式联运经营人对整个运输承担责任。

③集装箱内所装货物必须在条款中说明。因为有时由发货人装箱,承运人不可能知道内装何物,一般都有"said to contain"条款,否则损坏或灭失时整个集装箱按一件赔偿。

④提单内说明箱内货物数量、件数,铅封是由托运人来完成的,承运人对箱内所载货物的灭失或损坏不予负责,以保护承运人的利益。

⑤在提单上不出现"on deck"字样。

⑥集装箱提单上没有"装船"字样,它们都是收讫待运提单,而提单上却没有"收讫待运"字样。

2. 集装箱提单的内容

集装箱提单正面记载事项内容的格式在国际上是统一的,但具体项目有所不同,通常记载的内容有:

①联运经营人的姓名、地址。

②发货人的姓名、地址。

③提单的签发日期、地点。

④接受、交付货物的地点。

⑤识别货物的标志。

⑥有关货物的详细情况(件数,重量,尺码等)。

⑦货物外表状况。

⑧联运提单的签发份数等(重量、尺码等)。

集装箱提单除正面内容外，通常还订有正面条款，这是集装箱货物运输的特点所要求的。正面条款由"确认条款"、"承诺条款"和"签署条款"组成，其内容如下。

①确认条款，表明承运人是在箱子外表状况良好、铅封号码完整下接货、交货，同时说明该提单是一张收货待运提单。

②承诺条款，表明正式签发的正本提单是运输合同成立的证明，对双方都有约束力。

③签署条款，指签发正本提单的份数，凭其中一份正本交货后，其余作废。

3. 集装箱提单的主要条款

（1）承运人的责任期限。

集装箱运输的承运人接货、交货地点往往是距离港口很远的内陆货运站或货主仓库，因此，集装箱提单将承运人的责任期限规定为："从收到货物开始至交付货物时止"，以代替普通船提单下的"钩至钩"原则。

（2）舱面货选择权条款。

由于集装箱船舶构造的特殊性和经济性，要求有相当数量的集装箱装载甲板运输，通常，一艘集装箱船在满载时有30%左右的货箱装载甲板运输。然而，在实际业务中要决定将哪些货箱装载甲板运输是不可能的，因此，集装箱提单中规定了一条舱面货（甲板货）条款，规定装载舱面运输的集装箱与舱内集装箱享有同样权益。

（3）承运人的赔偿责任限制。

所谓承运人的赔偿责任限制是指："承运人对每一件或每一货损单位负责赔偿的最高限额"，各国的法律和船公司的提单对承运人的赔偿责任限制都有明确规定，有的按照《海牙规则》，有的按照国内法。

（4）制约托运人的责任条款。

①发货人装箱、计数或不知条款。关于箱内货物的详情，承运人在根据货主提供的内容如实记载于提单同时，保留"发货人装箱、计数"或"不知条款"，以达到最大限度免除责任的目的。特别是集装箱运输下的整箱货，承运人收到的仅是外表状况良好，铅封完整的集装箱，对里面所装的货物一无所知，所以，有必要加注这样的条款。

②铅封完整交货条款。这一条款的规定仅适用于整箱货交接时以铅封完整与否来确定承运人责任的情况。如货物受损人欲提出赔偿要求，不仅需举证说明，还应根据集装箱提单中承运人的责任形式来确定。

③货物检查权条款。所谓货物检查权条款是指：承运人有权，但没有义务在任何时候将集装箱开箱检验，核对其所载装的货物。经过查核，如发现所装载的货物全部或一部分不能适合运输，承运人有权对该部分货物放弃运输，或是在由托运人支付合理的附加费后完成这部分的货物运输，或存放在岸上或水上具有遮蔽的或露天的场所，这种存放业已认为按提单交货，即承运人的责任已告终止。

④海关启封检查条款。根据《国际集装箱海关公约》的规定，海关有权检查集装箱，因此，集装箱提单中都规定："如果集装箱的启封是由海关当局认为检查箱内货物内容打开而重新封印，由此而造成任何货物灭失、损害以及其他后果，本公司概不负责。"

⑤发货人对货物内容准确性负责条款。集装箱提单中所记载的内容，通常由发货人填写，或由负责集装箱运输的承运人或其代表根据发货人所提供的有关托运文件制成。在集装箱运输经营人接受货物时，发货人应视为他已向承运人保证，他在集装箱提单中所提供的货

物种类、标志、件数、重量、数量等均为准确无误，或系危险货物就说明其危险特性。如货物的损害系发货人提供的内容不准确或不当所致，发货人应对承运人负责，即使发货人已将提单转让他人也不例外。

（5）危险货物运输。

运输集装箱危险品时，对货物托运人来说，必须在货物外表刷上清晰的、永久性的货物标志，并能提供任何适用的法律、规章以及承运人所要求的文件证明。集装箱提单条款规定：

①承运人在接受具有爆炸性、易燃性、放射性、腐蚀性、有害性、有毒性等危险货物时，只有在接受由货主为运输此种货物而提出的书面申请时方能进行。

②承运人或其代理人对于事先不知其性质而装载的具有易燃、爆炸以及其他危险性的货物，可在卸货前任何时候、任何地点将其卸上岸，或将其销毁，或消除其危害性而不予赔偿。该货物的所有人对于该项货物所引起的直接或间接的一切损害和费用负责。

③如承运人了解货物的性质，并同意装船，但在运输过程中对船舶和其他货物造成危害可能时，也同样可在任何地点将货物卸上岸，或将其销毁，消除危害性而不负任何责任。

（6）承运人的运价本。

由于有关集装箱运输术语、具体交接办法、计费方法、禁运规定以及交货方式等问题，均无法一一在提单上列举说明，因此需要运价本补充予以详述。集装箱提单中有关承运人的运价本是提单的组成部分，运价本与提单发生矛盾时，以提单为准。

（7）索赔与诉讼。

现行的集装箱提单对于拼箱货货损事故处理，即索赔要求和诉讼时效基本上与普通船提单的规定相同。但整箱货运输，由于整箱货在卸船港交付后一般并不拆箱，因此，只能根据表面状况交货，如箱子外表状况良好、铅封完整，承运人的责任即告终止。如货物或箱子外表状况并不良好，考虑到集装箱运输的特点，有的提单条款规定收货人应在 3 天或 7 天内以书面通知承运人。对于诉讼时效，有的规定为 1 年，有的为 9 个月，如属全损，有的提单仅规定为 2 个月，超出规定期限，承运人将解除一切责任。

（8）货主自行装载集装箱责任。

在由货主自行装载集装箱，以集装箱作为运输单元交承运人运输时，集装箱提单一般均订有以下条款：

①承运人接收的是外表状况良好、铅封完整的集装箱，有关箱内货物的详细情况概不知悉；

②货主应向承运人保证，集装箱以及箱内货物适应装卸、运输；

③当集装箱由承运人提供时，货主有检查集装箱的责任；

④当承运人在箱子外表状况良好、铅封完整下交付时，承运人完成交货义务；

⑤承运人有权在提单上做出类似"由货主装载并计数"或"据称内装"等字样的保留文字。

（9）首要条款。

集装箱提单中的首要条款内容系指：

①凡提单中所涉及的海上或内陆水路运输的货物，提单内容受制于《海牙规则》或《维斯比规则》。

②凡提单所涉及的航空货物，提单内容受制于《华沙公约》以及《海牙议定书》。

③如提单被用于多式联运时，则应视为具体体现了 1980 年已通过的《多式联运公约》的内容，如提单内容与《多式联运公约》内容不符时，提单条款仍然有效。

（10）强制性法律、管辖权、限制性法令。

提单所证明的或包含的合同将受提单签发地法律、法令或法规的管辖，如当地法律另有规定时则除外。但提单并不限制或剥夺任何国家的现行法律、法令或法规对承运人所认可的任何法定保护、有关事项的免责或责任限制。

（11）提单可转让性。

除非提单正面已注有"不可转让"，否则一旦接受提单，提单出让人、受让人以及提单签发人一致同意提单可转让性，并通过背书或无须背书转让，提单持有人有权接受或转让本提单所记载的货物。

5.7 集装箱货物海运运费计算

集装箱海运运费由基本运费（basic freight）和附加费（additional or surcharge）构成。

基本运费是对货物规定的必收运费，它是按照班轮公司运价本中规定的基本费率（basic rate）计算的，基本费率是其他一些按百分比收取的附加费的计算基础。

附加费是指为了保持一定时期内基本费率的稳定，又能正确反映各港间各种货物的航运成本，班轮公司在基本费率之外，规定的各种额外加收的费用。

集装箱海运运费的计算与传统件杂货一样，也是根据运价本规定的费率和计算办法进行计算。但是，由于集装箱货物既有交集装箱货运站装箱的拼箱货，又有由货主自行装箱的整箱货，因而在运费计算方式上有所不同。

5.7.1 拼箱货运费的计算

1.计费标准

目前，各班轮公司对集装箱拼箱货运费的计费标准，基本上是依据件杂货运费的计费方法，以每运费吨为单位，按所托运货物的实际运费吨计收。

不同货物运费的计费标准不尽相同。例如：重货一般按重量吨为运费吨计收运费；轻泡货一般按体积吨计收；对于贵重商品，则按 FOB 货值的一定百分比计收；有的商品按混合标准计收，先按重量吨或体积吨计收，然后再加若干从价运费。各种商品应按何种计算标准计收运费，在班轮公司公布的运价表中均有具体的规定。计费标准在运价表中表现为：

①注明 W：表示按货物的毛重以重量吨为计费单位，每 1 mt（1 mt = 1 000 kg）为 1 重量吨。

②注明 M：表示按货物"满尺丈量"的体积，以 m^3 为计费单位，每 1 m^3 为 1 体积吨。

③注明 M/W：表示分别按重量吨和体积吨计算运费，并选择其中运费高者计收。

④注明 Ad. Val：表示按货物 FOB 价格的一定百分比收取运费，即采取从价计费。

⑤注明 W/M or Ad. Val：表示分别按重量吨、体积吨和从价运费计算运费，并选择其中运费高者计收。

⑥注明 W/M plus Ad. Val：表示按重量吨或体积吨计算运费再加从价运费。

2. 等级费率与商品费率

集装箱拼箱货的基本费率形式与传统件杂货相同,分为等级费率和商品费率两类。

(1)等级费率(class rate)。

它是以航线为基础的等级运价,即按照货物的价值、易受损程度等因素把商品分为若干等级,每个等级都规定了不同航线上的基本费率,等级越高,费率越贵。等级费率由航线、基本港、货物等级、计费标准、东行费率、西行费率、计费币种等构成。如果是集装箱货物还需要增加"交付方式"项,它需要与"货物分级表"配套使用。付费人首先在"货物分级表"中确定出商品所属的等级,然后再根据指定航线的"等级费率表"查出商品等级所对应的费率,即为该类商品的运价。

(2)商品费率(commodity rate)。

它是对各种不同的货物在不同的航线上分别制定一个基本运价,即将每项商品及其基本费率逐个列出,付费人只需根据货物的名称及所运输的航线,即可直接查出该货物的费率来计收运费。由于无须与"货物分级表"配套使用,因此,使用十分方便,但其缺点是有些商品未能列入运价表中,计费时则需要合理的"靠"和"套"在与运价表中商品相同或相似的费率上。

在班轮公司公布的航线运价中,有的采取等级费率,有的采取商品费率,有的则混合以上两种运价。实践中大多数班轮公司采用等级费率的形式制定运价。

3. 运费的计算

运费计算并非一件困难的工作,但却是一项具体而细致的工作,在进行运费计算时一般应按照选用运价表,确定货物计费标准和等级,根据航线、基本港等查找确定基本费率,查出各项应收附加费的计算办法及费率等步骤,根据货物的实际运费吨列式进行具体计算。

【例5-1】 某货主以 CFS/CFS 条款从上海装运 10 mt,共计 11.3 m³ 的蛋制品,到英国普利茅斯港,要求直航。经查货物分级表、中国—欧洲地中海航线等级费率表和附加费率表可知:蛋制品是 10 级,计费标准是 W/M,10 级货物的基本费率为 116 元/运费吨,普利茅斯直航附加费为 18 元/运费吨,燃油附加费为 35%。试计算全部运费。

解:由于重量吨小于体积吨,因此,该货物的计费吨应为 11.3 体积吨。

基本运费 = $116 \times 11.3 = 1\,310.8$(元)

直航附加费 = $18 \times 11.3 = 203.4$(元)

燃油附加费 = $1\,310.8 \times 35\% = 458.78$(元)

海运运费 = 基本运费 + 直航附加费 + 燃油附加费 = $1\,310.8 + 203.4 + 458.78 = 1\,972.98$(元)

5.7.2 整箱货运费的计算

1. 按包箱费率计费

对于整箱货,目前普遍实行与传统件杂货不同的基本费率计费,即按包箱费率(box rate)计费。它的特点是以每个箱子为计费单位,不计实际装货量。目前,这种包箱费率可以分为三种形式。

(1)FAK 包箱费率(freight for all kinds,FAK)。

它是指对每一集装箱不细分箱内货类、不计货量(当然不能超过规定的重量限额),而只按普通货、一般化工品、半危险品、全危险品、冷藏货分别制定出不同箱型的运价。

（2）FCS 包箱费率（freight for class，FCS）。

它是在 FAK 包箱费率计算方式的基础上，将其中的普通货细分为 3～4 个等级并制定相应的运价。显然，在这种费率下，对于整箱货，首先应根据货名查到等级，然后按等级和交货条件以及箱子规格查到每只箱子相应的运价。

（3）FCB 包箱费率（freight for class and basis）。

它是在 FCS 包箱费率计费方式的基础上，针对货物计费标准的不同分别制定了不同的包箱运价。显然，在这种费率下，以重量吨或体积吨为计费吨时，其包箱费率并不相同。

【例 5－2】　某票货从张家港出口到欧洲费力克斯托，经上海转船。2×20 ft FCL，上海到费力克斯托的费率是 USD 1 850/20 ft，张家港经上海转船，其费率在上海直达费力克斯托的费率基础上加 USD 100/20 ft，另有币值附加费 10%，燃油附加费 5%。问：托运人应支付多少运费？

解：由于是整箱货，以箱为单位计费。

基本运费 =（1 850 + 100）×2 = 3 900（USD）

币值附加费 = 3 900 ×10% = 390（USD）

燃油附加费 = 3 900 ×5% = 195（USD）

海运运费 = 基本运费 + 币值附加费 + 燃油附加费 = 3 900 + 390 + 195 = 4 485（USD）

2. 按集装箱最低利用率和最高利用率计费

对于整箱托运的集装箱货物运费的计收，除了普遍采用的包箱费率计费方式外，有时也同拼箱货一样，按实际运费吨计费。

按实际运费吨计收运费的情况下，如整箱托运集装箱货物所使用的集装箱为班轮公司所有，承运人则有按集装箱最低利用率（container minimum utilization）和集装箱最高利用率（container maximum utilization）支付海运运费的规定。

（1）按集装箱最低利用率计费。

一般说来，班轮公会在收取集装箱海运运费时通常只计算箱内所装货物的吨数，而不对集装箱自身的重量或体积进行收费，但是对集装箱的装载利用率有一个最低要求，即最低利用率。

规定集装箱最低利用率的主要目的是，如果所装货物的吨数（重量或体积）没有达到规定的要求，则按该最低利用率对应的计费吨计算运费，以确保承运人的利益。在确定集装箱的最低利用率时，通常要包括货板的重量或体积。最低利用率的大小主要取决于集装箱的类型、尺寸和集装箱班轮公司所遵循的经营策略。

【例 5－3】　根据远东水脚公会的规定：一个 20 ft 杂货集装箱的最低运费吨为17.5/21.5（W/M）。假设远东水脚公会某船公司承运一个 20 ft 杂货箱，箱内装有 10 级货的橱具（16 mt，18 m³），查知所走航线上 10 级货的费率为 USD 160 W/M，求其运费。

解：由于该货物的重量吨小于体积吨，所以该货物的实际运费吨为体积吨 18 m³，未达到最低运费吨，应收运费为

$$21.5 ×160 = 3 440（USD）。$$

（2）按集装箱最高利用率计费。

集装箱最高利用率是指，当集装箱内所载货物的体积吨超过集装箱规定的容积装载能力（集装箱内容积）时，运费按规定的集装箱容积计收，也就是说超出部分免收运费。规定集装

箱最高利用率的目的主要是鼓励货主使用集装箱装运货物，并能最大限度地利用集装箱的内容积。为此，在集装箱海运运费的计算中，班轮公司通常都为各种规格和类型的集装箱规定了一个按集装箱内容积折算的最高利用率。例如，COSCO 的运价本规定 20 ft 集装箱的最高利用率为 31 m^3，40 ft 集装箱的最高利用率为 67 m^3。

至于计收的费率标准，如果箱内货物的费率等级只有一种，则按该费率计收；如果箱内装有不同等级的货物，计收运费时通常采用下列两种做法：一种做法是箱内所有货物均按箱内最高费率等级货物所适用的费率计算运费；另一种做法是按费率高低，从高费率起往低费率计算，直至货物的总体积吨与规定的集装箱内容积相等为止。

需要指出的是，如果货主没有按照承运人的要求，详细申报箱内所装货物的情况，运费则按集装箱内容积计收，而且，费率按箱内装货物所适用的最高费率计。如果箱内货物只有部分没有申报数量，那么，未申报部分运费按箱子内容积与已申报货物运费吨之差计收。

【例 5 - 4】 一个 40 ft 集装箱中内装 A、B、C 三种货（属同一货主的整箱货）分别属中远集团运价本中的第 5、8、15 级货，相应的每计费吨的费率依次为：USD 85、USD 100、USD 130，且该运价本规定 40 ft 集装箱的最高运费吨为 67 m^3。假设三种货物的重量与体积分别为：A：15 m^3，10 mt；B：20 m^3，9 mt；C：40 m^3，8 mt。试求此集装箱货物的运费是多少？若将 A、B、C 的体积分别改为：4 m^3，10 m^3，60 m^3，或将 A、B、C 的体积改为：1 m^3、2 m^3、68 m^3，则此集装箱货物的运费是否有变化？

解：情况 1：该箱所装货物的总体积为 75 m^3，超出最高运费吨 8 m^3，根据最高运费吨的规定，A 货免交 8 m^3 的运费。该箱运费为

$$40 \times 130 + 20 \times 100 + (67 - 40 - 20) \times 85 = 7\ 795\ (USD)$$

情况 2：该箱所装货物的总体积为 74 m^3，超出最高运费吨 7 m^3，根据最高运费吨的规定，除了 A 货（4 m^3）全部免费外，还有 3 m^3 的 B 货免交运费。该箱运费为

$$60 \times 130 + (67 - 60) \times 100 = 8\ 500\ (USD)$$

情况 3：该箱所装货物的总体积为 71 m^3，超出最高运费吨 4 m^3，根据最高运费吨的规定，免收运费为：A 货全免（1 m^3），B 货全免（2 m^3），C 货免交（1 m^3）的运费。该箱运费为

$$67 \times 130 = 8\ 710\ (USD)$$

5.7.3　货物滞期费和箱滞期费

1. 货物滞期费

在集装箱运输中，货物运抵目的地后，承运人通常给予集装箱货物一定的免费堆存期（free time），但如果货主未在规定的免费期内前往船公司指定的堆场或货运站提取箱货，承运人则对超出的时间向货主计收集装箱或货物的滞期堆存保管费，也称货物滞期费。根据班轮公司的规定，在集装箱货物超过免费堆存期后，承运人有权将箱货另行处理。对于使用承运人的集装箱装运的货物，承运人有权将货物从箱内卸出，存放于仓储公司仓库，由此产生的转运费、仓储费以及搬运过程中造成的事故损失费与责任均由货主承担。

2. 集装箱滞期费

为了提高对集装箱的使用效率，加快集装箱的周转，降低运输成本，集装箱班轮公司给集装箱使用人规定了对集装箱可以享受的免费的使用期限，如果集装箱的使用人不能在规定的免费使用期内将装好货的重箱或拆箱后的空箱运回班轮公司指定的堆场，集装箱班轮公司

则按集装箱超期使用的天数向集装箱使用人计收集装箱超期使用费,也称集装箱滞期费(简称滞箱费)。至于免费用箱的期限与滞箱费的收取标准,各班轮公司的规定不尽相同,具体请参阅班轮公司的相关规定。

5.7.4　附加费的计收

集装箱海运运费除计收基本运费外,还要加收各种附加费。附加费的标准与项目根据航线和货种的不同而有不同的规定。集装箱海运附加费通常包括以下形式。

(1)货物附加费(cargo additional)。

某些货物,如钢管之类的超长货物、超重货物、需洗舱(箱)的液体货等,由于它们的运输难度较大或运输费用增高,因而对此类货物要增收货物附加费。对于集装箱运输来讲,计收对象、方法和标准有所不同。例如对超长、超重货物加收的超长、超重、超大件附加费(heavy-lift and over-length additional)只对由集装箱货运站装箱的拼箱货收取,其费率标准与计收办法与普通班轮相同。如果采用 CFS – CY 条款,则对超长、超重、超大件附加费减半计收。

(2)燃油附加费(bunker adjustment factor, BAF)。

燃油附加费是因国际市场上燃油价格上涨而征收的附加费。集装箱分别按拼箱货和整箱货不同计算标准征收。如整箱货以 20 ft 或 40 ft 一个箱子加收若干元。

(3)变更目的港附加费(alteration charge)。

变更目的港仅适用于整箱货,并按箱计收变更目的港附加费。提出变更目的港的全套正本提单持有人,必须在船舶抵达提单上所指定的卸货港 48 h 前以书面形式提出申请,经船方同意变更。如变更目的港的运费超出原目的港的运费时,申请人应补交运费差额,低于原目的港的还费时,承运人不予退还。由于变更目的港所引起的翻舱及其他费用也应由申请人负担。

(4)选卸港附加费(optional additional)。

选择卸货港或交货地点仅适用于整箱托运整箱交付的货物,而且一张提单的货物只能选定在一个交货地点交货,并按箱收取选卸港附加费。

选港货应在订舱时提出,经承运人同意后,托运人可指定承运人经营范围内直航的或经转运的三个交货地点内选择指定卸货港,选卸范围必须按照船舶挂靠顺序排列。此外,提单持有人还必须在船舶抵达选卸范围内第一个卸货港 96 h 前向船舶代理人宣布交货地点,否则船长有权在第一个或任何一个选卸港将选卸货卸下,即应认为承运人已终止其责任。

(5)直航附加费(direct additional)。

当运往非基本港的货物达到一定的货量时,船公司可安排直航该港而不转船时所加收的附加费。

(6)绕航附加费(deviation surcharge)。

由于正常航道受阻不能通行,船舶必须绕道才能将货物运至目的港时,船方所加收的附加费。

(7)转船附加费(transhipment surcharge)。

凡运入非基本港的货物需转船运往目的港时,船方收取的附加费,其中包括转船费和二程运费。

（8）币值附加费（currency adjustment factor，CAF）。

币值附加费指因某一挂靠港所在国货币币值与美元相比升值，为补偿船舶港口使用费而征收的附加费。由于日币与美元比值变化较大，船公司还可能单独征收日币币值附加费。

（9）港口附加费（port additional）。

某些港口（包括基本港和非基本港）的情况比较复杂（如船舶进出需要通过闸门），装卸效率低或者港口费收较高，在这种情况下，都会增加承运人的运输经营成本，承运人为弥补这方面的损失所增收的附加费。

（10）港口拥挤附加费（port congestion surcharge）。

在集装箱运输中主要指港口拥挤或集装箱进出不平衡，导致船舶长时间等泊或集装箱在港积压而增收的附加费。

（11）旺季附加费（peak season surcharge）。

大多数航线在运输旺季时可能临时使用，船公司舱位不足所征收的一种附加费。

（12）空箱调运费（equipment restore surcharge）。

空箱调运费是集装箱海运成本中的一项可大可小又很难避免的成本，由于它是间接的开支，故不太受人注意。

需指出的是，随着世界集装箱船队运力供给大于运量需求的矛盾越来越突出，集装箱航运市场上削价竞争的趋势日益蔓延，因此，目前各船公司大多减少了附加费的增收种类，将许多附加费并入运价当中，给货主提供一个较低的包干运价。这一方面起到了吸引货源的目的，同时也简化了运费结算手续。

重点与难点

重点：（1）集装箱船舶的分类；（2）集装箱船的箱位表示；（3）集装箱班轮运输与集装箱航线；（4）集装箱班轮运营组织的内容；（5）提单的性质和分类；（6）集装箱货物海运运费计算。

难点：（1）集装箱船舶的配积载图组成及编制；（2）集装箱货物进出口海上运输程序及业务；（3）场站收据和交货记录的组成及流转。

思考与练习

1. 水路集装箱运输的运营主体有哪些？
2. 集装箱船舶有哪些类型？
3. 集装箱的箱位号如何表示？
4. 集装箱船的预配图、实配图、最终积载图有什么区别？
5. 集装箱船配积载图编制过程是什么？编制预配图有哪些要求？
6. 什么是集装箱班轮运输？目前主要的班轮航线有哪些？
7. 简述集装箱货物进出口海上运输程序。
8. 简述场站收据和交货记录的组成及流转过程。
9. 什么是提单？提单具有哪些性质？

10. 提单如何分类?
11. 集装箱提单具有哪些法律效力?
12. 拼箱货海运运费如何计算?
13. 整箱货海运运费如何计算?

第6章

铁路集装箱运输组织

6.1 铁路集装箱运输概述

6.1.1 铁路集装箱运输的分类

铁路集装箱运输是指采用集装箱进行的铁路货物运输,它是铁路货物运输的主要种类之一。铁路集装箱运输相对于水运速度快,相对于公路安全性好。由于铁路网络深入内陆腹地,铁路集装箱运输在长距离运输及专用箱运输方面具有绝对的优势。基于不同角度,铁路集装箱运输可有不同的分类。

1. 按集装箱运输的地域分类

按照集装箱运输地域的不同,铁路集装箱运输可分为国内铁路集装箱运输和国际铁路集装箱运输两大类。

目前,我国的铁路集装箱运输主要承担以下四个方面的工作:

①承担国内省与省之间、省内各地区之间内贸物资的运输任务。

②承担我国出口货物由内地向港口集中,以及进口货物从港口向内地疏运的任务。

③承运我国内地与港澳地区之间的贸易物资和通过香港转运的进出口货物。对于港澳地区的铁路运输,既不同于国际联运,也不同于国内运输,而是比照国际货物运输采取特殊的方式进行。

④通过国际铁路货物联运方式承运中东、近东和欧洲各国的进出口货物。我国与朝鲜、蒙古国、独联体国家的进出口货物,绝大多数是通过铁路运输来完成的;我国与西欧、北欧和中东地区一些国家也通过国际铁路联运或西伯利亚大陆桥运输方式来运送进出口货物。近年来,随着独联体国家和东欧市场的进一步开拓及新亚欧大陆桥运输线路的建成,铁路运输进出口货物量的比例正在逐步增加。

2. 按集装箱所装载货物的性质分类

按照集装箱所装载货物的性质的不同,铁路集装箱运输可分为普通箱运输和特种箱运输两大类。特种箱主要包括危险货物箱、冷藏保温箱、罐式箱等。

6.1.2 我国铁路集装箱运输的制约因素

我国铁路集装箱运输的发展至今已有50多年的历史。目前,无论从箱、车、货场条件方面，还是从箱型、运量方面，我国铁路集装箱运输都具备了一定规模，有了较好的基础。但与其他运输方式及与国外铁路集装箱运输相比，还存在明显差距。

目前，影响我国铁路集装箱运输发展的制约因素主要表现在运输能力紧张、技术装备落后、体制改革不力和运输生产效率低这四个方面。

(1)运输能力的紧张阻碍了运量的增长。

从现有铁路集装箱货源情况统计看，集装箱货源的70%主要分布在上海、北京、沈阳、郑州和广州几个铁路局范围内，运输通道也多集中在京广、京九、京沪、京哈、浙赣、陇海等繁忙干线上，而这几大干线能力也早已饱和。铁路运输能力的紧张，数量上和质量上的矛盾，客观上造成了铁路集装箱运输货源的流失，极不利于铁路集装箱运输的发展和其参与市场竞争。随着我国铁路客运专线的大规模建设和运营，既有干线上的运能将逐步得以释放，这将可以缓解铁路某些干线上的集装箱运能紧张问题。

(2)技术装备落后影响了集装箱运输的正常进行。

从现有装备看，尽管铁路方面近年来采取了许多措施，筹措资金加快发展，但与集装箱运输的国际发展势态相比，差距仍然明显。具体表现在四个方面：一是铁路集装箱车种结构不合理；二是铁路集装箱箱型偏小；三是集装箱站点布局尚未形成体系；四是集装箱运输信息系统不完善。

(3)铁路体制改革不力制约了集装箱运输的发展。

我国铁路运输管理体制改革近年来虽有所动作，但与各行各业相比，仍然相对缓慢。我国铁路集装箱运输管理体制是：国家铁路局(原铁道部)行使铁路集装箱运输行业管理职能，负责铁路集装箱运输规章、办法和标准的制定、修改及其实施情况的监督检查。中铁集装箱运输有限责任公司是具有集装箱铁路运输承运权的专业运输企业。中铁集装箱运输有限责任公司和各铁路局的关系，是市场主体之间的平等关系，共同完成铁路集装箱运输工作。在我国经济完全市场化的转型过程中，这种中国特色的管理体制是阻碍铁路集装箱运输发展的最大障碍。

专业运输公司虽然成立，但由于较长时期以来对铁路集装箱运输发展的认识不足，其技术装备、组织管理、甚至思想观念上都没有跟上集装箱运输发展的步伐，与国外铁路集装箱运输的差距明显。铁路运输管理体制缺乏创新，影响了集装箱专业运输公司的发展。由于几十年铁路经营的惯性，集装箱专业运输公司的运营管理仍受制于原铁道部原有办法的影响。例如：现行铁路集装箱运价的制定，并未单独按集装箱专业运输的特点和发展形势重新制定，仍然按原有的全路整车、集装箱、零担货物运价体系来进行，而不管它是否与现行集装箱运输成本和运输需求相匹配。在此种管理体制下形成的各铁路局与集装箱运输公司之间的运输收入清算办法，也在一定程度上影响着铁路集装箱运输业务的开展；导致铁路内部各铁路局与集装箱运输公司之间由于运输收入问题而争抢适箱货源，这种结果往往人为地造成集装箱适箱货物的流失。

(4)铁路集装箱运输生产效率低，影响了集装箱运输的发展。

由于铁路总体运输能力紧张，专业运输组织不到位，铁路集装箱办理站点又多数依托各自属地所在的铁路局，运输规模小，运输货源的相对分散和竞争等诸多原因，导致了铁路集装箱运输生产效率较低，集装箱周转时间相对延长，运输生产效率整体不高，空箱调运增多。大量空箱调运的存在，产生了不利于集装箱运输公司发展的无效运输，致使付费增多、成本增高,影响了铁路集装箱运输的发展,集装箱运输生产效率整体不高。

6.2　铁路集装箱运输车辆

铁路集装箱运输车辆是集装箱铁路运输的载体。它与普通货车不同,长度上需要与箱型匹配、载重上需要与箱重匹配。随着集装箱运输的蓬勃发展以及铁路货车技术的不断进步,世界各国铁路集装箱运输车辆的数量和品种都有了全面的提升。

6.2.1　铁路集装箱专用车辆的分类及特点

1.铁路集装箱专用车辆的分类

(1)按车底架长度分类。

①40 ft 集装箱专用车,它具有 2 个 TEU 箱位,可装载 1 个 40 ft 集装箱或 2 个 20 ft 集装箱,也可装载 10 ft 集装箱,适应面较广,能灵活运用。

②60 ft 集装箱专用车,它具有 3 个 TEU 箱位,可装载 1 个 40 ft 集装箱和 1 个 20 ft 集装箱或 3 个 20 ft 集装箱。国外这种长度的集装箱专用车数量较多。

③80 ft 集装箱专用车,它具有 4 个 TEU 箱位,适合装载 2 个 40 ft 集装箱。1961 年在美国最先使用。

④90 ft 集装箱专用车,它适合装载 2 个 45 ft 集装箱。1968 年在美国最先使用。

⑤其他长度的集装箱专用车,为了适应各种非国际标准集装箱的装载,世界各国还制造了各种非标准长度的集装箱专用车。如欧洲国家的 48 ft 集装箱专用车、德国的 63 ft 集装箱专用车、芬兰的 66 ft 集装箱专用车等。

(2)按车辆的轴数分类。

①转向架式四轴车,40 ft 和 60 ft 集装箱专用车,通常使用两台两轴转向架,共 4 个轴。

②转向架式六轴车,当集装箱专用车车体较长、载重量较大时(如装载 4 个 TEU 的 80 ft 集装箱专用车),如果使用两台两轴转向架,就会超过最大允许轴重,这时就应使用两台三轴转向架,共 6 个轴。

③关节式集装箱车组,为充分利用车辆轴重,缩短车辆长度,解决长车通过曲线的困难,美国开发了关节式集装箱车。美国设计制造的五联双层集装箱专用车就采用了关节式结构,即将 5 辆双层集装箱专用车铰接在一起,形成一个固定的车组,如图 6-1 所示。

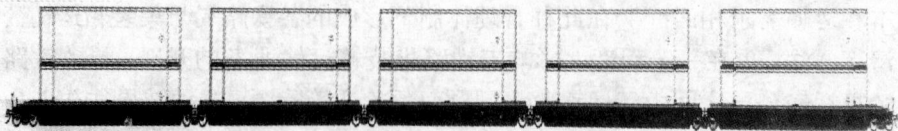

图 6-1　五联双层集装箱专用车示意图

(3)按车底板结构分类。

①平板式集装箱专用车,它类似于普通平车,只是在集装箱的底角件的位置增设固定集装箱的紧固装置,通常为翻板式的锥形定位销。这种车辆通用性较强,既可以装载集装箱,

也可以当成普通平车使用。

②骨架式集装箱专用车，它的车底架呈骨架式结构，专门用于装载各型集装箱。与普通平车相比，它的自重降低了 10% ~ 15%，造价降低约 15%，是装载集装箱经济安全的车型。

（4）按装卸方式分类。

①吊装式集装箱专用车，它是采用各种起重设备进行集装箱装卸的铁路集装箱专用车。目前大部分的集装箱专用车均属于这种吊装式集装箱专用车。

②滚装式集装箱专用车。对于平板式集装箱专用车，可以采用滚装的办法装卸拖车式集装箱。用于驮背运输的车辆都是滚装式集装箱专用车。由于集装箱连同拖车一起装载在铁路集装箱专用车上，其稳定性较差，载重量利用率低，并且容易超出铁路机车车辆限界。为降低其装载高度，欧美国家和日本均采用了袋鼠式凹平台的驮背运输专用车。袋鼠式集装箱专用车的装卸过程如图 6 - 2 所示。

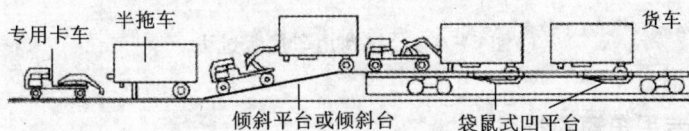

图 6 - 2 袋鼠式集装箱专用车的装卸过程

③侧移式集装箱专用车，在集装箱专用车上装备引导用的 U 形导轨，通过液压装置和锁链把集装箱移到拖车上。这种装卸方式不需要专用的装卸机械，只需要特殊的车底结构，就能直接完成铁路与公路的转运。在日本和欧美的内陆运输中部分采用了这种车辆。

④回转式集装箱专用车，在集装箱专用车上设置可以回转的转台，利用集装箱转台上的回转来完成集装箱在铁路与公路之间的换装。其装卸过程如图 6 - 3 所示。

⑤铁路、公路两用集装箱半挂车。鉴于集装箱驮背运输方式具有车辆载重量利用率低、运营成本高的缺陷，美国、日本和西欧的一些国家研制了一种能在公路和铁路上运行的公、铁两用车。美国生产的 ROADRAILER 半挂车，车长 48 ft，装有可升降的铁路轮对。由它组成的半挂车列车，其牵引力和制动力是通过它的车底架和车体传递的。但由于半挂车上带有铁路轮对，其自重较大，在公路上行驶很不方便。

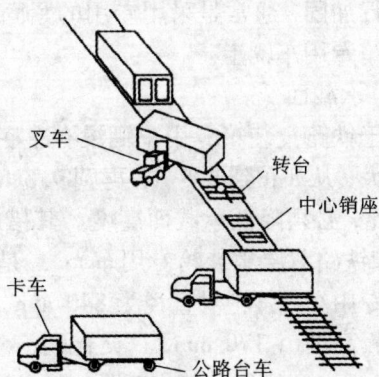

图 6 - 3 回转式集装箱专用车装卸过程

为此，德国和日本改变了车体结构，铁路轮对不固定在车辆上，只是在半挂车的两端设有与铁路车辆转向架连接的装置。在铁路上运行时，放到铁路转向架上进行运输，当然制动系统和信号传递系统需要装在集装箱半挂车上，由于集装箱半挂车承受了全部纵向力，这就要求半挂车具有足够的强度，如图 6 - 4 所示。

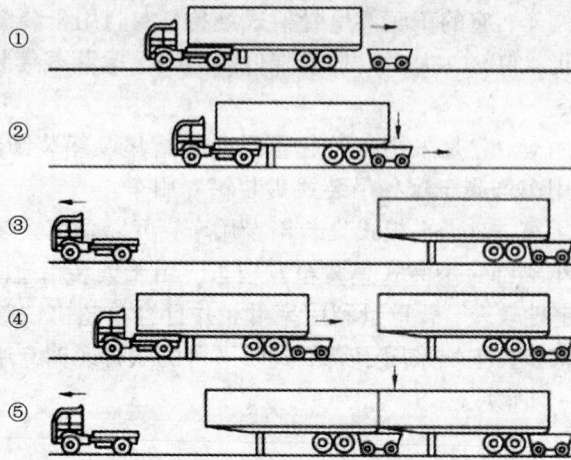

图6-4　公铁两用车换装过程

2. 铁路集装箱专用车辆的特点

（1）车底架为骨架式结构。

集装箱的底角件是在下部凸出箱底结构的，它在货车上装载时是靠底部的4个角件承载全部重量的。所以装运集装箱的铁路集装箱专用车辆只需在集装箱底角件处设置承载面，而车底架的其他部件均可为结构部件。

（2）设有固定集装箱的装置。

为了保证车辆运行时集装箱的稳定，防止集装箱受力时产生水平移动或倾覆，需要对集装箱进行加固，通常是采用专用的紧固装置（定位销或旋锁装置）把集装箱的底角件固定在铁路集装箱专用车辆上。

（3）承载面低。

由于铁路集装箱专用车辆没有车底板，承载面比普通货车低。另外由于集装箱的高度在不断增大，从8 ft到8.5 ft，再到9.5 ft，集装箱装车后已经接近许多国家的铁路机车车辆限界，为此，必须降低承载面高度。其措施有两项：一是把车辆承载面设计成凹形的或落下孔式的（如铁路双层集装箱专用车）；二是减小轮对半径以降低承载面高度。如法国生产的铁路集装箱专用车，其轮对直径为840 mm，承载面高度为940 mm，低于其他西欧国家普通平车的车底板高度（1 170 mm）。英吉利海峡的海底隧道，是按装运高度为8.5 ft的集装箱设计的，当9.5 ft高的集装箱出现后，就必须把铁路集装箱专用车的承载面高度降为600 mm才能通过。为此，欧洲国际集装箱运输协会研制出一种轮对直径为470 mm，承载面高度为600 mm的铁路集装箱专用车，以便装运9.5 ft高的集装箱通过海底隧道。

6.2.2　我国主要铁路集装箱运输车辆

我国铁路集装箱运输车辆包括集装箱专用平车和平车—集装箱共用车两大类；共涉及30多个车型。我国铁路集装箱专用平车和平车—集装箱共用车的主要车型及其技术参数如表6-1、表6-2所示，主要车型结构如图6-5～图6-9所示。

表 6-1　我国铁路集装箱运输专用车辆主要技术参数

序号	型号	轴重 (t)	总重 (t)	自重 (t)	载重 (t)	速度 (km/h)	换长	底架尺寸: 长×宽×高(mm)	装载层数	装箱数 (TEU)	装载箱型
1	X_{6A} / X_{6AT} / X_{6AE}	21	78.2	18.2	60	80	1.3	13 000×3 090×1 160	单层	2	20ft, 40ft
2	X_{6B} / X_{6BT} / X_{6BK}	21	82.5	22.5	60	100	1.5	15 400×2 970×1 166	单层	2	20ft, 40ft, 48ft
3	X_{6C} / X_{6CT} / X_{6CK}	21	80	20	60	100	1.5	15 400×2 970×1 174	单层	2	20ft, 40ft, 48ft
4	X_{1K}	18	69.5	19.5	50	120	1.4	13 800×3 070×1 140	单层	2	20ft, 40ft, 45ft
5	X_{2K} / X_{2H}	25	100	22	78	120	1.8	18 500×2 912×290	双层	4	下: 20ft 上: 40ft, 48ft
6	X_{3K}	21	82	21	61	120	1.8	18 400×2 750×1 145	单层	3	20ft, 40ft, 48ft
7	X_{4K}	23	93.8	21.8	72	120	1.8	18 400×2 630×1 140	单层	3	20ft, 40ft, 48ft
8	X_{6K}	21	78.5	17.5	61	120	1.2	12 300×2 750×1 165	单层	2	20ft, 40ft
9	X_{70}	23	92.4	22.1	70	120	1.2	12 500×2 980×1 169	单层	2	20ft, 40ft

表 6-2　各型平车—集装箱共用车辆主要技术参数

型号	自重 (t)	载重 (t)	构造速度 (km/h)	底架尺寸: 长×宽×高(mm)	装载箱型
NX_{17}	22.1	60	100	13 000×2 980×1 211	20ft, 40ft
NX_{17A}	22.5	60	100	13 000×2 980×1 211	20ft, 40ft
NX_{17AK}	22.4	60	120	13 000×2 980×1 212	20ft, 40ft
NX_{17AT}	22.5	60	100	13 000×2 980×1 216	20ft, 40ft
NX_{17B}	22.5	61	100	15 400×2 960×1 211	20ft, 40ft, 48ft
NX_{17BK}	22.9	61	120	15 400×2 960×1 214	20ft, 40ft, 48ft
NX_{17BT}	22.9	61	100	15 400×2 960×1 216	20ft, 40ft, 48ft
NX_{17BH}	22.8	61	120	15 400×2 960×1 207	20ft, 40ft, 48ft
NX_{17K}	22.4	60	120	13 000×2 980×1 212	20ft, 40ft
NX_{17T}	22.5	60	100	13 000×2 980×1 216	20ft, 40ft
NX_{70}	23.8	70	120	15 400×2 960×1 216	20ft, 40ft, 48ft
NX_{70H}	23.8	70	120	15 400×2 960×1 216	20ft, 40ft, 48ft
NX_{70A}	23.6	70	120	13 000×2 980×1 212	20ft, 40ft

图6-5 X_{1K}型集装箱专用平车

图6-6 X_{2K}型双层集装箱专用车

图6-7 X_{4K}型集装箱专用平车

图6-8 X_{70}型集装箱专用平车

图6-9 NX_{17B}型共用平车

6.3　铁路集装箱的装载与配载

6.3.1　铁路集装箱运输的装运方式

　　利用铁路平车装载集装箱以担当陆上较长运距的集装箱运输服务,是一种所谓驮背运输的作业方式。根据集装箱的装载情况不同,它又可分为平车载运拖车和平车载运集装箱两种装运方式,如图 6 - 10 所示。

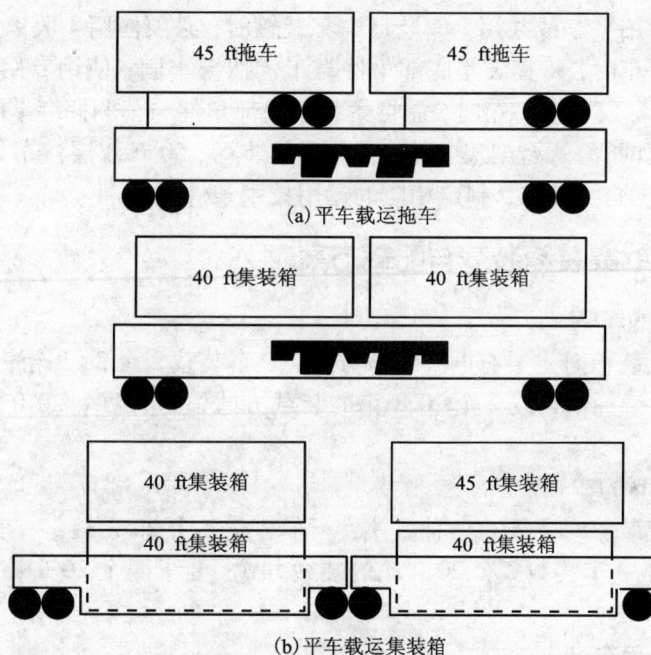

图 6 - 10　铁路集装箱的装运形式

1. 平车载运拖车

　　将集装箱同载运拖车一起固定于铁路平车上,作长距离运送服务,到达目的站以后,用拖车将集装箱直接送往收货人处。

2. 平车载运集装箱

　　利用机具将集装箱直接固定于铁路平车上,待运抵目的站后,再用机具将集装箱卸放到拖车的车架上送抵收货人货仓,这种运输方式是较为常见的。近年来,又有双层集装箱列车的出现,使得铁路集装箱运输的经济效益又有了进一步的提高。

6.3.2　铁路集装箱装车的基本要求和技术条件

1. 装车前

　　①检查车种、车型、标重,根据集装箱总重,确定使用车辆和装载部位。

　　②要认真检查使用车辆,确认车辆技术状态良好,锁头、配件齐全良好,并清扫干净车地板。对技术状况不良、影响运输安全的车、箱,一律不得装车。

2. 装车时

①装卸作业人员要按章作业，爱车、爱箱，杜绝野蛮装卸，避免撞击损坏车辆和集装箱。

②使用集装箱专用车和共用车装载时，要确认集装箱角件与车辆锁头完全入位，落锁严密。

③使用敞车装载时，车地板清扫干净，箱体与车辆端侧板距离应一致，必须采取有效措施保证运输全程车辆不偏载、偏重。

④集装箱装车时应采用衡器对每箱计量称重，确认集装箱总重不超过其标记载重；一车装载两个 20 ft 集装箱时，两箱吨差大于 10 t 的，不得配装一车。

⑤有箱门的 20 ft 集装箱使用平车装运时，箱门须朝向车内相邻集装箱。

⑥使用集装箱专用平车或共用平车装运空集装箱时，必须使用 4 股以上 8 号镀锌铁线捆绑。其中使用共用平车时，将集装箱底部角件与车辆捆绑牢固；使用专用车时，将相邻两箱底部角件捆绑在一起，仅装运一箱时，需将集装箱底部角件与车辆捆绑牢固。

⑦特种集装箱（如折叠式台架集装箱、板架式集装箱、50 ft 双层汽车集装箱，弧型罐箱、水泥罐箱）运输需依据自身特点，制定相应的运用技术条件。

6.3.3　典型车辆的集装箱装载与配载方案

1. 使用长 13 m 的车辆

该类车型装载集装箱时主要有两种装载方式：一车装载 2 个 20 ft 箱；一车装载 1 个 40 ft 箱。实际作业时，对于一车装载 2 个 20 ft 箱的装载方式，要求两个 20 ft 箱各自的总重差别不超过 10 t。

2. 使用长 15.4 m 的车辆

该类车型装载集装箱时主要有两种方式：一车装载 2 个 20 ft 箱；一车装载 1 个 40 ft（或 45 ft、48 ft）箱。对于一车装载 2 个 20 ft 箱的装载方式，要求两个 20 ft 箱各自的总重差别不超过 10 t。

3. 使用 X_{4K} 型专用车

该车的设计专门用于装运 20 ft 箱、40 ft（或 45 ft、48 ft）箱，主要装载方式有以下几种：

(1)仅装载 1 个 40 ft（或 45 ft、48 ft）箱。

这种情况下，无论集装箱是空箱还是重箱，都应装在车辆中部。

(2)仅装载 20 ft 箱：

①当集装箱全部为空箱时，可装载 1~3 个空箱，装在任意箱位上。

②当有一个重箱时，重箱应装在车辆中部，两端可装空箱。

③当有两个重箱且两箱的各自总重相差不超过 11 t 时，装在车辆的两端，车辆中部可装空箱。

④当有三个重箱时：若其中有两箱总重相同，总重相同的两箱装在两端，第三箱装在中部，三箱总重之和不超过 72 t；若三箱总重均不相同，总重最接近的两箱装在两端，第三箱装在中部，两端两箱的重量差不超过 10 t，且较重箱总重的 2 倍与车辆中部箱的总重之和不超过 72 t。

(3)20 ft、40 ft 箱混装：

①全为空箱时，可装 20 ft 和 40 ft 箱各一个。

②一重一空时：若 20 ft 箱为空箱时，40 ft 箱总重不得超过 27 t；若 40 ft 箱为空箱时，

20 ft 箱总重不得超过 13 t。

③全为重箱时，应根据 40 ft 箱的总重按表 6 – 3 选装 20 ft 箱，或根据 20 ft 箱的总重按表 6 – 4 选装 40 ft 箱。

表 6 – 3　根据 40 ft 箱的总重选装 20 ft 箱

40 ft 集装箱总重 Q_1(t)	20 ft 集装箱总重 Q_2(t)
$4 \leqslant Q_1 < 5$	$4 \leqslant Q_2 \leqslant 13$
$5 \leqslant Q_1 < 7$	$4 \leqslant Q_2 \leqslant 14$
$7 \leqslant Q_1 < 9$	$4 \leqslant Q_2 \leqslant 15$
$9 \leqslant Q_1 < 11$	$4 \leqslant Q_2 \leqslant 16$
$11 \leqslant Q_1 < 13$	$4 \leqslant Q_2 \leqslant 17$
$13 \leqslant Q_1 < 15$	$4 \leqslant Q_2 \leqslant 18$
$15 \leqslant Q_1 < 17$	$4 \leqslant Q_2 \leqslant 19$
$17 \leqslant Q_1 < 19$	$4 \leqslant Q_2 \leqslant 20$
$19 \leqslant Q_1 < 21$	$4 \leqslant Q_2 \leqslant 21$
$21 \leqslant Q_1 < 23$	$4 \leqslant Q_2 \leqslant 22$
$23 \leqslant Q_1 < 25$	$4 \leqslant Q_2 \leqslant 23$
$25 \leqslant Q_1 < 27$	$4 \leqslant Q_2 \leqslant 24$
$27 \leqslant Q_1 < 29$	$4 \leqslant Q_2 \leqslant 25$
$29 \leqslant Q_1 < 30.48$	$4 \leqslant Q_2 \leqslant 26$

表 6 – 4　根据 20 ft 箱的总重选装 40 ft 箱

20ft 集装箱总重 Q_2(t)	40ft 集装箱总重 Q_1(t)
$4 < Q_2 \leqslant 13$	$4 \leqslant Q_1 \leqslant 30.48$
$13 < Q_2 \leqslant 14$	$5 \leqslant Q_1 \leqslant 30.48$
$14 < Q_2 \leqslant 15$	$7 \leqslant Q_1 \leqslant 30.48$
$15 < Q_2 \leqslant 16$	$9 \leqslant Q_1 \leqslant 30.48$
$16 < Q_2 \leqslant 17$	$11 \leqslant Q_1 \leqslant 30.48$
$17 < Q_2 \leqslant 18$	$13 \leqslant Q_1 \leqslant 30.48$
$18 < Q_2 \leqslant 19$	$15 \leqslant Q_1 \leqslant 30.48$
$19 < Q_2 \leqslant 20$	$17 \leqslant Q_1 \leqslant 30.48$
$20 < Q_2 \leqslant 21$	$19 \leqslant Q_1 \leqslant 30.48$
$21 < Q_2 \leqslant 22$	$21 \leqslant Q_1 \leqslant 30.48$
$22 < Q_2 \leqslant 23$	$23 \leqslant Q_1 \leqslant 30.48$
$23 < Q_2 \leqslant 24$	$25 \leqslant Q_1 \leqslant 30.48$
$24 < Q_2 \leqslant 25$	$27 \leqslant Q_1 \leqslant 30.48$
$25 < Q_2 \leqslant 26$	$29 \leqslant Q_1 \leqslant 30.48$

4. 使用 X_{2K}/X_{2H} 型双层集装箱专用车

（1）双层集装箱的装载形式。

在实际运行中，双层集装箱的可能装载形式有三种。

①装载形式 I，如图 6 – 11 所示。在该装载形式中，下层装 2 个 20 ft 箱，上层装 1 个 40 ft（或 45 ft、48 ft、53 ft）箱，满载时 20 ft 箱重 24 t，40 ft（或 45 ft、48 ft、53 ft）箱重 30.48 t，箱总重 78 t。

②装载形式 Ⅱ，如图 6 – 12 所示。在该装载形式中，下层装 1 个 40 ft 箱，上层装 1 个 40 ft（或 45 ft、48 ft、53 ft）箱，满载时上、下层箱各重 30.48 t，箱总重 61 t。

③装载形式 Ⅲ，如图 6 – 13 所示。在该装载形式中，下层装 2 个 20 ft 箱，上层装 2 个 20 ft 箱，箱总重限 78 t。

（2）双层集装箱装载方案的要求。

综合考虑车辆载重、重车重心高等因素，经试验论证，目前情况下，双层集装箱具体装车方案的制订应遵循如下要求：

①使用国际标准 20 ft、40 ft 集装箱及宽度、高度、结构、载重和强度等符合国际标准的 48 ft 集装箱。20 ft 集装箱高度不超过 2 591 mm，40 ft 集装箱高度不超过 2 896 mm。装车后

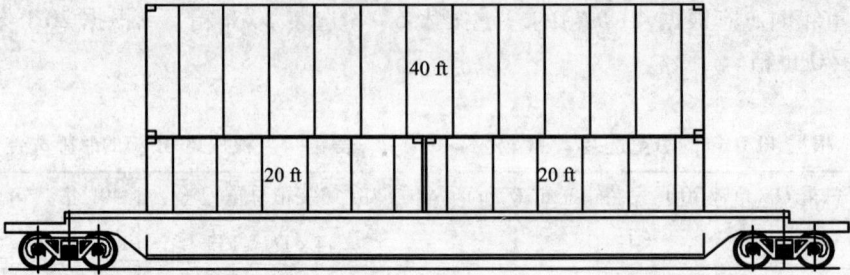

下层2个20 ft　下层1个40 ft
最大载重：78 t

图6－11　双层集装箱装载形式 I

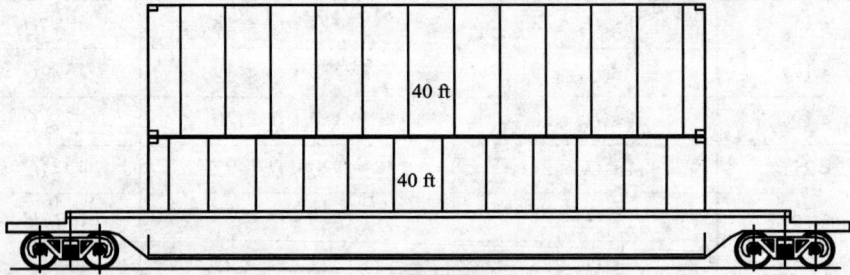

下层1个40 ft　下层1个40 ft
最大载重：61 t

图6－12　双层集装箱装载形式 II

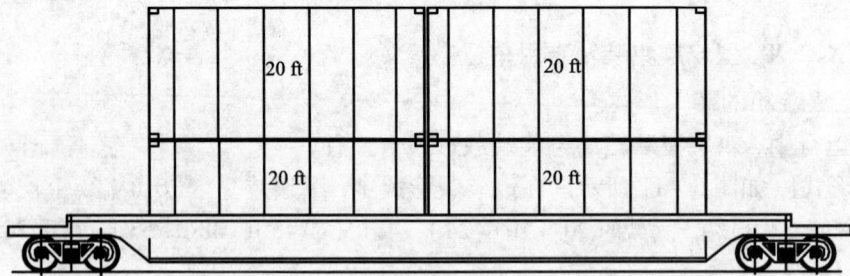

下层2个20 ft　下层2个20 ft
最大载重：78 t

图6－13　双层集装箱装载形式 III

距轨面最大装载高度不得超过 5 850 mm。

②每车集装箱和货物总重不得超过 78 t，重车重心高不得超过 2 400 mm。下层限装 2 个高度相同的 20 ft 箱，上层限装 1 个 40 ft 或 48 ft 箱。上层箱的总重不得超过下层箱。2 个 20 ft 箱的重量差不得超过 10 t。

③单层运输时，可装 2 个 20 ft 箱或 1 个 40 ft 箱。

6.4　铁路集装箱办理站

6.4.1　铁路集装箱办理站的开办条件及布局

铁路集装箱办理站是指办理铁路集装箱运输营业的车站,包括国家铁路和与其办理直通运输的合资铁路、地方铁路的集装箱办理站。我国铁路通用集装箱、专用集装箱和特种集装箱的办理站名和办理铁路集装箱运输的专用铁路、专用线名称均在《铁路货物运价里程表》中公布。

1. 铁路集装箱办理站的开办条件

铁路集装箱办理站和办理铁路集装箱运输的专用铁路、铁路专用线应具备以下条件:

①有充足稳定的集装箱货源。

②有与其发到运量相适应的、适合集装箱堆存、装卸和修理的场地。

③具备集装箱计量称重及安全检测条件。

④配备集装箱专用装卸搬运机械和吊具,装卸机械的额定起重量要满足所装卸集装箱额定重量的要求。

⑤有熟悉集装箱业务的专业人员。

⑥便于与其他运输方式配合,开展集装箱"门到门"运输。

⑦具备使用计算机管理和与全路联网的条件,以满足自动化管理和信息传输的需要。

⑧有站内装掏箱作业的机械,要适应进箱作业。

⑨办理特种集装箱和专用集装箱业务的,还必须具有相应的生产和安全设备设施(如机械、站台、充电、充液、充装设备等)。

国家铁路车站集装箱业务的开办与停办,由中铁集装箱运输有限责任公司,根据发到货源、场地、机械和作业人员等条件,向相关铁路局提出方案,报铁道部审核后对外公布。合资铁路、地方铁路、专用铁路、铁路专用线集装箱业务的开办与停办,由铁路局向中铁集装箱运输有限责任公司提出,报铁道部审核后对外公布。集装箱办理站因站场施工等需要临时停、限装时,需提前一个月,由产权单位按申报开办的程序申请停、限装集装箱业务。

2. 铁路集装箱办理站的合理布局

确定铁路集装箱办理站在路网上和枢纽内的合理布局时,应考虑以下因素:

①有利于铁路、公路运输的合理分配。

②有利于开行集装箱直达列车。

③保证集装箱货源的供应,缩短集装箱的周转时间。

④枢纽内集装箱办理站应相对集中,并与编组站有便捷的联系。

我国铁路集装箱运输正在逐步建成布局合理的中心站—专办站——般办理站三级运营网络,合理规划布局和配置这些办理站,对于完善铁路集装箱运输网络、发挥铁路中长途运输优势、形成集装箱办理站的规模效应、促进铁路集装箱运输实现快速发展具有重要的意义。

6.4.2　铁路集装箱办理站的类型

根据在路网中的地位作用、办理规模、作业性质及功能定位不同,铁路集装箱办理站可以分为集装箱中心站、集装箱专业办理站和集装箱一般办理站三类。

　　未来我国铁路集装箱运输将建成布局合理、功能完善的三级集装箱运营网络。首先强化18个集装箱中心站的建设，将其建成具有先进水平的大型集装箱办理站，使其具备相互间开行集装箱班列的条件，成为全国铁路集装箱运输枢纽；其次建设33个靠近省会城市、大型港口和主要内陆口岸的集装箱专业办理站，配备必要的仓储、装卸、搬运、检修、维护设备，使其成为地区铁路集装箱运输枢纽；再次，对既有小型集装箱办理站进行整合，合理布局一批集装箱一般办理站，并配备必要的作业设备。

1. 集装箱中心站

　　集装箱中心站是指专业办理集装箱列车及枢纽内集装箱小运转列车到发和整列集装箱列车装卸的路网性集装箱货运站。集装箱中心站是按照集装箱发展趋势和现代化物流发展要求建设的专业化、现代化、对周边地区集装箱运输具有较强辐射作用的特大型集装箱办理站，是全国和区域铁路集装箱运输的中心。集装箱中心站具有作业量大、信息化程度高、具有先进的装卸机具和管理机制等特点。

　　集装箱中心站的业务功能包括以下几个方面：

　　①具有办理集装箱列车及枢纽内小运转列车的到发和集装箱列车整列装卸的功能。

　　②具有办理国际集装箱联运业务的口岸功能。

　　③具有办理集装箱多式联运及"门到门"运输服务的功能。

　　④具有集装箱检修、清洗和消毒的功能。

　　⑤具有装卸和运输机械检修、清洗功能。

　　⑥具有集装箱储存和空箱调配的功能。

　　⑦具有铁路运输和站内集装箱信息处理和传输的功能。

　　集装箱中心站一般位于省会城市、铁路主要枢纽或大型港口附近。根据我国铁路集装箱运输发展规划，我国在哈尔滨、沈阳、大连、北京、天津、郑州、西安、武汉、青岛、上海、宁波、广州、深圳、成都、重庆、兰州、乌鲁木齐、昆明建设18个集装箱中心站。

　　按照所处的地理位置，集装箱中心站可分为内陆型集装箱中心站和港口型集装箱中心站。

　　内陆型集装箱中心站货源产生和流向较为分散，主要为城市大型物流基地和生产企业服务，兼顾吸引城市和周边地区的集装箱物流，其选址应靠近物流基地或主要工业区，并与铁路主要干线和通达的公路网连接。如已经建成运营的昆明、成都、重庆、西安、郑州、武汉集装箱中心站。内陆型集装箱中心站主要办理本地区及周边城市吸引区域的集装箱始发、终到作业，当其位于铁路主要交通枢纽城市时，也可根据需要办理集装箱中转作业。

　　港口型集装箱中心站货源较为集中，主要为港口集装箱提供集疏运服务，其选址应靠近港口，并尽可能通过铁路专用线深入集装箱码头后方堆场，使港口大宗集装箱运量直接进入铁路运输系统，减少集装箱的走行距离、倒运次数，降低集装箱运输成本。同时，港口型集装箱中心站也要考虑所在城市及周边地区的集装箱运量。其一般位于路网尽端，没有铁路集装箱中转作业，如已经建成运营的大连集装箱中心站。

2. 集装箱专业办理站

　　集装箱专业办理站，也称集装箱专办站，是指专业办理集装箱列车及枢纽或地区内集装箱小运转列车到发和整列集装箱列车装卸的地区性或区域行集装箱货运站。集装箱专办站是地区铁路集装箱运输中心，在路网中的地位、作用低于集装箱中心站。集装箱专办站主要办理集装箱货物列车整列到发和整列装卸作业，承担区域内货物的集散、中转及运输作业功能，应配备必要的集装箱存储、装卸、搬运、检修、维护设备。

集装箱专办站一般靠近省会城市、大型港口和主要内陆口岸建设。根据我国集装箱运输发展规划，我国在长春、石家庄、太原、呼和浩特、济南、福州、杭州、长沙、南京、合肥、南昌、贵阳、南宁、西宁、银川、拉萨、海口、绥芬河、大庆、二连浩特、包头、宝鸡、襄樊、防城港、乐山、阿拉山口、满洲里、连云港、厦门、常州、湛江、义乌、柳州建设 33 个集装箱专办站。

3. 集装箱一般办理站

集装箱一般办理站位于集装箱货源产生或消失地，也称集装箱代办站。集装箱一般办理站多为综合性货运站，除办理集装箱运输业务外，可能还办理整车或零担运输业务。

集装箱一般办理站一般位于铁路干支线或中小型港口或内陆城市，办理量以及在路网中的地位、作用都低于集装箱中心站和集装箱专办站。一般办理站要求配备简单的集装箱装卸、搬运、检修、清洗和站内信息传输系统和设备，办理集装箱货物列车到发、装卸、多式联运及门到门运输服务，承担区域内货物的集散作业功能。根据我国铁路集装箱运输发展规划，我国将压缩集装箱一般办理站至 100 个左右。

6.4.3　铁路集装箱办理站的职能

从目前所有的集装箱办理站来看，一般都具有两类职能，即商务职能和技术职能。

1. 商务职能

①受理集装箱货物的托运申请。
②向到发站发出到达预报通知。
③编制有关单证。
④核收有关费用。
⑤联系其他运输方式。
⑥联系铁路之间的联运等。

2. 技术职能

①编制用车计划。
②提供适合装货、运输的集装箱。
③安排集装箱装卸、搬运等机械。
④办理装卸箱业务。
⑤装箱、拆箱以及加封等。

6.5　铁路集装箱列车运营组织

6.5.1　铁路集装箱列车的组织方式

目前，铁路集装箱列车的组织方式主要有集装箱定期直达列车、集装箱专运列车、一般的快运货物列车及普通货物列车四种。

1. 集装箱定期直达列车

集装箱定期直达列车起源于英国，后被美国与欧洲一些国家广泛采用，主要用于大批量的集装箱货源。集装箱定期直达列车有以下几个特点：

①定点定线定期运行，预定列车箱位，实行有计划的接取送达，实现"门到门"运输。

②列车编组采用专用车辆，固定车底，循环开行。

③对组织站的要求不高，一般在一台门式起重机下有 2～3 股装卸线和 1 条汽车通道，便于公—铁换装。

④运输费用按市场定价，根据客户的运输时间要求、预定箱位的多少、预订箱位周期长短而浮动。

2. 集装箱专运列车

集装箱专运列车虽然也是用于大批量的集装箱货源，且一般运程较长，但与定期直达列车是不同的，区别在于它不是定期发车，这种运输可以解决货源不均衡与船期不稳定的矛盾。

3. 一般的快运货物列车

对于零星小批量的集装箱货源，不宜编入集装箱定期直达列车或集装箱专运列车，可编入快运货物列车，这种列车运行速度可达 100 km/h 以上，列车通常需要在铁路编组站编解。

4. 普通货物列车

对于运量小、去向不稳定的货源，通常编入普通货物列车装运，这种方式的运输效率远不及集装箱定期直达列车。

6.5.2 铁路集装箱直达列车的种类

集装箱直达运输是一种先进的运输组织方式。集装箱直达列车，特别是定期直达列车的开行，为集装箱运输的发展注入了新的活力。1984 年起日本集装箱运输车开行直达班列，1992 年美国干线全部开行集装箱专列，只有 10%～15% 的支线保留集装箱与其他车辆混编列车。

不同国家在不同发展时期开行集装箱直达列车的形式不尽相同。集装箱直达列车的组织应按运送速度快、服务质量优、运营成本低的原则，根据国家陆域的大小、主要货源的分布及铁路运输设备等情况加以确定。集装箱直达列车的形式可以从以下几方面分类。

1. 按列车组织分类

从列车组织上，集装箱直达列车分为定期直达列车和不定期直达列车两种。

定期直达列车即定点、定线、定期开行，采取预约列车箱位、按期进货、正点发到的组织措施，其发送、到达有确定的时间，运行速度快，可为货主提供可靠的货运手段。

不定期直达列车是根据运输需要临时编开的集装箱直达列车，也称专运直达列车，主要用于港口至内陆的集装箱疏运，当集装箱船到达港口时，往往需要几列或几十列直达列车疏运，故不可能被铺进运行图。由于不是定点定期开行，列车速度受到一定影响。

2. 按列车编组分类

从列车编组上，集装箱直达列车分为短列直达列车、普通直达列车和组合直达列车三种。

在运量不集中、运距不长的情况下，为了减少货物集结时间，可开行短列直达列车；在运量大、运距较长的情况下，可开行普通长度的直达列车；在运量集中、运距较长的情况下，可开行组合直达列车或重载列车。

　　一般小陆域国家的内陆运输以开行短列直达列车为主，它具有列车运行速度快、周期短、间隔小、时间比较灵活的特点；对于一般的大陆域国家，在货源比较集中的地区之间以开行普通直达列车为宜；在港口至内陆或港口与港口之间，由于运量高度集中，为了及时疏港，可开行组合直达列车或重载列车，包括双层集装箱直达列车。

　　3. 按车底组成分类

　　从车底组成上，集装箱直达列车分为固定车底循环和不固定车底直达列车两种。

　　在运量较大、货源稳定的车站（港口）之间，可开行由集装箱专用车组成的固定车底循环直达列车，这种列车可以通过所有编组站而不进行改编，一方面可以加快列车运行速度，另一方面可减轻编组站的负担。

　　在集装箱直达列车的一端或两端货物到站比较分散的情况下，列车解体重新编组后继续运行，这种列车成为不固定车底的直达列车。

　　4. 按作业方式分类

　　从作业方式上，集装箱直达列车分为一站直达和途中作业两种。

　　一站直达列车是指直达列车从装车站（编组站）至到达站之间途中没有货运作业。

　　途中作业直达列车是指直达列车的组织站到终到站之间有货运作业，即列车在中途不解体，但经过货运站时，可以进行集装箱的装卸作业，这为运量较小的车站组织集装箱运输提供了条件。日本大量采用了途中作业直达列车的组织形式。

6.5.3　我国铁路集装箱直达列车的开行情况

　　我国铁路于 1986 年成功地编开了大连港—满洲里站的集装箱专用直达列车，开创了我国铁路集装箱直达列车的历史。之后，相继开行了一些国际和国内的集装箱专用直达列车。1992 年 4 月开行了第一列定点定线集装箱直达列车，即哈尔滨—广州北的集装箱直达列车，列车日均运行 773 km。经过一年运行，取得了较好的社会效果，同时减少了编组站作业，加速了货物送达和车辆与集装箱的周转，提高了铁路综合运输能力。在 1992 年开行定点定线快运直达列车的基础上，1993 年又加开了广州北—沈阳西、哈尔滨—南翔、南翔—哈尔滨、南翔—西安东、西安东—南翔及连云港—阿拉山口的集装箱直达列车。上述列车日均运行800 km 左右，高出普通货物列车两倍以上。

　　定点定线集装箱直达列车的开行，标志着我国铁路运输组织工作达到了一个新的水平。集装箱快运直达列车具有快速、高效、安全、便捷的特点，使托运人可根据日期安排生产，及时运往市场，车站定期受理、快速运输，为企业科学安排生产、压缩库存、减少流动资金、开拓市场提供了方便条件，具有显著的社会效益。

　　1997 年，我国铁路为了巩固和扩大在货运市场中占有的份额，在总结以往开行集装箱快运直达列车经验的基础上，开始开行货运"五定"班列，具有"定点（发到站固定）、定线（运行线固定）、定车次（车次全程不变）、定时（到发时间固定）、定价（以车或箱为单位报价）"的特点。"五定"班列的开行，改变了长期以来铁路货物运输时限没有保证、价外收费、手续繁琐等弊端，是铁路货运产品结构调整的初步实践。"五定"班列开行后也将集装箱运输纳入了班列。

　　2004 年 4 月 18 日，我国首列铁路双层集装箱班列开行，该班列在北京东站和上海杨浦站之间双向对开，每列装运 160 个 TEU，采用客车化方式运输，即定点、定时、定线路、定始发站、定到达站。北京—上海，列车运行 38 h；上海—北京，列车运行 46 h。

为了扩大"五定"班列占集装箱运量的比重，按照重去重回、固定开行、远程直达、多式联运的原则，在枢纽站间努力开发新的班列线路，大幅度提高集装箱班列的开行数量。仅 2005 年，新开发的就有昆明东—防城港、正定—肇庆、郑州东—青岛、江村—广安门、石嘴山—塘沽、柳州东—黄岛、鲅鱼圈—滨江西、西安—青岛、包头东—新港等班列（专列）。

2006 年，针对前两年运量下滑的情况，调整运输产品结构，优化班列开行方案，优化开行了大连—长春、大连—哈尔滨、青岛—郑州、连云港—阿拉山口 4 对铁海联运直达快运班列，提高了班列产品质量，打造了新型班列品牌。打通了三条跨越亚欧大陆、连接海洋的国际大通道：即从连云港经阿拉山口到阿拉木图、从天津港经二连浩特到德国法兰克福、从大连港经满洲里到莫斯科的国际集装箱班列通道。

2007 年，以铁路第六次提速调图实施为契机，新开行西宁—连云港、南昌—上海、连云港—俄罗斯、深圳北—捷克、北京东—俄罗斯、宁波北—俄罗斯等国内、国际班列。大红门—杨浦站、郑州东—黄岛双层集装箱班列开行质量明显提升。

2008 年 1 月开行了北京—德国汉堡的国际集装箱示范班列，在国际、国内产生了强烈反响。

2010 年共开行集装箱"五定"班列 10 173 列，比上年增长 18%，完成运量 88.46 万 TEU，比上年增长 27%，完成的运量占铁路集装箱总运量的 28.57%。在 18 个铁路局中，除太原局、武汉局未开行集装箱"五定"班列外，其他局均开行了不同数量的集装箱"五定"班列。

6.5.4 铁路集装箱班列运输经营模式

在实践中，铁路集装箱班列既可以由铁路运输企业自己经营，也可以由班列经营人包租经营。

1. 铁路运输企业直接经营

铁路运输企业直接经营模式是指铁路面向社会组织货源并自行经营。在此种模式下，托运人要求使用班列运输货物时，应填写铁路货运运输服务订单一式两份，车站按本站货物办理种类在货运营业窗口受理，不得指定托运人通过其他途径办理托运手续。

铁路货运运输服务订单是运输服务合同或运输合同的组成部分，铁路货运运输服务订单一经签订，承运人和托运人均应承担责任。除因不可抗力，承运人不能按期提供运输或服务，或托运人未能按时将货物备妥于约定地点的，由责任方向对方支付违约金。

2. 铁路班列经营人包租经营

铁路班列经营人包租经营模式是指铁路采用整列包租或车位包租方式委托班列经营人经营。

（1）铁路班列经营人的概念与分类。

铁路班列经营人是指与铁路部门签订"五定"班列运输协议并实际经营的承包人。目前，班列经营人主要来源于大型船公司、码头、物流公司或货主。

（2）铁路班列经营人的法律地位。

铁路班列包租经营是通过班列经营人与铁路运输企业建立合同关系后，再由班列经营人与货主签订合同，履行合同来实现的。在班列承包经营的法律关系中，有三方法律主体，即托运人（收货人）、班列经营人和提供班列的铁路运输企业，较传统铁路运输法律关系多了一个主体，从而使该种法律关系显得复杂。

①在现有立法背景下，货主与班列经营人签订的是铁路运输合同，班列经营人与铁路运输企业签订的是企业内部承包经营合同。

②货主是托运人和收货人，班列经营人和铁路运输企业均是铁路运输合同的承运人。

③班列经营人和铁路运输企业既是内部承包关系，又是间接代理关系。一方面，班列经营人和铁路运输企业签订承包合同，取得并行使班列的经营权，因而形成内部承包关系；另一方面，班列经营人在行使班列经营权时，以自己的名义与托运人或代理人签订铁路运输合同，铁路运输企业即发包人并未提出反对意见，因而形成了间接代理关系。

（3）铁路班列承包双方的权利与义务

①托运人在一个班列中的货物达到一定车数的，按不同比例给予优惠。托运人长期、固定使用同一班列的，可以租用班列车位或全列。

②包租形式可以包车位或包整列。包租期限为半年以上至一年，不少于每 2 天 1 次。

③对于整列包租的企业，铁路局与包租人必须签订整列包租协议，并规定包租人必须在开行前一日向铁路局提报车数、车种、发站、请求车计划等。铁路局运输部门在安排限制口、去向、车种等运力资源时，也对整列包租的班列给予优先保证，并在货票上加盖"包租班列"红色戳记。

④包租人应具备法律规定的运输代理经营资质，必须是货源的直接拥有者，严禁包租人以任何形式进行转包。

⑤包车位的包租辆数应不少于 5 辆；包整列的包租辆数应达到班列运行径路上最小牵引定数或换长所规定的车数。货物的装车站和卸车站应是货运"五定"班列的组织站。因包租人责任造成实际发运辆数少于包租辆数的，差数部分按开行日和班列车次使用专门分组的货物运杂费收据核收落空运费。

⑥包租"五定"班列车位，且包租车位不少于 5 个时，分品类包租的，可在规定的下浮幅度基础上再增加不超过 5 个百分点的优惠幅度；不分品类包租的，整车货物最低按 4 号运价计算，集装箱最低按每车两个 20 ft 箱运价优惠 10% 计算。包租"五定"班列整列，且双向包租、每个方向每日不少于 1 列时，分品类包租的，其中 5 号、6 号运价轻浮货物最大可下浮 45%，7 号、8 号运价轻浮货物最大可下浮 60%；不分品类包租的，最低可按整车 6 号运价下浮 35% 计算，但不得装运煤、石油、焦炭、矿石、钢铁、原木、粮食、棉花等重质大宗货物。

6.6　国内铁路集装箱货运组织业务与单证

国内铁路集装箱运输经过货源组织、计划配装、装车、中转、卸车、交付等货运环节来完成，因此，与传统的零担运输和整车运输不同，铁路集装箱运输有其相应的货运组织方法和管理手段。

6.6.1　铁路集装箱货源组织形式

1. 整列的集装箱货源

同一品名的整列集装箱货源较少，但在与海运联运时，即与集装箱码头相连的枢纽站接运时，由于集装箱船载箱量大，铁路则需要编排整列的、到达同一终点站的集装箱直达列车。

2. 整车的集装箱货源

整车的集装箱货源较普遍。目前,有些国家铁路集装箱专用车长度一般为18.3 m(60 ft),最长的达27.4 m(90 ft),一节整车可装载3~4个6.1 m(20 ft)的集装箱。有些国家的铁路为了争取集装箱货源,规定集装箱运价按整车收取,集装箱总长不得超过24.4 m(80 ft),装多装少均按车计费。因此,如何配装一节整车的集装箱数量对每箱运费的分摊有很大关系。

3. 整箱的集装箱货源

对货运量较少的货主来说,在其货源能装满一个整箱,但不够一节整车时,有些国家铁路为方便这些货主托运集装箱,则采取按箱计费的办法。

4. 拼箱的集装箱货源

拼箱的集装箱货源是由运输部门根据不同货主托运的货物,加以整理后装载的集装箱货物,也就是一箱几个货主的货物。

6.6.2 铁路集装箱的货源组织条件

办理铁路集装箱运输必须满足以下基本条件:

(1)凡是不符合标准规定的集装箱,不能按集装箱办理运输。

(2)集装箱在公布的办理站和专用铁路、专用线间运输。

(3)应符合按一批办理的条件。铁路集装箱运输按一批办理的条件包括:①每批必须是同一吨位的集装箱;②每批至少一箱,最多不超过一辆货车所能装运的箱数,且集装箱总重之和不能超过货车的容许载重量;③铁路集装箱与自备集装箱一般不能按一批办理,但当使用托运人提供的回空自备箱装运货物时,按铁路集装箱办理,故能与铁路集装箱按一批办理。

(4)集装箱装箱和施封由托运人负责,铁路不接受代为施封的委托,以便分清责任;集装箱凭封印交接;集装箱的启封和掏箱由收货人负责。

(5)集装箱货物的重量由托运人确定,并承担责任,铁路可以进行抽查;每个集装箱的总重不得超过额定重量,在对集装箱总重有限制规定的办理站间运输时,不得超过限制的总重。

(6)下列货物不能使用铁路通用集装箱装运:①易于污染和腐蚀箱体的货物,如水泥、炭黑、化肥、盐、油脂、生毛皮、牲骨、没有衬垫的油漆等;②易于损坏箱体的货物,如生铁块、废钢铁、无包装的铸件、金属块等;③鲜活货物(但在一定季节和地区内不易腐烂的货物,经铁路局确定,可使用通用集装箱装运);④危险货物(另有规定的除外)。

(7)集装箱不办理军事运输。

6.6.3 铁路集装箱货运业务程序

1. 集装箱承运日期表的确定

通过集装箱承运日期表,使托运人明确装往某一方向或到站的装箱日期,有计划地安排货物装箱以及准备短途搬运工具等,使路内外紧密配合,共同搞好集装箱货物计划运输。

2. 集装箱货物的托运和受理

集装箱货物的托运在集装箱办理站办理,托运时托运人应按批提出集装箱货物运单一份,要求符合按一批办理的条件。使用自备集装箱或要求在专用线卸车的,应在集装箱货物运单托运人记事栏内注明。另外，为了使收货人对掏箱货物有准备，凡箱内货物单件重量超过 1 000 kg 时，也应在托运人记事栏内注明。

集装箱办理站接受托运人的托运后，由受理货运员审批、受理集装箱货物运单。审批、受理运单的方法包括：

①随时受理。按装箱计划或承运日期表规定的日期，在运单上批注进箱(货)日期，然后将运单退还给托运人。

②集中受理。集中审批，由受理货运员根据运单，按去向、到站分别登记，待凑够一车集中一次审批，并由托运人取回运单。

③驻在受理。驻在受理是指办理站在货源比较稳定的工厂、工矿区设受理处，专门受理托运的集装箱货物。在运单受理后，批准进箱(货)日期，或由驻在货运员把受理的运单交货运室统一平衡，集中审批。

④电话受理。电话受理是指办理站货运室根据托运人电话登记托运的货物，统一集配，审批后用电话通知托运人进箱(货)日期，在进箱(货)同时，向货运室递交运单，审核后加盖进货日期戳记。

目前，大多数办理站都采用集中受理的形式。

办理站在受理集装箱货物运单时，除按一般要求审核外，还要逐项详细审核以下内容：

①托运的货物是否适合集装箱装运条件。

②所到站能否受理该吨位、种类、规格的集装箱。

③应注明的事项是否填写准确、完整。

④有关货物重量、件数、尺码等是否按规定填写。

3. 空箱发放

办理站在发放空箱时，应认真检查箱子外表状况是否会影响货物的安全运输而产生不应有的责任，在发放空箱时应做到：

①发送货运员在接到运单后，应核实批准进箱日期，审核运单填写是否准确，并根据货物数量核对需要发放的空箱，如有不符时即应和受理货运员核实。

②对实行"门到门"运输的货物，应开具集装箱"门到门"运输作业单交托运人，填写集装箱门到门运输登记簿。

③会同托运人共同检查空箱箱体状态，托运人在集装箱"门到门"运输作业单上签字后，领取空箱。如发送货运员认为所领取的空箱不能保障货物安全运输时，发送货运员应予以更换。如无空箱更换时，托运人有权拒绝使用，如使用后发生货损行为，应由办理站负责，除非空箱存在的缺陷是以一般手段无法从外表检查发现的。

④发送货运员有义务向托运人介绍箱子的内部尺寸、容积和货物积载法，这样不仅能充分利用箱容、载重量，而且能使货物装载安全。

4. 集装箱的装箱

集装箱的装箱和施封均由托运人负责。通用集装箱重箱必须施封，施封时左右箱门锁舌和把手须入座，在右侧箱门把手锁件施封孔施封一枚，用 10 号镀锌铁线将箱门把手锁件拧固并剪断余尾。托运的空集装箱可不施封，托运人须关紧箱门并用 10 号镀锌铁线拧固。

5. 集装箱货物的接受和承运

托运人装箱后，将重箱送入发送站。发送货运员在接受集装箱货物时，必须对由托运人装载的集装箱货物逐箱进行检查,符合运输要求的才能接受承运。接受集装箱货物后,托运人支付有关运输费用,办理站在运单上加盖站名、日期戳,表明此时集装箱货物已承运。所谓承运是指托运人将托运的集装箱货物移交给铁路时起,一直至到达站将货物交给收货人时止。

在对所托运的集装箱货物进行检查时,发送货运员应做到:

①对由托运人装载的集装箱货物应逐批、按箱检查箱门是否已关闭,锁舌是否落槽,把手是否全部入座,合格后在运单上批注货位号码。对"门到门"运输的集装箱货物还要核对是否卸入指定货位,然后在集装箱"门到门"运输作业单上签字,返还给托运人一份。

②检查集装箱箱号、铅封号码是否与运单记载一致,是否正确。

③检查铅封的加封是否符合技术要求。

④检查箱体是否受损,如有损坏,应编制集装箱破损记录。如损坏是由于托运人过失所致,则要求托运人在破损记录上签章,以划分责任。检查时,如发生铅印失效、丢失、无法辨认站名、未按加封技术要求进行铅封等情况,均由托运人负责恢复至正常状态。

⑤检查确认无误,车站便在货运单上签字,交托运人交款开票。

⑥对进行"门到门"运输的集装箱,还应补填集装箱"门到门"运输登记簿有关事项。

6. 集装箱的装车

装车货运员在接到配装计划后按到站确定装车顺序,并做到:

①装车前,对车体、车门、车窗进行检查,是否过了检查期,有无运行限制,是否清洁等。

②装车时,装车货运员要做好监装,检查待装的箱子和货运票据是否相符、齐全、准确,并对箱体、铅封状态进行检查。

③装车后,要检查集装箱的装载情况,是否满足安全运送的要求,如使用棚车装载时,还要加封。装车完毕后,要填写货车装载清单,货运票据,除一般内容的填写外,还应在装载清单上注明箱号,在货运票据上填写箱数总和,即包括货重和箱体自重。

7. 集装箱的卸车

集装箱货物到达卸站后即行卸车。卸车时应做到:

①做好卸车前的准备工作,首先要核对货运票据、装载清单等与货票是否相一致,然后确定卸车地点,并确定卸箱货位。

②卸车前,还应做好货运检查,检查箱子外表状况和铅封是否完整。

③开始卸车对棚车进行启封,做好监卸和卸货报告,如在卸车过程中发生破损应做出记录,以便划分责任。

④做好复查登记,要以货票对照标签、箱号、封号,在运单上注明箱子停放的货位号码,根据货票填写集装箱到达登记簿和卸货卡片。

8. 集装箱货物的交付

交货时,交箱货运员在接到转来的卸货卡片和有关单据后,认真做好与车号、封号、标签的核对,核对无误后通知装卸工组交货,并当面点交收货人。收货人在收到货物后应在有关单据上加盖"交付讫"的戳记,对"门到门"运输的集装箱货物,应填写"门到门"运输作业单,并由收货人签收,对由收货人返回的空箱,应检查箱体状况,在"门到门"运输作业单上签章。

6.6.4 铁路集装箱的中转业务

铁路集装箱中转站的主要任务是把来自不同车站的集装箱货物,通过有计划的组织重新按到站装车,将集装箱货物以最快速度运至到站。

目前,在进行集装箱中转时,有时会发现集装箱箱体损坏或封印丢失、失效等情况。一旦发现,中转站要立即会同有关部门清点货物,编制详细记录说明情况,补封后继续运送。如箱体损坏危及货物运输质量时,对箱内货物进行换箱。

中转站的中转作业按以下过程完成:

1. 编制中转配装计划

①详细核对中转计划表,主要内容有方向、主要到站和存箱数、已开始作业和待运的站存箱数。特别值得一提的是站存箱数必须以货票与集装箱逐批、逐箱进行复查,然后再与中转计划表的数字进行核实。

②确定中转车的去向,审核到达货票,并根据到达待送车的货票,统计中转集装箱去向,确定重车卸后的新去向。

③做集配计划。集配计划是按去向、主要到站站别统计出的,内容包括停留在堆场的集装箱、各到达车装载的集装箱以及各货车之间相互过车的箱数(卸下的箱要确定堆存箱位)。

④根据集配计划,结合送车顺序,确定货车送入后的中转车作业顺序。

⑤传达中转作业计划。货运员和装卸工组对计划进行复查核对,做好作业前的准备。在复查中不但要对数字进行复查,还要检查箱体、铅封状态、标签、箱号是否与箱票记载一致。

2. 中转作业

①集装箱中转作业顺序一般是在货车送妥后,根据中转作业计划,首先卸下落地箱,再将过车箱装载到应过的车上,最后整理仍在车上的其他货箱。在进行车内整理作业时,要检查留于车内的集装箱的可见箱体和铅封的状态,以便划分责任。

②进行装载。

③中转作业完毕后对货车进行加封。

3. 中转作业后的整理工作

中转的整理工作,既是中转作业结束后对中转工作质量的检查,也是下一次作业的开始。主要包括货运票据的整理、报表填记、复查中转作业完成的质量。

6.6.5 铁路集装箱货物的交接责任

1. 铁路与发货人、收货人之间的交接

铁路与发货人、收货人之间(其中包括他们的代理人)的交接主要是指集装箱货物的承运、交付两个作业环节,它直接关系到铁路与发货人、收货人之间的责任划分。

铁路集装箱货物的交接均应在铁路货场内进行,主要检查箱体状态,还要检查铅封。铁路集装箱启运时应由发货人将集装箱堆放在指定的货位上,关好箱门,并与发货人按批逐箱与货签核对。经检查接收完毕后,在运货单上加盖承运日期戳记,即表明已接受承运,或承运已开始。铁路在交付集装箱时,则应根据收货人提交的货物运单(或集装箱"门到门"运输作业单)与集装箱到达登记簿进行核对,然后到货场会同收货人按批逐箱进行检查对照,经确认无误后,将集装箱向收货人进行一次点交,并注销交货卡片,交付完毕,责任即告终止。

对进行"门到门"运输的空箱交接，经双方检查，确认箱体完好后，在集装箱"门到门"运输作业单上签字盖章办理交接手续。

2. 铁路货运员之间的交接

铁路货运员之间的交接，一是按同一工种因班次交替而进行的交接；二是不同工种之间的工作交接。对于上述两种交接，交接双方均应到现场。交者与接受者应采取以票对箱，或以箱对票的方法，按批逐箱进行检查，交接后双方在交接簿上签字，以分清责任，在交接过程中，如发现集装箱与货物运单记载的发站、到站、箱数、货名、发货人和收货人不符，以及铅封失效、丢失、箱体损坏危及货物安全等情况时，则应按《铁路货运事故处理规则》的有关规定进行处理。

3. 集装箱破损的责任划分及其记录的编制

集装箱的破损大致有两种情况，一是箱子损坏，二是箱子破损。前者是指某一单位或个人的责任造成集装箱未及时修理、定期修理，而后者通常指箱子的全损或报废，上述两种损害按其责任可分为：①发货人、收货人的过失责任。②承运人的过失责任。③第三者的过失责任。④不可抗力、意外原因、自然灾害。⑤铁路装卸工人的过失。⑥铁路货运员的过失。

凡属于上述责任造成的损坏箱、破损箱，以及货主自己的集装箱在铁路运输过程中发生的破损，都由货运员按箱编制集装箱破损记录。这个记录是划分集装箱破损责任的重要依据，因此，记录中所记载的内容必须准确、明确、肯定、完整。

6.6.6　铁路集装箱货运单证

1. 铁路货物运单

（1）铁路货物运单的定义和作用。

铁路货物运单是指当通过铁路办理货物运输时，在发运站由承运人加盖车站日期戳签发的货物运单，简称铁路运单。

铁路运单是收货人、发货人同铁路之间的运输契约。铁路运单只是运输合约和货物收据，不是物权凭证，但在托收或信用证支付方式下，托运人可凭运单副本办理托收或议付。

（2）铁路集装箱货物运单的内容。

我国铁路集装箱货物运单与整车货、零担货运单在格式与内容上略有不同。铁路集装箱货物运单的正面内容包括：发、到站、专用线名称栏，托运人、收货人的名称、地址、信息栏，货物的名称、件数、包装、重量、价格各栏，集装箱箱型、箱号、施封号各栏，选择运输服务方式栏，货车车种车号、标重栏，托运人记载事项栏，承运人记载事项栏等。运单背面印有托运人须知和收货人领货须知，作为运输合同条款。

（3）铁路集装箱货物运单的流转。

铁路货物运单一律以目的地收货人作记名抬头，一式两联。第一联是运单正本，随货物同行，到目的地交收货人作为提货通知；第二联是领货凭证，交托运人作为收到托运货物的收据。在货物尚未到达目的地之前，托运人可凭运单副本指示承运人停运，或将货物运给另一个收货人。

2. 货票

（1）货票的定义与作用。

货票是铁路填制的供财务统计使用的票据。在发站是铁路向托运人核收运输费用的收据；在到站是与收货人办理交付手续的一种凭证；在铁路内部则是清算运输费用，统计铁路完成货运工作量、运输收入以及有关货运方面工作指标的依据。

（2）货票的流转。

货票一式四联，甲联由发站存查；乙联由发站寄交发局；丙联是承运及收款凭证，由发站交给发货人作报销用；丁联是运输凭证，由发站将它与货物运单一起随货递至到站，由到站将丁联存查，货物运单交给收货人。承运货物时，发站必须在领货凭证上记明本批货物的货票号码，将货票丙联连同运单的领货凭证联交与托运人，由其将领货凭证寄交收货人。

6.7　国际铁路集装箱联运组织业务与单证

6.7.1　国际铁路集装箱联运的定义与基本形式

1. 国际铁路集装箱联运的定义

国际铁路集装箱联运是指在跨及两个及两个以上国家铁路的货物运输中，以 20ft、40ft 国际标准集装箱为载体，使用一份统一的国际铁路联运运单，由参加国铁路负责两个或两个以上国家铁路全程运输，而不需要托运人和收货人参加的铁路集装箱运输组织方式。

2. 国际铁路集装箱联运的发展

1951 年，由苏联、阿尔巴尼亚、保加利亚、匈牙利、波兰、德国、罗马尼亚、捷克斯洛伐克等八国在华沙成立的铁路合作组织签订了《国际铁路货物联合运输协定》（以下简称《国际货协》）。1954 年中国、朝鲜、蒙古铁路也参加了《国际货协》，1956 年越南参加《国际货协》。至此共有欧亚两洲 12 个国家的铁路参加了国际铁路货物联运，总营业里程达 26 万多千米。

国际铁路货物联运创办初期，集装箱运输就得到《国际货协》各成员国的高度重视。但由于当时条件不够成熟，所以仅限于办理属于铁路的 1 t、5 t 集装箱。随着国际集装箱运输的发展，《国际货协》范围内开展的 1 t、5 t 铁路集装箱运量不能满足发展的需要，1974 年《国际货协》部分成员缔结了国际联运共用集装箱协定，从此，在国际联运中使用 20 ft、40 ft 国际标准集装箱。1984 年草拟了《集装箱运送规则》，后经多次修改、补充和完善，1990 年同《国际货协》新文本一起被各成员国批准通过实行。

3. 国际铁路集装箱联运的基本形式

我国的国际铁路集装箱联运，主要包括两种形式。

（1）国际铁路集装箱进出口运输。

此种形式主要是通过国际铁路联运与周边国家的铁路集装箱和自备箱的进出口运输。国际铁路集装箱进出口运输是国际铁路集装箱联运的一种形式，执行我国铁路和《国际货协》规定。由于国际铁路联运是一份运单全程运输，因此使用国际货协运单，货物运输同时也要符合《国际货协》规定。

（2）过境铁路集装箱运输。

此种形式主要是指从东亚、东南亚国家或地区由海运或陆运进入我国口岸，经我国铁路运往蒙古、俄罗斯、欧洲、中东等国家和地区或相反方向的过境集装箱运输。在整个国际铁路集装箱联运过程中，我国铁路承担的是过境路的责任。外国货主的集装箱货物通过我国的国境站或港口站进入中国关境，在海关监管条件下，通过铁路运输，运抵另一国境站或港口站，监管交接出境，货物交付国外收货人、代理人或《国际货协》参加国铁路。过境铁路集装箱运输执行我国铁路和《国际货协》规定，所以使用国际货协运单，货物运输同时也要符合我国铁路和《国际货协》规定。

6.7.2　国际铁路集装箱联运的特点与基本要求

1. 国际铁路集装箱联运的特点

与国内铁路集装箱运输相比，国际铁路集装箱联运包括以下特点。

①涉及面广。每运送一批货物都要涉及两个或两个以上国家、几个国境站。

②运输条件高。要求每批货物的运输条件，如包装、装载、票据的编制、添附文件及车辆使用都要符合有关国际联运的规章、规定。

③办理手续复杂。货物必须有两个或两个以上国家铁路参加运输，在办理国际铁路联运时，其运输票据、货物、车辆及有关单证都必须符合有关规定和一些国家的正当要求。

④用一份铁路联运运单完成货物的跨国运输。

⑤运输责任方面采用统一责任制。

⑥仅使用铁路一种运输方式。

目前，各国铁路轨距并不完全相同。例如，俄罗斯铁路轨距为 1 520 mm，蒙古铁路轨距为 1 524 mm，越南铁路轨距和中国昆明铁路轨距为 1 000 mm，中国除昆明以外的其他铁路及朝鲜、德国、波兰、捷克、匈牙利、罗马尼亚、保加利亚等国铁路轨距均为 1 435 mm。由于俄罗斯、蒙古国铁路的轨距与我国不同，因此在边境站需要进行货物换装业务，这也成为国际铁路集装箱联运方式的最大缺陷。

2. 国际铁路集装箱联运的基本要求

（1）适用法规。

在我国的国际铁路集装箱联运，要遵守我国铁路关于集装箱运输的规定，并除执行《国际货协》的一般性规定外，还应遵守《集装箱运送规则》（《国际货协》附件 8）和与各邻国过境铁路协定的有关规定。在实践中，如果有关各国铁路部门间另有商定条件，则应使用该双边协定，而不适用《国际货协》的上述规定。目前，我国分别与朝鲜、越南、蒙古国、独联体等国家签署了双边协定，对两国间的运送条件做出了具体的规定。因此，我国运送到这些国家的铁路联运货物，应按照双边协定办理。

（2）办理车站。

货主必须在我国铁路和《国际货协》参加国铁路规定的集装箱办理站发运和接运集装箱货物。目前，我国现有 10 个铁路口岸站，与 5 个国家的铁路接轨，并根据《国际货协》可发运23 国铁路联运货物。但我国的国际铁路集装箱联运，主要是同俄罗斯、哈萨克斯坦、蒙古、越南四国开展邻国间的国际集装箱运输业务。

（3）运输限制。

铁路集装箱不得装运能损坏或污染集装箱的货物及能引起传染的、有臭味的食品和物质。

用集装箱装运危险货物时，必须遵守《危险货物运送规则》（《国际货协》附件 2）的规定，在国内发运执行我国《铁路危险货物运输管理规则》。

向俄罗斯用集装箱运送货物时，单件货物的重量，小、中吨位集装箱不得超过 120 kg；

大吨位集装箱不得超过 1 500 kg。

不符合《铁路集装箱运输规则》规定条件的集装箱、《危险货物运送规则》未作规定的集装箱、运送途中需要加冷、通风、加温的食品或其他物品的专用集装箱，需经有关路预先商定后才能办理。由铁路大吨位集装箱向俄罗斯运进或运出家庭用品时，应同俄罗斯铁路部门预先商定。

（4）运送票据。

运单采用国际货协运单，执行我国铁路和《国际货协》规定。

6.7.3　国际铁路集装箱联运业务程序

国际铁路集装箱联运的组织包括发送站的发送作业、发送路国境站作业、过境路作业（如有的话）、到达路国境站作业、到达路到达作业等环节。

在实际货运业务中，又分为出口货物运输组织和进口货物运输组织。货主（发货人、收货人）往往委托国际货运代理办理国际铁路联运的进出口手续。

1. 出口运输程序

国际铁路集装箱联运出口运输程序如图 6 - 14 所示。

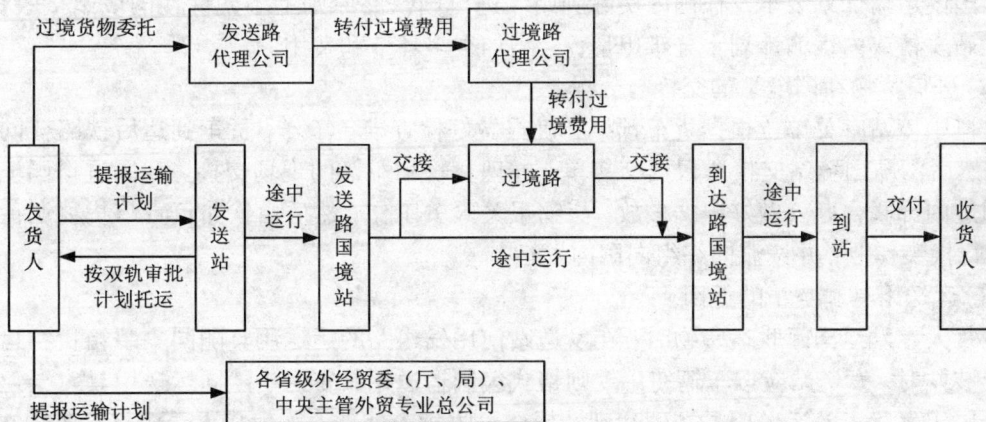

图 6 - 14　国际铁路集装箱联运出口运输流程图

（1）出口货物运输计划申请和运输组织准备工作。

主要包括发货人或其委托的国际货运代理人向铁路申请出口运输计划，缮制国际货协运单、装箱单及报关报检单据等。

发运国际铁路集装箱运输，按正常国际铁路货物运输计划申报。经满洲里、绥芬河、二连、阿拉山口、凭祥铁路国境站运输出口 20 ft、40 ft 集装箱和过境 20 ft、40 ft 集装箱（包括空回国外的集装箱）的运输计划，由各办理国际铁路集装箱联运的车站，根据托运人提报的货物运输计划，请报下月集装箱国际联运装车计划表，按国际联运货物发运。

（2）出口货物发运工作。

主要包括发货人或其委托的国际货运代理人办理报关报检工作，凭编制好的国际货协运单向发送站请报日装车计划，车站审核运单，集装箱装车和加固、对需押运的货物办理押运手续，交付运杂费，车站在国际货协运单上加盖车站日期戳，即国际联运货物承运，运输合同开始生效。

（3）出口国境站的交接。

主要包括办理货物在国境口岸的报关报检、货物交接与查找、货运事故处理等事宜。

（4）境外运输。

要求是《国际货协》参加国家，必须是在国家主管部门和铁路当局注册的运输公司才能从事外贸和过境运输业务。

（5）出口货物到达交付。

货物到达站，收货人向铁路付清运单所载的一切应付的运送费用后才能领取货物，铁路将货物、运单正本（运单第 1 联）和货物到达通知单（运单第 5 联）交付收货人。

2. 进口运输程序

与出口相比，国际铁路集装箱联运进口运输程序只是在方向上正好相反。

（1）进口运输计划的申报。

在填制国际铁路联运进口运输计划申报和运单时，应注意，到站应是进口国境内实际到达站（如北京东站、上海西站等），而不能填写进口国境站（如满洲里站、二连站等）。例如，进口运输按国际货协运单到站满洲里，则认为一票运输结束，应在满洲里车站卸货、清关后，再申请国内运输计划装车发往国内实际到站。进口国铁路原则上不允许在国境站接收货物，而国境站发往或内运输计划十分难申请，会增加很多环节和费用。

（2）进口货物在国境站的交接与分拨。

进口国境站有关单位根据货车预报和确报做好检查准备工作，货车到达后铁路会同海关接车，然后两国国境站交接所根据交接单、办理货物和车辆的现场交接。我国进口国境站交接所通过内部联合办公做好单据核放、货物报关验关工作，然后由铁路负责将货物调往换装线，进行换装作业，并按流向编组向国内发运。

（3）运送用具和空箱的返回。

发货人在发运国际联运货物时，在发送站使用发送路的运送用具随同集装箱货物运往到站或换装站时，发送站应按车辆使用规则格式编制运送用具寄送单随同运送用具直至返还所属路。属于发货人的运送用具在到达到站后交给收货人处理。如发货人希望将不属于铁路的运送用具或空箱从到站返还发站时，应在运单对铁路无运输效力的记载栏内注明运送工具或空箱应予返还。

6.7.4　国际铁路集装箱联运的单证

1. 国际货协运单

国际货协运单，是在《国际货协》参加国之间开展铁路联运时，采用《国际货协》统一格式制作的，用以证明、承托运双方的运输合同和承运人收到货物的凭证。发货人在托运国际铁路联运的集装箱货物时，对每批联运货物填写一份国际货协运单。

国际货协运单由五联组成，各联的名称、用途及流转程序如表 6-5 所示。

2. 补充运行报单

补充运行报单是铁路内部办理运费上缴和过境路办理运费结算的凭证，可分为带号码和不带号码两种。

发货人在托运国际铁路联运集装箱货物时，对每批联运货物填写运单一份的同时，按每一过境路填写不带号码的补充运行报单各一份，由发货人签字(可印刷或加盖戳记)后向发站提供。

　　发站根据发货人提供的每份运单，填制带号码的补充运行报单一份(三张)。带号码的补充运行报单上的号码即为批号(运单码)，发站应将其填入运单和不带号码的补充运行报单上的批号栏内。

　　国际铁路联运的补充运行报单各联的用途和流转程序如表6-6所示。

表6-5　国际货协运单的组成、用途及流转程序

联别	名称	主要用途	票据流转程序
第一联	运单正本	是运输合同的凭证	发货人→发站→到站→收货人
第二联	运行报单	是参加联运的各国铁路办理货物交接、划分运送责任及清算有关费用、统计运量和运输收入的原始依据	发货人→发站→到站→到达路
第三联	运单副本	是铁路已接收货物的凭证，发货人可凭此向收货人结算货款，也可据此行使变更运输，在货物和随行运单全部丢失时向铁路提出赔偿要求	发货人→发站→发货人
第四联	货物交付单	是铁路已履行运输合同的凭证	发货人→发站→到站→到达路
第五联	货物到达通知单	是通知收货人的凭证	发货人→发站→到站→收货人

表6-6　补充运行报单各联的用途和流转程序

联别		主要用途	票据流转程序
带号码	第一张	留站存查	发站填写存查
	第二张	报自局审查	发站→发局
	第三张	出口国境站截留	发站→发送路出口国境站
不带号码	每一过境路各一份	过境路清算运杂费的依据，过境路留	发货人→发站→每一过境站截留一份
	运单抄件一份	发货人报销用	发货人→发站→发货人
	我国港口运入过境国境站一份	我国出口国境站截留以清算过境费用	港口站→我国出口国境站
	每一继续运送路一份，并填制带号码的三张	超过车辆最大载重量多出的货物补送	发站→每一继续运送的铁路截留一份
	补送货物两份	换装时未装下等原因补送货物	换装站→到站(一份)(一份编制站留存)
	补编缺少的份数	缺页时出口国境站补编	国境站→过境路截留
	每一摘下的车辆一份	一份运单直达运送的数个车辆，由于技术等原因摘下的车辆	摘车站→到站
	补编一份	缺带号码的补充运行报单时出口国境站补编	国境站→发送局财务

　　我国经满洲里、绥芬河国境站运往俄铁的货物，运单和运行报单可只用中文填写，不附俄文，同时我国铁路自用的带号码的补充运行报单，可只用中文填写。上述以外的运单和补充运行报单，用中文填写，并在每行下附俄文译文。

6.8　铁路集装箱运费计算

　　铁路集装箱运费是指集装箱货物以铁路为运输工具进行运输时所产生的费用。国内铁路集装箱运费的计算有两种方法。一种是常规计算法，由运费、杂费、装卸作业费和铁道部规定的其他费用组成；另一种是为适应集装箱需要而制定的集装箱一口价计算方法。国际铁路集装箱联运运费根据《国际货协》的规定计算。

6.8.1　铁路集装箱运杂费及其计算

　　铁路集装箱运杂费是指在铁路集装箱运输中，货主向铁路区段承运人所支付的运杂费。具体包括铁路车辆在运行过程中的运费，货物在起运、到达、中转时的装卸、仓储、保管、搬运等作业费和业务费。

1. 铁路集装箱运费

　　铁路集装箱运费由发到运费和运行运费组成，按照使用的箱数和《铁路货物运价规则》附件二中铁路货物运价率表中规定的集装箱运价率（见表 6 - 7）计算，其计算公式为：

　　集装箱运费 = 发到运费 + 运行运费 = 基价1 × 箱数 + 基价2 × 运价里程 × 箱数

表 6 - 7　铁路货物运价率表

运价号	基价1		基价2	
	单位	标准	单位	标准
20 ft 箱	元/箱	337.5	元/箱千米	1.4
40 ft 箱	元/箱	459	元/箱千米	1.904

注：源于国家发展改革委、铁道部关于调整铁路货物运输价格通知（发改价格〔2012〕1358 号）。

　　①罐式集装箱、其他铁路专用集装箱按铁路货物运价率表中规定的运价率分别加30%、20%计算。

　　②装运一级毒害品（剧毒品）的集装箱按铁路货物运价绿标中规定的运价率加100%计算；装运爆炸品、压缩气体和液化气体、一级易燃液体（石油类除外）、一级易燃固体、一级自燃物品、一级遇湿易燃物品、一级氧化剂和过氧化物、二级毒害品、感染性物品、放射性物品的集装箱按铁路货物运价率表中规定的运价率加50%计算。装运危险货物的集装箱按上述两款规定适用两种加成率时，只使用其中较大的一种加成率。

　　③额定重量为30.48 t 的通用 20 ft 集装箱按铁路货物运价率表中规定的运价率加20%计算，按规定对集装箱总重限制在 24 t 以下的除外。

　　④根据铁道部《关于调整铁路货物运价的通知》（铁运函〔2006〕250 号），自备集装箱空箱运价率按其适用重箱其他货物运价率的40%计算。但承运人利用自备集装箱回空捎运货

物，在货物运单铁路记载事项栏内注明，免收回空运费。同时，该修订通知也取消了自备集装箱管理费项目。

2. 铁路集装箱杂费

与集装箱有关的铁路营运杂费项目及其费率情况如表 6 – 8 所示。

表 6 – 8　与集装箱有关的铁路运营杂费费率

序号	项目			单位	费率
1	过秤费	20 ft 箱		元/箱	30.00
		40 ft 箱		元/箱	60.00
2	表格材料费	运单	普通货物	元/张	0.10
			水陆联运货物	元/张	0.20
			国际联运货物	元/张	0.20
		物品清单		元/张	0.10
		施封锁材料费（承运人装车、箱的除外）		元/个	1.50
3	取送车费			元/车千米	6.00
4	机车作业费			元/0.5 h	60.00
5	押运人乘车费			元/人百千米	3.00
6	集装箱使用费	20 ft 箱	500 km 以内	元/箱	100.00
			501～2 000 km 每增加 100 km 加收	元/箱	10.00
			2 001～3 000 km 每增加 100 km 加收	元/箱	5.00
			3 001 km 以上计收	元/箱	300.00
		40 ft 箱	500 km 以内	元/箱	200.00
			501～2 000 km 每增加 100 km 加收	元/箱	20.00
			2 001～3 000 km 每增加 100 km 加收	元/箱	10.00
			3 001 km 以上计收	元/箱	600.00
		铁路拼箱（一箱多批）		元/10 kg	0.20
7	货物作业装卸费	按铁道部《铁路货物装卸作业计费办法》和《铁路货物作业装卸费率》的规定核收			
8	货物保价费	按铁道部《关于修改货物报价费率的通知》的规定核收			

注：根据铁路货物运价规则（铁运［2005］46 号）整理。

（1）集装箱使用费。

凡使用铁路集装箱运输货物，除核收运费外，还要按箱型、箱数和运价里程核收使用费；如使用铁路危险品专用集装箱装运货物时，集装箱使用费加 20% 核收。

（2）电气化附加费、新路新价均摊运费、铁路建设基金。

根据《铁路电气化附加费核收办法》、《新路新价均摊运费核收办法》、《铁路建设基金计算核收办法》规定，还应分别核收电气化附加费、新路新价均摊运费、铁路建设基金。其计算公式为：

$$电气化附加费 = 费率 \times 计费重量(箱数或轴数) \times 电化里程$$
$$新路新价均摊运费 = 均摊运价率 \times 计费重量(箱数或轴数) \times 运价里程$$
$$建设基金 = 费率 \times 计费重量(箱数或轴数) \times 运价里程$$

3. 延期使用运输设备、违约及委托服务费用

与集装箱有关的延期使用运输设备、违约及委托服务杂费项目及其费率如表 6-9 所示。

表 6-9　与集装箱有关的延期使用运输设备、违约及委托服务杂费费率

序号	项目		单位	费率
1	集装箱货物暂存费	20 ft 箱	元/(箱·日)	15.00
		40 ft 箱	元/(箱·日)	30.00
2	集装箱延期使用费	20 ft 箱	元/(箱·日)	40.00
		40 ft 箱	元/(箱·日)	80.00
3	货物运输变更手续费 (20 ft、40 ft 集装箱)	变更到站(含同时变更收货人)	元/批	300.00
		变更收货人或发送前取消托运	元/批	100.00
4	清扫费(收货人自行掏箱时未扫干净的)	20 ft 箱	元/箱	2.50
		40 ft 箱	元/箱	5.00
5	专用线、专用铁路货车使用费		按照铁道部《货车使用费核收暂行办法》的规定核收	
6	承运后发现托运人匿报、错报货物品名填写运单，致使货物运费减收或危险货物匿报、错报货物品名按一般货物运输时，按批核收全程正当运费 2 倍的违约金，不另外补收运费差额。集装箱货物超过集装箱标记总重量，对其超过部分：20 ft 箱、40 ft 箱每 100 kg 按该箱型运价率的 5% 核收违约金			
7	运杂费迟交金，从应收该项运杂费之次日起至付款日止，每迟延一日，按运杂费(包括垫付款)迟交总额的 3% 核收			

（1）集装箱货物暂存费。

发送的集装箱应于承运人指定的进站日期当日进站完毕。到达的集装箱，应于承运人发出催领通知的次日算起，两日内领取集装箱货物，并于领取的当日内将箱内货物掏完或将集装箱搬出。集装箱货物(含空自备箱)在车站存放超过上述免费暂存期限，应按规定核收货物暂存费。此外，对于危险货物和易燃货物的暂存费率按表中规定的费率加 100% 计算。货物暂存费在应收该费时间段的前 3 日，按规定的费率计费，自第四日起，允许铁路局根据各地的不同情况适当上浮，上浮的幅度最大不得超过规定费率的 300% 并报铁道部备案。

（2）集装箱延期使用费。

托运人或收货人使用铁路箱超过下列期限，自超过之日起核收集装箱延期使用费：站内装箱时，应于承运人制定的进货日期当日装完。站内掏箱时，应于领取的当日内掏完；到达的集装箱应于承运人发出催领通知的次日起算，两日内领取集装箱；集装箱"门到门"运输重去空回或空去重回时，应于领取的次日送回；重去重回时应于领取的 3 日内送回。

6.8.2　铁路集装箱运输一口价

铁道部为增加价格透明度，规范收费行为，满足货主需要，开拓铁路集装箱运输市场，于 1999 年制定了《集装箱运输一口价实施办法》。

1. 铁路集装箱运输一口价的含义

集装箱运输一口价是指集装箱自进入发站货场时起，至搬出到站货场时止，铁路运输全过程各项价格的总和，一次收取，一票结清的一种运费结算办法。集装箱一口价按发到站分箱型列明于《集装箱运输一口价表》中。车站应在集装箱营业场所公布《集装箱运输一口价实施办法》和本站的《集装箱运输一口价表》。

2. 铁路集装箱运输一口价的组成

铁路集装箱运输一口价由发站费用、到站费用和铁路运输收入三部分组成。

（1）铁路运输收入。

包含国铁运费、国铁临管费用、铁路建设基金、特殊加价、电气化附加费、铁道部规定核收的代收款、铁路集装箱使用费或自备集装箱管理费、印花税等。

（2）发站其他费用。

包括组织服务费、集装箱装卸综合作业费、护路联防费、运单表格费、货签表格费、施封材料费等。

（3）到站其他费用。

包括到站集装箱装卸综合作业费、铁路集装箱清扫费。

3. 铁路集装箱一口价包含的费用

根据《集装箱运输一口价实施办法》（铁道部铁运〔1999〕61 号）和《集装箱运输一口价实施工作有关问题的通知》（铁运函〔1999〕253 号）的规定，集装箱运输一口价包括了本节前面所介绍的铁路基本运价、建设基金、新路新价均摊运费、电气化附加费、特殊运价、杂费等所有符合国家规定的运价和收费外，还包括了"门到门"运输取空箱、还空箱的站内装卸作业，专用线取送车作业，港站作业的费用和经铁道部确认的集资货场、转场货场费用。

但集装箱运输一口价不包括下列费用：①要求保价运输的保价费用；②快运费；③委托铁路装掏箱的装掏箱综合作业费；④专用线装卸作业的费用；⑤集装箱在到站超过免费暂存期间产生的费用；⑥由于托运人或收货人责任而发生的费用。

4. 铁路集装箱运输一口价的适用范围

铁路集装箱运输一口价主要适用于国内铁路普通集装箱运输，因而，下列运输不适用集装箱一口价，仍按一般计费规定计费：①集装箱国际铁路联运；②集装箱危险品运输（可按普通货物条件运输的除外）；③冷藏、罐式、板架等专用集装箱运输。

此外，实行一口价的集装箱暂不办理在货物中途站或到站提出的运输变更。

6.8.3　国际铁路集装箱联运运费计算

1. 国际铁路集装箱联运费用的构成与支付

国际铁路集装箱联运费用由发送路运送费用、过境路运送费用和到达路运送费用三部分构成。

（1）发送路运送费用与到达路运送费用。

根据《国际货协》及其附件《国际铁路货物联运统一过境运价规程》（以下简称《统一货价》）和《国际客协和国际货协清算规则》的规定：发送路、到达路的运送费用按本国铁路规章规定，以本国货币分别在发站、到站向发货人或收货人核收。

（2）过境路运送费用。

过境路运送费用的主要依据是《国际货协》、《统一货价》和国内的《铁路货物运价规则》及其附件。

目前，过境货物运送费用的清算规则已由《国际货协》参加国铁路间相互清算，改变为各国指定的国际货运代理直接交付。即货主委托国际货运代理人为其办理过境一个或几个国家铁路到达其他国家的运输时，代理人应根据与货主的协议，向货主收取货物全程运送费用后，在发站代货主交付国内铁路段的运送费用，通过过境国、到达国货运代理人向过境铁路和到达铁路交付运送费用。

对于过境我国的铁路运送费用，我国铁路规定，过境货物的运输必须由国家有关主管部门批准、认可的具有国际货物运输代理经营资格并有过境货物运输代理业务范围的企业办理。凡是以过境货物报关单向海关申报并在国际货协运单上加盖"海关监管货物"戳记的均视为过境货物。

2. 国内段费用的计算

国际铁路联运货物在我国境内的运输费用，按我国国内铁路运输费用计算。我国铁路运费核收的基本文件是《铁路货物运价规则》及其附属章程。

出口货物运输：我国境内铁路发生的费用一律在我国核收，包括铁路运费、装卸费、运杂费等，包括在发运车站到边境口岸车站的运价里程外，从边境口岸车站到国境线（零公里）的铁路运输费用，全部在发运车站交付。在货物跨越国境线（零公里）后的铁路运费、换装费则由境外运输代理人或收货人交付。

进口货物运输：境外铁路运输费用由发货人或运输代理人交付，在边境口岸交接后［货物跨越国境线（零公里）后］发生的所有费用（包括到收货站的国内运费），一律在我国国境口岸车站核收。

在计算国内段铁路运输费用时，应按照以下程序：一是确定货物的运费计算等级（运价号）；二是确定铁路货物运价率；三是确定货物的运价里程；四是查明在货物运输里程中，是否有特殊运价路段；五是计算运杂费。

（1）计算运费。

运费 =（发到基价 + 运行基价 × 运价里程）× 箱数

国际联运货物运价里程还应加上国境车站到国境线零公里处的里程。

（2）计算铁路建设基金。

铁路建设基金 = 铁路建设基金费率 × 箱数 × 运价里程

（3）计算电气化附加费。

电气化附加费 = 电气化附加费费率 × 箱数 × 通过铁路电气化区段里程

（4）计算印花税。

印花税以每张货票计算，按运费的 0.5‰ 核收，不足 0.1 元免收，超过 0.1 元实收。

（5）计算特殊运价区段运费。

根据国家规定，部分正式铁路营业线执行单独核收特殊运价，有些地方铁路、合资铁路与国家铁路办理直通运输，其单独特殊运价也合并收取。如经过铁路特殊运价区段，则应计算特定区段运价加上正常运费。铁路特殊运价区段里程则应从运输总里程中扣除。

（6）其他铁路运杂费。

包括运单表格费、集装箱使用费、机车作业费等，按规定项目和标准，计算出发生的杂费。

以上各项费用相加，即为国际铁路集装箱联运国内段费用。

3. 过境运送费用的计算

我国过境货物铁路运输执行《国际货协》规则、以《统一货价》第 8 条过境里程表中的中华人民共和国铁路过境里程表计算过境里程、按《统一货价》计费。过境货物运送费用一律在接入国境站或港口站（由港口接入时）向发货人或代理人核收。为进一步吸引过境中国铁路国际联运货物运量，中国铁道部 2000 年 3 月颁布了《关于过境中国铁路国际联运货物运送费用核收暂行规定》，该规定还对实行《统一货价》提供了减成优惠政策。具体包括以下内容：

①过境货物运费，按《统一货价》规定的费率并与过境货物运费计算系数表规定的系数相乘计算。

②经由阿拉山口国境站办理货物运送时，港口站或国境站至乌西站的运费按《统一货价》规定的费率并与过境货物运费计算系数表规定的系数相乘计算。

③过境货物的运价等级，根据《国际铁路货物联运通用货物品名表》的规定计算。

④过境货物在国境站或港口站发生杂费，按照国内固定计费。国内规章未规定而《统一货价》规定的费率，按《统一货价》的规定计算。

重点与难点

重点：(1)铁路集装箱专用车辆的分类及特点；(2)铁路集装箱办理站的类型；(3)铁路集装箱直达列车的种类；(4)铁路集装箱班列运输经营模式；(5)铁路集装箱的货源组织条件；(6)国内铁路集装箱货运业务程序；(7)铁路集装箱运输一口价。

难点：(1)典型车辆的集装箱装载与配载方案；(2)国际铁路集装箱联运业务程序；(3)铁路集装箱运杂费及其计算。

思考与练习

1. 简述铁路集装箱专用车辆的分类及特点。
2. 铁路集装箱运输有哪些装运方式？
3. 我国主要的铁路集装箱运输车辆有哪些？
4. 简述铁路集装箱办理站应具备的条件。
5. 简述我国铁路集装箱运输的三级集装箱运营网络。
6. 集装箱中心站具有哪些业务功能？
7. 铁路集装箱直达列车如何分类？
8. 简述铁路班列经营人包租经营模式的内容。
9. 简述铁路集装箱的货源组织条件。
10. 简述铁路集装箱货运业务程序。
11. 什么是国际铁路集装箱联运？其基本形式有哪些？
12. 如何计算铁路集装箱运杂费？
13. 简述铁路集装箱运输一口价的定义及组成。

第 7 章

公路集装箱运输组织

7.1 公路集装箱运输概述

7.1.1 公路集装箱运输的分类

公路集装箱运输，也称集装箱汽车运输或集装箱拖车运输，它是指依靠公路采用汽车承运装货集装箱或空箱的集装箱运输方式。公路集装箱运输可有效地连接水运、铁路、航空集装箱运输，并承担中、短途的内陆运输，为货主提供有效的物流服务。基于不同角度，公路集装箱运输可有不同的分类。

1. 按集装箱运输的地域分类

按照集装箱运输的地域不同，公路集装箱运输可分为国际公路集装箱运输（外贸集装箱运输）和国内集装箱运输（内贸集装箱运输）两大类。

2. 按集装箱所装载货物的性质分类

按照集装箱所装载货物性质的不同，公路集装箱运输可分为普通箱运输和特种箱运输两大类。特种箱包括危险货物箱、冷藏保温箱、罐式箱等。

7.1.2 公路集装箱运输的特点

与其他运输方式相比，公路集装箱运输具有以下特点。

1. 一种"门到门"运输

"门到门"运输是集装箱运输的突出特征，也是其优越性所在。而集装箱运输最终要实现"门到门"运输，绝对离不开公路集装箱运输这种末端运输方式。所谓末端运输，是指运输活动开始与结束部分的活动。即从发货人那里取货和将货物送到收货人门上。纵观集装箱各种运输过程，不管是水路运输、铁路运输还是航空运输，其开始和结束都是不可能离开集装箱卡车的运输。离开集装箱卡车，集装箱运输"门到门"的优势就荡然无存。

2. 以衔接性、辅助性为主

在大多数情况下，公路集装箱运输在集装箱的各种运输方式之间起衔接性、辅助性的作用，是通过陆上短驳，将各种运输方式衔接起来，或最终完成一个运输过程。只在少数情况下，公路集装箱运输扮演主力角色，从头至尾完成一次完整的运输过程。

3. 表现出公路运输共有的缺点

不管是不是运输集装箱货物,公路运输均表现出一些共同的弱点:运力与速度低于铁路运输;能耗与成本却高于铁路、水路运输;安全性低于铁路和水路运输;对环境污染的程度高于铁路和水路运输高。所以,在有些国家和地区(如欧洲的许多国家)都以立法和税收优惠政策等方式,鼓励内河运输与铁路运输,限制集装箱的长途公路运输。

公路集装箱运输合适的距离,与各国的经济发展程度和国土面积有关。例如,内陆幅员辽阔、高速公路网络发达的美国,一般认为 600 km 为公路集装箱运输的合适距离;四周环海、沿海驳运很方便的日本,认为公路集装箱运输在 200 km 之内比较合理;我国虽然内陆也幅员辽阔,但公路网络迄今为止还较差,铁路网络相对较发达,所以一般认为公路集装箱运输应控制在 300 km 左右。

7.1.3　公路集装箱运输的相关要求

1. 对公路技术规格的要求

一般来说,运输大型集装箱,最大轴负重 10 t,双轴负重 16 t 就够了。为了最大限度利用轴负重,可使用不受高度限制的低拖车。所以,公路集装箱运输对公路基本建设的最低要求是公路网的载运能力至少等于车辆轴负重的要求,以及车辆运行时对车道宽度、曲线、限高的要求。

运输 20 ft、30 ft、40 ft 的集装箱,公路必须满足下列要求:①车道宽度 3 m;②路面最小宽度 30 m;③最大坡度 1∶10;④停车视线最短距离 25 m;⑤最低通行高度 4 m。有些国家因公路有关法规的限制,允许最大宽度、最大高度 3.8 m。

2. 对运输车辆的要求

公路集装箱运输的车辆是根据集装箱的箱型、种类、规格尺寸和使用条件来确定的。一般分为货运汽车和拖挂车两种,货运汽车一般适用于小型集装箱,做短距离运输;拖挂车适用于大型集装箱,适合长途运输,它的技术性能较好,被一些工业发达的国家广泛采用。

3. 配备必备的装卸机械

公路集装箱运输的装卸作业主要在场、站或货主自己的库场进行,虽然不像码头、铁路货场那样进行大量的集装箱装卸作业,但为了适应某些货主以及公路集装箱货场作业的要求,也需要配备一定数量的装卸集装箱的机械设备。

4. 公路集装箱营运管理

公路集装箱运输的营运管理包括货运组织工作和车辆的运行管理两个方面。

货运组织工作包括集装箱运输的货源组织、集装箱的业务管理和装卸作业、集装箱的保管及交付、与其他部门的衔接配合工作、运费结算等。

车辆运行管理包括集装箱业务量的分配、车辆运行计划的制定、运输工作的日常管理、集装箱车辆在线路上的运行组织管理、集装箱的运输统计分析等。

7.2　公路集装箱运输车辆

7.2.1　集装箱牵引车

集装箱牵引车本身不具备装货平台,必须与挂车连在一起使用。

基于不同的角度,集装箱牵引车有不同的分类。

1. 按车轴的数量分类

集装箱牵引车有 3 轴至 5 轴的,有单轴驱动至 3 轴驱动的不等。

2. 按司机室的形式分类

集装箱牵引车有平头式和长头式两种,如图 7 - 1 所示。

平头式牵引车,优点是司机室短,视野好;轴距和车身短,转弯半径小。缺点是发动机直接布置在司机座位下面,司机受到机器振动影响,舒适感较差。

长头式(又称凸头式)牵引车,优点是发动机和前轮布置在司机室的前面,司机舒适感较好;若发生撞车,司机较为安全;开启发动机罩修理发动机较为方便。主要缺点是司机室较长,因而整个车身长,回转半径较大。

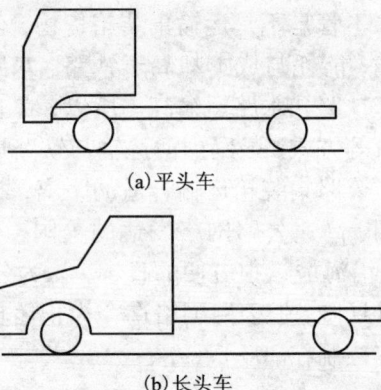

(a) 平头车

(b) 长头车

图 7 - 1　平头式与长头式集装箱牵引车

由于各国对公路、桥梁和涵洞的尺寸有严格的规定,车身短的平头式牵引车的应用日益增加。

7.2.2　集装箱挂车

挂车,是指并无自带的动力装置,需要与牵引车组成汽车列车的车辆。

牵引车和挂车的连接方式有两种:第一种是挂车的前面一半搭在牵引车后段上面的牵引鞍座上,牵引车后面的桥承受挂车的一部分重量,这就是半挂车;第二种是挂车的前端连在牵引车的后端,牵引车只提供向前的拉力,拖着挂车走,但不承受挂车向下的重量,这就是全挂车。

以集装箱半挂车为例,在实践中,其主要有以下几种形式。

1. 平板式集装箱半挂车

这种半挂车除有两条承重的主梁外,还有多条横向的支撑梁,并在这些支承梁上全部铺上花纹钢板或木板,同时在集装箱固定装置的位置,按集装箱的尺寸和角件的规格要求,全部安装旋锁件。因而,它既能装运国际

图 7 - 2　平板式集装箱半挂车

标准集装箱,又能装运一般货物,车辆的使用效率较高。但平板式集装箱半挂车由于自身的质量较大,承载面较高,所以只有在需要兼顾装运集装箱和一般长大件货物的场合才采用它,如图 7 - 2 所示。

2. 骨架式集装箱半挂车

这种半挂车专门用于运输集装箱,它仅由底盘骨架构成,而且集装箱也作为强度构件加入到半挂车的结构中。因此,其自身质量较轻、结构简单、维修方便,在专业集装箱运输企业中普遍采用,如图 7 - 3 所示。

3. 鹅颈式集装箱半挂车

它是一种专门运载 40 ft 集装箱的骨架式半挂车,其车架前端拱起的部分称作鹅颈。当半挂车装载带鹅颈槽的 40 ft 集装箱时,车架的鹅颈部分可插入集装箱底部的鹅颈槽内,从而降低了车辆的装载高度,同时,鹅颈槽在吊装时还可以起到导向作用,如图 7-4 所示。

图 7-3 骨架式集装箱半挂车

图 7-4 鹅颈式集装箱半挂车

4. 可伸缩式集装箱半挂车

它是一种柔性半挂车,它的车架分成 3 段。前段是一根带有鹅颈及支承 20 ft 集装箱的横梁,并由牵引销与牵引车连接,整个前段为一个框架的刚体。中段是一根方形钢管,一段插入前段的方形钢管中,另一段被后段的方形钢管插入,使前段和后段成为柔性连接。后段由两个框架组成,上框架与一方形管固定,后段方形管插入中段方形管后,与前段组成整个机架,支承及锁紧装运的集装箱,并且通过不同的定位销确定车架不同的长度,可适应装运 20 ft、30 ft、40 ft 和 45 ft 各型集装箱的要求。下框架则通过悬挂弹簧与后桥连接,同时,上、下框之间可以前后移动,最大的移动距离为 4 ft,通过移动这一距离,可以调整车组各桥的负荷,使其不超过规定的数值,从而提高车辆的通行能力。

5. 自装自卸式集装箱半挂车

自装自卸式集装箱半挂车按其装卸形式的不同可分为两类。一类是后面吊装型,如图 7-5 所示,它是从车辆的后面通过特制的滚装框架和由液压电动机驱动的循环链条,将集装箱曳拉到车辆上完成吊装作业的,卸下时则相反;另一类是侧面吊装型,如图 7-6 所示,它是从车辆的侧面通过可在车上做横向移动的变幅式吊具将集装箱吊上、吊下。由于集装箱

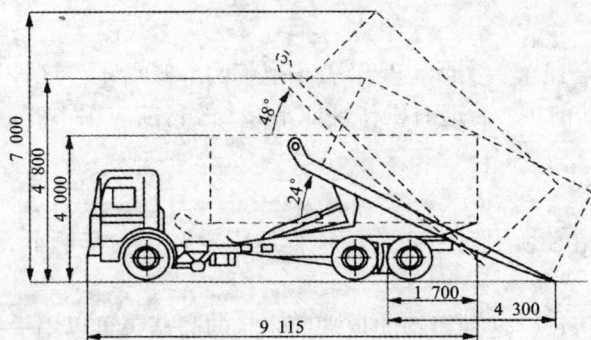

图 7-5 后面吊装型集装箱自装自卸车

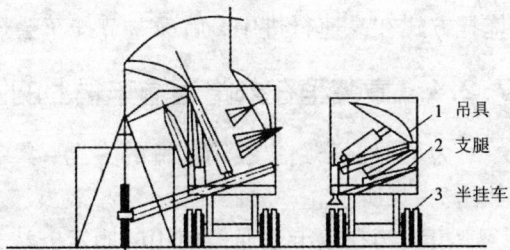

图 7-6 侧面吊装型集装箱自装自卸车

自装自卸式半挂车具有运输、装卸两种功能，在开展由港口至货主间的"门到门"运输时，无须其他装卸工具的帮助，而且使用方便，装卸平稳可靠，又能与各种牵引车配套使用，除了装卸和运输集装箱外，还可以运输大件货物和进行装卸作业，因此深受欢迎，应用范围也日益广泛。

7.2.3　集装箱牵引车拖带挂车的方式

集装箱牵引车拖带挂车的方式有三种，分别为半拖挂方式、全拖挂方式和双联拖挂方式，如图 7-7 所示。

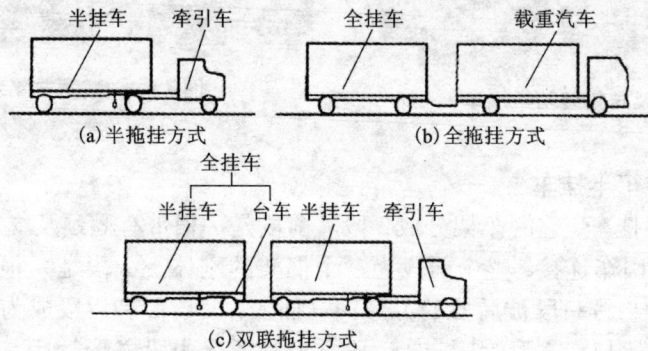

图 7-7　集装箱牵引车拖带挂车的方式

1. 半拖挂方式

这是用牵引车来拖带装载了集装箱的半挂车。这类车型集装箱的重量由牵引车和半挂车的车轴共同分担，故轴压力小；另外由于牵引车后车轴承受了部分集装箱的重量，故能得到较大的驱动力；这种拖挂车的全长较短，便于倒车和转向，安全可靠；半挂车前端的底部装有支腿，便于甩挂运输。

2. 全拖挂方式

这是通过牵引杆架将全挂车与牵引车或普通载重货车相连接。全拖挂车是仅次于半拖挂车的一种常用的拖带方式，操作比半拖挂车困难。

3. 双联拖挂方式

它是半拖挂方式牵引车后面再加上一个全挂车。实际上是牵引车拖带两节底盘车。这种拖挂方式在高速行进中，后面一节挂车会摆动前进，后退时操作性能不好，故目前应用不广。

7.2.4　集装箱在公路运输车辆上的固定

为了保证公路集装箱运输的安全，集装箱必须用四个底角件牢牢地固定在运输车辆上，如图 7-8 所示。

集装箱在集卡上通常使用的固定方法是扭锁。这种扭锁的顶端锥体状的蘑菇头可以用手动操作，摆动手柄就能使它旋转90°。图 7-9(a)为锁后状态，图 7-9(b)为锁前状态。

除了扭锁之外，公路车辆上还有其他固定集装箱的固定件，如锥体固定件(见图 7-10)和导位板固定件(见图 7-11)。锥体和导位板固定件一般是在港站内低速和短距离行驶的条件下使用,使用时必须用锁销把集装箱锁住,否则车辆在不平整道路上行驶时,由于车辆的颠簸,集装箱可能会跌落下来。用锁销锁住后,既可以起定位作用,又可以承受水平方向和垂直方向的反作用力。

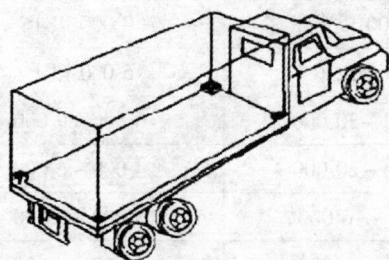

图 7-8　集装箱在公路车辆上的固定

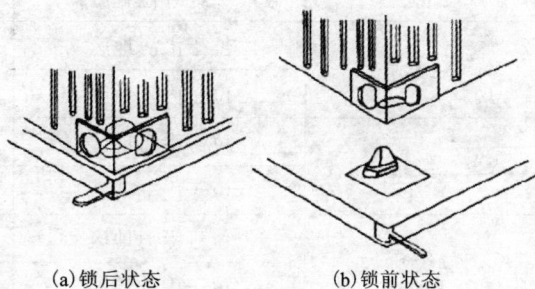

(a)锁后状态　　　(b)锁前状态

图 7-9　公路车辆底盘上的扭锁

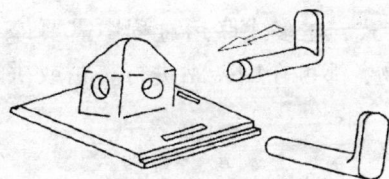

图 7-10　锥体固定件

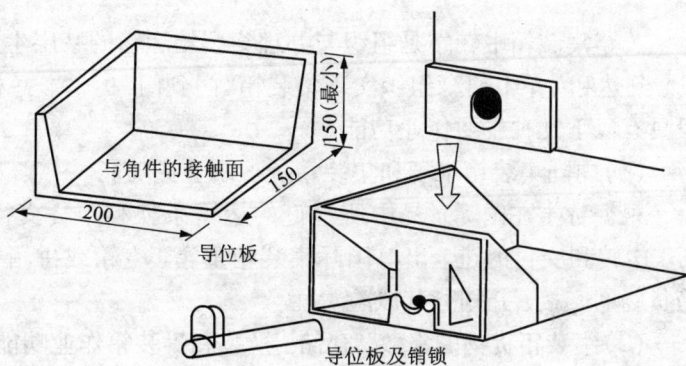

图 7-11　导位板固定件

7.3　公路集装箱中转站

7.3.1　公路集装箱中转站的分类

公路集装箱中转站(container depot or inland container depot),是指设在港口或铁路办理站附近,用于水运、铁路运输向内陆和经济腹地延伸的基地和枢纽,是集装箱内陆腹地运输的重要作业点之一。

按照我国国家标准《集装箱公路中转站级别划分、设备配备与建设要求》(GB/T 12419—2005),公路集装箱中转站有两种分类方法。

1. 按年箱运量、年堆存量以及所在地理位置分类

公路集装箱中转站可划分成三级,分别为一级站、二级站、三级站。其划分标准见表 7-1。

2. 按所运集装箱的类型分类

公路集装箱中转站可分为国际箱中转站和国内箱中转站。对同时经营国际箱和国内箱的中转站,如果其国际集装箱年箱运量达到年总箱运量的70%以上者,视为国际集装箱中转站。

表7-1 集装箱中转站站级划分标准

站级	地理位置	年箱运量(TEU)	年堆存量(TEU)
一级站	位于沿海地区	30 000 以上	9 000 以上
	位于内陆地区	20 000 以上	6 000 以上
二级站	位于沿海地区	16 000 ~ 30 000	6 500 ~ 9 000
	位于内陆地区	10 000 ~ 20 000	4 000 ~ 6 000
三级站	位于沿海地区	6 000 ~ 16 000	3 000 ~ 6 500
	位于内陆地区	4 000 ~ 10 000	2 500 ~ 4 000

7.3.2 公路集装箱中转站的功能

公路集装箱中转站是组织与办理集装箱运输的基层生产单位,主要负责办理集装箱的出发、到达和中转作业,组织实现集装箱"门到门"运输。总体来看,我国公路集装箱中转站一般具有以下几种主要作业功能。

(1)内陆集装箱堆场和集装箱货运站业务功能。

根据货主在国际贸易中所签订的运输条款和箱货交接方式,在多式联运过程中需要停留、中转和交付的进、出口国际集装箱重箱、空箱或拼箱货物,都可在中转站进行整箱或拼箱货物的交接,并划分其风险责任。

(2)集装箱货物的集散、仓储、换装和拆装箱作业功能。

对出口的货物,可提供集货、理货、装箱、拼箱,并向港区码头转运装船等服务;对进口的国际集装箱可提供拆箱、卸货、理货、分发及上门送货等服务;对拆箱后、装箱前以及需要换装的各种进出口货物,包括需要长期保存、周转的免税、报税商品,海关暂扣物资,进出口国际集装箱等,都可进入中转站的专门仓库进行储存和保管。

(3)内陆口岸功能。

根据区域经济和对外贸易发展的需要,在内地建立的某些中转站,经政府主管部门批准,可设置海关、商检、动植物检疫、卫检等口岸监管服务机构及其专业设施,以供各种集装箱货物及其他交通工具办理入境手续,是出、入境口岸业务由沿海港口延伸到内陆的中转站。

(4)集装箱箱管站功能。

公路集装箱中转站经船公司集装箱运输管理中心认可并签订协议后,可作为船公司及其代理人调度、交接、集中、保管和堆存空集装箱的场所,还可按规定的标准、工艺对集装箱进行定期的检验、修理、整新、清洁以及维护等作业。

(5)信息处理、传输功能。

国际集装箱运输的实物流动是与相关信息流伴随而行的。按照船方、货方、港口、中转站、海关以及检验等协作单位对集装箱和集装箱运输进行管理的需要,中转站必须建立起管理信息系统,主要包括:对集装箱进行动态跟踪和管理;对集装箱货物和车辆的运输作业、调度计划以及单证的流转、票务结算等进行统计并制表;处理在运输中涉及的单证;在与其他相关单位连接的管理信息系统网络上,传递交流各类信息。

(6)国际货运代理功能。

受国内外货主或承运人委托,办理托运或组织货源,代办接货、发运业务,办理货物经由公路、铁路、水路、航空的转运业务,编制各种运输单证、催证,签发提单,代办运输全过程的投保、结汇、支付运费、缴纳各种税费等业务。

(7)其他配套服务功能。

主要是为国际集装箱运输生产业务配套的服务,包括对车辆机械的技术检测与维修,车辆清洗、加油和停放,对各种货物进行装卸、包装、分检以及物流增值服务等,引入海关、检验、银行、保险公司、公安、税务等部门,以便为客户提供一条龙服务。

7.3.3　公路集装箱中转站的一般平面布置

公路集装箱中转站的一般平面布置如图 7-12 所示(采用叉车工艺)。

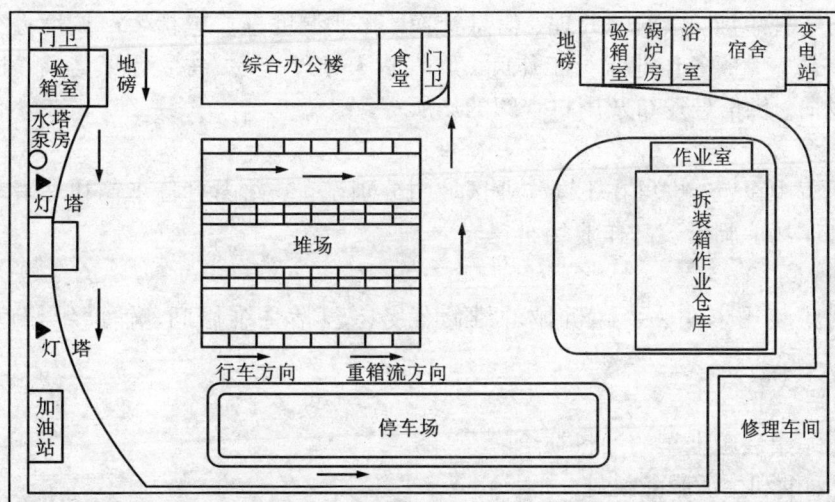

图 7-12　采用叉车工艺的公路集装箱中转站平面布局图

公路集装箱中转站一般由以下部分组成。

1. 主作业区

通常主作业区分成两大部分:

(1)集装箱堆场。

在这一区域完成集装箱卡车进场卸箱作业与出场装箱作业的全过程,同时在这一区域进行集装箱日常堆存。集装箱堆场可按空箱、重箱分别划分区域;如代理船公司、租箱公司作为内陆收箱点的,还可按箱主分别划分堆箱区域。在堆箱区域中,国内箱(小型箱)与国际标准箱要分开。通常国内箱区应放在较靠外的位置,国际标准箱放在较靠里的位置。集装箱堆场的地面必须作负重特殊处理,以满足相关的负荷要求。堆场地面必须符合规定,避免场地被损坏。

(2)拆装箱作业仓库。

在这一区域主要完成集装箱拆箱、装箱作业和集装箱拼箱货集货、集装箱拆箱货分拣、暂时储存，及某些中转货物的中转储存等工作。仓库的规模应能满足拼、拆箱量的需求，在仓库一侧一般设置月台，以备集装箱卡车进行不卸车的拼、拆箱。应有适当开阔面积的拼、拆箱作业区，便于货物集中、分拣与叉车作业。按需要，可设置进行货物分拣的皮带输送机系统。同时，应有适当规模的货物储存区域。

从现代物流各种运输与物流环节整合的角度考虑，公路集装箱中转站在其集装箱拆、装箱作业仓库，还可以根据需要与可能，发展一些流通加工业务与配送业务，在某种程度上，行使第三方物流的职能，使自身的业务面进一步拓展。

2. 辅助作业区

这一区域一般包括：

(1)大门检查站。

主要负责进出站集装箱的设备检查与交接，以便分清责任。

(2)综合办公楼。

主要进行各种单证、票据的处理、信息交换、作业调度等。包括生产调度办公室，监管部门的联合办公室，商务作业人员工作间，收发货人办理托运、提货手续场所，机房与工作人员的办公场所，供信息发布及用户查阅的场所等。

(3)停车场。

停车场可集中设置，也可在不同作业区域内分别设置，站内自备车辆和外来车辆应分区停放。并且停车场应临近装卸作业场布置。

(4)修理车间。

主要满足集装箱卡车、装卸机械的维修任务。包括主维修间、辅助维修间和材料库房等。

(5)加油站。

满足进出站集装箱卡车的油料补给。

(6)生产辅助和生活服务设施。

生产辅助设施主要包括动力、供水/供热和环保、消防设施等。生活辅助设施主要包括食宿和其他服务设施。生产辅助和生活服务设施根据各站级别的需要进行设置。

3. 站内道路

按照站内外运输道路及站内车辆的流向，合理确定各区域的进出口通道和中转站大门的位置，尽量避免站内外车辆的交叉流动。站内一般采用单向环形道路，路面宽 4 m；如采用双行道，路面宽取 7~8 m，以便于汽车在站内安全运行，主要通道的转弯直径宜采用 36 m。

此外，公路集装箱中转站应配备集装箱专用装卸机械和拆装箱作业机械。用于拆、装箱的机械主要有小型叉车；用于堆场的机械主要有集装箱叉车、汽车吊等。规模较大的集装箱中转站还有集装箱正面吊。在设计中转站时要给相应设备留有一定空间。

7.4　公路集装箱货运组织业务与单证

7.4.1　公路集装箱的货源组织

1. 公路集装箱货源组织的特点

从事集装箱公路运输的主要是各类集装箱卡车运输公司。集装箱卡车运输公司车辆配备数与运力是固定的，但运输市场对集装箱卡车的需求在数量、流向、时间、地域上是不均衡的，这是集装箱公路运输货源组织最突出的特点，也是面临的最大矛盾。总的来说，在集装箱运输大系统中，都存在运力与需求之间的不平衡。但相对于集装箱水路运输子系统、铁路运输子系统，集装箱公路运输需求的波动与供需矛盾更为突出。这主要源于公路集装箱运输货源组织的客观性和主观性影响。

(1) 客观性

公路集装箱运输货源组织的客观性是指集装箱货源受国家政策的影响很大，牵涉到国家对外贸易的发展和集装箱化的比例，同时还受到货主、货运代理及船舶公司等各种因素的影响，因此，从集装箱运输货源来说，其平衡性和稳定性只是相对的、暂时的。由于货源的不平衡性，对运输的需求也是经常处于不稳定状态，因此，公路集装箱运输在时间上和方向上存在着一定的不均衡性。表现在货物的流量上，月度、季度或各旬间有很大差异，上行和下行也存在很大差异。所以说，客观因素在一定程度上左右了公路集装箱运输的发展。

(2) 主观性

公路集装箱运输货源组织的主观性是指在市场经济运行机制下，竞争规律的作用，使得参与企业由于自身状况的不同，能获取的市场份额也就不同，体现在参与企业的公路集装箱货源组织的业务量也不同，所以每个参与企业的物质条件、员工敬业精神、市场的开拓能力、企业的管理水平等综合素质的高低势必影响到集装箱的货源组织。每个参与企业的综合素质就是公路集装箱运输组织的主观性表现。

2. 公路集装箱货源组织形式

公路集装箱运输的货源组织形式大致有三种。

(1) 统一受理、计划调拨。

这是公路集装箱运输货源组织的最基本形式。此种形式是指公路运输代理公司或配载中心统一受理公路集装箱运输货源，并根据各公路集装箱运输公司(车队)的车型、运力、运营特点，以及基本的货源对口情况，统一调拨运输计划。此种方法可有效的克服运输能力与需求的不平衡，是保证公路集装箱运输健康有序发展的前提，也是保证企业效益的主要支柱。同时，此种形式对公路集装箱运输的运力调拨和结构调整起到指导作用。

(2) 合同运输。

此种形式是计划调拨的一种补充形式，在计划调拨运输以外或有特殊要求的情况下，可采用合同运输形式。由船公司、货运代理公司或货主直接与公路集装箱运输公司签订合同，确定某段时间、某一地区的运输任务。这尽管是计划外的运输，但是长期的合同运输事实上也列入了计划运输之列，这对稳定货源、保证计划的完成同样具有积极的意义。

（3）临时托运。

此种形式可视为小批量的、无特殊要求的运输，一般不影响计划运输和合同运输的完成。主要是受理一些短期的、临时的客户托运的集装箱，但这也是公路集装箱运输公司（车队）的一种必不可少的货源组织形式。

3. 公路集装箱货源组织手段

公路集装箱运输公司的货源组织大致有三个途径。

（1）委托公路运输代理公司或配载中心组货。

这是主要的货源渠道。因为公路运输代理公司或配载中心与各类口岸企业有密切的联系，熟悉业务，便于进行商务处理。由公路运输代理公司集中向众多货主揽货，然后分配给各集装箱卡车公司，也便于提高效率、降低交易成本。

（2）建立营业受理点。

公路集装箱运输公司可以在主要货主企业、码头、集装箱货运站或公路集装箱中转站设立营业受理点，自行组织货源。该方法的优势在于：①能及时解决一些客户的急需或特殊需求；②公路集装箱运输公司（车队）在现场营业、办理托运，能更快、更准确地掌握市场信息动态，以便为其运输经营提供依据；③允许适度的竞争对刺激集装箱运输市场是必要的，但是各公路集装箱运输公司（车队）设立营业点必须行为规范，严格执行运价规定，并对所产生的一切后果负责。

（3）参加集装箱联办会议和访问货主。

公路集装箱运输公司可通过参加集装箱联办会议，与港区、货运代理公司、货主企业进行沟通，了解货源市场情况，争取组织货源。也可定期访问货主，一方面听取货主意见，改进工作；另一方面掌握市场动向，积极争取货源，与货主建立稳定的业务联系。这是直接了解客户产销情况和集装箱运输的需求变化十分有效的方式。

7.4.2 公路集装箱货运业务程序

目前，公路集装箱运输主要承担港口码头、铁路车站集装箱的集疏运业务和直达集装箱运输业务。按照公路集装箱运输服务对象的不同，其货运业务主要有三种形式，分别是国际集装箱进出口港口集疏运业务、国内集装箱公铁联运上下站接取送达业务以及公路干线集装箱直达运输业务。

公路集装箱运输的业务形式多变，不像水路运输与铁路运输那么规范，所处理的货物数量也变化悬殊，所以很难规范地描述其业务程序。这里仅以口岸或大型公路集装箱中转站为背景的集装箱卡车运输公司的典型业务为对象，讨论其货运业务程序和运行管理。

1. 国际集装箱进出口港口集疏运业务及其作业流程

（1）出口货运业务。

这里的出口，是指发货人通过运输公司，将集装箱重箱送达起点港，装上集装箱班轮，运往目的港的货运业务。这类业务一般处理程序如图 7-14 所示。

图 7-14 中：

①运输公司接受托运人或其代理提出的集装箱出口托运申请。

②运输公司汇总托运申请，编制运输计划，并据此向货运代理和船公司联系提供空箱。

③运输公司将集装箱出口运输通知单和放箱单交集装箱码头，换取集装箱设备交接单、

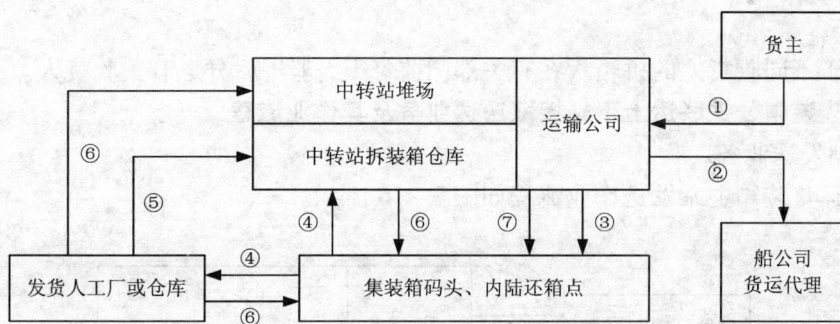

图 7－14　出口集装箱进港作业流程图

集装箱装箱单和封具，并提取空箱。

④将空箱连同装箱单和封具一起自集装箱码头堆场运往托运人工厂、仓库或中转站。

⑤自托运人工厂或仓库将拼箱货接运至中转站拆、装箱库。

⑥在货运代理、海关、商检等部门的监督下，把货物装箱加封后，将集装箱连同已填写、签署的装箱单送往集装箱码头或中转站，待船舶到港后准备装船。

⑦将装箱单和集装箱设备交接单提交集装箱码头，经核查后取得签发的集装箱交付收据。

（2）进口货运业务。

这里的进口，是指班轮运输的集装箱到达目的港卸下以后，通过集卡运往收货人处的货运业务。这类业务的一般处理程序如图 7－15 所示。

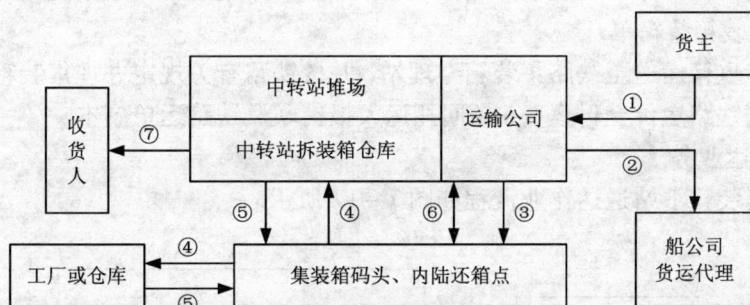

图 7－15　进口集装箱出港作业流程图

图 7－15 中：

①运输公司接受货主或其代理提出的集装箱进口托运申请。

②运输公司汇总托运申请，编制运输计划，并据此向船公司和货运代理联系提箱。

③运输公司将集装箱进口运输通知单和提货单交集装箱码头，换取集装箱设备交接单，并在集装箱堆场提取重箱装车。

④整箱货集装箱运送至收货人工厂或仓库，拼箱货集装箱送至集装箱作业区。

⑤拆箱后将空箱和集装箱设备交接单送回集装箱码头堆场或中转站集装箱堆场。

⑥将集装箱设备交接单提交集装箱码头堆场，送回集装箱并经检查后取得签署的集装箱退回收据。

⑦将属于不同收货人的拼箱货在有关部门监督下，理货后分送有关收货人。

2. 国内集装箱公铁联运上下站接取送达业务及其作业流程

（1）上站发送业务。

公铁联运集装箱上站发送作业流程如图7－16所示。

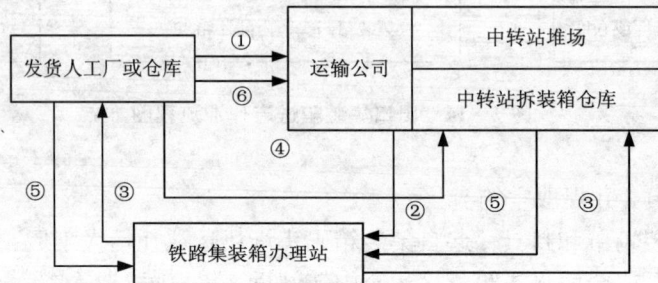

图 7－16　公铁联运集装箱上站作业流程图

图7－16中：

①运输公司接受托运人或其代理提出的货物托运申请。

②运输公司向铁路集装箱办理站提出联运申请和空箱要箱计划。

③联运申请被答复后，领回铁路进货证和集装箱交接单，凭单提取空箱运至托运人工厂或仓库，或运回中转站堆场。

④将拼箱货自托运人工厂或仓库运至中转站，按铁路集装箱办理站配箱计划和积载要求装箱，并填写集装箱装箱单。

⑤按计划将重箱运送至铁路集装箱办理站，并按铁路有关规定办理集装箱交接。

⑥托运人按铁路运价交付运费，领回托运人报销联及铁路运单副本。

（2）下站送达业务。

公铁联运集装箱下站送达作业流程如图7－17所示。

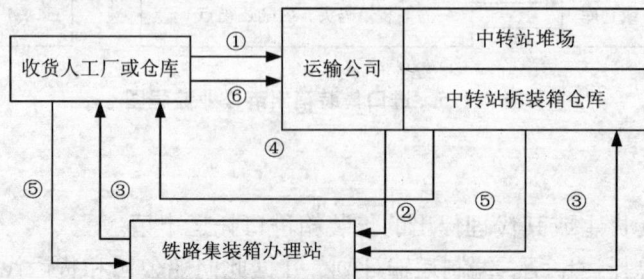

图 7－17　公铁联运集装箱下站作业流程图

图7－17中：

①运输公司接受收货人或其代理提交的货物托运单、到货通知和领货凭证。

②运输公司将到货通知、领货凭证提交铁路集装箱办理站办理提箱手续，领取出门证及集装箱交接单。

③按计划到铁路集装箱办理站提取重箱，将重箱运至收货人仓库或中转站并办理交接手续。

④将拼箱货在中转站拆箱后通知货主提货，或送至收货人。

⑤将用毕的空箱送回铁路集装箱办理站，并办理集装箱交接手续。

⑥按规定向收货人收取运费和附加费。

3. 公路干线集装箱直达运输业务及其作业流程

公路干线集装箱直达运输业务及其作业流程如图 7-18 所示。

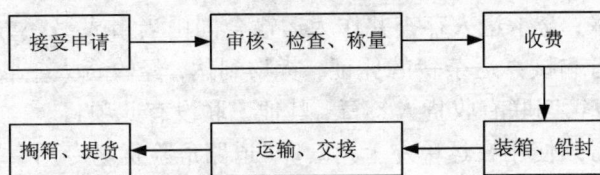

图 7-18　公路干线集装箱直达运输作业流程

①运输公司接受托运人或其代理提出的货物运输申请。

②审核托运单填写内容与货物实际情况是否相符，检查包装，过秤量方，粘贴标签、标志。

③按有关规定向托运人核收运杂费、附加费。

④按照零担运输作业程序核对装箱，当场进行铅封并编制装箱单。

⑤按班期将集装箱货物运送到对方站，凭铅封进行交接，明确相互责任。

⑥到达站将货物从集装箱内掏出，并以最快速度通知收货人在最短时间内将货物提走，以加速物资和仓库的周转。

7.4.3　公路货物运单

1. 公路货物运单的定义与性质

公路货物运单是用以证明公路货运合同和货物已由公路承运人接管或装上公路运输工具的一种货运单证。与海运提单相比，尽管公路货物运单也具有合同证明和货物收据的功能，但却不具有物权凭证的性质。因此，公路货物运单，不能转让，只能做成记名抬头，货物到达目的地后承运人通知运单抬头人提货。

2. 公路货物运单的种类

（1）国际公路运输

1）CMR 运单。根据《国际公路货物运输合同公约》（以下简称《CMR 公约》）第 6 条规定，CMR 运单（CMR International Consignment Note, CMR road waybill）包括 19 项内容，由三份正本组成，其中，第一份交发货人，第二份随货同行，第三份由承运人留存。当待装货物装在不同车内或同一车内装有不同种类或数票货物，发货人或承运人有权要求对使用的每辆车、每种货或每票货分别签发运单。

2）我国国际公路运输的运单。为了加强对出入境汽车运输单证的管理，根据我国《国际道路运输管理规定》：从事国际公路货物运输的车辆应当使用国际公路货物运单，一车一单，在规定期限内往返一次有效。国际公路货物运单由承托双方填写并签字盖章，随车同行。国际公路货物运单由省级国际公路运输管理机构或者其委托的口岸国际公路运输管理机构发放。

（2）国内公路运输。在我国，根据交通部发布的《道路货物运单使用和管理办法办》的规定，道路货物运单分为甲、乙、丙三种。其中，甲种运单适用于普通货物运输、大件货物运输、危险货物运输等；乙种运单适用于集装箱汽车运输；丙种运单适用于零担货物运输。

适用于集装箱汽车运输的乙种运单由一式四联构成。第一联存根，作为领购新运单和行业统计的凭据；第二联是托运人存查联，交托运人存查并作为运输合同由当事人一方保存；第三联是承运人存查联，交承运人存查并作为运输合同由当事人另一方保存；第四联是随货同行联，作为载货通行和核算运杂费的凭证，货物到达，经收货人签收后，作为交付货物的依据。上述四联单，仅第四联有收货人签章，其他三联没有此项目。

运输危险货物时必须使用在运单左上角套印"道路危险货物专用章"的运单。

7.5　公路集装箱甩挂运输

7.5.1　公路集装箱甩挂运输概述

1. 甩挂运输的定义

集装箱拖车由牵引车（拖头）和半挂车（拖架）两部分组成，称为集装箱牵引列车。根据运行特点和对装卸组织工作的不同要求，集装箱牵引列车可分为定挂运输和甩挂运输两种组织形式。

（1）定挂运输。

是指汽车列车在完成运行和装卸作业后，牵引车和半挂车一般不予分离的定车定挂组织形式。

（2）甩挂运输。

俗称一头多架，是指按一定比例配置牵引车和挂车，集装箱牵引列车按照预定的计划，在各装卸作业点，牵引车甩下所拖的半挂车，并挂上其他指定的半挂车后，继续运行的一种组织形式。在甩挂运输实践中，运输企业使牵引车与半挂车能够自由分离与接合，通过半挂车合理调度与搭配，缩短因装卸集装箱而造成的牵引车的停靠时间，提高牵引车的利用率。

2. 甩挂运输的优势

甩挂运输方式在欧洲等发达国家已得到广泛运用，其主要原因在于甩挂运输可以为企业降低运营成本、提高效益。这主要体现在以下三个方面。

（1）减少对牵引车的购置成本。

由于甩挂运输的基本工作模式可以提高每辆牵引车的有效工作时间，因此，企业对牵引车的购置将会减少，在节约了购车成本的同时，也避免了车辆无效行驶费用的发生。在美国、加拿大等发达国家，一部40 ft集装箱牵引车的售价为5万~6万美元，半挂车的售价为3万~4万美元。按一部牵引车配两部挂车计算，运输企业可节约50%的牵引车购置费和租赁费。

（2）降低营运成本、提高运输能力。

在相同的运输条件下，汽车运输效率的高低取决于汽车的载重量、技术速度和装卸时间三个主要因素。甩挂运输使汽车运输列车化，能相应提高车辆每次的载重量，从而提高车辆的工作效率，避免空车行驶，免除了装卸货的等候时间。据测算，采用甩挂运输可提高效率30%～50%，降低成本30%～40%，减少油耗20%～30%。

（3）促进多式联运的发展。

为提高运输效率，发达国家从 20 世纪 40 年代就开始在铁路进行驮背运输，在海运中采用滚装运输，这些运输形式都是以甩挂运输为基础。由牵引车将载运集装箱的半挂车拖至铁路货场或港口后，牵引车与载运集装箱的半挂车分离，并将半挂车装至铁路平车或滚装船上进行长途运输，到达目的站或目的港后，再由另一端的牵引车将载运集装箱的半挂车运至收货人处。这种多式联运组织形式实现了"门到门"运输，使企业零库存变为可能。

3. 甩挂运输的适用范围

甩挂运输一般适用于装卸能力不足、装卸时间占汽车列车运行时间比重较大，而且货源充足的场合。例如，集装箱牵引列车将集装箱货物运到码头后必须等待较长一段时间后才能卸下来，而采用甩挂运输，则牵引车甩下载运集装箱的半挂车后，可以马上离开码头去拖挂另外载运集装箱的半挂车，因而可以大幅度提高运输效率。

7.5.2　公路集装箱甩挂运输的应用现状与制约因素

1. 公路集装箱甩挂运输的应用现状

在欧美发达国家，采用集装箱甩挂运输最初的想法是为了满足多式联运中诸如滚装运输和驮背运输的需要，之后，又被具有较大规模的汽车货运公司所广泛采用。目前，集装箱甩挂运输在欧美地区和日本等发达国家已成为主流运输方式。在美国、加拿大、西欧等公路网络比较发达的国家，甩挂运输所完成的货运周转量占道路货运总周转量的70%～80%。在新加坡、韩国等新兴工业化国家，港口、大型堆场和仓库之间的集散运输也广泛地采用了甩挂运输。

我国甩挂运输是伴随着集装箱的发展应运而生的，但比集装箱运输的出现要晚些，是在 20 世纪 80 年代初。目前，我国的集装箱甩挂运输主要集中在华东和华南地区的港口城市，如上海、广州、深圳、厦门等地，甩挂车辆主要用于港口集装箱集疏运。在其他领域，甩挂运输基本没有得到发展，公路运输仍然以普通的单体货车为主。从整体上看，目前我国甩挂运输的发展严重滞后，挂车数量少，拖挂比例低，牵引车与挂车的数量之比仅为 1∶1.14，与发达国家 1∶2.5 以上的牵引车与挂车数量比例水平还有明显差距，与国民经济和现代交通运输业的发展要求相距甚远。

2. 公路集装箱甩挂运输发展的制约因素

制约我国甩挂运输发展的因素，突出体现在以下四个方面。

（1）半挂车保险问题。

按照现行的保险制度，甩挂运输的牵引车和半挂车需分开投保，且半挂车要独立承担风险责任。这种制度存在以下两个问题：一是混淆了事故主体。由于半挂车自身没有动力，需要牵引车拖带行驶。因此，发生交通事故，半挂车不应该承担事故责任，但是按照目前的规定，半挂车要独立承担风险责任，这就混淆了事故责任主体，特别是当牵引车和半挂车并不属于同一所有者的情况下，很容易引起经济纠纷。二是加重了企业负担。按照目前的半挂车单独征收、单独承担风险的保险政策，运输企业发展甩挂运输，增加半挂车数量，就要增加保险费，从而在一定程度上形成了对"一拖多挂"的甩挂运输发展的制约。

（2）半挂车牌证管理问题。

打破牵引车与半挂车之间的固定搭配，使牵引车能够与不同的半挂车自由组合，是发展甩挂运输的前提条件。例如，发达国家及我国的香港地区，牵引车与半挂车应分别领取号牌，否则不能上路行驶。我国目前的管理制度，对于隶属于不同企业间、不同行政区域间的牵引车和半挂车能否自由组合，并没有统一明确的规定，各地在执行中存在很大差异，有的地方要求牵引车和半挂车必须属于同一家企业，否则就不允许其上路行驶，从而在一定程度上制约了甩挂运输的发展。

（3）半挂车检测制度问题。

现有的管理制度对于半挂车和牵引车实行同样的检测制度，这对于行驶里程明显低于牵引车且不具备动力的半挂车显然不合理，增加了企业的负担。同时，由于牵引车和半挂车的检测时间往往不一致，半挂车检测也需要占用牵引车的运输生产时间，从而消耗了大量的运力资源。据测算，如果1辆牵引车配4辆半挂车，全年车辆检测大约要占用28个工作日。

（4）海关监管问题。

目前，我国的海关监管以集装箱牵引车为监管对象，并将牵引车、半挂车、集装箱视为一体化组合进行监管，不允许牵引车、半挂车分离，而且集装箱的海关报关检验需要较长的等待时间，一定程度上限制了甩挂运输的发展。

7.5.3 公路集装箱甩挂运输组织

1. 集装箱甩挂运输的组织形式

根据牵引车与半挂车的配备数量、线路网的特点、装卸作业点的装卸能力等，公路集装箱甩挂运输可有不同的组织形式。

（1）两站一线往复甩挂。

这是在短途往复式运输线路上通常采用的一种甩挂形式。集装箱牵引列车往复于两装卸作业点之间，在整个系统中配备一定数量的半挂车，集装箱牵引列车在线路两端根据具体条件作甩挂作业（装卸），根据集装箱货流情况或装卸能力不同，可组织"一线两点，一端甩挂"和"一线两点，两端甩挂"。

（2）循环甩挂。

它是在车辆环形行驶线路上，进一步组织甩挂作业的一种方式。它要求在闭合循环回路的各装卸点上，配备一定数量的周转集装箱和半挂车，集装箱牵引列车每到达一个装卸点甩下载运集装箱的半挂车，然后挂上事先装备好的其他载运集装箱的半挂车继续行驶。这种组织方法的实质，就是用循环调度的方法来组织封闭回路上的甩挂作业。它不仅提高了载运能力，压缩了装卸作业停歇时间，而且提高了行程利用率，因此，它是甩挂运输中较为经济、运输效率较高的组织形式。当然，它的组织工作也更为复杂。

（3）驮背/滚装甩挂。

在多式联运各运输工具的连接点，由牵引车将载有集装箱的半挂车直接开上铁路平板车或船舶上，停妥摘挂后离去，载运集装箱半挂车的铁路平板车或船舶运行至前方换装点，再由到达地点的牵引车，开上车或船，挂上集装箱半挂车，直接运往目的地。这种组织形式，在铁路运输中被称为驮背运输，在海上运输中被称为滚装运输。

2. 集装箱甩挂运输的实施条件

（1）政府层面。

开展甩挂运输需要政府制定并完善相应的法律法规，并制定一整套推动甩挂运输发展的政策；在全社会倡导将高新技术运用于甩挂运输中；不断完善交通运输业的发展，包括合理交通网络的建成，数字化、网络化、协调化的交通管理系统的实现，功能齐全、灵敏高效的交通信息网络和电子商务平台的建立。

（2）企业层面。

对于企业来说，实施甩挂运输应具备一些基本条件：拥有一定数量的牵引车和半挂车；有两处或两处以上的集装箱货运站，便于集货和送货；拥有良好的企业信用，可便捷的使用或出租牵引车，提升牵引车的利用率；有一个高效的信息中心，保证企业货源和对企业进行有效的经营管理。

3. 集装箱甩挂运输的工作流程

以大连港到烟台港的烟大轮渡中采用的滚装甩挂运输过程为例，大概需要四个步骤：

①对于所有在内陆办理好装运和安全检验手续的整箱货，由牵引车拖带半挂车驶往大连港。而对于所有经过渤海湾到烟台去的拼箱货，由当地或其他专业运输公司集货，并经过持有相关证件的专门理货人员办理装箱和加封，然后运抵大连港。

②到大连港经过安检后，牵引车将半挂车牵至滚装船的相应车位，牵引车与半挂车分开，驶离滚装船。此时可能出现两种情况：一是司机把牵引车头寄存在大连港后随船至烟台；二是司机将牵引车交给本公司另外司机，然后自己随船去烟台，把货物从烟台港送到目的地。司机在随滚装船到达烟台港后，必须持相关证明与烟台的牵引车出租公司签订租借协议，租借烟台港的牵引车将挂车拖出滚装船，主、挂结合后从烟台港出发到目的地。

③司机运载空箱或回程重箱回烟台港，然后，还用这辆租借的牵引车把回程的集装箱拖到去大连的滚装船上，将牵引车还给烟台港，烟台港在核对租借单和检查牵引车技术状况正常的情况下签收该牵引车。

④到大连港后，司机持牵引车寄存单将牵引车赎回，检查牵引车技术状况正常后，用牵引车将半挂车牵引出滚装船，离开大连港回到出发地。

7.6 公路集装箱运费计算

7.6.1 公路集装箱运价的特点及种类

1. 公路集装箱运价的特点

（1）以市场调节价为主。

根据 2009 年 9 月 1 日起施行的《道路运输价格管理规定》，公路货物运输价格实行市场调节价。对于国防战备、抢险救灾、紧急运输等政府指令性货物运输，实行政府定价。对于国际公路货物运输，其价格按双边或者多边汽车运输协定，根据对等原则，由经授权的交通运输主管部门协商确定。

（2）实施最低运价标准。

为了避免不正当竞争，相互压价，许多城市或地区的集装箱道路运输行业协会统一制定了《国际集装箱道路运输价格自律公约》，要求其会员承诺在与货主签订集装箱运输业务合同时，长、短途集装箱运价均不得低于该自律公约中规定的最低运价标准。

（3）集装箱运价与油品价格联动机制。

2008年9月11日，国内12家集装箱道路运输协会召开了全国集装箱道路运输行业协会联席会议，并决定自10月1日起，全国的集装箱运价将与油价联动，若油价涨，运价也将上调。具体的联运机制见表7-2。

表7-2　集装箱运输价格与油品价格联动（涨/跌）系数表（%）

油价（涨/跌）	<3	3	4	5	6	7	8	9	10	11	12
运价（涨/跌）	不变	1	1.32	1.65	1.98	2.31	2.64	2.97	3.30	3.63	3.96
油价（涨/跌）	13	14	15	16	17	18	19	20	25	30	35
运价（涨/跌）	4.29	4.62	4.95	5.28	5.61	5.94	6.27	6.60	8.25	9.90	11.55

2. 公路集装箱运价的种类

（1）标准箱运价。

重箱运价按不同规格箱型基本运价执行，空箱运价在重箱运价基础上减成计算。

（2）非标准箱运价。

重箱按不同规格箱型，在标准箱基本运价基础上加成计算，空箱在非标准重箱运价基础上减成计算。

（3）特种箱运价。

在箱型基本运价基础上按装载不同特种货物的加成幅度加成计算。

公路集装箱运价以"元/箱·千米"为计价单位。

7.6.2　公路集装箱运费的计算

目前，公路集装箱运费一般包括基本包干费、车辆通行费、其他附加费和场站费用，其运费计算公式为

重（空）集装箱运费 = 基本包干费 + 车辆通行费 + 其他附加费 + 场站费用

式中：车辆通行费、其他附加费、场站费用，只有在发生时才予以计算。

1. 基本包干费

基本包干费包括重（空）箱运输和辅助装卸作业所发生的费用，以箱为单位进行计算。

公路集装箱基本包干费 = 重（空）箱运价 × 计费箱数 × 计费里程 + 箱次费 × 计费箱数

（1）计费箱型。

公路集装箱运输的计费箱型包括以下两种。

①国际集装箱的计费箱型：20 ft 箱型和 40 ft 箱型。

②非标准箱型：是指外形尺寸超过标准箱型的集装箱，如超高、超宽、超长以及特殊用

途的集装箱。

（2）计费里程。

公路集装箱运输的计费里程包括运输里程和装卸里程。运输里程按装箱地点到卸箱地点的实际里程计算，装卸里程按发车点到装卸点往返空驶里程的 50% 计算。计费里程的依据是各省、自治区、直辖市制定的营运路线里程图。涉及市区内的计费里程的确定以市区交通主管部门制定的营运路线里程图为依据。未列入营运路线里程图的计费里程可由承、托运双方协商确定。

①包干计费里程：在进行国际集装箱的批量运输或同一地区、同一线路内进行多点运输时，为简化里程计算，可以根据不同运次的运送里程差异计算综合平均运距，作为每次运输的距离，平均运距是包干计费里程。只要是批量运输，在规定区域分布点上，均可按平均运距收费。包干计费里程一般用于港口区域至城市区域内的多点运输。每批运输量不大时，不使用包干计费里程。

②起码计费里程：根据我国港口国际集装箱的集疏运条件和内陆中转站的布局情况，国家规定起码计费里程为 5 km，以 km 为单位，不足 1 km 按 1 km 计算。

（3）箱次费。

对公路集装箱运输，在计算运价费用的同时按不同箱型加收箱次费。

2. 车辆通行费

车辆通行费，属于代征代收费用。目前，根据国家有关规定和精神，各省均对其境内所有收费公路，包括政府还贷性收费公路和经营性收费公路，制定了本省收费公路车辆通行费征收政策。

车辆通行费实行按车型收费和计重收费两种计征方式。已安装计重设备的收费公路，对载重货车按吨公里计征车辆通行费；尚未安装计重设备的收费公路，对所有过往车辆按车型计征车辆通行费。

3. 其他附加费

①车辆延滞费：当车辆（包括挂车）按规定时间到达装卸箱地点后，由于托运人或收货人责任造成装箱、卸箱、掏箱、拆箱、冷藏箱预冷超过规定时间，装卸箱落空的等待时间，现场和途中停滞时间，都应核收车辆延滞费。

②车辆装箱落空损失费：汽车（包括挂车）按预定时间到达指定地点后，因托运人的直接责任引起的装箱落空，应按车辆自车场（站、车辆驻地）至装、卸箱地点的往返行驶里程和计程运价的 50% 计收装箱落空费。装箱落空又同时延误时间的，还要核收车辆延滞费。

③过渡费：车辆过渡、过桥、过隧道和通过收费路段的费用，均由托运人负担。承运人按当地规定的费收标准代收代付。

④计箱装卸费：公路运输国际集装箱的计箱装卸费以 20 ft 国际标准集装箱装载普通货物的基本费率为基础，按不同箱型、箱装货物类别和重、空箱分别计费。

⑤装卸机械计时包用费：在国际集装箱汽车运输的装卸过程中，根据托运人要求及作业条件的限制，需要包用装卸机械的，收取装卸机械计时包用费。

⑥装卸机械走行费：自行或牵引的装卸机械自出场、站（驻地）至装卸地点作业，应按发车点至作业点往返行驶时间或行驶里程折算时间和装卸机械计时费率的 50% 核收装卸机械的走行费。

⑦装卸机械延滞费：装卸机械按规定时间到达指定作业地点后，由于托运人或收货人直接责任引起的超过额定装卸时间、装卸箱落空时间、中途的停滞时间，都要按装卸机械实际操作能力和计时费率的 25% 核收装卸机械延滞费。

⑧掏箱费：国际集装箱在汽车货运站内拆、装箱应按港口费收规定向船方或货方收取掏、装箱费。站外拆、装箱向收、发货人计收。

⑨人工延滞费：凡随车工人（包括单独约用）至约定地点掏、装箱或进行其他劳务作业，由于托运人或收、发货人直接责任引起不能作业或延误作业时间，应核收人工延滞费。

⑩辅助装卸费：在装卸、掏、装箱作业中，涉及码垛、铺垫、遮盖、分包、超高、超远和加固作业的，应另收辅助装卸费或包干费。

4.场站费用

对于国际集装箱公路中转站内的中转作业，还有装卸包干费、站内搬移费、掏箱装费、集装箱堆存费、集装箱一般清洗费、集装箱熏蒸费、冷藏箱预冷费、货物堆存费、辅助作业费、服务手续费等费收项目。

重点与难点

重点：（1）公路集装箱运输车辆的种类及连挂方式；（2）公路集装箱中转站的功能；（3）公路集装箱中转站的布局；（4）甩挂运输的定义及优势；（5）集装箱甩挂运输的组织形式；（6）公路集装箱运费的计算。

难点：（1）国际集装箱进出口港口集疏运业务及其作业流程；（2）国内集装箱公铁联运上下站接取送达业务及其作业流程。

思考与练习

1. 简述公路集装箱运输的特点。
2. 简述集装箱牵引车和集装箱挂车的种类。
3. 集装箱牵引车拖带挂车的方式有哪些？
4. 公路集装箱中转站具有哪些主要作业功能？
5. 简述公路集装箱运输的货源组织形式和手段。
6. 简述国际集装箱进出口港口集疏运业务及其作业流程。
7. 简述国内集装箱公铁联运上下站接取送达业务及其作业流程。
8. 简述公路货物运单的定义与性质。
9. 集装箱甩挂运输的组织形式有哪些？
10. 简述我国开展甩挂运输的制约因素。
11. 公路集装箱运价具有哪些特点？

第 8 章

航空集装箱运输组织

8.1　航空集装箱运输概述

8.1.1　航空集装箱运输的分类

从广义上讲，航空集装箱运输是指采用集装设备进行的航空货物运输。它是航空货物运输的主要种类之一。基于不同角度，航空集装箱运输可有不同的分类。

1. 按集装设备分类

按照集装设备不同，航空集装箱运输可分为航空集装箱运输和航空集装板运输（简称集装板运输），前者是指采用集装箱进行的航空货物运输，后者是指采用航空集装板（托盘）及网套等进行的航空货物运输。

2. 按集装箱所装载货物的性质分类

按照集装箱所装载货物性质的不同，航空集装箱运输可分为普通箱运输和特种箱运输。

3. 按集装箱运输的地域分类

按照集装箱运输的地域不同，航空集装箱运输可分为国际集装箱运输（外贸集装箱运输）和国内集装箱运输（内贸集装箱运输）。

8.1.2　航空集装箱运输的优点

1. 快速便捷

在各种运输方式中，飞机是最快捷的交通工具，它大大缩短了运输时间，对于那些易腐烂变质的现货商品、时效性和季节性强的商品、抢险救急物品，这一优点显得尤为突出。运送速度快，不仅减少了货物在途资金的积压，缩短了生产周期，而且降低了货物的在途风险，提升了企业的竞争力。

以集装箱运输替代散件运输大大减少了地面等待时间，而且由于使用航空集装箱和高效的装卸机械，货物在航空港和货运站的停留时间也都大大缩短。因此，航空集装箱运输最大的优越性便是减少货物运输中的装运时间，提高工作效率，节省货物运输时间，这对急需运快件货物的货主无疑有着巨大的吸引力。

2. 安全性高

随着高科技在航空运输中的应用和不断对飞机进行技术革新，地面服务、航行管制、设施保证、仪表系统、状态监控等技术都有所提高，从而可以保证飞机飞行的安全性。

同时，由于航空集装箱的使用减少了货物周转次数，减少了货物损坏和被盗等情况的发生，提高了货物完好率，也简化了货物在地面的处理环节，因此，工作人员有充裕的时间做地面运输组织工作，可以提前按货物的到达站和种类进行集装，成组上机或下机，减少差错事故的可能性。

此外，采用集装设备可实现高效的机械化装卸作业，大量节省劳力的同时还加速了货物的装卸速度，减少了货物损坏和被盗等情况的发生，使航空货物的运输质量得到了保证。

3. 节省货物包装和仓储费用

虽然航空运输价格较高，但相对于铁路、公路和水路运输而言，航空集装箱货物周转时间短，运输途中货损、货差较少，是最平稳、对货物冲击最小的运输方式。因此，航空运输货物的包装可以相对简化，货主也可相应减少包装、保险等费用的支出。同时，由于采用集装箱进行运输，箱体较为坚固，其本身就起了一个很强的保护作用，所以对于采用集装箱运输的货物，包装要求较低，这也节约了用于包装的材料和费用。

此外，由于航空运输速度快，货物在途时间短，周转速度快，存货可相对减少。这一方面有利于资金的回收，减少利息支出；另一方面也可以降低企业仓储费用。

4. 手续简便

航空运输这种方式，为托运人提供了较为简便的托运手续。集装箱可以直接租给用户，由货主在工厂装箱，也可以由货运代理人上门取货，并为其办理一切运输手续。装机时集装箱可由工厂直接用卡车拉到停机坪装机，货到目的地后通过货运代理人送到收货企业，真正实现了航空运输的"门到门"运输，极大地方便了托运人和收货人。

5. 航空货运市场也就是集装箱货运市场

集装箱运输技术虽在全世界被广泛采用，然而无论是水路承运人、公路承运人或铁路承运人，在他们所承揽的货物中，有适合集装箱运输的货物，也有不适合集装箱运输的货物。但是对于航空承运人所承揽的货物，一般均为适箱货物。也就是说，航空货运市场就是集装箱货运市场。

一般来说，价值越高的货物越是采用安全性能高、运输时间短的运输方式，航空集装箱化运输的出现，正是适应了这种高价值的物品，诸如金银财宝、贵重物品、快递急件等，同时，它能够节省费用与时间，可以创造出更高的经济价值。

随着整体经济的增长，许多商品对运费的承受能力大大提高，这也使航空运输的发展空间增大。某些对保鲜要求较高的货物如海鲜、鲜花、水果等，某些价值昂贵的货物如计算机芯片、电子产品、家用电器等，还有某些高档消费品，对运价的承受能力都很好。通过航空运输，更能增加这些商品的市场竞争力。

8.1.3　航空集装箱运输的缺点

1. 飞机的负荷有限

由于飞机航空器本身载重容量非常有限，飞机的舱容、最大起飞重量、飞机地板的承重能力对大件或大批货物的运输都有一定的限制，货物的舱门也由于相对狭窄导致一些体积庞大的货物无法采用航空运输方式。

2. 航空运输成本高、运费昂贵

由于技术要求高、运输成本大等原因，使得它的运输费用比公路和铁路运输要高很多，较海运的费用甚至要高 10 倍以上。因此，对于价值比较低、时间要求不严格的货物，通常基于运输成本的考虑而选择其他运输方式。

3. 易受天气影响

飞机飞行受天气影响非常大，在遇到大雨、大风、大雾等恶劣天气，航班就不能得到保证，这对航空货物造成的影响比较大。

4. 难以采用国际标准集装箱

目前，国际标准集装箱的主要类型是根据水运、铁路、公路运输的需要与可能性确定的，其外形尺寸与总重量，飞机均无法承受；而飞机所能运载的集装箱，大多与飞机各部位运载的可能性相配合，尺寸较小，形状奇异，与船舶、火车、卡车不配套。因此，航空集装箱运输一般很少与水运、陆路联运。不过，随着海陆空联运标准集装箱的出现，已使航空运输进入了国际集装箱多式联运的运输链，这也使航空集装箱运输出现了一片光明的前景。

8.1.4　航空集装箱运输机构及相关当事人

1. 国际民用航空组织

国际民用航空组织（International Civil Aviation Organization，ICAO）是负责国际航空运输的技术、航行及法规方面的机构，是各国政府间的国际航空机构，是协调世界各国政府在民用航空领域内各种经济和法律事务、指定航空技术国际标准的重要组织。它是根据 1944 年芝加哥《国际民用航空公约》（简称《芝加哥公约》）设立的联合国专门机构之一，截至 2011 年，共有 191 个成员国，总部设在加拿大的蒙特利尔。它的大会是最高权力机构，常设机构是理事会，由大会选出的成员国组成。我国是该组织的成员国，也是理事国之一。ICAO 的宗旨是制定国际空中航行原则，发展国际航行和技术，促进国际航空运输的规划和发展，以保证全世界国际民用航空的安全和有秩序地增长。

2. 国际航空运输协会

国际航空运输协会（International Air Transport Association，IATA）是 1945 年 4 月 16 日在古巴哈瓦那由各国航空运输企业（空运承运人）自愿联合组织的非政府性国际组织。它是全世界航空公司之间最大的一个国际性民间组织。其主要负责处理航空公司之间的业务及航空公司与其他方面的关系问题，目标是调节有关商业飞行上的一些法律问题，简化和加速国际航线的客货运输，促进国际航空运输的安全和世界范围内航空运输事业的发展。目前，国际航空运输协会由近 300 家会员航空公司组成，占据了现有国际班机运输 95% 的市场份额，总部设在加拿大的蒙特利尔，它的最高权力机构是年会，年会选举执行委员会主持日常工作，下设财务、法律、技术和运输等委员会。我国（除香港、澳门和台湾）有 13 家 IATA 会员航空公司，包括国航、东航、南航、海航等。

3. 航空公司

航空公司是以自身拥有的飞机从事航空运输活动的企业。目前，我国有国航、东航和南航等航空运输集团公司。另外，依据有关航空协议，在我国上空还有法航、日航、德航、瑞航、新航、美联合航等数家国际航空公司从事客货运输活动。

4. 国际货运代理协会联合会

国际货运代理协会联合会(International Federation of Freight Forwarders Associations,法文缩写 FIATA)是 1926 年 5 月 31 日在奥地利维也纳成立的世界国际货运代理的行业组织。它是一个在世界范围内运输领域最大的非政府和非盈利性组织。其宗旨是保障和提高国际货运代理在全球的利益,目标是团结全世界的货运代理行业。目前,有 86 个国家和地区的 96 个一般会员,在 150 多个国家和地区有 2700 多家联系会员,总部设在瑞士苏黎世,它的最高权力机构是会员代表大会,下设主席团。

5. 航空货运代理公司

一般情况下,航空公司只负责从一个机场将货物运至另一个机场,而其他诸如揽货、接货、报关、订舱及在目的地机场提货和将货物交付收货人等方面的业务则由航空货运代理办理。

基于划分角度不同,航空货运代理主要包括以下几类。

(1)航协代理。

这类代理是指经 IATA 注册,取得 IATA 颁发的 IATA 执照,可以代表 IATA 所属的航空公司从事货物销售等业务的国际航空货运代理。

(2)销售代理。

根据《中国民用航空运输销售代理资格认可办法》的规定,销售代理企业是指取得中国航空运输协会(以下简称中国航协)所颁发的中国民用航空运输销售代理业务资格认可证书,接受航空运输企业委托,依照双方签订的委托销售代理合同,在委托的业务范围内从事销售代理活动的企业法人。

航空销售代理作为货主和航空公司之间的桥梁和纽带,一般具有两种职能:一是为货主提供服务的职能,代替货主向航空公司办理托运货物或提取货物;二是航空公司的代理职能,经航空公司授权代替航空公司接收货物,出具航空公司主单和自己的分单,或从事机场地面操作业务。

(3)空运货运代理。

这类代理是指《中华人民共和国国际货物运输代理业管理规定》中所称的空运代理,即受进出口发货人、收货人的委托,在约定的授权范围内,作为他们的代理人,代为处理国际航空货物运输过程中的各项业务。

实务中,通常将航空销售代理人称为一级代理(俗称为空运一代),而将这类空运货运代理称为二级代理(俗称空运二代)。与空运一代相比,空运二代既没有领单权(不可以向航空公司领取运单),也没有订舱权(不可以向航空公司订舱交货),也难以向海关申请监管仓库。但空运二代经营机制灵活,营运成本低,能开发出限时服务、等级服务等新服务产品,来满足托运人不同的细分市场要求,仍然有一定的生存空间。

(4)地面代理。

这类了代理是指接受航空公司的委托,在装卸机场为其办理装卸货物,分解处理货物和集装板,为飞机加油、配餐、清洁飞机,为旅客办理乘机手续、托运行李、飞机维修检查等业务。这类代理一般拥有货运站,兼有货运站和销售代理/货运代理双重职能。

8.2　航空集装箱运输设备与设施

8.2.1　航空集装箱

航空集装箱一般包括航空集装箱运输使用的各种类型的集装箱、集装板(网)和其他有关辅助器材。国际航空协会(IATA)将航空运输中使用的集装箱称为成组器(unit load device，ULD)。

1. 成组器的种类

成组器根据其结构、特点不同，可分为航空用成组器和非航空用成组器两大类。

(1)航空用成组器。

航空用成组器是指与飞机的形体结构完全配套，可以与机舱内的固定装置直接联合与固定的成组器。它可以看成是飞机的一部分。从结构上可分为部件组合式和整体结构式。

1)部件组合式。部件组合式航空用成组器是指由集装板、货网、圆顶组合成一个可在机舱内固定的装卸集装单元。

①集装板，也称航空用托盘，如图 8－1 所示。是指具有标准尺寸，四边带有卡锁轨或网带卡锁眼，带有中间夹层的硬铝合金制成的平滑底面货板，可用货网、编织带把货物在其上绑缚起来，并能方便地装在机舱内进行固定。

②货网，也称网套，如图 8－2 所示。是用编织带编制而成的网，用于将货物固定在集装板上，货网的固定是靠专门的卡锁装置来限定。货网通常由一张顶网和两张侧网组成。货网与集装板之间利用装在网下的金属环连接，也有顶网与侧网组成一体的，这种货网主要用于非固定结构圆顶上。

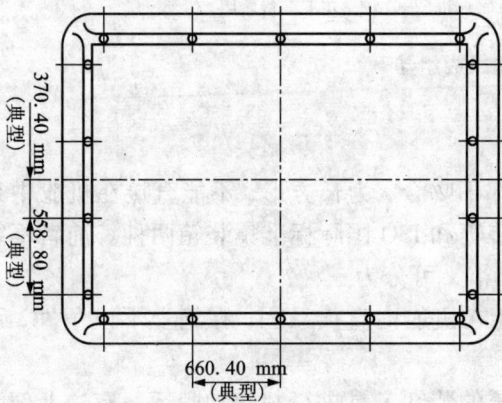

图 8－1　集装板

图 8－2　货网

③圆顶，也称集装棚，如图 8－3 所示。圆顶有固定结构圆顶和非固定结构圆顶。固定结构圆顶是指是一种与集装板相连接的，不用货网就能使货物不移功的固定形状的罩壳，集装板固定在罩壳上，与罩壳形成一体。非固定结构圆顶是一种用玻璃纤维、金属制造的，没有箱底、能与集装板和货网相连的罩壳。

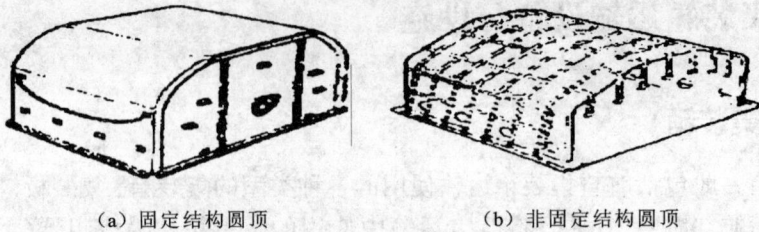

（a）固定结构圆顶   （b）非固定结构圆顶

图 8 - 3   圆顶

2）整体结构式。整体结构式航空用成组器是指单独形成一个完整结构的成组器。它的外形不是长方形，而是与机舱形状相配合，可直接系固在机舱中。这类成组器又可分成上部货舱用集装箱和下部货舱用集装箱。前者上圆下方，后者上方下圆，分别于飞机形体吻合，如图 8 - 4 所示。不同机型的成组器的尺寸不一样。这类成组器又可分为整体形和半体形两种。半体形又分左、右两种不同形状，分别于机舱的左边和右边形状相吻合。

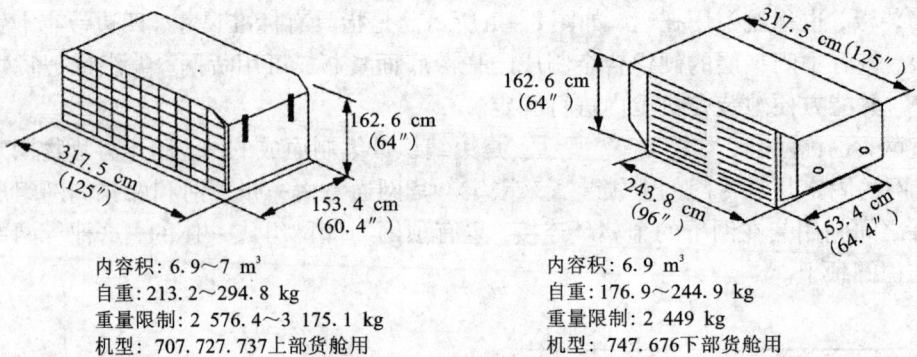

内容积：6.9～7 m³
自重：213.2～294.8 kg
重量限制：2 576.4～3 175.1 kg
机型：707、727、737上部货舱用

内容积：6.9 m³
自重：176.9～244.9 kg
重量限制：2 449 kg
机型：747、676下部货舱用

图 8 - 4   整体结构式成组器

（2）非航空用成组器。

非航空用成组器是指成组器的形状与飞机内部不吻合，为长方形，不能直接在机舱中系固。这种成组器中包括国际航空协会标准尺寸集装箱和 ISO 国际标准集装箱两种。前者不能进行多式联运，后者可以进行多式联运，这种集装箱又可分为三种：

①航空运输专用集装箱。形状为长方形，不能在机舱内直接系固，在箱上不设角件，不能堆装。

②陆空联运集装箱。它可以用空运和陆运系统的装卸工具进行装卸和搬运。有的上部无角件而下部有角件，不能堆装；有的上下部都有角件，既可吊装，又可堆装；还有的除上下部都有角件外，还有叉槽，可以使用叉车进行装卸。

③海陆空联运集装箱。它的特点是上下部都有角件，可以堆装。但由于其结构强度较弱，堆码层数受到严格限制。在海陆空联运时，要注意装卸时必须与其他标准集装箱区别开来，绝对避免装在舱底。

2. 成组器的识别代码

成组器必须有国际航空运输协会(IATA)所规定的标志,该标志由 IATA 标记代号、自重、外部体积、制造厂家、部件号码、型式证明等组成。其中 IATA 标记代号是所有成组器均需要具备的,其他标记视成组器的种类不同和需要而定。

IATA 标记代号由 3 部分组成,例如,AKE1204WH。第一部分表示成组器的种类、尺寸和适用机型,由 3 个英文字母表示,如 AKE;第二部分为成组器的序号码,由各航空公司对其所拥有的成组器进行编号,由 4 位数字表示,如 1204;第三部分为注册号码,一般为成组器所属的航空公司的 ITAT 二字代码,由 2 个英文字母表示,如 WH。

表 8 - 1 显示了常见的成组器种类、尺寸及适配代号的含义。

表 8 - 1　常见的成组器种类、尺寸及适配代号的含义

种类代号		尺寸代号(mm × mm)		适配代号	
A	标准箱	A, I	2 240 × 3 180	E	宽体机型的下舱,无叉槽
D	非标准箱	B, 2	2 240 × 2 740	N	宽体机型的下舱,有叉槽
P	标准板(托盘)	M, 6	2 440 × 3 180		
F	非标准板(托盘)	Q	1 530 × 2 440		
S	带固定结构圆顶的托盘	K, V	1 530 × 1 560		
U	带非固定结构圆顶的托盘	L, W	1 530 × 3 180		
		G, 7	2 440 × 6 060		
		P	1 190 × 1 530		

8.2.2　货运飞机

1. 货运飞机的分类

(1)按机身宽度分类。

1)窄体飞机,机身宽度约 3 m,舱内只有一条通道,下货舱内一般只能装载包装尺寸较小的件杂货物,如 B737、B757、DC - 8、MD - 80、MD - 90、A320、A321。

2)宽体飞机,机身宽度不小于 4.72 m,舱内有两条通道,下货舱内可以装载集装箱货物和件杂货物,如 B767、B747、DC - 10、MD - 11、A300、A340。

(2)按用途分类。

1)全货机,机舱全都用于装载货物的飞机。全货机一般为宽体飞机,主舱可装载大型集装箱。目前世界上最大的全货机装载量达 250 t,通常的商用大型全货机载重量在 100 t 左右。

2)客货两用机,即普通客机,上舱(主舱)用于载客,下舱(腹舱)用于载货。此外,客货两用机还有一种"COMBINE"(康比)机型,即在上舱前部设有旅客座椅载运旅客,上舱后部和下舱用于装载货物,主要是 B747。

2. 货运飞机的机型

飞机中能装载航空成组器的机型,主要为波音、道格拉斯和洛克希德三类。由于各飞机

制造公司采用相同的基本尺寸，因此成组器在各种机型中的互换性较好。这种互换性使航空公司可以减少互换器的备用量，节约投资，也在转机运输时，使货物不必捣载，缩短了转机时间。

　　我国的航空货运已有 30 多年历史，近年来发展很快。1990 年引进波音 747 - 200 宽体型货机后，开始具备了运输国际标准航空集装箱的能力。波音 747 - 200 货机能装载国际标准 20 ft 集装箱 12 个，还能装载其他类型成组器。

8.2.3　机场

　　机场是供飞机起飞、着陆、停驻、维护、补充给养及组织飞行保障活动所用的场所，包括相应的空域及相关的建筑物、设施与装置。它是民航运输网络中的节点，是航空运输的起点、终点和经停点。从交通运输角度看，民航运输机场是空中运输和地面运输的转接点。它一方面要面向空中，送走起飞的飞机，迎来着陆的飞机；另一方面要面向陆地，供客、货和邮件进出。机场可实现运输方式的转换，因此也可以称作航空站(简称为航站)。民用运输机场的基本功能是为飞机的运行服务，为客、货、邮件的运输及其他方面的服务。

　　基于不同的角度，机场有不同的种类。

1. 按航线性质分类

　　(1)国际航线机场。

　　有国际航班进出，设有海关、边防检查(移民检查)、卫生检疫和动植物检疫、商品检验等政府联检机构。

　　(2)国内航线机场。

　　是供国内航班使用的机场，在我国还包括地区航线机场(指内地与港、澳等地之间航班飞行使用的机场，设有类似国际机场的政府联检机构)。

2. 按机场在民航运输网络系统中所起的作用分类

　　(1)枢纽机场。

　　航线密集且中转旅客比例较高的机场称为枢纽机场。

　　(2)干线机场。

　　干线机场通过骨干航线连接枢纽机场，空运量较为集中。

　　(3)支线机场。

　　支线机场空运量较少，航线多为本省区内航线或邻近省区支线。

3. 按机场所在城市的性质和地位分类

　　(1) I 类机场。

　　即全国经济、政治、文化大城市的机场，是全国航空运输网络和国际航线的枢纽，运输业务繁忙，除承担直达客货运输外，还具有中转功能，亦为枢纽机场。

　　(2) II 类机场。

　　即省会、自治区首府、直辖市和重要的经济特区、开放城市和旅游城市，或经济发达、人口密集城市的机场，亦为干线机场。

　　(3) III 类机场。

　　即国内经济比较发达的中小城市，或一般的对外开放和旅游城市的机场，也可称为次干线机场。

（4）Ⅳ类机场。

即省区内经济较发达的中小城市和旅游城市，或经济欠发达、但地面交通不便城市的机场，也称为支线机场。

8.3　航空集装箱货运组织业务与单证

8.3.1　航空集装箱运输营运方式

1. 班机运输（scheduled airline）

班机运输是指定期开航、定航线、定始发站、定途经站、定目的站的航班运输。按业务对象不同，班机运输分为客运航班和货运航班。客运航班一般使用客货两用型飞机，一方面搭载旅客，一方面又运送少量货物。货运航班使用全货机，只承揽货物运输，由一些规模较大的航空运输公司在货源充足的航线上开辟。

班机运输具有以下的特点：

（1）迅速准确。

班机由于固定航线，固定停靠站和定期开航，因此，国际航空货物大多使用班机运输方式，能安全迅速地到达世界上各通航地点。

（2）方便货主。

发、收货人可确切掌握货物起运和到达的时间，这对市场上急需的商品、鲜活易腐货物及贵重商品的运送是非常有利的。

（3）舱位有限。

班机运输一般是客货混载，因此，舱位有限，不能满足大批量货物的运输要求，往往需要分期分批运输，这是班机运输的不足之处。

2. 包机运输（chartered carriage）

包机运输是指包机人（包机人指发货人或航空货运代理公司）为达到一定的目的，按照与航空公司约定的条件和费率，租用航空公司的飞机运载货物的形式。办理包机运输，包机人一般要在货物装运前一个月与航空公司联系，并签订协议，以便航空公司安排运力和向起降机场及有关政府部门申请、办理过境或入境的有关手续。

（1）包机运输的形式。

包机运输按租用舱位的大小分为整架包机和部分包机两种形式。

①整架包机，也称整包机，即包租整架飞机，指航空公司或包机代理公司，按照与租机人事先约定的条件及费用，将整架飞机租给包机人，从一个或几个航空站装运货物至目的站的运输方式。此种形式适用于运输大批量的货物。

②部分包机，是指由几家航空货运代理（或发货人）联合包租一架飞机，或者由包机公司把一架飞机的舱位分别租给几家航空货运代理公司。这种形式适用于不足一整架飞机的货物或者 1 t 以上运量的货物。

（2）包机运输的优点。

①解决班机舱位不足的矛盾。

②货物全部由包机运出，节省时间和多次发货的手续。

③弥补没有直达航班的不足，且不用中转。

④减少货损、货差或丢失的现象。

⑤在空运旺季缓解航班紧张状况。

⑥解决海鲜、活动物的运输问题。

（3）包机运输的缺点。

①时间比班机长，尽管部分包机有固定时间表，往往因其他原因不能按时起飞。

②各国政府为了保护本国航空公司利益常对从事包机业务的外国航空公司实行各种限制。如包机的活动范围比较狭窄，降落地点受到限制。需降落非指定地点外的其他地点时，一定要向当地政府有关部门申请，同意后才能降落（如申请入境、通过领空和降落地点）。因此，复杂繁琐的审批手续大大增加了包机运输的运营成本，目前使用包机业务的地区并不多。

8.3.2 航空集装箱货运组织方式

1. 集中托运（consolidation）

集中托运是指航空货运代理公司将若干批单独发运的货物组成一整批，向航空公司办理托运，采用一份航空主运单集中发运到同一目的站，由航空货运代理公司在目的站指定的代理收货，再根据航空货运代理公司签发的航空分运单分拨给各实际收货人的运输组织方式。此种方式是航空货物运输中开展最为普遍的一种运输方式，是航空货运代理的主要业务之一，也是我国目前进出口空运货物的主要运输方式之一。

（1）航空货运代理人办理集中托运的过程。

①航空货运代理人将每一票货物分别制定航空分运单，即出具航空货运代理的运单（house air way bill，HAWB）。

②航空货运代理人将所有货物区分方向，按照其目的地相同的同一国家、同一城市来集中，制定出航空公司的主运单（master air way bill，MAWB）。主运单的发货人和收货人均为航空货运代理人。

③航空货运代理人打出该总运单项下的货运清单，即此主运单有几个分运单，号码各是什么，其中件数、重量各多少等。

④航空货运代理人把该主运单和货运清单作为一整票货物交给航空公司。一个总运单可视货物具体情况随附分运单（可以是一个分运单，也可以是多个分运单）。例如，一个主运单内有 10 个分运单，说明此总运单内有 10 票货，发给 10 个不同的收货人。

⑤货物到达目的站机场后，当地的航空货运代理人作为主运单的收货人负责接货、分拨，按不同的分运单制定各自的报关单据并代为报关、为实际收货人办理有关接货送货事宜。

⑥实际收货人在分运单上签收以后，目的站航空货运代理人以此向发货地的航空货运代理人反馈到货信息。

（2）航空货运代理人在集中托运中的法律地位与责任。

在集中托运下，航空货运代理人的地位类似于多式联运经营人。他承担的责任不仅仅是在始发站将货物交给航空公司，在目的站提取货物并转交给不同的收货人，而且承担的是货物的全程运输责任，并在运输中具有双重角色。他对各个发货人负货物运输责任，地位相当于承运人；而在与航空公司的关系中，他又被视为集中托运的一整批货物的托运人。

（3）集中托运的优点。

①方便货主。将货物集中托运，可使货物到达航空公司到达地点以外的地方，延伸了航空公司的服务，方便了货主。

②节省运费。航空货运代理人的集中托运运价一般都低于航空协会的运价，发货人采用集中托运方式比直接向航空公司托运运价更为便宜。

③提早结汇。发货人将货物交与航空货运代理后，即可取得货物分运单，可持分运单到银行尽早办理结汇。

目前，集中托运方式已在世界范围内普遍开展并形成较完善、有效的服务系统，在我国已成为进出口空运货物的主要运输方式之一。

2. 航空快递（air express）

航空快递是指是指经营快递业务的企业利用航空运输，将物品从发件人所在地通过自身或代理的网络运达收件人的一种快速运输方式。采用上述运输方式的物品称为快件。航空快递的业务性质和运输方式与普通航空货运基本相同，可以视为航空货运的延续或发展，是目前国际航空货运中最快捷的组织方式。

（1）航空快递的特点。

①航空快递业务以商务文件、资料、小件样品和小件货物为主。

②中间环节少，速度快于普通的航空货运。

③航空快递中使用一种比普通空运分运单应用更为广泛的交付凭证——POD。

④办理快递业务的大都是国际性的跨国公司，如 DHL、UPS、EMS 等。

（2）航空快递业务的主要形式。

①场到场的快递服务。发货人在航班始发站将货交给航空公司，然后发货人通知目的地的收货人到机场取货。采用这种方式的一般是海关当局有特殊规定的货物。

②"门到门"的快递服务。发货人需要发货时通知快递公司，快递公司立即派人到发货人处上门取货，直接送交航空公司空运，然后通知目的地的快递公司或代理人，按时取货并按要求的时间将货送交收货人手中。送货后立即将货物交接时间及签收人姓名等情况通知发货人。

③快递公司派人随机送货。是由专门经营该项业务的航空货运代理公司与航空公司合作，派专人用最快的速度，在货主、机场、用户之间传送急件的运输服务业务。

航空集装箱货物可采取机场到机场、机场到门、门到机场、门到门 4 种货运方式。目前，以机场到机场最为常见，但随着国际多式联运、航空快递业务和物流系统的快速发展，门到门货运方式必将成为日后货运方式的主流。

8.3.3　航空集装箱货运业务程序

1. 国际航空集装箱货物出口业务程序

国际航空集装箱货物出口业务程序是指航空货运代理人从发货人手中接货至将货物交给航空公司承运这一过程中所需办理的手续，其业务程序如下。

（1）托运受理。

发货人在货物出口地寻找合适的航空货运代理人，为其代理空运订舱、报关、托运业务；

航空货运代理人根据自己的业务范围，服务项目等接受发货人委托，并要求其填制航空货物托运书，以此作为委托与接受委托的依据，托运人应对托运书上所填内容及所提供与运输有关运输文件的正确性和完备性负责。

（2）订舱。

航空货运代理人汇总所接受的委托，应根据发货人的要求选择最佳的航线和最理想的承运人，制定预配舱方案，为每票货物分配货运单号。同时，航空货运代理人填写民航部门要求的订舱单，注明货物的名称、体积、质量、件数、目的港、时间等，在接到托运人的发货预告后，采取合适的方式向航空公司预订舱或订舱。

（3）货主备货。

航空公司根据航空货运代理人填写的订舱单安排航班和舱位，并由航空货运代理人及时通知发货人备单、备货。

（4）接单接货。

接单是指航空货运代理人从发货人手中接过货物出口所需要的一切单证，包括商务单证和货运单证。接收文件应检查舱位预订情况、货物品名、适用的运价、运费、随附的文件、限制和禁运情况以及货运单内的其他信息。

接货是指航空货运代理人把即将发运的货物从发货人手中或托运人指定的国内段承运人手中接过并运送到机场。航空货运代理人可以安排车辆上门取货，也可按照托运人提供的运单号、航班号及接货地点、接货日期，代为向有关国内段承运人提取货物。如果货物已在起运地办理了出口海关手续，托运人应同时提供起运地海关的关封。

接货时，双方应办理货物的交接、验收，并进行过磅称重入库。重点应检查数量、重量、体积、包装、标志、标签等。货物接到机场后，或先入周转仓库，或直接装板或装箱。

一般而言，体积在 $2\ m^3$ 以上并已预订舱位的大宗货物或集中托运货物，航空货运代理人自己安排装板、装箱，不能装板、装箱的 $2\ m^3$ 以下货物作为小件货物交给航空公司拼装或单件运输。

（5）缮制单证。

航空货运代理人审核托运人提供的单证，绘制报关单，报海关初审。

航空货运代理人在货物交航空公司前，通常要缮制以下货运单证：主运单和分运、航空货物清单、空运出口业务日报表、航空公司主标签和空运代理分标签、出库舱单、装箱单和国际货物交接清单等。

（6）报关。

航空货运代理人持缮制完的航空运单、报关单、装箱单、发票等相关单证到海关报关，海关将在报关单、运单正本、出口收汇核销单上盖放行章，并在出口产品退税单据上盖验讫章。

（7）货交航空公司。

货交航空公司是指航空货运代理人与航空公司办理交单、交货的过程。航空公司地面代理在加盖海关放行章的货运单上签单确认后，航空货运代理人可以将单、货交航空公司。航空公司进行验货、核单、过磅称重，确保单单相符、单货相符后，在货物交接清单上签收。对于大宗货物、集中托运货物，以整板、整箱称重交接；对于零散小件货物，按票称重，计件交接。

航空公司接单接货后,将货物存入出口仓库,单据交吨控部门,以便进行缮制舱单、吨位控制与配载。

(8)信息传递。

货物发出后,航空货运代理人及时通知国外代理收货。通知内容包括航班号、运单号、品名、数量、质量、收货人的有关资料等。

(9)费用结算。

费用结算主要涉及航空货运代理人与发货人、航空公司和国外代理人三个方面的结算,即向发货人收取航空运费、地面运费及各种手续费、服务费,向航空公司支付航空运费并向其收取佣金,可按协议与国外代理人结算到付运费及利润分成。

2. 国际航空集装箱货物进口业务程序

国际航空集装箱货物进口业务程序是指航空货物从入境至提取或转运整个过程中所需通过的环节和办理的手续,其业务程序如下。

(1)到货。

航空货物入境后,即处于海关监管之下,货物存在海关监管仓库内。同时,航空公司根据运单上的收货人发出到货通知。若运单上的第一收货人是航空货运代理人,则航空公司会把有关货物运输单据交给航空货运代理人。

(2)分类整理。

航空货运代理人在取得航空运单后,根据自己的习惯进行分类整理,对集中托运货物和单票货物、运费预付和运费到付货物应区分开来。集中托运货物需对总运单项下的货物进行分拨,按每一分运单的货物分别处理。分类整理后,航空货运代理人编上公司内部的编号,以便于用户查询和内部统计。

(3)到货通知。

航空货运代理人根据收货人资料寄发到货通知,催促其速办报关、提货手续。

(4)缮制单证。

根据运单、发票及证明货物合法进口有关批文缮制报关单,并在报关单的右下角加盖报关单位的报关专用章。

(5)报关。

将已做好的报关单连同正本的货物装箱单、发票、运单等递交海关,向海关提出办理进口货物报关手续。海关经过初审、审单、征税等环节后,放行货物。只有经过海关放行后的货物才能提出海关监管场所。

(6)提货。

凭借盖有海关放行章的正本运单到海关监管场所提取货物并送货给收货人,收货人也可自行提货。

(7)费用结算。

货物或委托人在收货时,应结清各种费用。

8.3.4　航空运单

1. 航空运单的定义和性质

航空运单(简称空运单)是航空承运人签发给托运人用以证明双方之间存在运输合同和

货物已装上飞机的凭证。航空运单具有以下性质和作用。

（1）承运合同。

航空运单是托运人与承运人之间的运输合同，一旦签发，便成为签署承运合同的书面证据，该承运合同必须由托运人或其代理人与承运人或其代理人签署后才能生效。

（2）货物收据。

当发货人将其货物发运后，承运人或其代理人将一份航空运单正本交给发货人，作为已接受其货物的证明，也就是一份货物收据。

（3）不可转让。

航空运单不同于海运提单，并非代表货物所有权的物权凭证，不能进行背书或转让流通，是不可议付的单据。

（4）运费账单。

航空运单上分别记载着属于收货人应负担的费用和属于代理人的费用，因此可以作为运费账单和发票，承运人可将一份正本运单作为记账凭证。

（5）报关单据。

当航空货物运达目的地后，应向当地海关报关，在报关所需各种单证中，航空运单通常是海关放行查验时的基本单据。

（6）保险证书。

若承运人承办保险或者发货人要求承运人代办保险，则航空运单即可作为保险证书。载有保险条款的航空运单又称为红色航空运单。

（7）承运人内部业务的依据。

航空运单是承运人在办理该运单项下货物的发货、转运和交付的依据，承运人根据运单上所记载的有关内容办理有关事项。

2. 航空运单的种类

按运单的主次划分，航空运单可以分为主运单和分运单。

（1）主运单。

凡由航空公司签发的航空运单称为主运单。每一批由航空公司发运的货物都须具备主运单，它是航空公司办理该运单项下货物的发运和交付的依据，是航空公司与托运人之间订立的运输契约。

（2）分运单。

当本身不拥有飞机的航空货运代理人以承运人（即契约承运人）身份办理集中托运业务时，向各个发货人签发的运单称为分运单。此时，分运单的运输合同当事人双方是航空货运代理人（契约承运人）和各个发货人（实际托运人），主运单的运输合同当事人双方是航空公司（实际承运人）和航空货运代理人（作为托运人）。货物到达目的站后，由航空货运代理人在该地的分公司或其代理人凭主运单向当地航空公司提取货物，然后按分运单分别交各个收货人。所以，发货人和收货人与航空公司不发生直接关系。

3. 航空运单的构成

目前，经营国际货物运输的航空公司及其航空货运代理公司使用的都是统一的一式十二份的航空运，其中，3份正本（original），6份副本（copy）和3份额外副本（extra copy）。正本的背面印有运输条款。各份的用途及流转见表8-2所示。

表 8 - 2　航空运单的构成及其用途

顺序	名称	颜色	用途
1	正本 3	蓝	交托运人,作为承运人收到货物的证明,以及作为承托双方运输合同成立的证明
2	正本 1	绿	交承运人财务部门,除了作为承运人财务部门的运费账单和发票外,还作为承托双方运输合同成立的证明
3	副本 9	白	交代理人,供代理人留存
4	正本 2	粉红	随货物交收货人
5	副本 4	黄	交付联,收货人提货后应签字并交承运人留存,以证明已交妥货物
6	副本 5	白	交目的港机场
7	副本 6	白	交第三承运人
8	副本 7	白	交第二承运人
9	副本 8	白	交第一承运人
10	额外副本	白	
11	额外副本	白	
12	额外副本	白	

4. 航空运单的内容

目前,各航空公司所使用的航空运单大多借鉴 IATA 所推荐的标准格式,彼此差别不大。航空运单的主要内容有:

①空运单填写的地点、日期。

②货物起运地、目的地。

③约定的经停地点(承运人一般保留在必要时变更经停地点的权利,承运人行使这一权利时,不应使运输由于此种变更而丧失其国际运输性质)。

④托运人名称、地址。

⑤第一承运人名称、地址。

⑥必要时应写明收货人的名称、地址。

⑦货物包装的方式、特殊标志、件数、号码。

⑧货物名称、性质。

⑨货物数量、重量、体积、尺码。

⑩货物和包装的外表状况。

⑪如运费已付,应写明运费金额、运费支付日期、运费支付地点、运费支付方式;如运费为到达支付,则应写明所应交付的费用。

⑫航空运单的份数,附航空运单交给承运人的凭证。

⑬如双方已商定运输期限、运输路线,应一并在运单上注明。

⑭有关运输受《统一国际航空运输某些规则的公约》(《华沙公约》)约束的条件等。

8.4　航空集装箱运费计算

8.4.2　航空运价概述

1. 国际航空运价规则

《国际航空货运费率手册》(The Air Cargo Tariff Books，TACT Books)最初是由美国、加拿大、法国、意大利、日本、荷兰、德国、比利时、瑞士、瑞典等国的13家航空公司于1975年出版发行的，后来又有76家航空公司参与该手册的修订与出版。中国航空运输企业尽管尚未参与此手册的出版，但包括我国在内的世界各国航空公司都遵循此运价规则和运价手册办理国际航空运输业务，因而，它已成为目前世界上一套最为完整的、统一的国际航空运价规则。它由3卷组成：第1卷为《规定手册》(TACT Rules)，包括一般的运输要求、操作程序和承运人的规定，每年4月和10月各出版一期；第2卷为《北美运价手册》(TACT Rates—North America)，包括与美国、加拿大、波多黎各、美属维尔京群岛、圣皮埃尔、密克隆有关的各类运价；第3卷为《世界(除北美)运价手册》(TACT Rates—Worldwide)，除北美以外的世界范围内的运价。第2、3卷运价手册，每两月出版一期。除了上述手册外，有时还不定期地出版一些资料以对该手册内容进行补充、修改或更正。

此外，我国国航货运分公司业务规章部根据1998年IATA货物运价协调会有关决议并结合本公司实际情况于2002年2月制定了航空货物运价手册(第38期)。

2. 航空运价的构成与货币单位

航空运价是指机场至机场间的运输费用，除非运价手册有特别说明，公布的运价仅指基本运费，不包括声明价值附加费和其他附加费用。

所谓声明价值附加费是根据《华沙公约》中对由于承运人自身的疏忽或故意造成的货物灭失、损坏或延迟规定了最高赔偿责任限额，这一金额一般被理解为20美元/kg(或等值其他货币)。若货物价值超过了该值就增加了承运人的责任，因此承运人要收取一定的声明价值附加费。若托运人不缴纳声明价值附加费，承运人对超出20美元/kg的部分也不承担责任。对于办理声明价值附加费有以下要求：

①托运人办理声明价值时必须整批货物办理，不得办理分批声明价值或整批货物中办理两种不同的声明价值。

②供运输用的声明价值仅适用于货物的毛重，不包括航空公司的集装箱。

③根据IATA规定，发货人必须在运单上对发运的货物声明其价值，若无声明价值，也要在运单上写上无声明价值。

④民航总局规定，每票货物的声明价值不得超过10万美元；声明价值附加费的最低标准为人民币10元，若计算附加费低于最低标准，按最低标准缴费。

声明价值附加费一般按超过20美元部分的0.5%计收，即

声明价值附加费 =(整批货物的声明价值 − 20美元×货物毛重×汇率)×0.5%

运价的货币单位一般以起运地当地货币单位为准，费率以承运人或其授权代理人签发航空运单的时间为准。

3. 计费重量

在航空运输中,通常按货物的实际毛重与体积重量二者较高者,作为计费重量。

(1)重货与轻泡货的划分标准。

重货与轻泡货的具体界限是以 6 000 cm³/kg 为基准。当货物每千克体积小于 6 000 cm³ 时为重货;反之,当货物每千克体积大于 6 000 cm³ 时为轻泡货。

(2)计费重量单位。

空运计费重量以 0.5 kg 为单位,尾数不足 0.5 kg 者,按 0.5 kg 计费,如货物重量 200.25 kg,则计费重量为 200.5 kg;尾数在 0.5 kg 以上不足 1 kg 者,按 1 kg 计费,如货物重量为 200.63 kg,则计费重量为 201.00 kg。若用 lb 表示重量,不足 1 lb 的尾数进为 1 lb。

(3)体积重量。

空运中的体积重量不是指货物的实际体积,而是指货物的实际体积除以 6 000 cm³/kg 的值。实际体积应按货物的长、宽、高的最大值的乘积求得。例如,一批货物的毛重为 300 kg,体积为 879 800 cm³,则体积重量 = 879 800/6 000 = 146.63(kg),因此,计费重量应为 147.00 kg。

3. 最低运费

最低运费(minimum charge,M)是航空公司办理一批货物所能接受的起码运费。最低运费不包括声明价值附加费。不同地区规定不同的最低运费,例如,从广州到香港,从福州、昆明、宁波、上海到香港的最低运费分别为 35 元人民币和 65 元人民币。

4. 不能采取运费到付的货物

下列情况不能办理运费到付:

①目的地国家的货币管理制度不允许从收货人处收取费用。

②承运人不允许运输费用到付。

③收货人是托运人本人或政府临时代理机构或自由受到限制人。

④收货人所在地为机场、宾馆或其他临时地址。

⑤无价样品,报纸和其他印刷品,新闻图片、影片和电视片,礼品,酒精、饮料,尸体、骨灰,活体动物,易腐货物,私人用品及无商业价值的家具,以及本身商业价值低于运输费用的货物等。

8.4.3　航空集装箱运费的计算

目前,航空集装箱货物运费的计算方法包括常规运价计算法和新型运价计算法。

1. 常规运价计算法

常规运价计算法是指采用普通航空货物运费的计算方法,首先对两个机场城市间的航线制定出经营航班的运价,航空公司根据货物的重量或体积计算出应收的运费。

按照常规运价计算法计算航空集装箱货物运费时要确定三个要素:货物计费重量、运价种类和货物的声明价值。

目前,常规运价的种类可分为普通货物运价(general cargo rates,GCR)、指定商品运价(specific commodity rates,SCR)和等级运价(class commodity rates,CCR)。

(1)普通货物运价。

普通货物运价是指为运输所使用的除等级运价或指定商品运价以外的运价。它分为适用于普通货物 45 kg 以下没有数量折扣的 N 运价(normal rate),以及普通货物 45 kg 以上有数量折扣的 Q 运价(quantity rate),例如,45 kg、100 kg、200 kg、300 kg、500 kg、1 000 kg、1 500 kg、2 000 kg 等不同重量点的折扣运价。

按普通货物运价计算航空运费的步骤为:

①体积(volume),根据货物长、宽、高,计算货物体积。

②体积重量(volume weight),用货物实际体积除以 6 000 cm^3/kg,求得体积重量。

③毛重(gross weight),根据托运货物申报单确定货物的毛重。

④计费重量(chargeable weight),确定货物属于重货还是轻泡货,重货以毛重作为计费重量,轻泡货以体积重量作为计费重量。

⑤适用运价(applicable rate),根据计费重量,查表确定适用运价。

⑥航空运费(weight charge),根据计费重量和适用运价计算航空运输费用。

如果计算结果低于最低运费(M),则按最低运费计费;由于托运的货物越多,运价就越低,为了保证货方的利益,便产生了运价临界点规则,即如果一批货物的重量接近下一个较高重量等级分界点时,我们应该将计算的运费的结果与按下一个较高重量等级分界点运价计算的运费相比较,按其中的较低者作为该批货物的运费。

【例 8-1】 有一批配件从北京运往大阪,毛重 40.6 kg,体积 105 cm×60 cm×35 cm,计算该批货物的航空运输费用。

公布运价如下:

BEIJING	CN		BJS
¥.RENMINBI	CNY		kgs
OSAKA	JP	M	230.00
		N	37.51
		45	28.13

解:由于货物毛重接近下一个等级重量分界点 45 kg,所以,应该将按实际重量计算的运费结果与采用较高重量分界点运价计算的运费相比较,取运费较低者。

(1)按实际重量计算

货物体积:$105 \times 60 \times 35 = 220\ 500 (cm^3)$

体积重量:$220\ 500 \div 6\ 000 = 36.75 (kgs) = 37.0 (kgs)$

货物的毛重:40.6 kgs

计费重量:41.0 kgs

适用运价:GCR N 37.51 CNY/kg

航空运费:$41.0 \times 37.51 = 1\ 537.91 (CNY)$

(2)按较高重量等级分界点计算

计费重量:45.0 kgs

适用运价:GCR Q45 28.13 CNY/KG

航空运费:$45.0 \times 28.13 = 1\ 265.85 (CNY)$

(1)与(2)比较,取较低值的运费。

因此，该批货物的航空运输费用为 1 265.85 CNY。

（2）指定商品运价。

指定商品运价，又称特种货物运价，是指航空公司为某些从指定始发地至指定目的地的指定商品公布的运价。它是一种优惠性质的运价，一般比普通货物运价低。

目前，自中国运出的货物，采用指定商品运价的主要为中国至日本、美国、加拿大或新加坡的食品、海产品、药品、纺织品等。

为了方便使用，IATA 在公布指定商品运价时，将指定商品以品名编号（item number），并根据货物的性质、特点、用途按每 1 000 号为一组，分成十大组，每一大组内又以 100 号为一组分成若干小组，以便更详细地分列各种货物。在航空运单中指定商品通常用字母 C 与商品品名编号组成，如 C1201 表示 1201 号指定商品。

按指定商品运价计算航空运费的步骤为：

①先查询运价表，如运输始发地至目的地之间有公布的指定商品运价，则考虑使用指定商品运价。

②查找《国际航空货运费率手册》的品名表，找出与运输品名相对应的指定商品编号，然后查看在公布的运价表上，该指定商品编号相对应的指定商品运价。

③计算计费重量，此步骤与普通货物的计算步骤相同。

④找出适用运价，然后计算航空运输费用。

此时，需比较计费重量与指定商品的最低重量。若货物的计费重量超过指定商品的最低重量，则优先使用指定商品运价作为商品的使用运价。若货物的计费重量没有达到指定商品的最低重量，则需要按以下步骤进行：首先，按普通货物运价计算出运费；然后，按指定货物运价计算出运费，此时，因货量不足，托运人又希望适用指定商品运价，那么货物的计费重量就要以所规定的最低运量为准，即指定商品最低重量运费等于最低运量与所适用的指定商品运价的乘积；最后，比较两者计算出来的航空运费，取二者的较低值。

（5）比较第（4）步计算出的航空运费与最低运费，取较高者。

【例 8-2】　有一批水果从北京运往大阪，该批货物符合指定商品代码 0008，共 4 件，每件货物毛重 60.1 kg，体积 112 cm×70 cm×42 cm，计算该批货物的航空运输费用。

公布运价如下：

BEIJING	CN		BJS
¥. RENMINBI	CNY		kgs
OSAKA	JP	M	230.00
		N	37.51
		45	28.13
	0008	300	18.80

解：货物体积：$112 \times 70 \times 42 \times 4 = 1\ 317\ 120 (\text{cm}^3)$

体积重量：$1\ 317\ 120 \div 6\ 000 = 219.52 (\text{kgs}) = 220.0 (\text{kgs})$

货物的毛重：$60.1 \times 4 = 240.4 (\text{kgs})$

计费重量：240.5 kgs

由于计费重量未满足指定商品代码"0008"的最低重量要求 300 kg，因此：

（1）按普通货物运价计算

适用运价：GCR Q45 28.13 CNY/kg

航空运费：$240.5 \times 28.13 = 6\ 765.265(\text{CNY}) = 6\ 765.27(\text{CNY})$

（2）按指定商品运价计算

实际毛重：240.5 kgs

计费重量：300.0 kgs

适用运价：SCR0008/Q300 18.80 CNY/KG

航空运费：$300.0 \times 18.80 = 5\ 640.00(\text{CNY})$

（1）与（2）比较，取较低值的运费。

因此，该批货物的航空运输费用为 5 640.00 CNY。

（3）等级运价。

等级运价是指规定地区范围内，在普通货物运价的基础上附加或附减一定百分比作为某些特定货物的运价。它包括附减等级货物运价和附加等级货物运价两种。附减等级货物包括报纸、杂志、作为货物运送的行李等，附加等级货物包括活体动物、贵重物品、尸体、骨灰等。

按等级运价计算航空运费的步骤为：

① 根据货物品名判断其是否适用于等级货物运价。

② 用适用的公布运价乘以百分比，并将计得的运价进位。

③ 适用的等级货物运价乘以计费重量。

【例 8 - 3】 有一批杂志从北京运往大阪，经查杂志适用于附减等级货物运价，附减比例为 N 运价的 50%，货物毛重为 400 kg，计算该批货物的航空运输费用。

公布运价如下：

BEIJING	CN		BJS
¥. RENMINBI	CNY		kgs
OSAKA	JP	M	230.00
		N	37.51
		45	28.13

解：适用运价：$37.51 \times 50\% = 18.755(\text{CNY}) = 18.76(\text{CNY})$

航空运费：$400 \times 18.76 = 7\ 504.00(\text{CNY})$

因此，该批货物的航空运输费用为 7 504.00 CNY。

2. 新型运价计算法

新型运价计算法是指为了适应航空集装箱运输的快速发展而使用的一种运价计算法，它不区分货物的种类、等级，只要将货物装在集装箱或成组器中运输，就可以将装在飞机货舱里的集装箱或成组器作为计价单位来计算运费，即成组货物运价，适用于集装板或集装箱货物。

对于集装货物运价，目前主要采取以下三种形式。

（1）大宗货集装器运价（bulk unitization charge，BUC）。

此种运价以一个集装器为单位,对装有货物的集装器规定了最低收费重量和最低收费金额。当装有货物的集装器重量超过规定的最低收费重量时,超出部分(扣除集装器的自重)应按规定的费率支付附加超重费。

(2)集装器(ULD)运价。

此种运价是按集装器的重量与规定的费率予以收费。它通常根据是使用航空公司的集装器还是使用货方自备集装器而分别定价。目前,我国始发站不办理由托运人或代理人自备集装器的货运业务。

(3)包箱运价(FAK)。

这种运价是不管装运货物的种类而是根据装运在集装器中的货物体积制定统一的费率从而简化了手续,也有利于市场竞争。

重点与难点

重点:(1)航空集装箱运输的优点和缺点;(2)航空集装箱;(3)航空集装箱运输的营运方式;(4)航空集装箱货运组织方式;(5)航空运单的性质;(6)航空运输的计费重量。

难点:(1)航空集装箱货物的集中托运方式;(2)按常规运价计算航空集装箱货物运费的方法。

思考与练习

1. 简述航空集装箱运输的优缺点。
2. 什么是成组器?成组器包括哪些种类?
3. 什么是班机运输和包机运输?
4. 简述航空集装箱货运组织方式。
5. 简述航空货运代理人办理集中托运的过程。
6. 简述国际航空集装箱货物进出口业务程序。
7. 什么是航空运单?航空运单具有哪些性质?
8. 航空运单中的主运单和分运单有何区别和联系?
9. 什么是空运中的体积重量?
10. 用常规运价计算法如何计算航空集装箱货物运费?

第 9 章
集装箱多式联运组织

9.1 集装箱多式联运概述

9.1.1 多式联运的由来

国际间的货物多式联运早在 20 世纪初就产生了。当时由于远洋运输船队规模的迅速发展，国际班轮航线相继开辟，为海运与陆运的连接提供了方便。例如，远东的货主将货物装上班轮，运往美国西海岸港口，再装上铁路直达列车，直接到达美国中部或东部交货。这种联运的方式利用了海运班轮运输和铁路直达运输的优点，与过巴拿马运河单一海运方式相比，缩短了运输距离，也节省了运输时间和运输成本。然而，这种海陆联运还不是真正的多式联运，而只是一种分段联运，在全程联运中没有一个经营人对全程运输负责，而是海运与陆运的分段协作，各自签发自己的运输单据，并对自己的运输区段负责。另外，在杂件货物运输下，由于运输全程包括多个运输区段，使用两种以上的运输方式，货物运输途中要经过多次换装作业，装卸运输效率低下，货损、货差率大，加上运距远、时间长、不确定因素多，经营企业的风险极大。

二战后西方各国尤其是美国经济迅速恢复，并很快进入一个快速的经济增长期，产业界的机械化和大规模化生产的革新很快涉及运输业，出现了油品运输、散货运输的大型化、专业化生产。特别是 20 世纪 50 年代中期被誉为第二次运输革命的集装箱运输，其高效率、高质量、高效益的优越性越来越被世界各国认同和看好，掀起了一个国际化的集装箱运输热潮。集装箱运输的产生并在各种运输方式中普遍使用后，其特有的优势减少了多式联运经营企业的风险，多式联运才迅速发展起来。

20 世纪 60 年代末，美国率先开展了多式联运，取得了显著的经济效果，受到货主的欢迎。随后，发达国家在集装箱运输技术臻于完善的情况下，针对货主市场的需要，纷纷开展了以集装箱运输为基础的多式联运。目前，发达国家在集装箱运输中，多式联运已占有较大比例，例如美国进出口量占 80% 的西海岸，多式联运的比例已超过 50%。广大发展中国家在开展集装箱运输的同时也认识到多式联运的优越性和发展趋势，纷纷进行多式联运的尝试。因此，目前的多式联运基本就是集装箱多式联运。

9.1.2　集装箱多式联运的定义与特征

1. 集装箱多式联运的定义

目前，关于多式联运最具权威性和影响力的定义源于 1980 年《多式联运公约》，该公约对国际货物多式联运的定义为："国际货物多式联运是指按照多式联运合同，以至少两种不同的运输方式，由多式联运经营人将货物从一国境内接管货物的地点运至另一国境内指定交付货物的地点。为履行单一方式运输合同而进行的该合同所规定的货物接送业务，不应视为国际多式联运。"

1997 年我国交通部和铁道部共同颁布的《国际集装箱多式联运管理规定》(已在 2003 年废除)对国际集装箱多式联运的定义为："国际集装箱多式联运，是指按照国际集装箱多式联运合同，以至少两种不同的运输方式，由多式联运经营人将国际集装箱从一国境内接管的地点运至另一国境内指定的交付地点。"

两个定义的区别：前者是针对货物运输 (carriage of goods)；后者是针对集装箱运输 (carriage of goods by containers)。由于目前国际货物多式联运的实施是以集装箱为载体的，所以上述两个定义的内容在实际操作中是相同的，通常又被简化为可以互相替代使用的三个词：多式联运、国际多式联运、集装箱多式联运。

2. 集装箱多式联运的基本特征

集装箱多式联运的突出特点是由多式联运经营人与托运人签订一个运输合同，统一组织全程运输，实现运输全程的一次托运、一单到底、一次收费、统一理赔和全程负责。

根据上述定义，集装箱多式联运应具备以下基本特征。

(1)必须订立多式联运合同。

在集装箱多式联运中，多式联运经营人必须与托运人订立多式联运合同。所谓多式联运合同，是指多式联运经营人凭其收取全程运费，使用两种或两种以上不同运输工具，负责组织完成集装箱货物全程运输的合同。在分段联运中，托运人必须与不同运输区段承运人分别订立合同，而在集装箱多式联运中，无论实际运输有几个区段，也无论有几种不同运输方式，均只需订立一份合同——集装箱多式联运合同。托运人只与多式联运经营人有业务和法律上的关系，至于各区段实际承运人，托运人不与他们发生任何业务和法律上的关系。

(2)必须由多式联运经营人对全程运输负责。

按照集装箱多式联运合同，多式联运经营人必须对从接货地至交货地的全程运输负责，货物在全程运输中的任何实际运输区段的灭失、损害以及延误交付，均由多式联运经营人以本人身份直接负责赔偿。尽管多式联运经营人可向事故实际区段承运人追偿，但这不能改变多式联运经营人作为多式联运合同当事人的身份。

(3)必须是两种或两种以上不同运输方式组成的连贯运输。

集装箱多式联运是至少两种不同运输方式的连贯运输，如海—铁、海—公、海—空联运等。因此判断一个联运是否为多式联运，不同运输方式的组成是一个重要因素。例如，目前许多船公司开展的海—海联运，由契约承运人签发全程联运提单，对全程运输负责，通过一程船、二程船的接力形式，将集装箱货物从起运港运至最终目的港，但这种联运只是使用一种运输方式的海—海联运，不属于多式联运的范畴。

（4）必须是国际间的货物运输。

集装箱多式联运所承运的集装箱货物必须是从一国境内接管的地点，运至另一国境内指定交付的地点，是一种国际货物运输。这有别于同一国境内采用不同运输方式组成的联合运输。

（5）必须签发集装箱多式联运单据。

多式联运经营人作为集装箱多式联运的总负责人，在接管货物后必须签发集装箱多式联运单据，从发货地直至收货地，一单到底。发货人凭集装箱多式联运单据向银行结汇，收货人凭集装箱多式联运单据向多式联运经营人或其代理提领货物。因此，集装箱多式联运单据一经签发，多式联运经营人应保证将集装箱货物送至另一国指定交付地，并将集装箱货物交付知名的收货人或集装箱多式联运单据持有人。

（6）必须是单一的运费率。

海运、铁路、公路以及航空各种单一运输方式的成本不同，因而其运输费率也不同。集装箱多式联运中，尽管组成多式联运的各运输区段运费率不同，但托运人与多式联运经营人订立的多式联运全程中的运费率是单一的，即以一种运费率结算从接货地至交货地的全程运输费用，从而大大简化和方便了货物运费计算。

9.1.3 集装箱多式联运的优点

随着集装箱运输的发展，以集装箱多式联运形式运输的货物越来越多，集装箱多式联运已成为国际货物运输的主流。集装箱多式联运之所以能如此迅速发展，是由于它与传统运输相比有许多优点，这些优点主要体现在如下几个方面。

1. 统一化和简单化

集装箱多式联运的统一化和简单化主要表现在不论运输全程有多远，不论由几种方式共同完成货物运输，也不论全程分为几个运输区段，经过多少次转换，所有一切运输事项均由多式联运经营人负责办理，货主只需办理一次托运、订立一份运输合同、一次保险。一旦运输过程中发生货物的灭失和损害时，由多式联运经营人处理就可以了。多式联运通过一张单证，采用单一费率，因而也大大简单化了运输和结算手续。

2. 减少中间环节，提高运输质量

集装箱多式联运以集装箱为运输单元，可实现"门到门"运输，尽管运输途中可能有多次换装、过关，但由于不需掏箱、装箱、逐件理货，只要保证集装箱外表状况良好，铅封完整即可免检放行，从而减少了中间环节；尽管货物运输全程中要进行多次装卸作业，但由于使用专用机械设备，且不直接涉及箱内货物，货损、货差事故及货物被盗的可能性减少；由于全程运输由专业人员组织，可做到各个环节与各种运输工具之间衔接紧凑、中转及时、停留时间短，从而使货物的运达速度大大加快，有效地提高了运输质量，保证了货物安全、迅速、准确、及时地运抵目的地。

3. 降低运输成本，节约运杂费用

集装箱多式联运全程运输中各区段的衔接，是由多式联运经营人与各实际承运人订立分运合同和各代理人订立委托合同（包括其他有关人与有关合同）来完成的。多式联运经营人一般与这些人都订有长期的协议。这类协议一般规定多式联运经营人保证托运一定数量的货物或委托一定量的业务，而对方则给予优惠的运价或较低的佣金。通过对运输路线的合理选择和运输方式的合理使用，可以降低全程运输成本，提高利润。对货主来讲，一来可以得到优惠的运价；二来在多式联运下，一般将货物交给第一（实际）承运人后即可取得运输单证，并可据此结汇（结算货款），结汇时间比分段运输有所提前，有利于货物占有资金的周转；三则由于采用集装箱运输，从某种意义上讲可以节省货物的运输费用和保险费用。此外由于集装箱多式联运全程运输采用一张单证，实行单一费率，从而简化了制单和结算的手续，节约了货方的人力、物力。

4. 扩大运输经营人业务范围，提高运输组织水平，实现合理运输

在集装箱多式联运开展以前，各种运输方式的经营人都是自成体系、独立运输的，因而其经营业务的范围（特别是空间地域范围）受到很大限制，只能经营自己运输工具能够（指技术和经济方面）抵达范围的运输业务，货运量也因此受到限制。一旦发展成为多式联运经营人，其经营的业务范围即可大大扩展。从理论上讲可以扩大到全世界。

在集装箱多式联运中，是由专业人员组织全程运输的，这些人对世界的运输网、各类运输人、代理人、相关行业和机构及有关业务都有较深的了解和较为密切的关系，可以选择最佳的运输路线，使用合理的运输方式，选择合适的承运人，实现最佳的运输衔接与配合，从而提高运输组织水平，充分发挥现有设施的作用，实现合理运输。

9.1.4　集装箱多式联运的类型

基于不同的分类标准，集装箱多式联运可分为不同的形式。从运输方式的组成看，集装箱多式联运必须是两种或两种以上不同运输方式组成的连贯运输。按这种方法分类，理论上集装箱多式联运有海—铁、海—空、海—公、铁—公、铁—空、公—空、海—铁—海、公—海—空等多种类型。目前，大多数集装箱多式联运仍需要在不同运输方式的不同载运工具之间进行换装作业，但也出现了货物中途无换装作业的集装箱多式联运组合形式，比如驮背运输、滚装运输、火车轮渡等。此外，按干线区段所采用的运输方式的不同，可分为基于海运的多式联运、基于陆运的多式联运和基于空运的多式联运三大类型。

1. 基于海运的集装箱多式联运

所谓基于海运的集装箱多式联运，是指整个集装箱多式联运过程是以海上运输作为主要干线运输的集装箱多式联运。

从运输方式的组合形式上划分，基于海运的集装箱多式联运主要包括公—海联运、海—铁联运等。由于内河与海运在航行条件、适用法规上有所不同，因此，也可以将其视为两种不同的运输方式，即江—海联运。

（1）集装箱公—海联运。

集装箱公—海联运是指集装箱货物由公路运到沿海海港直接由船舶运出，或是集装箱货物由船舶运输到达沿海海港之后由公路运送到指定收货地点的一种集装箱多式联运模式。

中韩陆海联运汽车货物运输就属于一种典型的国际货物公—海联运。该项目是指中韩两国的货运车辆搭乘船舶，按照两国商定的港口口岸、区域或运输线路，抵达堆放港口后直接将货物运抵目的地的运输活动，包括甩挂运输和汽车运输两种方式，于 2010 年 12 月开始实施运营。这一公—海联运模式采取了甩挂滚装运输方式，海鲜成活率将比传统海运集装箱提高 9% 以上，可有效缩短货物运输在途及滞港时间，减少装卸损耗，节省多次装卸产生的费用，从而提高物流效率和降低费用，更可实现"门到门"直达运输服务。

（2）集装箱海—铁联运。

海—铁联运是指以实现货物整体运输效益最优化为目标，将集装箱货物由铁路运到沿海海港直接由船舶运出，或是集装箱货物由船舶运输到达沿海海港之后由铁路疏运的一种集装箱多式联运模式。基于高效率、快速度、大运量、低成本、少污染等突出优势，集装箱海—铁联运成为世界各国优先发展的运输方式。

自 20 世纪 90 年代起，上海、宁波、连云港、青岛、大连、深圳、厦门等沿海港口，纷纷依托已开通的多条至内陆省份的"五定"班列集装箱专线，开展海—铁联运业务。目前，我国大连/营口—东北地区、天津—华北/西北地区、连云港/青岛—新亚欧大陆桥地区的集装箱海—铁联运已具一定规模，成为全国最主要的三大集装箱海—铁联运通道。大连、营口、天津、连云港 4 个港口的集装箱海—铁联运运量约占全国总量的一半左右。上海、宁波、厦门、广州、深圳、北部湾等港辐射华东、华南、西南地区的集装箱海—铁联运规模也在逐步扩大。随着铁路运作机制、运力和设备口径衔接等问题的逐步解决，集装箱海—铁联运将在我国得到持续、迅猛的发展。

（3）集装箱江—海联运。

集装箱江—海联运是指把海运和内河运输连接起来的集装箱联运模式。集装箱江—海联运既可充分发挥海运量大、成本低的优点，又可发挥内河运输价廉、灵活的优点，能方便地把货物运至内河水系的广大地区。而且，江—海联运还是能耗最低、污染最小的联运方式。

目前世界范围最典型的集装箱江—海联运，是利用欧洲国际内河水道莱茵河进行的多式联运。在莱茵河数千千米的沿岸，一些重要的工业、商业中心都通水路，建设了设备设施先进的高效率的内河集装箱码头，开辟了各内陆工商业中心到鹿特丹、安特卫普等海港频繁的定班船，一方面保证了运输时间，另一方面大大缩短了货物在海港的滞留时间，方便而又高效。我国也利用长江、珠江、黑龙江等几大内河水系开展了不同形式的集装箱江—海联运，取得了明显的经济效益。尤其是以上海为枢纽的长江集装箱江海联运，在国家的统一规划下，正在形成非常完整的体系。

2. 基于陆运的集装箱多式联运

所谓基于陆运的集装箱多式联运，是指整个集装箱多式联运过程是以铁路运输或公路运输作为主要干线运输的集装箱多式联运。

从运输方式的组合形式上划分，基于陆运的集装箱多式联运主要包括公—铁联运、大陆桥运输（海—陆—海联运）等。

（1）集装箱公—铁联运。

集装箱公—铁联运是将铁路和公路有效的结合为一体，以完成集装箱运输组织的一种集装箱多式联运模式。有效的公—铁联运不仅可以最大限度地满足现代物流发展的需要，还可以有效地结合铁路运输的准时、安全、费用低以及公路运输的快速、灵活、服务到门的优势；同时抛开了铁路运输速度慢、网点少、服务差，公路运输安全系数低、费用高和交通拥挤等缺点。因而，集装箱公—铁联运已成为为客户提供快速准时、安全高效、费用相对较低的"门到门"物流服务体系。

国外普遍存在两种集装箱公—铁联运形式，分别是驮背运输和小集装箱系统。

驮背运输是一种无须换装作业的公—铁联运方式，由北美国家最先采用，最初是指将载运货物的公路拖车置于铁路平车上输送，因而也被称为平板车载运拖车（trailer on flatcar，

TOFC)系统。随着 TOFC 的出现,各种拖车或集装箱与铁路平板列车相结合的产物,例如箱驮运输(container on flatcar,COFC)和公铁两用车(road railer)都获得了极大的发展。COFC 省去拖车而直接将集装箱置于铁路平车上输送;公铁两用车是指一种卡车拖车底盘,既能适用于橡胶轮又能适用于钢轨卡车的系统。驮背运输的形式见第 6 章图 6 – 10。

小集装箱系统是几个小集装箱可以组成一个大集装箱,一辆大卡车可以携带 6 个小集装箱,货物可以按照箱子分拣和委托,直接从铁路站配送,无须二次分拣的集装箱公铁联运系统。目前,欧洲正在致力于发展小集装箱系统,以便更好地发挥公—铁联合运输城市配送的优势。

(2)大陆桥运输。

大陆桥运输是指使用横贯大陆的铁路、公路运输系统作为中间桥梁,把大陆两端的海洋连接起来,形成跨越大陆、联结海洋的运输组织形式。由于大陆起了两种运输方式之间的"桥梁"作用,因此,人们从地理概念出发,形象地将这种海—陆—海联运中的铁路主干线和干线公路称为大陆桥,而将通过大陆桥实现的海—陆—海联运称为大陆桥运输。大陆桥运输的具体内容详见 9.5。

3. 基于空运的集装箱多式联运

所谓基于空运的集装箱多式联运,是指以航空运输为主要运输工具的集装箱多式联运。

从运输方式的组合形式上划分,基于空运的集装箱多式联运主要包括海—空联运和陆—空联运。

(1)集装箱海—空联运。

集装箱海—空联运就是把空运货物先经由船舶运至拟中转的国际机场所在港口,然后安排拖车将货物拖至拟中转的国际机场进行分拨、装板、配载后,再空运至目的地的国际多式联运形式。

海—空联运结合海运运量大、成本低和空运速度快、时间要求紧的特点,能对不同运量和不同运输时间要求的货物进行有机结合。随着世界消费品技术含量的不断提高并向轻、小、精、薄方向发展,以及跨国公司对及时运输的需求,发达国家已出现采用大型飞机进行国际标准集装箱(水—陆—空联运集装箱)的海—空联运方式。

目前世界上集装箱海—空联运路线主要是远东至欧洲的联运,约占海—空联运总运量的50%以上。该运输路线的西行线是远东通过海运至美国西海岸港口,如温哥华、西雅图、洛杉矶等,再通过空运至欧洲的目的地;东行线主要通过海参崴、香港等港口,再通过空运中转至欧洲。另一条主要海—空联运线是远东至中南美,即远东海运至美西的温哥华、洛杉矶等港口,再转空运至中南美内陆。

(2)集装箱陆—空联运

集装箱陆—空联运较之海—空联运而言,采用更普遍,尤其是工业发达国家、高速公路较多的国家,这种方式更显其效能。陆—空货物联运具有到货迅速、运费适中、安全保质、手续简便和可以提前结汇等优点。

国际陆—空联运主要有空—陆—空联运、陆—空—陆联运和陆—空联运等形式。目前,接受这种联运方式的国家遍及欧洲、美洲和大洋洲。

9.2 多式联运经营人

9.2.1 多式联运经营人的定义及类型

1. 多式联运经营人的定义

多式联运的形成和发展离不开多式联运经营人（multi-modal transport operator，MTO），他是多式联运的组织者或主要承担人。根据《多式联运公约》的定义："多式联运经营人是指其本人或通过其代表订立多式联运合同的任何人，他是事主，而不是发货人的代理人或代表或参加多式联运的承运人的代理人或代表，并且负有履行合同的责任。"我国交通部和铁道部发布的《国际集装箱多式联运管理规则》中定义："多式联运经营人是指本人或者委托他人以本人的名义与托运人订立一项多式联运合同，并以承运人身份承担完成此项合同责任的人。"

由此可见，多式联运经营人是一个独立的法律实体，是多式联运合同的主体，既对全程运输享有承运人的权利，又负有履行多式联运合同的义务，并对责任期间所发生的货物的灭失、损害或延迟交付承担责任。同时，多式联运经营人是中间人，具有双重身份，他既以契约承运人的身份与货主（托运人）签订多式联运合同，又以货主的身份与负责实际运输的各区段运输的承运人（通常称为实际承运人）签订分运运输合同。

2. 多式联运经营人的类型

按是否拥有运输工具并实际完成多式联运货物全程运输或部分运输，多式联运经营人可分为两种类型：承运人型和无船承运人型。

（1）承运人型的多式联运经营人。

这类多式联运经营人拥有（或掌握）一种或一种以上的运输工具，直接承担并完成全程运输中一个或一个以上的货物运输区段。因此，他不仅是多式联运的契约承运人，对货物全程运输负责，同时也是实际承运人，对自己承担区段货物运输负责。这类经营人一般是由各种单一运输方式的承运人发展而来。

（2）无船承运人型的多式联运经营人。

该类经营人不拥有（或掌握）任何一种运输工具，而只是组织完成合同规定的货物的全程运输，仅是多式联运的契约承运人，对货物全程运输负责。这类经营人一般由传统意义上的运输代理人或无船承运人或其他行业企业或机构发展而成。

我国规定，运输企业开展多式联运业务时，经营的多式联运部分应从原企业中分离出来成为独立法人。因此，我国的多式联运经营人均属于第二类。

9.2.2 多式联运经营人的条件及经营模式

1. 多式联运经营人应具备的条件

从经营的角度来看，为了确保多式联运业务的稳定性，多式联运经营人必须具备以下基本条件：

（1）必须具有企业法人资格。

经营多式联运的企业，必须在取得国家主管部门批准的经营资格后，到所在地区工商行政管理部门登记注册手续，取得企业法人资格。具备了独立经营权，企业自己或委托代理人才能够与托运人、各区段承运人，以及相关的其他关系人签订合同，从而经营货物多式联运，对货物的全程负责。

（2）具有从事多式联运所需的专业知识、技能和经验。

开展多式联运经营，必须具备丰富的专业知识、技能和经验，能全面、及时地了解和掌握贸易与运输的有关法律程序、实务及市场的最新动态，以及有关的实际承运人和码头、港站的费率水平与成本结构等，以便缮制多式联运单据和制定多式联运单一费率。

（3）具有一个较为完整的多式联运经营网络。

开展多式联运经营，必须拥有覆盖客户业务范围、满足客户需要的服务网络，该网络通常由各分支机构、子公司、代理机构等组成；同时，应采用现代化的通信手段（如 EDI）将网络的各机构和环节紧密地联系起来。要建立和开发自己的联运线路、集装箱货运站以完善经营网络。

（4）具有与经营业务相适应的资金能力。

开展多式联运经营，必须拥有足够的自有资金，以满足经营业务开展的需要；同时，一旦在运输全过程中发生货物的灭失、损害和延迟交付，有能力承担对货主的赔偿责任。

（5）具有多式联运的运输单证。

多式联运经营人从发货人或其代表手中接收货物后，即能签发自己的多式联运单据以证明合同的订立并开始对货物负责。为确保该单据作为有价证券的流通性，多式联运经营人必须在国际运输中具有一定的资信或令人信服的担保。

（6）具有组织社会各种运输方式的能力。

多式联运经营人要完成运输任务，就要能把各具特色的运输方式融为一体，充分发挥不同运输方式的优越性，克服不同运输工具对单证、货物交接和设备等不同要求造成的困难。

2. 多式联运经营人的经营方式

在业务经营过程中，多式联运经营人企业需要根据自己的经济实力、业务量大小采取合适的经营方式。目前，多式联运经营人的业务活动经营方式通常有以下三种：

（1）独立经营方式。

多式联运过程中的所有工作（除各区段实际运输外）全部由自己的办事处或分支机构承担并完成。承运人型的多式联运经营人多是这种形式。

（2）两企业间联营方式。

联营企业由分别位于多式联运线路两端国家的两个（或几个）类似的多式联运经营人联合组成，联营的双方互为合作人，分别在各自的国家内开展业务活动，揽到货物后，按货物的流向及运输区段划分双方应承担的工作。

（3）代理方式。

即在线路的两端和中间各衔接地点委托国外（内）同行业作为多式联运代理，办理或代安排分运工作和交接货签发或收回联运单证，制作有关单证，处理信息，代收、支付费用和处理货运纠纷等。这种代理关系可以是相互的，也可是单方面的。在这种情况下，一般由多式联运经营人向代理人支付代理费用。

上述三种经营方式各有利弊。第一种方式一般适用于货源数量较大，较为稳定的线路，一般要求企业具有较强的经济实力和业务基础。第二种和第三种（特别是第三种）方式多适用于公司的经济实力不足以设立众多的办事处和分支机构，或线路的货源不够大，不太稳定，设立分支机构在经济上不合理，或企业开展多式联运业务的初期等情况。大多数无船承运人型的多式联运经营人均采用后两种形式。而在实际经营过程中，各多式联运经营人并不只按上述三种方式的某一种经营，而是三种方式结合运用，其中以第一种与第三种的结合最为常见。

9.2.3 多式联运经营人的责任分析

多式联运经营人责任是指其按照法律规定或运输合同的约定对货物的灭失、损害或延迟交付所造成损失的违约责任，它由责任期间、责任基础、责任形式、责任限额、免责等几部分构成。

1. 责任期间

多式联运经营人的责任期间是指多式联运经营人履行义务和承担责任的期间。对于责任期间，有关的国际公约或国内法的规定不尽相同。

在国际海上运输领域，不同的公约或法律对承运人责任期间存在不同的规定。目前，我国海商法采用两种规定：一是船至船，适用于非集装箱货物；二是港至港，适用于集装箱货物。

其他国际运输领域，包括国际多式联运领域的有关公约或法律均规定承运人的责任期间为从接收货物时起至交付货物时止，承运人掌管货物的全部期间。然而，除了《联合国国际货物多式联运公约》对于承运人收取货物与交付货物的地点不予以限制外，公路、航空、铁路运输领域的收货地与交付地均仅限于各自运输方式下的车站或机场，因而，实质上仍为场至场或站至站。

2. 责任基础

责任基础是指多式联运经营人对于货物运输所采取的赔偿责任原则。对于承运人赔偿责任基础，目前，各单一运输公约或法律的规定不一，但大致可分为过失责任制和严格责任制两种。

过失责任制是指按承运人对货损、货差是否有过失而决定其是否负责的原则，过失责任制又可分为完全过失责任和不完全过失责任两种。前者是指只要承运人对货损、货差有过失的就应承担责任，而后者却附有一部分除外规定，即基本前提是应承担责任，但对某些过失，法律仍允许承运人免责。

严格责任制是指除了不可抗力等有限的免责事由外，不论有无过失，承运人对于货损、货差均应承担责任。由于采用严格责任制的国际公约或国内法也列举了大量的免责事项，因此，严格责任制与完全过失责任制之间已无大差别。

目前，《海牙规则》、《维斯比规则》和《华沙公约》采用不完全过失责任制，对于航行/驾驶过失免责；《汉堡规则》、《海牙议定终书》和《多式联运公约》采用完全过失责任制；《国际公路货运合同公约》、《铁路货物国际公约》、《国际铁路货物联运协定》和我国铁路法、合同法均采用严格责任制；我国民用航空法采用双重责任制，对于货损、货差采用严格责任制，对于延迟交付损失采用完全过失责任制。

3. 责任形式

（1）分段责任制。

多式联运经营人与各区段的实际承运人仅对各该区段的货物运输负责，各区段的责任原则按该区段适用的法律予以确定。在这种责任形式下，多式联运经营人并不承担全程运输责任，这显然与多式联运的基本特征相矛盾，故目前很少被采用。而且在许多情况下，只要多式联运经营人签发全程多式联运单据，即使在多式联运单据中声明采取这种形式，也可能会被法院判定此种约定无效而要求多式联运经营人承担全程运输责任。

（2）统一责任制。

统一责任制（又称同一责任制）就是多式联运经营人对货主赔偿时不考虑各区段运输方式的种类及其所适用的法律，而是对全程运输按一个统一的原则，并一律按一个约定的责任限额进行赔偿。统一责任制是一种科学、合理、手续简化的责任制度，与多式联运的基本特征最为一致。然而，由于适用于各运输区段的国际公约或者法律所确定的区段承运人的责任不同，而且可能低于多式联运经营人根据统一责任制所承担的责任，这意味着多式联运经营人向货主承担赔偿责任后，面临不能向造成货物损害的区段承运人全额追偿的危险，从而无法预见其最终承担的责任。因此，目前在世界范围内采用还不够广泛。

（3）网状责任制。

网状责任制（又称混合责任制）就是多式联运经营人对全程运输负责，对货主承担的全部责任局限在各个运输部门规定的责任范围内。如果货物的灭失、损坏发生于多式联运的某一区段的，多式联运经营人的赔偿责任和责任限额适用于该区段运输方式的有关法律规定；如果货物的灭失、损坏发生的区段不能确定（俗称"隐藏损害"）。多式联运经营人则按照海运或双方约定的某一标准来确定赔偿责任和责任限制。

网状责任制是介于统一责任制和分段负责制之间的一种责任制，故又称混合责任制。也就是该责任制在责任范围方面与统一责任制相同，而在赔偿限额方面则与区段运输形式下的分段负责制相同。目前，大多数国家的多式联运经营人采用网状责任制。

但是从多式联运发展来考虑，网状责任制并不理想，易在责任轻重、赔偿限额高低等方面产生分歧。因此，随着国际多式联运的不断发展与完善，统一责任制应更为符合多式联运的要求。

（4）修正统一责任制。

经修正的统一责任制是指多式联运经营人对全程运输负责，并且原则上全程运输采用单一的归责原则和责任限额，但保留适用于某种运输方式的较为特殊的责任限额的规定。这种修正通常针对多式联运的海运阶段，且有利于多式联运经营人。

经修正的统一责任制最大限度地保留了统一责任制的优点，同时通过对其加以修正，缓和统一责任制下各区段运输方式责任体制之间存在的差异和矛盾，较好地适应运输法律发展的现状，使多式联运中的运输风险在承托双方间得到较为合理的分配。

《联合国国际货物多式联运公约》采用了此种责任制。该公约对货物的灭失、损坏和迟延交付规定了统一的归责原则，并对多式联运是否包含海运规定了两种统一的责任限制，同时该公约进一步规定，如果能清楚地知道货损发生的运输区段，而该运输区段所适用的国际公约或国内法又规定了比上述限额高的限额，则应优先适用该公约或该国家法律。

4. 责任限额

（1）有关货损、货差的责任限额。

目前，各国际货物运输公约所规定的责任限额，除了在数值上不尽相同外，在计量的币值上也有很大的不同。值得注意的是，公约或法律所规定的责任限额为强制性规定，对于承运人而言，任何降低责任限额的条款均属无效，除非公约或法律允许。而且，除了在托运人已事先申明货物的价格并支付附加费的情况下，承运人不得根据责任限额限制自己的赔偿额度，对于因承运人或其代理人故意或明知可能会造成损失而轻率地作为或不作为所造成的货物损失，除《海牙规则》未对此作出规定外，《维斯比规则》、《汉堡规则》、《联合国国际货物多式联运公约》，以及我国海商法、民用航空法均规定对此损失承运人无权享受责任限额。

（2）有关延迟交付的责任限额。

延迟交付是指货物未在明确议定的时间内交付或在无此协议时，未能按照具体情况，在一个对勤奋的承运人所能合理要求的时间内交付。在海上运输中，我国《海商法》规定承运人仅对有明确议定交付期限的延迟损失予以赔偿。根据我国《海商法》规定，对于明确议定交付期限下所造成的延迟损失予以赔偿，其责任限额为延迟交付货物的运费数额，如果延迟损失与货物的灭失、损坏同时发生，则以货物灭失、损坏的责任限额为准，即对于货物延迟损失和灭失、损坏的责任不能超过货物灭失、损坏所规定的责任限额。《汉堡规则》、《联合国国际货物多式联运公约》则规定无论有无议定交付期限，承运人对于延迟损失均予以赔偿。《汉堡规则》和《联合国国际货物多式联运公约》作出如下相同的规定：对于延迟损失的责任限额，相当于对延迟交付的货物应付运费的 2.5 倍，但不得超过整个合同运费额，而且，在同时伴随货物的灭失、损坏时，总赔偿责任不能超过按公约所规定的货物损坏、灭失的责任限额所确定的货物全部灭失的赔偿责任限额。

5. 承运人责任的免除

目前，对于承运人可以免除责任的所谓免责条款，除了《汉堡规则》及《联合国国际货物多式联运公约》未采用列举法外，其他国际公约、惯例及国内法律法规大都采用列举方式列举了若干免责事项。

9.2.4　多式联运经营人的理赔与索赔

1. 多式联运经营人理赔

多式联运经营人理赔是指多式联运经营人对货主（托运人或收货人）所提出的货运事故赔偿要求予以受理并进行处理的过程。

多式联运经营人作为多式联运合同的当事人，既享有权利，也要承担义务与责任。在理赔的过程中，应依照图 9 - 1 的程序处理。

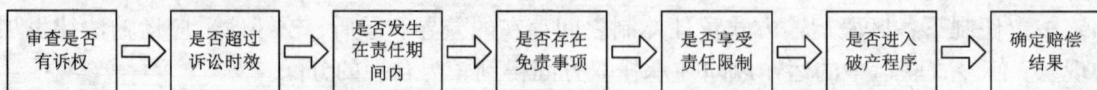

审查是否有诉权 ⇒ 是否超过诉讼时效 ⇒ 是否发生在责任期间内 ⇒ 是否存在免责事项 ⇒ 是否享受责任限制 ⇒ 是否进入破产程序 ⇒ 确定赔偿结果

图 9 - 1　多式联运经营人理赔要点示意图

2. 多式联运经营人索赔

集装箱多式联运经营人索赔是指集装箱多式联运经营人在赔偿货主（托运人或收货人）的损失后，依约或依法向实际造成损失的责任人（如货运代理人、区段承运人、港站经营人等）进行追偿的过程。

各种运输方式下货运事故索赔的程序基本上是相同的，主要包括以下步骤。

（1）发出书面的货损通知。

目前，规范各种运输方式的国际公约与法规中均要求货主应在索赔通知时限内向承运人发出货损、货差的通知，索赔人必须遵循其规定。

（2）提交索赔申请书或索赔清单及随附单证。

索赔人除了提交索赔函外，还应该提供能够证明货运事故的原因、损失程度、索赔金额、责任所在，以及索赔人具有索赔权利的单证，这些单证主要有提单或运单正本，商业发票，装箱单，货损、货差理货报告，以及货物残损检验报告、修理单、权益转让书、往来电传等。

（3）解决争议。

双方通常采取和解或调解途径解决争议，如果无法解决争议，则可能进入诉讼或仲裁程序。

3. 多式联运经营人与区段承运人的法律关系

（1）多式联运经营人对区段承运人的行为负连带责任。

《合同法》第三百一十八条规定："多式联运经营人可以与参加多式联运的各区段承运人就多式联运合同的各区段运输约定相互之间的责任，但该约定不影响多式联运经营人对全程运输承担责任的义务。"多式联运经营人与区段承运人的约定不能对抗承运人。这一原则表明：多式联运经营人应当对合同约定的全部运输负责。多式联运经营人除了对自己及自己的受雇人或代理人的行为负责外，还必须对区段承运人及其受雇人或代理人的行为负责。可见，多式联运经营人的责任范围相当广泛，尤其在实务中，多式联运经营人很难控制区段承运人对其受雇人或代理人的选择。然而，如果法律不做出如此规定，而免除多式联运经营人对区段承运人的受雇人或代理人的行为负责，货方的利益则难以保障，继而会影响商业关系的稳定。

（2）区段承运人对其履行的运输承担与多式联运经营人同等的法律责任。

这一原则表明：区段承运人对自身及其受雇人或代理人的行为责任仅限于自己履行的运输期间，而且，由于他与托运人无合同关系，因而对于多式联运经营人与托运人间约定的诸如扩大承运人责任范围、放弃承运人所享有的责任限制或放弃免除责任等超出法定责任的条款，只有在区段承运人以书面方式表示接受时才对区段承运人发生效力。因此，多式联运经营人在接受此类义务之前，应考虑区段承运人是否接受，否则将由自己承担此类义务。

（3）多式联运经营人、区段承运人及他们的受雇人或代理人的赔偿总额不能超出法定限额。

这一原则表明：托运人或收货人无权以分别追索赔偿的方式取得双倍赔偿。这也说明区段承运人对其履行运输承担责任的同时，也享有法律所规定的有关承运人的权利及责任限制与法定免责事项。

（4）多式联运经营人与区段承运人可按他们之间的合同约定相互追偿。

当多式联运经营人或区段承运人赔偿托运人或收货人以后，可按他们之间的合同约定相互追偿。

9.3 集装箱多式联运方案设计

9.3.1 集装箱多式联运方案设计的概念与内容

1. 集装箱多式联运方案设计的概念

集装箱多式联运方案设计，也称为集装箱多式联运解决方案设计，有广义与狭义两种解释。广义上，它是指集装箱多式联运经营人针对货主的运输需求，运用系统理论和运输管理的原理和方法，制定出满足客户需求的解决办法、措施的过程；狭义上，它是指根据客户需求，设计出最优的多式联运模式与路线。

2. 集装箱多式联运方案设计的内容

集装箱多式联运活动主要是不同运输方式之间跨时间及空间的活动过程，活动的核心是利用现代化的运输设备与设施以满足货主的需求。因此，一个完整的集装箱多式联运解决方案是由流量设计、流程设计和流速设计三部分内容构成的。

(1)流量设计。

它是指衡量出货主对集装箱多式联运需求的满足状况，即多式联运市场需求分析。它是由货主的运输需求决定的，通常可细化为若干数量指标和质量指标。

(2)流程设计。

它是指根据流量的要求，设计一个适合的业务流程。因选择的集装箱多式联运模式与路线不同，其业务流程也会有所不同。因而，流程设计实际上包括集装箱多式联运模式与路线设计以及具体的运作流程设计。

(3)流速设计。

它是指按照流量和流程的要求，多式联运经营人科学地配置其企业内外资源，即集装箱多式联运资源配置，包括运输分包商的选择、运输工具的选择与优化配载、装卸搬运设备的选择与装卸工艺方案设计、集装箱的选择与优化配载等。

上述流量、流程和流速三部分内容分别构成了集装箱多式联运方案设计的三个侧面，形成了三位一体的关系。流量是集装箱多式联运生产的核心内涵，货主需求决定了多式联运生产的要求与目标；流程是反映流量的形式框架，集装箱多式联运模式与路线设计源于对货主需求的系统化分析，同时是多式联运生产活动的实现方法；流速是流程得以实现的实体基础，运输分包商选择等是集装箱多式联运生产活动的实现手段。

限于篇幅，以下仅介绍集装箱多式联运货主需求分析、集装箱多式联运模式与路线设计、集装箱多式联运分包商选择三方面的内容。

9.3.2 集装箱多式联运货主需求分析

集装箱多式联运方案设计的最终目的在于满足货主的需求，因此，货主需求分析成为集装箱多式联运方案设计时应考虑的首要内容。

1. 货主需求分析的基本内容

基于不同的需要，货主需求分析的内容也有所不同。一般而言，货主需求分析主要包括需求量、需求目标、需求方式、需求手段、需求种类、需求层次、需求行为等内容。

2. 货主需求的特征要素

集装箱多式联运方案设计时应考虑以下货主需求的特征要素：

（1）货物特征要素。

主要包括货物的种类、单件体积与毛重、外包装规格与性能、可堆码高度、货物价值，是否是贵重、冷藏、危险品等特种商品。多式联运经营人据此确定装卸方式、运输条件、配载条件及保费、保价。

（2）运输与装卸搬运特征要素。

主要包括每次发运货物数量（数量有无增减）、装运时间、发运频率、到达时间、可否拼装及分批装运与转运、装货与卸货地点的位置和个数、运输距离的长短等。多式联运经营人据此确定运输总量、运输路线、运输方式、运输时间和运输频率。

（3）仓储保管特征要素。

主要是指货物的物理与化学性质对储运与保管的要求。

（4）其他特征要素。

主要是指货主对运输价格、运输方式、运输工具、运输线路、装卸搬运设备、运输时间、运输单证、运输安全等有无具体的要求。

显然，上述货主需求特征可进一步细化为若干数量指标和质量指标，并最终成为货主要求多式联运经营人保证完成的运输绩效指标。

3. 货主需求的特点

集装箱多式联运的货主需求具有以下特点：

①无限扩展性，即随着技术设备及通信水平的不断提高，以及市场的变化，货主的需求也不断增多。

②理性需求，即货主需求并非随意的、情感性的、冲动性的，而是理性的。

③可诱导性，即货主需求有些是可诱导和调节的，具有较大的弹性。

④派生性，即货主需求往往是由各种复杂的需要派生出来的。

⑤多层次性，即尽管货主会有多种多样的需求，但不可能同时得到满足，总要按照其经济实力、支付能力和客观条件的可能，根据需要的轻重缓急、有序地逐步实现，这便使货主需求具有多层次性的特点。

⑥货主的分散性，即中小货主数量较多，分布面广，而大货主相对较少，大多数货主每次的托运量较少，且使用频率高。

9.3.3　集装箱多式联运模式与路线设计

1. 集装箱多式联运模式与路线设计的含义

集装箱多式联运模式与路线设计，是指多式联运经营人根据货主的需求，在对已有的运输方式及其组织形式进行分析的基础上，在货主指定的始发、终到地点之间，设计出最佳的运输方式组合和运输路线的过程。

为此，作为多式联运经营人，首先，应对现有的运输方式与运输组织形式进行分析；其次，应列出各运输区段可选择的运输方式；最后，应与运输路线设计相结合，统一进行方案必选，以选择确定最优方案。

2. 集装箱多式联运模式与路线设计的步骤

(1)确定目标准则。

一般情况下，影响多式联运模式与路线设计的因素主要包括运输成本、运输时间、运输可靠性、运输能力、运输方便性和运输安全性。

①运输成本，是指因提供集装箱多式联运服务所支出的各项费用，包括实际承运人、场站经营人等所收取的运杂费，具体参见 9.6.1 中的集装箱多式联运成本构成。

②运输时间，是指从接收集装箱货物时起直至交付集装箱货物为止所消耗的全部时间，包括始发与终到作业时间、运输时间、中转时间等。

③运输可靠性，是指运输时间的稳定性和一贯性。

④运输能力，是指运输设备与设施载运或装卸能力的大小，以及在载运特殊货物时提供所需设备和设施的能力。

⑤运输方便性，是指在时间、空间等方面提供运输服务的便捷程度，以及利用运输设备及集装箱的便利程度。

⑥运输安全性，是指在运输途中是否出现破损和污染等情况。

在实践中，多式联运经营人首先根据货主需求分析，明确货主对上述影响因素的主要要求，然后，考虑其自身的能力以及市场的竞争程度，基于运输成本与服务水平之间的权衡，确定集装箱多式联运模式与路线选择的目标。一般情况下，集装箱多式联运模式与路线选择的目标是多元的，目前，常见的目标准则包括总运输收益最高或总运输成本最低、总运输时间最短、总运输路程最短、总服务水平最高等。选择时，可根据各目标的重要性，通过权衡来确定各自的权重。

(2)掌握需考虑的约束条件。

目标的实现过程受很多条件，及约束条件的限制，因而，必须在满足约束条件下达到总成本最低或总时间最短等目标。在集装箱多式联运下，常见的约束条件有以下几项：

①满足所有货主对集装箱货物品种、规格、数量的要求。

②满足所有货主对集装箱货物发到时间范围的要求。

③在允许通行的时间内进行运输。

④各运输区段的集装箱运量不得超过运输工具的容量和载重量的限制。

⑤在现有运力允许的范围内进行运输。

此外，集装箱多式联运模式与路线选择还要考虑其他约束因素，比如服务时间的限制、是否禁止分批装运、约定的集装箱交接方式、某类运输工具可行的运输路线、途径转运节点应装载或交付的运量、基于安全考虑的驾乘人员的工作与休息时间、有无空箱等。

(3)选择合适的转运地点。

在实践中，除了货主特殊要求，通常需要多式联运经营人自主确定转运地点。在选择转运地点时，主要考虑转运地点的地理位置条件、接入的运输方式、换装作业方式、装卸能力以及进行转运集装箱货物各种相关服务的综合功能等。

(4)列出可供选择的运输模式与路线。

以前述分析为基础，列出所有可供选择的运输模式与路线。需要注意的是，除非货主已明确约定采用多式联运模式，否则既要列出所有可能的多式联运模式与路线，也要列出所有可能的海、陆、空单一运输方式路线，以及同一种运输方式之间的联运路线，比如国际铁路联运，以便在多式联运、单一运输方式、联运中选择最优的运输模式与路线。

3. 集装箱多式联运模式与路线设计的方法与实例

集装箱多式联运模式与路线设计可按照确定的目标准则，根据各种运输方式、组织形式及线路结构的特点，采用定性的方法进行感性的、经验性的选择。但要进行理性的、科学的选择，还需要在定性分析的基础上采取数量化方法。以下仅介绍一种简单的方法——综合评价选择法，以供参考。

运输系统的一般目标是实现货物快速、安全和低成本的运输。然而，运输的速度性、准确性、安全性和经济性之间是相互制约的。若重视运输速度、准确、安全，运输成本就会增大；反之，若运输成本降低，则运输的其他目标就可能难以全面实现。因此，在运输模式和路线选择时，应综合考虑运输的各种目标要求，采取诸如因素分析法、权重因素法以及层次分析法等进行综合评价选择。

假设有一个 20 ft 的集装箱从中国的成都运送到美国的芝加哥，下面采用综合评价选择法确定最终的多式联运模式与路线：

①确定可供选择的运输路线集 j，如图 9 - 2 所示。

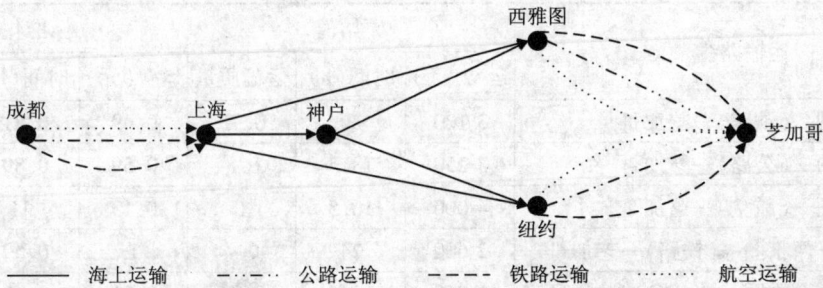

图 9 - 2　成都至芝加哥的可选择的运输路线

②确定运输模式与路线选择的评价因素集 F_i，本例确定运输费用、运输时间和运输质量作为国际集装箱多式联运模式与路线选择中最关键的三个影响因素。

③根据各评价因素对运输模式与路线选择所起的作用，对评价因素赋予不同的权数 ω_i。可根据层次分析法等确定在运输不同价值的货物时这三个影响因素所占的权重分别为：运输低价货物时，运输时间、运输费用和运输质量的权重分别为 0.258，0.636，0.106；运输高价值货物时，运输时间、运输费用和运输质量的权重分别为 0.612，0.083，0.305。

④量化每种备选运输路线下各评价因素值 F_{ij}。由于运输费用、运输时间和运输质量的单位不同，因此需要通过适当变换为无量纲的标准化指标。在本例中，运输费用和运输时间均为反映运输成本的指标，货主或托运人希望成本越低越好，运输质量则是越高越好，因此，可采用以下方法将运输费用、运输时间的原始指标标准化。

运输费用、运输时间指标标准化公式为：

$$R_{ij} = \frac{\max(X_i - X_{ij})}{\max X_i - \min X_i}$$

式中，R_{ij}——第 j 条路线第 i 个影响因素标准化后的指标值；

X_{ij}——第 j 条路线第 i 个影响因素标准化前的指标值;

$\min X_i$——标准化前各条路线第 i 个影响因素中的最小值;

$\max X_i$——标准化前各条路线第 i 个影响因素中的最大值。

表 9-1 和表 9-2 是根据上述公式将原始指标进行标准化后得到的对应数值。

表 9-1 成都至上海不同运输线路明细表

运输路线	原始值			标准化后		
	运费(元)	时间(h)	运输质量	运费(元)	时间(h)	运输质量
成都—(铁路)—上海	225	3	0.75	1.0	0.33	0.75
成都—(公路)—上海	400	4	0.85	0.8	0	0.85
成都—(航空)—上海	985	1	0.95	0	1.0	0.95

说明:运费单位为美元/箱;时间单位为天。

表 9-2 上海至芝加哥不同运输路线明细表

运输路线	原始值			标准化后		
	运费(元)	时间(h)	运输质量	运费(元)	时间(h)	运输质量
上海—西雅图—(铁路)—芝加哥	3 100	20	0.75	0.69	0.81	0.75
上海—西雅图—(公路)—芝加哥	3 250	18.5	0.8	0.59	0.89	0.8
上海—西雅图—(航空)—芝加哥	4 000	16.5	1	0.13	1	1
上海—神户—西雅图—(铁路)—芝加哥	2 600	24	0.7	1	0.59	0.7
上海—神户—西雅图—(公路)—芝加哥	2 750	22.5	0.75	0.91	0.68	0.75
上海—神户—西雅图—(航空)—芝加哥	3 500	20.5	0.9	0.44	0.78	0.9
上海—纽约—(铁路)—芝加哥	3 650	30	0.78	0.34	0.27	0.78
上海—纽约—(公路)—芝加哥	3 750	31	0.85	0.28	0.22	0.85
上海—纽约—(航空)—芝加哥	4 200	28.5	1	0	0.35	1
上海—神户—纽约—(铁路)—芝加哥	3 250	34	0.75	0.59	0.05	0.75
上海—神户—纽约—(公路)—芝加哥	3 350	35	0.8	0.53	0	0.8
上海—神户—纽约—(航空)—芝加哥	3 800	32.5	0.95	0.25	0.14	0.95

说明:运费单位为美元/箱;时间单位为天。

⑤确定每种运输路线的综合评价值,并以其最大者为选择对象。综合评价值按以下公式确定:

$$V_j = \sum_{i=1}^{n} \omega_i F_{ij}, j = 1, 2, 3, \cdots, m$$

根据上述公式的计算结果可知:

当运输低价货物时,可以计算得到成都—(铁路)—上海—神户—西雅图—(铁路)—芝加哥这条路线的综合指标值为 1.66,高于其他路线。所以,这是运输低价货物时优先选择的路线。

当运输高价货物时，计算得到成都—（航空）—上海—西雅图—（航空）—芝加哥这条路线的综合指标值为 1.83，高于其他路线。所以，这是运输高价货物时优先选择的路线。

9.3.4　集装箱多式联运分包商选择

1. 集装箱多式联运分包商选择的含义

集装箱多式联运分包商选择，也称为集装箱多式联运分包商采购，是指多式联运经营人对以合同的形式提供运输资源的运输服务商进行的甄选、管理和考核工作，是整合、优化运输资源，以较小成本代价快速形成资源优势的运输市场策略。

实际上，任何一个多式联运经营人都不可能具备最完备、最经济的海、陆、空运输资源和最合适的仓储资源，加之全球运力普遍过剩，每个多式联运经营人都不同程度地形成了使用自有运力和对外采购运力相结合的双重能力。

由于集装箱多式联运分包商的构成和结构非常复杂，其设备状况和服务水平参差不齐，因此，如何在需要的时候，选择最优秀的分包商为其提供运作资源支持，是集装箱多式联运企业提高运作效率、降低操作成本、提升客户服务水平、保持运输服务一致性的关键因素之一。

2. 集装箱多式联运分包商选择的特点

（1）长期采购与一次性或短期采购并存。

一方面，为了支持企业大规模的业务操作和获取优惠价格，多式联运经营人通常与少量的承运人、场站经营人、无船承运人等运输服务商签署意向性的长期作业合同，以确保运输资源在可能使用时能及时调用；另一方面，多式联运经营人的采购需求很多是临时性的，相应的采购合同也大多只限于一次或一系列分散的运输合同，这在现阶段尤其明显。

（2）分包商选择具有派生性。

一般情况下，只有当多式联运经营人与货主达成货物销售合同，并通过自营与分包决策（这里是指选择关联公司还是外部公司的运输资源决策），认为需要采购外部运输资源的情况下，多式联运经营人才考虑实施分包商选择决策，并与之选定的分包商签署相应的合同。

（3）分包商选择是一个多重选择过程。

如前所述，除了简单业务或者是重复性业务，大多需要进行运输方式、运输路线、运输工具和具体的运输分包商等多重选择。

（4）重复性决策。

一般而言，分包商选择决策是一个重复性的购买决策。也就是说，在选择分包商时，并不是每次都要考虑其决策。一旦做出决策会保持有效性，直到公司对整体运输成本做重大思考或者对其运输系统做重大改变时。这种重复性决策的特征也适用于选择具体的运输分包商。在运输分包商的服务水平或费率无法接受之前，多式联运经营人会重复使用已选定的运输分包商。

3. 集装箱多式联运分包商选择的趋势

（1）以长期合同形式选择分包商的比例越来越大。

欧美发达国家，不论在交易型市场（短期、不固定）还是合同运输服务市场，多式联运经营人越来越倾向于与运输服务商签署长期合同。这是因为以合同形式采购运输服务，供求双方都能降低交易成本和提高服务标准。此外，当多式联运经营人有一些特殊要求，需要一些定制的服务并对运输服务商的投资有部分参与时,他们更必须准备进入长期合同,而且当运输资源专一服务于特定货主时,还要求合同最好能覆盖至少是运输设施与设备生命期的整个期间。

(2)减少分包商的数量。

多式联运经营人选择的运输分包商越多,花费在熟悉与监控方面的时间也就越多。因此,多式联运经营人通常固定地使用相对可靠的几家运输服务商,这样就可使这些任务简化,也可使这少数几家运输服务商更负责任,保持与改进服务质量。

(3)对长期伙伴关系发展更为重视。

由于减少了运输分包商的数量,增加以合同为基础的业务比例,将业务集中于很少数量的运输服务商,因此,相互依赖程度加深,多式联运经营人与运输分包商之间更易建立起长期紧密的伙伴关系。

(4)对分包商评估更为严格。

随着对降低运输成本、提高服务质量的重视,以及减少运输服务商及采用合同关系,多式联运经营人将对运输服务商的选择变成一个重要的决策,需要对分包商作出更全面的评价和采用更正规的选择程序。

4. 集装箱多式联运分包商评价指标体系

集装箱多式联运经营人对分包商评估的内容至少包括以下方面:

①分包商的资质,包括注册资金、经营范围等。

②分包商提出的解决方案应合理可行,能满足预订要求和价格,有详细的流程描述、应急办法。

③分包商提出的设施设备、运输工具应符合国家规定及多式联运方案要求。

④分包商的货物追踪、信息处理等能力,能为客户提供及时、准确、可靠的货物信息。

⑤分包商以往服务质量、信誉、业绩指标等。

⑥分包商应具备完成该项方案并承担该项方案可能风险的财务能力。

基于此,集装箱多式联运分包商评价指标体系如表9-3所示,该指标体系涵盖了技术能力、资信与财务状况、运输价格、经验、服务质量与水平、管理能力等各个层面的内容。

5. 集装箱多式联运分包商评价方法

对于某个特定的任务,总存在多个集装箱多式联运分包商愿意成为完成该任务的合作伙伴,因此必须从其中找到最合适的一个或几个。集装箱多式联运经营人在为各自任务选择合适的分包商时,往往要使用多个目标准则对各个企业进行评价。因此,集装箱多式联运分包商选择应该描述为多目标决策问题。这类多目标决策问题基本上又可以分为如下两类集装箱多式联运分包商选择问题。

(1)没有约束的集装箱多式联运分包商选择问题。

它是指所有的分包商都能满足集装箱多式联运经营人在需求、质量、交互方式等方面的需求。

在没有约束的集装箱多式联运分包商选择中,一个分包商即可满足集装箱多式联运企业的所有要求(单来源),且多式联运经营人只需要作一种决策——哪个合作伙伴是最佳的。

对于没有约束的集装箱多式联运分包商选择问题,通常采用定性方法,如线性加权法、成本比率法、层次分析法等。

表 9 – 3　集装箱多式联运分包商评价指标体系表

评估内容	指标名称	评估内容	指标名称
技术能力	运输资源实际状况	服务质量与水平	接单率
	运输设备所在位置		准时率(如装车率、到达率等)
	运输设备更新计划		货损、货差率
	专用/特殊设备状况		准时回单率
	运输设备现代化水平		投诉率
	专业技术人员状况		单证文件质量
	技术特长与替代性		差错率(如运输差错率等)
资信与财务状况	企业知名度		服务项目全面性
	兑现承诺比率		服务查询水平
	遵守商业规则		信息准确率
	财务效益状况		股东结构
	资产运营状况		组织结构
	偿债能力状况		附属机构(服务网络)
	发展能力状况		市场占有率
运输价格	价格构成与报价水平	管理能力	管理制度与流程
	价格稳定性		经营团队基本素质
	对新项目价格的反应		从业人员基本素质
	价格的开放程度		沟通能力与特殊情况的应变能力
经验	企业历史		风险管理能力
	为本企业提供过类似服务		企业文化与业务培训
	为其他企业提供过类似服务		发展规划与措施
	过去客户对其服务水平评价		管理手段与水平

(2)有约束的集装箱多式联运分包商选择问题。

当集装箱多式联运分包商的能力、质量有限时，就要进行合作伙伴选择。换言之，没有能满足多式联运经营人所有要求的合作伙伴。此时，多式联运经营人只能从一个集装箱多式联运分包商身上满足部分要求，其他要求则需从另外一个或几个分包商处获得，以此来补偿第一个分包商的能力不足或低质量。

在有约束的分包商选择问题中，因为没有能满足多式联运经营人所有要求的合作伙伴，因而必须选择多个集装箱多式联运分包商(多来源)。对这些情况，多式联运经营人必须作出两种决策：哪些集装箱多式联运分包商是最佳的；每个集装箱多式联运分包商能满足多少要求。

对于有约束的集装箱多式联运分包商选择问题，涉及此方面的研究不多，有的学者曾使用了线性规划法、混合的综合规划法、目标规划技术、多目标规划法和非线性规划法；有的学者通过使用设备布局的数学模型来阐述该问题；有些学者用了诸如线性规划或混合的综合规划的单目标技术，将某个最重要的标准（通常是成本）作为目标函数，而将其他标准作为约束条件。

9.4 集装箱多式联运组织业务与单证

9.4.1 集装箱多式联运业务组织方法

集装箱多式联运的全过程就其工作性质的不同，可分为实际运输过程和全程运输业务组织过程两部分。实际运输过程是由参加多式联运的各种运输方式的实际承运人完成的，其运输组织工作属于各方式运输企业内部的技术、业务组织。全程运输业务组织过程是由多式联运经营人（MTO）负责的，主要包括全程运输所涉及的所有商务性事务和衔接服务性工作的组织实施。

以公路、海运、铁路三个运输区段的集装箱多式联运为例，其全程运输的业务组织方法和过程如图9-3所示。

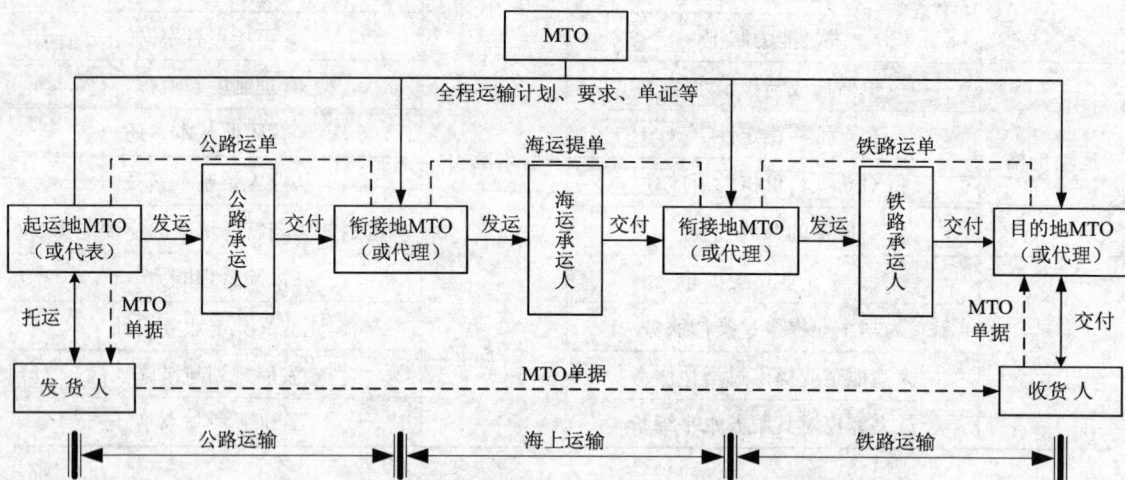

图9-3 集装箱多式联运业务组织方法示意图

按这种组织方法，由多式联运经营人受理发货人提出的托运申请，双方订立货物全程运输的多式联运合同，并在合同指定地点（发货人的工厂或仓库，或指定的货运站、中转站、堆场、仓库）办理货物的交接，多式联运经营人签发多式联运单据。接受托运后，多式联运经营人首先要选择货物运输路线，划分运输区段（确定中转、换装地点），选择各区段的实际承运人，确定零星货物集运方案，制定货物全程运输计划，并把计划转发给各中转衔接地点的分支机构或委托的代理人。然后根据计划与各运程的实际承运人分别订立货物运输合同。全程各区段间的衔接，由多式联运经营人（或其代表或其代理人）从前程实际承运人接受货物再向后程承运人交接，在最终目的地从最后一程实际承运人接受货物后再向收货人交付。

在与发货人订立多式联运合同后，多式联运经营人根据双方协议，按全程单一费率收取全程运费和各类服务费、保险费（如需多式联运经营人代办的）等费用。在与各区段实际承运人订立各分运合同时，需向各实际承运人支付运费及其他费用。在各衔接地点委托代理人完成衔接服务业务时，也需向代理人支付委托代理费用。

这种多式联运组织方法称为衔接式多式联运，在有些资料中称为运输承包发运制。目前在国际货物多式联运中主要采用这种组织方法。

9.4.2　集装箱多式联运业务组织程序

集装箱多式联运的业务组织程序随多式联运模式的不同而不同。对于以海运为主的国际集装箱多式联运模式，其业务组织程序如下。

1. 接受托运申请，订立多式联运合同

多式联运经营人根据货主的托运申请和自身实际情况，判断是否接受申请。如果能够接受，则双方议定有关事项（如货物交接方式、时间、地点、付费方式等）后，在交给发货人和代理人的场站收据（空白）副本上签章（必须是海关能接受的），证明接受托运申请，多式联运合同已经订立并开始执行。

2. 空箱的发放、提取和运送

国际多式联运使用的集装箱一般应由经营人提供。这些集装箱来源主要有三个途径：一是承运人自己购置使用的集装箱；二是向租箱公司租用的集装箱，这类集装箱一般在货物起运地点附近提箱，而在交货地点附近还箱；三是由全程运输中的某一分运人提供，这类箱一般需要在多式联运经营人为完成合同运输与该分运人（一般是海上区段承运人）订立分运合同后获得使用权。

如果双方协议由发货人自行装箱，则多式联运经营人应签发提箱单或者把租船公司或分公司签发的提箱单交给发货人或其代理人，由他们在规定的日期内到指定的堆场提箱并自行将空箱托运到货物装箱地点，准备装货；如果发货人委托，亦可由经营人办理从堆场到装箱地点的空箱托运（这种情况需加收空箱托运费）。

如果是拼箱货或整箱货，而发货人无装箱条件不能自装时，则由多式联运经营人将所用空箱调运至接受货物的集装箱货运站，做好装箱准备。

3. 出口报关

若联运从港口开始，则在港口报关。若从内陆地区开始，应在附近的内地海关办理报关。出口报关事宜一般由发货人或其代理人办理，也可委托多式联运经营人代为办理（这种情况需要加收报关服务费及报关手续费，并由发货人负责海关派员所产生的全部费用）。报关时应提供场站收据、装箱单、出口许可证等有关单据和文件。

4. 货物装箱及接受货物

若是发货人自行装箱，发货人或其代理人提取空箱在自己的工厂或仓库组织装箱，装箱工作一般要在报关后进行，并请海关派员到装箱地点监装和办理加封事宜。如需理货，还应请理货人员现场理货并与之共同制作装箱单。

若发货人不具备装箱条件，可委托多式联运经营人或货运站装箱（指整箱货情况），发货人应将货物以原来形态运至指定的货运站由其代为装箱。

若是拼箱货物，发货人应负责将货物运至指定的集装箱货运站，由货运站按多式联运经营人的指示装箱。

无论装箱工作由谁负责，装箱人均需制作装箱单，办理海关监装与加封事宜。

5. 订舱和安排货物运送

经营人在合同签订后，应制订该合同涉及的集装箱货物的运输计划。该计划包括货物运输的路线、区段的划分、各区段实际承运人的选择确定、各区段衔接地点的到达起运时间等内容。这里订舱是指多式联运经营人要按照运输计划安排洽谈各区段的运输工具，与选定的各实际承运人订立各区段的分运合同。

6. 办理保险

在发货人方面，应投保货物运输险。该保险由发货人自行办理，或由发货人承担费用由经营人代为办理。货物运输保险可以是全程的，也可分段投保。

在多式联运经营人方面，应该投保货物责任险和集装箱保险，由经营人或其代理人向保险公司或以其他形式办理。

7. 签发多式联运提单、组织完成货物的全程运输

多式联运经营人的代表收取货物后，经营人应向发货人签发多式联运提单。在把提单交给发货人之前，应注意按双方协定的付费分工及内容、数量向发货人收取全部应付费用。

多式联运经营人应该组织各区段实际承运人、各派出机构及代表人共同协调工作，完成全程运输过程。

8. 运输过程中的海关业务

按惯例，国际多式联运的全程运输（包括进出口国内陆段运输）均应视为国际货物运输。因此，该环节工作主要包括货物及集装箱进口国的通关手续、进口国内陆段保税（海关监管）运输手续及结关等内容。如果陆上运输要通过其他国家海关和内陆运输线路，还应包括这些海关的通关及保税运输手续。

这些海关业务一般由多式联运经营人的派出机构或者代理人办理，亦可由各区段的实际承运人作为多式联运经营人的代表代为办理。由此产生的费用全部应该由发货人或者收货人负担。

如果货物在目的港交货，则结关应该在港口所在地海关进行。如在内地交货，则应该在口岸办理保税（海关监管）运输手续，海关加封后方可运往内陆目的地，在内陆海关办理结关手续。

9. 货物交付

当货物运至目的地后，由目的地代理通知收货人提货。收货人凭多式联运提单提货，经营人或其代理人需按合同规定，收取收货人应付的全部费用。收回提单后签发提货单（交货记录），提货人凭提货单到指定的堆场（整箱货）和集装箱货运站（拼箱货）提取货物。

如果是整箱提货，则收货人要负责至掏箱地点的运输，并在货物掏出后将集装箱运回指定的堆场，至此运输合同终止。

10. 货物运输事故处理

如果全程运输过程中发生了货物灭失、损害和运输延误，无论能否确定损害发生区段，发（收）货人均可向多式联运经营人提出索赔。多式联运经营人根据提单条款及双方协议确定责任并作出赔偿。如果能够确定发生事故的区段和实际责任者，可向其进一步索赔。如果不能确定事故发生区段时，一般按在海运段发生处理。如果已经对货物及其责任投保，则存在要求保险公司赔偿和保险公司进一步追索问题。如果受损人和责任人之间不能取得一致，则需要在诉讼时效内提起诉讼和仲裁解决。

9.4.3　集装箱多式联运单据

1. 集装箱多式联运单据的定义和性质

《多式联运公约》对多式联运单据作了如下定义："国际多式联运单据(multimodal transport document，MTD)，是指证明多式联运合同及证明多式联运经营人接管货物并负责按照合同条款交付货物的单证。"

1991 年《贸发会议/国际商会多式联运单据规则》(以下简称《多式联运单据规则》)所下的定义："多式联运单据是指证明多式联运合同的单证，该单证可以在适用法律的允许下，以电子数据交换信息取代，而且可以以可转让方式签发，或者表明记名收货人，以不可转让方式签发。"

1997 年施行的我国《国际集装箱多式联运管理规则》所下的定义："国际集装箱多式联运单据(简称多式联运单据)是指证明多式联运合同以及多式联运经营人接管集装箱货物并负责按合同条款交付货物的单据。该单据包括双方确认的取代纸张单据的电子数据交换信息。"

集装箱多式联运单据不是多式联运合同，而是多式联运合同的证明；是多式联运经营人接管集装箱货物的收据；是收货人提取货物和多式联运经营人交付货物的凭证。

集装箱多式联运单据与各单一方式运输单据的主要差别如表 9 - 4 所示。

表 9 - 4　多式联运单据与各单一方式运输单据的主要差别

内容 ＼ 单证	海运提单	铁路运单	公路运单	航空运单	多式联运提单
运输方式	海运	铁路	公路	航空	多种
接受货物收据	是	是	是	是	是
运输合同	不是	是	是	是	不是
交付货物凭证	是	不是	不是	不是	是
物权证明	是	不是	不是	不是	是
可转让性	可	不可	不可	不可	可
货方风险	有	无	无	无	有
责任期限	港—港	站—站	接受—交付	港—港	接受—交付

2. 集装箱多式联运单据的内容

对于集装箱多式联运单据的记载内容，《多式联运公约》以及我国的《国际集装箱多式联运管理规则》都作了具体规定。根据我国的《国际集装箱多式联运管理规则》的规定，集装箱多式联运单据应当载明下列事项：

①货物名称、种类、件数、重量、尺寸、外表状况、包装形式。

②集装箱箱号、箱型、数量、封志号。

③危险货物、冷冻货物等特种货物应载明其特性、注意事项。

④多式联运经营人名称和主营业所。

⑤托运人名称。

⑥多式联运单据表明的收货人。

⑦接受货物的日期、地点。

⑧交付货物的地点和约定的日期。

⑨多式联运经营人或其授权人的签字及单据的签发日期、地点。

⑩交接方式,运费的支付,约定的运达期限,货物中转地点。

⑪在不违背我国有关法律、法规的前提下,双方同意列入的其他事项。

当然,缺少上述事项中的一项或数项,并不影响该单据作为多式联运单据的法律效力。

《多式联运公约》对多式联运单据所规定的内容与上述规则基本相同,只是公约中还规定多式联运单据应包括下列内容:

①表示该多式联运单据为可转让或不可转让的声明。

②如在签发多式联运单据时已经确知,预期经过的路线、运输方式和转运地点等。

3. 集装箱多式联运单据的转让

多式联运单据分为可转让的和不可转让的。根据《多式联运公约》的要求,多式联运单据的转让性在其记载事项中应有规定。

①可转让的多式联运单据,通常称为多式联运提单,有流通性,具有物权凭证功能,可以像集装箱运输提单那样在国际货物买卖中扮演重要角色。《多式联运公约》规定,多式联运单据以可转让方式签发时,应列明按指示或向持票人交付。如列明按指示交付,须经背书后转让;如列明向持票人交付,无须背书即可转让。

②不可转让的多式联运单据,通常称为多式联运运单,没有流通性,不具有物权凭证功能,类似于其他运单(如公路运单、航空运单),多式联运经营人凭单据上记载的收货人而向其交货。按照《多式联运公约》的规定,多式联运单据以不可转让的方式签发时,应指明记名的收货人。

4. 集装箱多式联运单据的证据效力

多式联运单据的证据效力主要表现在它是该单据所载明的货物由多式联运经营人接管的初步证据。由此可见,作为多式联运合同证明的多式联运单据,其记载事项与其证据效力是密切相关的。多式联运单据主要对以下几个方面起到证明作用:一是当事人本身的记载;二是有关货物状况的记载;三是有关运输情况的记载;四是有关法律约束方面的记载。

根据《多式联运公约》的规定,多式联运经营人对多式联运单据中的有关记载事项可以做出保留。该公约规定,如果多式联运经营人或其代表知道、或有合理的根据怀疑多式联运单据所列货物的品种、主要标志、包数或件数、重量或数量等事项没有准确地表明实际接管的货物的状况、或无适当方法进行核对,则该多式联运经营人或其代表应在多式联运单据上作出保留,注明不符之处、怀疑的根据、或无适当的核对方法。如果多式联运经营人或其代表未在多式联运单据上对货物的外表状况加以批注,则应视为他已在多式联运单据上注明货物的外表状况良好。

多式联运经营人如在单据上对有关货物或运输方面加了批注,其证据效力就会产生疑问。多式联运单据有了这种批注后，可以说丧失了其作为货物收据的作用：对发货人来说，这种单据已不能作为多式联运经营人收到单据上所列货物的证明，不能成为初步证据；对收货人来说，这种单据已失去了其应有的意义，是不能被接受的。

如果多式联运单据上没有这种保留性批注，其记载事项的证据效力是完全的，对发货人来说是初步证据，但多式联运经营人可举证予以推翻。不过，根据《多式联运公约》的规定，如果多式联运单据是以可转让方式签发的，而且已转让给信赖该单据所载明的货物状况的、包括收货人在内的第三方时，该单据就构成了最终证据，多式联运经营人提出的反证不予接受。

9.5　大陆桥运输

9.5.1　大陆桥运输概述

大陆桥运输(land bridge transport)是指利用横贯大陆的铁路(公路)运输系统，作为中间桥梁，把大陆两端的海洋连接起来的集装箱连贯运输方式。简单地说，就是两边是海运，中间是陆运，大陆把海洋连接起来，形成海—陆联运，而大陆起到了"桥"的作用，所以称之为"陆桥"。从形式上看，是海—陆—海的连贯运输，但实际在做法上已在世界集装箱运输和多式联运的实践中发展成多种多样。

大陆桥运输是借助于不同的运输方式，跨越辽阔的大陆或狭窄的海峡，以沟通两个互不毗连的大洋或海域之间的运输形式。大陆桥运输也属国际多式联运的范畴，由于大陆桥运输在国际多式联运中的作用比较突出，因此作为一种特殊的运输方式存在。其目的在于缩短运输距离，减少运输时间和节约运输总费用支出。

大陆桥运输一般都是以集装箱为媒介，因为采用大陆桥运输，中途要经过多次装卸，如果采用传统的海陆联运，不仅增加运输时间，而且大大增加装卸费用和货损、货差，以集装箱为运输单位，则可大大简化理货、搬运、储存、保管和装卸等操作环节，同时集装箱是经海关铅封，中途不用开箱检验，而且可以迅速直接转换运输工具，故采用集装箱是开展大陆桥运输的最佳方式。

世界上典型的大陆桥运输有北美大陆桥、西伯利亚大陆桥和亚欧第二大陆桥。

9.5.2　北美大陆桥

北美大陆桥(North American land bridge)是指利用北美的大铁路从远东到欧洲的海—陆—海联运。北美大陆桥是世界上历史最悠久、影响最大、服务范围最广的陆桥运输线。北美的加拿大和美国都有一条横贯东西的铁路公路大陆桥，它们的线路基本相似，其中美国大陆桥的作用更为突出。

1. 美国大陆桥(U. S. land bridge)

美国大陆桥是北美大陆桥的组成部分，是最早开辟的远东—欧洲海—陆联运线路中的第一条大陆桥。美国大陆桥有以下两条运输线：

①连接太平洋与大西洋的运输线。远东、中国、东南亚的货物从美国西部太平洋口岸的洛杉矶、西雅图、旧金山等口岸上桥，通过铁路横贯美国至东部大西洋口岸的纽约、巴尔的

摩等港口转海运到达欧洲,其中铁路全长约 3 200 km,运输方式为海—铁—海。

②连接太平洋与墨西哥湾的运输线。远东、中国、东南亚的货物从美国西部太平洋口岸上桥,通过铁路至南部墨西哥湾口岸的休斯敦、新奥尔良等港口转海运到达南美洲,铁路全长 500～1 000 km,运输方式为海—铁—海。

美国大陆桥后因东部港口和铁路拥挤,货到后往往很难及时换装,抵消了大陆桥运输所节省的时间,大陆桥运输的优越性没有得到充分的体现。目前美国大陆桥运输基本陷于停顿状态,但在大陆桥运输过程中,又形成了小陆桥和微陆桥运输方式,而且发展迅速,其地位远高于大陆桥。大陆桥、小陆桥、微陆桥运输的区别如图 9-4 所示。

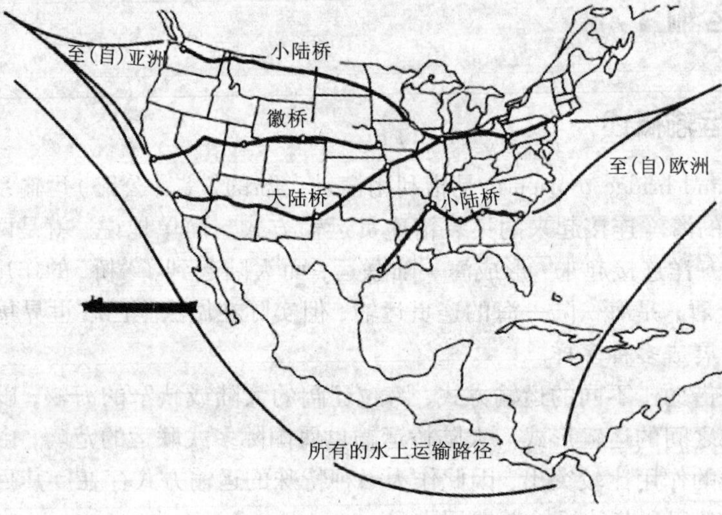

图 9-4 大陆桥、小陆桥和微陆桥示意图

2. 美国小陆桥(U. S. mini-land bridge)

小陆桥运输是从大陆桥运输发展演变而来的,比大陆桥的海—陆—海运输缩短一段海上运输,成为海—陆或陆—海运输形式。如远东至美国东部大西洋沿岸或美国南部墨西哥湾沿岸的货运,可由远东装船运至美国西海岸,转装铁路(公路)专列运至东部大西洋或南部墨西哥湾沿岸,然后换装内陆运输运至目的地。也承运从欧洲到美国西部及南部墨西哥湾沿岸各港口的大西洋航线的转运货物。

小陆桥运输是在美国大陆桥开始萎缩后产生的,它的出现比原有的大陆桥运输更具优势,在缩短运输距离、节省运输时间、降低运输成本上效果显著,深受货主的青睐。但在运输业发展过程中,小陆桥运输仍存在以下问题:

①铁路运输费用偏高。

②在运输时间上得不到保证,特别是冬季。

③由于往、返程集装箱货源不平衡,造成空集装箱在美国东海岸大量积压。

④集装箱货物从美国西海岸转运到东海岸或墨西哥湾后,再转运到目的地的费用和责任不在陆桥运输范围内,由货主自己负责。

⑤美国东海岸铁路本身的衔接问题等。

由于小陆桥运输的这些不足，货主们表现出一些不满。于是，一种更具优势的运输方式——微陆桥出现了。

3. 美国微陆桥(U. S. micro-land bridge)

微陆桥运输是小陆桥运输发展中的产物，比小陆桥短一段，由于没有通过整条陆桥，而只利用了部分陆桥，故又称半陆桥运输(semi-land bridge)，是指海运加一段从海港到内陆某地点的陆上运输或相反方向的运输形式。如远东至美国内陆城市的货物，改用微型陆桥运输，则货物装船运至美国西部太平洋沿岸，换装铁路(公路)集装箱专列可直接运至美国内陆城市。

微陆桥运输与小陆桥运输相比，运输时间更短，送达时间更快，运输费用更省，主要体现在以下几方面：

①微型陆桥运输可以使用联运提单，经美国西海岸港口，将集装箱货物直接运送到美国内陆城市。

②避免不必要的绕道和迂回运输，使运输径路更合理。

③避免在港口中转换装和运输时间的耽误。

④可以做到船舶与铁路集装箱直达列车相衔接，以更快的运输速度直达目的地。

4. 加拿大大陆桥(Canada land bridge)

加拿大大陆桥的运输路线是，通过海运将集装箱货物从日本海运至温哥华或西雅图后，利用加拿大两大铁路横跨北美大陆运至蒙特利尔，然后再与大西洋的海上运输相连接，一直运到欧洲各港口。

加拿大大陆桥最初是为了与西伯利亚大陆桥相抗衡而设立的，但是，由于日本—加拿大—欧洲集装箱船运费与日本—欧洲集装箱船运费差不多，故日本的客户对加拿大大陆桥运输也不积极，所以加拿大大陆桥也未发展起来。

9.5.3　西伯利亚大陆桥

西伯利亚大陆桥(Siberian land bridge)，也称第一亚欧大陆桥，是将集装箱货物由远东海运到俄罗斯东部港口，经跨越欧亚大陆的西伯利亚铁路运至波罗的海沿岸港口，然后再采用铁路、公路或海运运到欧洲各地的国际多式联运的运输线路。该大陆桥自 1967 年开始试运营，1971 年正式运营，全长 13 000 km，把太平洋远东地区与前苏联波罗的海、黑海沿岸及西欧大西洋岸连接起来，为世界最长的大陆桥。通过这条路线，从远东到西欧，比海上经好望角航线缩短 1/2 的路程，比经苏伊士运河航线缩短 1/3 的路程，同时，运费降低 20% ~30%，时间节省 35 天左右。从 20 世纪 70 年代初以来，西伯利亚大陆桥运输发展很快，这条大陆桥运输路线的西端已从英国延伸到西欧、中欧、东欧、南欧、北欧整个欧洲大陆和伊朗、近东各国，其东端也不只是日本，而发展到韩国、菲律宾、中国。目前，它已成为远东地区往返西欧的一条重要运输路线。

1. 西伯利亚大陆桥运输服务形式

西伯利亚大陆桥包括海—铁—海、海—铁—铁、海—铁—公三种运输服务形式，如图 9 -5所示。

2. 西伯利亚大陆桥运输业务经营人

现在西伯利亚大陆桥运输业务经营者是全俄过境运输总公司，该公司设有以下三个业务处：

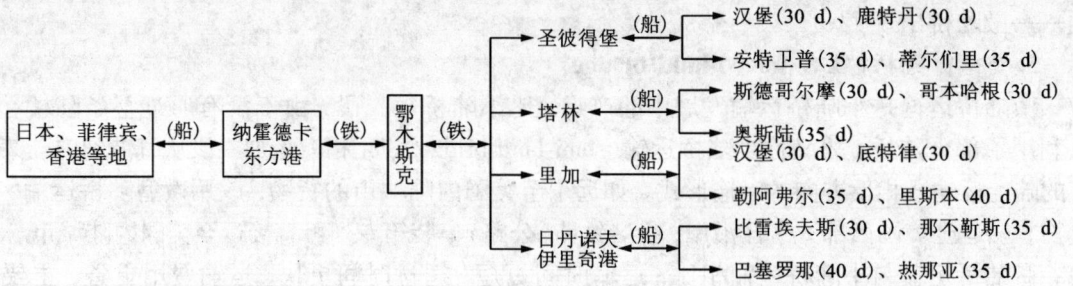

（a）"海—铁—海"路线图

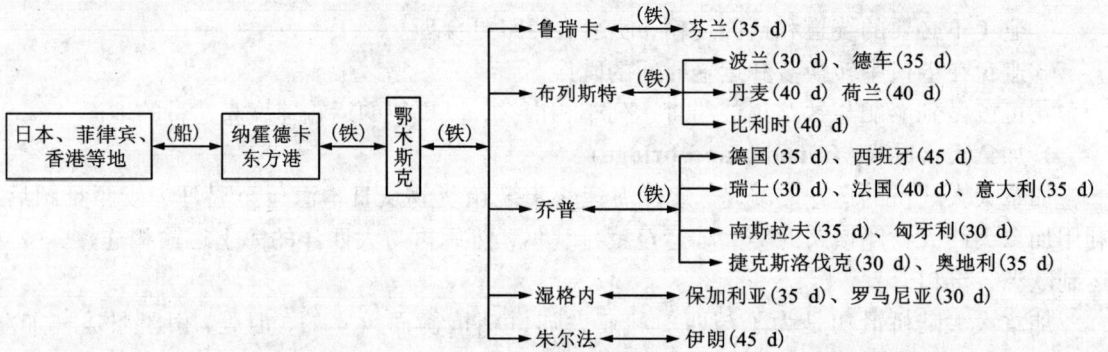

（b）"海—铁—铁"路线图

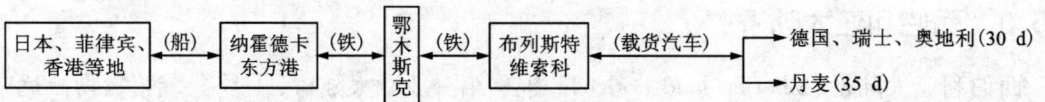

（c）"海—铁—公"路线图

图 9－5　西伯利亚大陆桥路线图

①西伯利亚过境运输处。主管经过俄罗斯往返欧洲与远东之间的过境运输。

②伊朗过境运输处。主管从欧洲和亚洲经过俄罗斯至伊朗的过境运输。

③南方过境运输处。主管从欧洲和亚洲经过俄罗斯至阿富汗，以及中东地区的过境运输。

全俄过境运输总公司由外贸部设立，公司与交通部、海运部、空运部下属的单位组成委员会，共同安排大陆桥运输业务，制定运价，安排运输计划等。因而，组织经营大陆桥运输业务的是全俄过境运输总公司，而实际的承运者是俄罗斯的铁路、公路、航空部门。

西伯利亚大陆桥运输的另一个经营者是国际铁路集装箱运输公司，该公司由东欧和西欧各国铁路等部门组成，其业务范围是承担由俄罗斯西部边境站至欧洲各地和相反方向的集装箱运输。该公司是跨国组织，实行统一的运输条件和运价，中国与欧洲间的业务均与该公司有直接的、密切的联系。

我国通过西伯利亚铁路可进行陆桥运输的路线有三条：

（1）铁—铁路线。

从中国内地各站把货物运至中俄边境满洲里/后贝加尔，进入俄罗斯，或运至中蒙边境站二连/扎门乌德进入蒙古，经蒙俄边境站苏赫巴托/纳乌斯基进入俄罗斯，再经西伯利亚铁路运至白俄罗斯西部边境站，辗转欧洲铁路运至欧洲各地或从俄罗斯运至伊朗。

（2）铁—海路线。

由国内铁路将集装箱转我国边境满洲里，转俄罗斯铁路运波罗的海沿岸的日丹诺夫、伊里切斯克等港后，转有关船公司船运至北欧、西欧、巴尔干地区港口。

（3）铁—公路线。

由国内铁路将集装箱运至我国边境满洲里，转俄罗斯铁路运俄罗斯西部边境站，再转公路运至德国、瑞士、奥地利等国家。

3. 西伯利亚大陆桥存在的问题

（1）运输时间不稳定。

运输能力易受冬季严寒影响，港口有数月冰封期。

（2）往返货源不平衡。

货运量西向大于东向约二倍，来、回运量不平衡，集装箱回空成本较高，影响了运输效益。

（3）运力紧张，铁路设备陈旧。

随着新亚欧大陆桥的竞争力提高，这条大陆桥的地位正在下降。

9.5.4　新亚欧大陆桥

新亚欧大陆桥（A-E. land bridge），又名第二亚欧大陆桥，东起中国连云港，跨越横贯中国东西部的陇海线、兰新线，向西经北疆铁路到达中国边境阿拉山口国境站出境，再经过哈萨克斯坦、俄罗斯、白俄罗斯、波兰、德国、荷兰铁路，西至荷兰鹿特丹港，全长 10 837 km，在中国境内 4 143 km，是世界上最长的一条大陆桥。通过亚、欧两大洲的陆地铁路连接太平洋和大西洋，在欧亚大陆上形成又一条海—铁—海多式联运路线。新亚欧大陆桥路线及其在中国境内路线如图 9 - 6 和图 9 - 7 所示。

图 9 - 6　亚欧大陆桥路线示意图

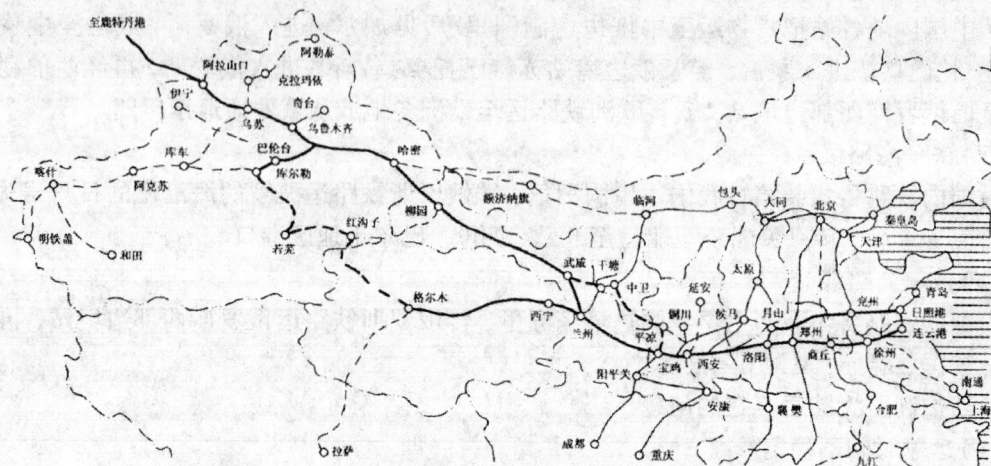

图 9－7　新亚欧大陆桥中国境内路线示意图

1990 年 9 月，中国铁路与哈萨克斯坦铁路在德鲁日巴站正式接轨，标志该大陆桥的贯通。1991 年 7 月 20 日开办了新疆—哈萨克斯坦的临时边贸货物运输。1992 年 12 月 1 日由连云港发出首列国际集装箱联运"东方特别快车"，经陇海、兰新铁路，西出边境站阿拉山口，分别运送至阿拉木图、莫斯科、圣彼得堡等地，标志着该大陆桥运输的正式开办。

新亚欧大陆桥的发展，为沿桥国家和亚欧两大洲经济贸易交流提供了一条便捷的大通道、对于促进陆桥经济走廊的形成，扩大亚太地区与欧洲的经贸合作，促进亚欧经济的发展与繁荣具有重要意义。通过沿桥开放，可以使亚太地区更好地吸收国际资本、技术和管理经验，加快经济振兴。

1. 新亚欧大陆桥的优势

新亚欧大陆桥与西伯利亚大陆桥一样，是连接太平洋与大西洋、横贯欧亚大陆的重要贸易往来通道。但是与西伯利亚大陆桥相比，新亚欧大陆桥更具有优势。

（1）地理位置和气候条件优越。

整个陆桥避开了高寒地区，港口无封冻期，自然条件好，吞吐能力大，可以常年作业。

（2）运输距离短。

新亚欧大陆桥比西伯利亚大陆桥缩短运程 2 163 km。

（3）辐射面广。

新亚欧大陆桥东端能吸引东亚和东南亚诸国的集装箱货物运量，西端能辐射北欧、西欧和东欧诸国。同时，经阿拉木图、塔什干南下，还可辐射到中亚各国，以及伊朗、土耳其、伊拉克等国。辐射总面积达 5 071 万 km^2，居住人口约占世界总人口的 75%。

（4）多港互为补充，箱源充足。

新亚欧大陆桥除了主桥头堡－连云港之外，还有太平洋西岸的青岛、日照、上海、深圳等。这种沿海多港形式，在箱源组织上可以互相补充，在箱流、车流组织上具有充分的回旋余地。而西伯利亚大陆桥只有同属于一个海港的纳霍德卡港、东方港，在箱源、箱流和车流组织上难以补充。

由于该大陆桥具有上述一系列优势，从发展趋势看，该大陆桥运输前景广阔，开发潜力巨大。

2. 新亚欧大陆桥的运输经营人

（1）中国外运陆桥运输有限公司。

中国外运陆桥运输有限公司是中国外运股份有限公司在连云港口岸设立的直属子公司，是新亚欧大陆桥业务的主要创始人和主要经营者。依托新亚欧大陆桥东桥头堡—连云港和中外运在国内各省、市、自治区、主要港口、内陆口岸、国际铁路站的网络以及全球 40 多个海外代理机构，致力于发展现代综合物流服务和大陆桥国际联运业务，已与世界 100 多个国家和地区的客户发生业务往来。

该公司主要办理经连云港口岸中转的过境集装箱及散货陆桥运输服务和经全国各地铁路运输进出口的集装箱及散货国际联运业务。目前已开通连云港 – 阿拉山口 – 阿拉木图国际集装箱班列，全程约 8 天。

（2）中铁国际多式联运公司。

中铁国际多式联运公司是中铁集装箱运输有限责任公司（CRCT）下属的全资子公司和经营平台。中铁国际多式联运公司拥有三大核心业务：国际（海—铁）联运、国内物流和自备箱经营业务等。其国际（海—铁）联运业务主要涉及国际铁路联运（含大、小陆桥班列运输、过境班列运输）、海—铁联运及其他物流服务、特色服务如危险品运输等。可以为客户提供报关、报检、换单、短拖、仓储、网上订舱、代办托运、垫付运费、全程追踪及信息反馈、口岸转关等全程代理服务，协调解决运输途中出现的解体和保留等问题，代理国外段运输等。

中铁国际多式联运公司经营成熟的国际（过境）班列包括：连云港—阿拉山口班列、天津新港—阿拉山口班列、黄岛—阿拉山口班列、天津新港—二连浩特班列、二连浩特—天津新港班列。近两年新开发的重点业务包括：连云港—阿拉木图国际集装箱直达班列、渝新欧国际班列、新港—满洲里—莫斯科国际班列、阿拉山口—乌西—连云港东行班列、鲅鱼圈—满洲里班列、武汉—乌兰巴托国际专列、武汉—捷克国际专列等。

3. 新亚欧大陆桥中国段的箱流构成

在中国境内，新亚欧大陆桥贯穿中国东、中、西部的江苏、山东、河南、安徽、陕西、甘肃、山西、四川、宁夏、青海、新疆 11 个省、自治区，89 个地、市、州的 570 多个县、市。它在国内的经济吸引范围包括黄河流域和陇海线、兰新线沿线的省、市、自治区领域，还辐射到沿海经济发达和对外贸易往来活跃的我国东部，以及地处内陆经济欠发达而其资源相当丰富的我国西部。

（1）西向集装箱箱流构成。

①从东端主桥头堡 – 连云港接入，或从青岛、日照、上海、宁波、福州、厦门接入，通过鹰厦线、浙赣线、沪杭线、沪宁线、津浦线在徐州枢纽上桥；或从深圳、黄埔、镇江接入，通过广九线、湘桂线、京广线在郑州枢纽上桥。然后通过新亚欧大陆桥在我国境内铁路陇海线、兰新线输送到阿拉山口国境站出境的过境集装箱箱流。

②从上述各港口岸接入，并分别从徐州枢纽或郑州枢纽上桥，通过新亚欧大陆桥在我国境内铁路接运到我国境内到达的输入集装箱箱流。

③从我国境内各地西向出口贸易物资的集装箱，经有关铁路线运至徐州、郑州、宝鸡和兰州等铁路枢纽上桥，并通过新亚欧大陆桥在我国境内铁路运送到阿拉山口国境站出境的输出集装箱箱流。

（2）东向集装箱箱流构成。

①从阿拉山口国境站接入的中西亚、东西欧和北非诸国通过新亚欧大陆桥，并经连云港或我国沿海其他港口上船出境输送到亚洲及太平洋区域诸国的过境集装箱箱流。

②从阿拉山口国境站接入上述各国的入境集装箱，通过新亚欧大陆桥到达我国国境内各地的输入集装箱箱流。

③从国内中西部各地，通过新亚欧大陆桥，并经连云港或沿海其他各港上船出境的输出集装箱货流。

9.5.5　第三亚欧大陆桥

目前我国正拟建第三亚欧大陆桥，构想中的第三亚欧大陆桥以深圳港为代表的广东沿海港口群为起点，由昆明经缅甸、孟加拉国、印度、巴基斯坦、伊朗，从土耳其进入欧洲，最终抵达荷兰鹿特丹港，横贯亚欧非 21 个国家（含非洲支线 4 个国家：叙利亚、黎巴嫩、以色列和埃及），全长约 15 157 km，比目前经东南沿海通过马六甲海峡进入印度洋行程要短 3 000 km 左右。第三亚欧大陆桥通过 AMBDC 机制（东盟—湄公河流域开发合作机制）下的泛亚铁路西线，把亚洲南部和东南部连接起来，使整个亚洲从东到西、从南到北的广大地区第一次通过铁路网完整地联系起来，成为我国继北部、中部之后，由南部沟通东亚、东南亚、南亚、中亚、西亚及欧洲、非洲的又一最便捷和安全的陆路国际大通道。第三亚欧大陆桥示意图如图 9 - 6 所示。

第三亚欧大陆桥以云南省为枢纽连接 21 国。云南省地处我国与中南半岛和南亚次大陆结合部，与越南、老挝及缅甸直接接壤，是我国不绕经马六甲海峡通往南亚、中亚、印度洋、进入欧洲、非洲最为便捷的陆上通道，具有地理位置优越、市场前景广阔、与东盟及沿桥国家的互补性强等优势。如果昆明至孟加拉国吉大港之间建成一条 2 000 多千米的铁路，构想中的第三亚欧大陆桥就将成为现实。这一陆桥的建设将为云南及沿桥国家和地区带来更多发展，同时，推动我国经济与亚欧大陆的直接融合，拓展对外开放的广度和深度，全面提高开放型经济水平。

9.6　集装箱多式联运运费计收

9.6.1　集装箱多式联运成本分析

1. 集装箱多式联运成本管理的层次结构

由于集装箱多式联运经营人开展业务时，需要借助于包括船公司、港口、内陆运输公司、装卸仓储公司等运输服务供应商来完成具体的运输业务，因而，其成本管理具有两层次结构，如图 9 - 8 所示。

2. 集装箱多式联运成本的构成

集装箱多式联运经营人的总成本包括运输总成本和经营管理费两大部分。

（1）运输总成本。

运输总成本是指多式联运经营人为获得运输、仓储等功能而需要支付给各运输供应商的运输费用。

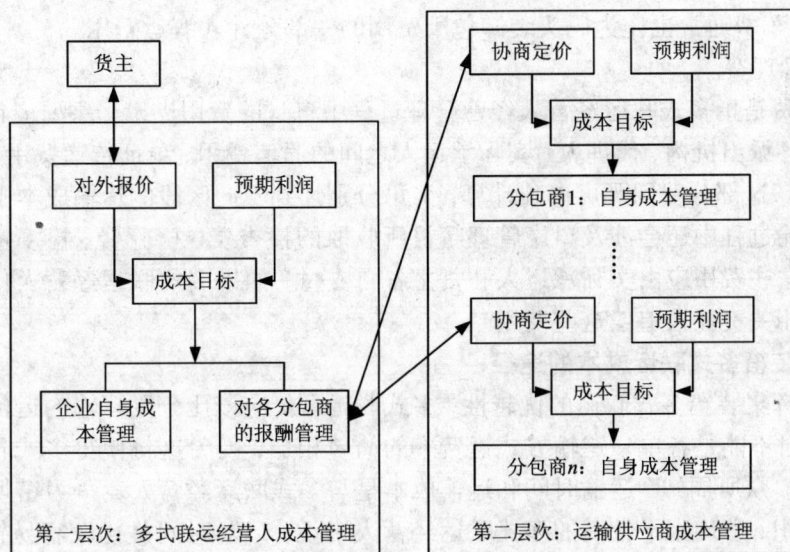

图 9 - 8　集装箱多式联运经营人成本管理的层次结构示意图

运输总成本的构成、大小与多种因素有关，其中影响最大的是集装箱货物的运输方式和交接方式。表 9 - 5 显示的是由海上运输方式组成的国际多式联运的运输总成本结构。

表 9 - 5　国际集装箱多式联运总成本的结构

交接方式	发货地				海上运输	收货地				费用组成
	A	B	C	D	E	D	C	B	A	
door/door(FCL/FCL)		√		√	√	√		√		B + D + E + D + B
door/CY(FCL/FCL)		√		√	√	√	√			B + D + E + D + C
door/CFS(FCL/LCL)		√		√	√	√		√	√	B + D + E + D + B + A
CY/door(FCL/FCL)			√	√	√	√		√		C + D + B + E + B
CY/CY(FCL/FCL)			√	√	√	√	√			C + D + E + D + C
CY/CFS(FCL/LCL)			√	√	√	√		√	√	C + D + E + D + B + A
CFS/door(LCL/FCL)	√	√		√	√	√		√		A + B + D + E + D + B
CFS/CY(LCL/FCL)	√	√		√	√	√	√			A + B + D + E + D + C
CFS/CFS(LCL/LCL)	√	√		√	√	√		√	√	A + B + D + E + D + B + A

注：字母 A、B、C、D、E 所代表的含义如下：

A 为集装箱货运站(非码头内)服务费，包括货运站对拼箱货物的取箱、装箱、送箱、拆箱、理货、免费期间的堆存、签单、制单等各种作业所发生的费用。

B 为内陆集疏运费，包括通过铁路、公路、航空、沿海和内河支线网络向集装箱码头集中和疏散集装箱货物所发生的运输费用。

C 为装/卸车费，包括在码头的堆场、货运站等地点使用港区机械从货方接运的汽车/火车上卸下或装上箱子时的费用。

D 为集装箱码头堆场服务费，包括装卸船、船与堆场间搬运、免费期间的堆存及单证制作等费用。

E 为海运运费，指海上运输区段的集装箱运输费用。

在实践中，集装箱码头堆场服务费一般按集装箱装卸包干费向船方计收，并计入海运费用之中；装/卸车费通常也作为码头装卸包干费用的一部分计入海运费用。

（2）经营管理费。

经营管理费是指多式联运经营人经营管理过程中自身的费用支出。主要应包括多式联运企业与货主、各派出机构、代理人、实际承运人之间的通信费用、单证传递费用、单证成本及其他管理费用。这部分费用既可单独计算，又可分别加到不同区段的运输成本中一并计算。

此外，运输过程中还会涉及口岸管理籍贯所收取的检查费、检验费、检疫费与管理费等费用，原则上这些费用应由实际承运人和货主各自支付，如果多式联运经营人代收代付了这些费用，可向相关责任人追偿这些费用。

3. 降低集装箱多式联运成本的途径

为充分发挥集装箱多式联运的优越性，多式联运运价应该比分段运输的运价对货主更具吸引力，而绝对不能是各单一运输方式运费率的简单相加，因为这将使得多式联运经营人毫无竞争力可言。众所周知，运输时间和运输成本是与多式联运经营人竞争力密切相关的两个因素。对于组织、管理水平较高的多式联运经营人来说，运输时间是比较容易控制的，因此重要的是如何降低运输成本。

目前，多式联运经营人，主要是无船承运人，大多采用集并运输（consolidation）的方式来减少运输成本。集并运输有时也称为组装化运输（groupage），它是指作为货运代理人的无船承运人将起运地几个发货人运往同一目的地几个收货人的小批量、不足一箱的货物汇集起来，拼装成整箱货托运。货物运往目的地后，由当地集并运输代理人将它们分别交付各个收货人。其主要目的是从海上承运人较低的整箱货运费率中获益，从而降低海上运输成本。多式联运经营人降低海上运输成本的另一个途径是采用运量折扣费率（TVC）形式，通过与海上承运人签订TVC合同，获取较低的海运运费率。

除海上运输外，集装箱多式联运经营人也可采用类似的方法来降低内陆运输（包括航空运输）成本，如采用运量折扣费率。此外，还可以通过加强与公路、铁路等内陆运输承运人之间的相互合作，获得较高的优惠费率。实际上，这种有效的合作对双方都是有利的。对于公路或铁路运输承运人来说，运输同样数量的货物，采用集装箱运输所需的车辆数量比散件运输要少得多，因而可以减少公路或铁路运输承运人的资本成本。

9.6.2　集装箱多式联运运价的制定

任何一个多式联运经营人，在制定多式联运运价表之前，首先必须确定具体的经营线路，并就有关各运输区段的各单一运输方式作好安排，在此基础上，依据各单一运输方式的运输成本及其他有关运杂费，估算出各条营运线路的实际成本，然后结合本企业的成本与盈利水平，制定出真正合理的多式联运运价表。

1. 集装箱多式联运运价制定要考虑的问题

集装箱多式联运运价表从结构上讲，可采用以下两种形式：一种是城市间的"门到门"费率。这种费率结构可以是以整箱货或拼箱货为计费单位的货物等级费率，也可以是按TEU或FEU计费的包箱费率，这是一种真正意义上的多式联运运价；另一种形式与海运运价表相似，是港到港间费率加上内陆运费率，这种费率结构形式较为灵活，但从竞争的角度来看，由于这种形式将海运运价与内陆运价分开，因而于竞争不利。

在多式联运运价分为海运运价和内陆运价两部分的情况下，应注意运价表的内陆运价部分必须包括这样一些内容：

①一般性条款，如关税及清关费用、货物的包装、无效运输以及更改运输线路与方向等；

②公路、铁路及内河运输的装箱时间及延滞费；

③额外服务及附加费的计收，如因货主原因而使用有关设备等。

由于目前集装箱多式联运运价的制定倾向于只限定在特定的一些运输线路上，即从海港到内陆消费中心或生产中心，因此在制定内陆运价时可以考虑在不影响整个费率结构及其水平的情况下，采用较为优惠的内陆集装箱运输费率，对处于区位劣势的港口给予一定的补偿，从而提高这些港口的竞争力，促进这些港口腹地的集装箱多式联运的发展。

2. 集装箱多式联运运价的及时调整

多式联运经营人应根据国际集装箱运输市场运价的变化及时调整费率水平，确保集装箱多式联运运价始终处于一种最新的状态。通常，内陆运费率及有关费用的变化，相比海上运费率要频繁得多。因此，当内陆运费率及有关费用发生变化时，多式联运运价必须尽快做出相应的变化。如果内陆运输成本上升而多式联运运价仍保持在原有的水平，那么，多式联运经营人的盈利就会减少。相反，如果内陆运输费用降低，而集装箱多式联运运价不相应降低，多式联运经营人的竞争地位就会受影响。

3. 集装箱多式联运定价方法创新

通常而言，集装箱多式联运经营人可采取的定价方法包括以下三类。

（1）成本导向定价方法（cost – oriented pricing）。

它是基于集装箱运输服务成本原则，依据多式联运经营人的总成本支出而制定出的运价。

（2）需求导向定价方法（demand – oriented pricing）。

它是基于集装箱运输服务价值原则和运输承受能力原则，从多式联运服务需求者的角度出发，依据多式联运服务所创造的价值的多少以及承运商品的价值的高低而制定出的运价。

（3）竞争导向定价方法（competition – oriented pricing）。

它主要是多式联运经营人依据竞争对手的运价水平来确定自身的运价水平。

上述三种定价方法各有优缺点，如表 9 – 6 所示。

表 9 – 6 三种定价方法的优缺点

定价方法	优点	缺点
成本导向定价法	简单明了，适应需求状况，保持合理利润水平，当需求旺季时，价格显得较为公平，淡季时可以适当降低价格，较为灵活	此方法主要从企业自身获得利润或投资回报出发，缺乏市场应对能力和竞争力
需求导向定价法	基于市场需求的定价，可以随市场行情变化而调整，而且贴近行业平均价格，易于被客户接受	企业对于市场需求情况的了解存在一定的滞后性和偏差，只能是粗略的预计，无法准确量化，所以使用该方法制定的价格有可能会使企业失去部分利润或客户
竞争导向定价法	使用此方法制定的价格更易争取到客户	以竞争对手价格作为定价基础，容易造成价格战，故意压低价格或哄抬价格都不利于市场的有力竞争和保障企业的利润以及长远发展

目前，我国的集装箱多式联运经营人普遍采用成本导向定价法。但随着集装箱多式联运的快速发展及其市场的逐步成熟和完善，多式联运经营人应积极创新定价方法，在综合考虑诸如企业的成本支出、市场供求关系、市场结构模式、客户的购买力、货物的价值、经营路线的状况等因素的基础上，选择合适的定价方法。

9.6.3 集装箱多式联运的计费方式

如前所述，集装箱多式联运全程运费由多式联运经营人向货主一次计收。目前，多式联运运费的计收方式主要有单一运费制和分段运费制和混合运费制三种。

1. 按单一运费制计算运费

单一运费制是指集装箱从托运到交付，所有运输区段均按照一个相同的运费率计算全程运费，这是真正意义的多式联运运费制。比如，在西伯利亚大陆桥运输中采用的就是这种计费方式。前苏联从1986年起修订了原来的7级费率，采用了不分货种的以箱为计费单位的FAK统一费率。陆桥运输开办初期，从日本任何一个港口到布列斯特（前苏联西部边境站）的费率为1 385卢布/TEU，陆桥运输的运费比班轮公会的海运运费低20%～30%。

2. 按分段运费制计算运费

分段运费制是按照组成多式联运的各运输区段，分别计算海运、陆运（铁路、汽车）、空运及港站等各项费用，然后合计为多式联运的全程运费，由多式联运经营人向货主一次计收。各运输区段的费用，再由多式联运经营人与各区段的实际承运人分别结算。目前大部分多式联运的全程运费均采用这种计费方式，例如欧洲到澳大利亚的国际集装箱多式联运，日本到欧洲内陆或北美内陆的国际集装箱多式联运等。

3. 按混合运费制计算运费

理论上讲，多式联运经营人应制定全程运价表，且应采用单一运费率。然而，由于制定单一运费率是一个较为复杂的问题，因此，作为过渡方法，目前有的多式联运经营人尝试采取混合计收办法：从国内接收货物地点至到达国口岸采取单一费率，向发货人收取（预付运费）；从到达国口岸到其内陆目的地的费用按实际成本确定，另向收货人收取（到付运费）。当然，也有采取分段累加计收，或者根据分段累加的总费用换算出单一运费率计收。

━━━━[重点与难点]━━━━

重点：(1)集装箱多式联运的定义与特征；(2)多式联运经营人的定义与类型；(3)集装箱多式联运的业务组织方法；(4)集装箱多式联运单据的定义和性质；(5)大陆桥运输的定义；(6)集装箱多式联运运费计收方式。

难点：(1)集装箱多式联运模式与路线设计；(2)集装箱多式联运分包商选择；(3)集装箱多式联运成本的构成。

━━━━[思考与练习]━━━━

1. 什么是集装箱多式联运？简述集装箱多式联运的特征。

2. 集装箱多式联运具有哪些的优点？

3. 什么是多式联运经营人？简述承运人型和无船承运人型多式联运经营人的区别。

4. 简述集装箱多式联运方案设计的内容。

5. 简述集装箱多式联运模式与路线设计的目标准则。

6. 简述集装箱多式联运分包商选择的特点。

7. 简述集装箱多式联运的业务组织方法。

8. 简述集装箱多式联运业务组织程序。

9. 什么是集装箱多式联运单据？集装箱多式联运单据具有哪些作用？

10. 什么是大陆桥运输？典型的大陆桥运输系统有哪些？

11. 简述不同集装箱货物交接方式下的集装箱多式联运成本的构成。

12. 如何计收集装箱多式联运的运费？

第 10 章

集装箱多式联运的信息化

10.1 集装箱多式联运的信息管理

10.1.1 集装箱多式联运与信息

货物运输过程包括两个方面的内容:一是货物的移动,包括货物运输的承运组织、运送组织和交付组织;二是单证信息的传递,包括货物本身的信息和货物运输信息的传递。货物运输的物流、信息流如图 10 – 1 所示。

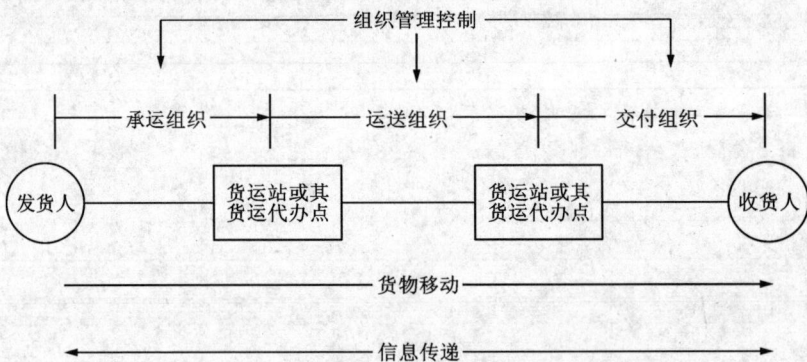

图 10 – 1 货物运输的物流、信息流示意图

货物运输效率是货物运输全过程各个环节服务水平的综合体现。有效、迅捷地将货物及其运送信息在其各个运输环节中传递,将货物运输及信息流传输作为一个整体,是实现提高货物运输效率的有效途径。

集装箱多式联运系统十分复杂,涉及政府不同层次的多个管理都门、多个环节的物流枢纽,各种方式的运输企业以及货物的供需双方,涉及面广、环节多,具有信息量大、效率要求高的特点。多式联运经营人、船公司、陆路承运人、码头、口岸管理部门以及货主之间联系紧密而广泛。如果没有信息的有效传递,集装箱多式联运业务很难进行。因此,需要有一个信息集成的集装箱多式联运管理信息系统,以解决信息孤岛的问题,实现集装箱多式联运的有效运转和管理。

10.1.2　集装箱多式联运信息系统的逻辑结构

集装箱多式联运信息系统的逻辑结构包括三个层次，底层是数据通信支撑系统，中间是系统的业务数据传输部分，上层是业务管理部分。如图 10 - 2 所示。

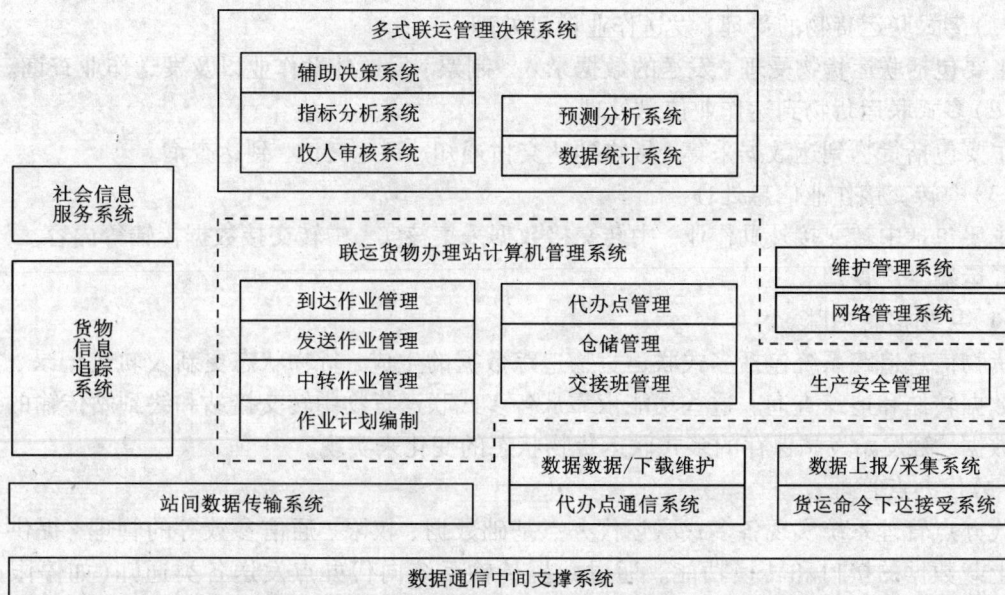

图 10 - 2　集装箱多式联运信息系统的逻辑结构示意图

1. 数据通信中间支撑系统

它是支持系统业务数据传输的环境，作为中间件，该部分是应用软件和操作系统之间的桥梁，为应用系统提供应用程序接口，并为上层应用提供可靠的基础。

2. 业务数据传输部分

该部分作为中间层，构筑在底层支撑环境之上，为上层应用系统之间的数据通讯提供服务，向上提供调用级的接口。

该部分包括：运输方式内部及运输方式间的数据传输系统、货运代办点通讯系统、基础数据维护/下载系统、数据采集/上报系统、货运命令下达/接收系统。负责实现运输方式内部、运输方式之间、运输企业与代办点之间、运输企业与其管理部门之间的数据传输。

3. 业务管理部分

这一部分实现货物运输业务的计算机管理和面向货主或社会的信息服务。该部分包括：货物运输办理站计算机管理系统、联运管理层的管理与决策系统、货物信息追踪系统和社会信息服务系统。该部分完成多式联运业务管理的自动化，为各级运输管理部门提供数据管理、数据处理和决策支持功能，并以此为基础，实现多式联运货物信息的追踪管理，进而向货主或社会提供信息服务，达到改善业务管理和市场营销手段的目的。

按照这种层次进行划分，底层是支持环境，中间层是实现多式联运业务计算机处理的基础，上层在下层的支持下完成多式联运生产和管理的各项工作。

10.1.3 集装箱多式联运信息系统的功能

集装箱多式联运信息系统架构中的各个子系统，实现了集装箱多式联运的运输生产组织、运输生产管理、运输方案制定、运输决策支持和社会增值服务等功能。

1. 运输生产组织

(1)多式联运货物的受理、发送作业信息处理。

主要包括联运货物受理、发送的数据录入、制票、发送外勤作业以及发送作业查询。

(2)多式联运货物到达作业信息处理。

主要包括货物到达数据采集、货物到达交付通知、到达交付、到达查询。

(3)中转交接作业信息处理。

主要包括中转交接外勤作业、中转交接数据采集核实、中转交接数据传输等内容。

2. 运输生产管理

(1)货物信息追踪。

货物信息追踪系统包括多式联运货物追踪数据的生成、货物状态更新及轨迹记录、货物追踪数据转储和追踪查询。这些功能依靠从各多式联运货物中转交接站和终到站传输的到达确认数据，触发始发站保存的多式联运货物状态的变化来实现。

(2)代办点管理。

代办点管理系统实现各多式联运代办点基础数据、权限、通信参数等的管理，提供各代办点上载数据的接口和转换功能。通过数据传输系统向代办点发送各类通知(如停限办规定)、公告和基础数据(如品类价格、里程票价)等。管理代办点票据、票签使用情况，管理代办点收入、运量等作业数据并进行审核。

(3)仓储管理。

仓储管理系统主要包括对发送、中转交接和到达货物的基本信息及仓储货位信息的管理。

(4)生产统计。

生产统计信息系统既服务于多式联运企业内部的生产组织，也为向上级提供汇总报告准备数据。该功能主要包括：按时间、作业、方向类别进行多式联运货物运量和收入统计；货物运输作业指标统计及分析；各品类别流量流向统计与分析；各运输方式的容积、载重利用率统计分析；运输作业历年同期比较分析；货源与货主统计分析；上报汇总数据准备。

(5)生产安全管理。

生产安全管理信息系统记录多式联运企业每日(班)货物运输作业的事故发生情况，累计安全生产情况，形成事故统计和分析报告。

(6)数据采集汇总与上报。

数据采集汇总与上报系统可进行两方面的数据汇总：一是通过数据采集系统接收各多式联运企业上报数据；二是对上报数据进行加工整理，形成企业内的货物运输作业统计报告(包括运量、收入、运力利用统计等)，并将数据加工处理后存储于统计信息数据库。数据采集包括两种基本形式：一种是定点接收各多式联运企业的上报数据，以批处理方式进行统计计算；另一种是随机向需要统计的多式联运企业发送采集要求，然后收集多式联运企业当时汇总的数据。

（7）收入审核。

收入审核系统可以对多式联运货物运输的收入进行统计和审核，并向运输收入管理的相关职能部门提供多式联运货物运输收入的数据接口。

（8）基础数据下载。

基础数据下载信息系统的基础数据下载功能实现联运企业从联运管理部门下载货物联运基础数据，实现日常接收有关基础数据的变更信息。

3. 运输方案制定

（1）数据通信与货物多式联运的预确报。

信息系统数据通信保证各个多式联运企业之间、多式联运企业与各管理部门、各代理点、各货主之间的数据双向传输。数据通信支持两种模式，阻塞模式（通信中的数据发送方须等待对方立刻响应）和非阻塞模式（数据发送方不等待应答方立刻响应）。数据通信完成以下功能：多式联运货物确报发送、到达确认发送与接收。

（2）联运命令接收。

联运企业计算机系统中的联运命令接收进程作为守护进程运行，当联运企业下达联运命令后，该功能实现联运命令的接收，并产生提示信息通知联运企业值班人员。

（3）货位预留请求确认。

信息系统可以实现装运货物的载运工具经过的各办理站向始发站传输货位预留申请数据（包括货物重量、体积、请求装运车次和时间），并完成接收从始发站传输的货位预留确认。

4. 运输决策支持

（1）指标分析。

根据统计数据库中的数据，对联运货物作业指标进行计算，进而形成供管理人员进行生产分析使用的指标分析报告。

（2）预测分析。

根据多式联运货物生产统计数据库中历年的资料，预测分析功能可以进行货物流量、流向、货源分布、品类分布等的预测分析，并提供多种预测分析方法的预测结果比较，为生产组织提供决策依据。

（3）辅助决策。

辅助决策功能在数据汇总统计、指标分析和预测分析的基础上，通过建立决策支持系统，通过利用各种模型对货运生产各个环节进行评估，分析作业过程中的瓶颈，并通过预测计算分析，给出对未来生产和营销的决策指标和建议。

5. 社会增值服务

社会信息服务功能主要通过联运企业的 WWW 服务器向社会及货主以超文本形式提供信息服务。具体功能包括：

（1）WWW 站点的超文本信息发布。

实现以超文本方式向社会发布与联运企业市场营销相关的多媒体信息。其中包括：联运企业形象宣传、与多式联运相关的货物运输规章制度、运输法律法规、运输常识、联运企业及代办点运输服务措施、运输承诺、联运企业与代理点分布及联系方式等。

（2）联运货物到发通知公告。

通过建立 WWW 服务器与联运企业货物追踪信息的接口，由应用程序定时检索多式联运货物追踪数据库,形成超文本格式的报告,更新和发布发送货物公告、到达货物预报通知。

（3）货主追踪查询。

在 Web 服务器上建立货主查询接口,接受货主查询检索多式联运货物追踪数据库或历史数据库,反馈查询结果。

（4）运输价格、里程路径及费用模拟计算。

提供多式联运货物运输价格、计价方式、运费里程计算规则,根据用户输入的货物重量、品类等数据进行多式联运货物运输的运费模拟计算,供货主进行比选参考。

（5）货主货物运输预约请求及回复。

对长期或大宗货物货主建立会员制度。会员用户经身份认证后,允许其通过网络提交联运货物运输的预约请求。联运企业作业人员收到预约要求后,作为制定多式联运货物发送计划的参考,系统提供接口协助对确认的请求以电子邮件的形式予以回复。

（6）网络结算。

在银行机制成熟后,允许会员类货主与联运企业间通过网络进行运费转拨和结算。

10.2 集装箱多式联运的信息化技术及其应用

集装箱多式联运的信息管理,就是通过信息技术和信息产品的应用,达到在更高层面支撑集装箱多式联运业务运作的目的。从信息系统的角度来看,业务就是集装箱多式联运的专业知识和操作流程,而技术则是实现集装箱多式联运信息管理的基础,是服务于集装箱多式联运信息化全过程的所有可能的 IT 手段。以技术带动业务,可以改进和优化业务操作模式与业务操作流程,使得技术这个平台基础能够真正对业务的发展起到推动作用。

10.2.1 EDI 技术及其应用

1. EDI 技术概述

（1）EDI 的定义。

电子数据交换（electronic data interchange, EDI）,是指按照一个公认的标准和协议,将商务活动中涉及的文件标准化和格式化,通过计算机网络,在贸易伙伴的计算机网络系统之间进行数据交换和自动处理。

EDI 技术在国际商业贸易中的应用,促使国际商业贸易方式产生重大变革。由于使用 EDI 技术可以减少甚至消除贸易过程中的纸面单据,因而应用 EDI 技术进行的贸易方式被称为无纸贸易。利用 EDI 技术传输、处理的单证称为电子单证。目前,在发达国家已经建立了大量的连接各子公司、同行业竞争者、相关合作伙伴（如海关、货运代理、船公司、集装箱运输经营人）的 EDI 系统。EDI 技术的应用水平已经成为衡量一个企业在国际国内市场竞争能力的重要标志。在一些国家,甚至对不使用 EDI 的行业和企业采取一定的限制和制裁措施。

（2）EDI 系统的组成。

EDI 系统一般由如下几个方面组成:

①硬件设备。贸易伙伴的计算机和调制解调器以及通信设施等。

②增值通信网络及网络软件。增值网（VAN）是利用现有的通信网,增加 EDI 服务功能而实现的计算机网络,即网络增值。通信网目前有如下几种:分组交换数据网（PSDV）,电话交

换网(PSTN)数字数据网(DDN)，综合业务数据网(ISDN)，卫星数据网(VSAT)，数字数据移动通信网。

③报文格式。标准 EDI 是以非人工干预方式将数据及时准确地录入应用系统数据库中，并把应用数据库中的数据自动地传送到贸易伙伴的计算机系统，因此必须有统一的报文格式和代码标准。

④应用系统界面与标准报文格式之间相互转换的软件。该软件的主要功能包括代码和格式的转换等。

⑤用户的应用系统。EDI 是 EDP(Electronic Data Process)电子数据处理的延伸，要求各通信伙伴事先做好本单位的计算机开发工作，建立共享数据库。

(3)EDI 系统的基本工作流程。

①文件的结构化和标准化处理。用户首先将原始的纸面商业和行政文件经计算机处理，形成符合 EDI 标准的、具有标准格式的 EDI 数据文件。

②传输和交换。用户用自己的本地计算机系统将形成的标准数据文件经由 EDI 数据通信和交换网络，传输到登录的 EDI 服务中心，继而转发到对方用户的计算机系统。

③文件的接收和自动处理。对方用户计算机系统收到发来的报文后，立即自动进行处理。越是自动化程度高的系统，人的干扰就越少。必要时，可输出纸面文件。

EDI 系统的基本工作流程如图 10－3所示。

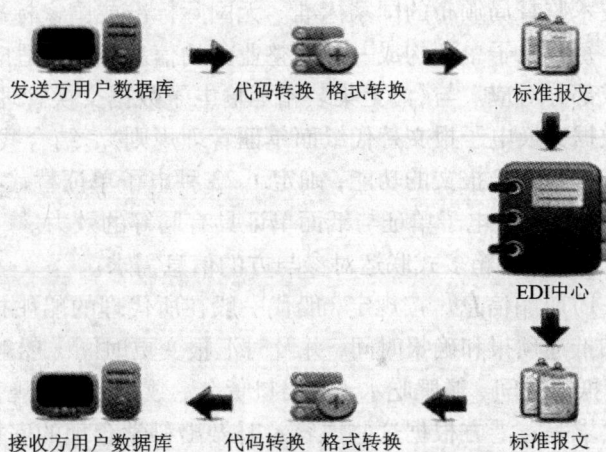

发送方用户数据库　代码转换　格式转换　标准报文

EDI中心

接收方用户数据库　代码转换　格式转换　标准报文

图 10－3　EDI 基本工作流程

(4)实现 EDI 技术的核心问题。

①数据通信技术。实现 EDI 技术的通信功能，受到通信技术的制约。目前，最重要的通信协议标准为 ISO－OSI(International Standards Organization－Open System Interconnection，国际标准化组织开放系统互联)。要使 EDI 技术成为全球性商业贸易工具，必须建立用户统一的标准网络环境，即开放系统互联，以满足不同计算机系统、不同行业、不同国家在信息交换方面的需要。

②标准化。为实现数据在网络中的有效传输和处理，需要制定电子数据交换标准——EDI 标准。电子数据交换网络中的每位计算机用户必须按照 EDI 标准的规定在通信中建立统一的标准化通信线路、传输速度。通信中认可的固定程序(如协议、数据格式)、各种传递的商贸文件、使用的语言等，需要采用统一的编码单证格式、标准语言规则、标准通信协议等，从而使参与贸易的各方均能对传递的数据进行接收、认可、处理、复制、提取、再生和服务，实现整个环节的自动化。实现 EDI 所使用的标准包括：单证标准、EDI 报文标准、通信协议标准及网络标准。报文标准是 EDI 技术的核心，它是单证标准的 EDI 实现形式。

③计算机应用技术。EDI 技术的优势在一定程度上取决于 EDI 网络的应用规模。EDI 网

络的建立和使用，受企业、行业、整个社会的计算机综合应用水平的影响。将 EDI 与办公自动化、管理自动化、各种管理信息系统、数据库系统以及计算机辅助设计、计算机集成制造系统等结合起来，才能发挥预期的作用。

2. EDI 在集装箱多式联运业务中的应用

（1）集装箱运输的电子单证。

在集装箱运输的港站以及货代、船代、运输公司、银行、保险、监管等部门的业务活动中，围绕集装箱的验收、提取、装卸、堆存、装箱、拆箱、费收、一关三检等，存在着错综复杂的作业环节，伴随着众多的信息、单证的处理要求。因此，实现对集装箱运输信息的现代化管理，对提高集装箱运输的效率有着十分重要的意义。

电子单证是 EDI 的数据交换标准。根据我国交通部 1997 年 5 月 1 日发布的《海上集装箱运输电子数据交换管理办法》，用以替代纸面单证的电子单证格式、代码数据应采用联合国欧洲经济委员会颁布的《行政、商业和运输电子数据交换规则》(UN/EDIFACT) 国际标准或国家技术监督局颁布的国家标准。无国际标准或国家标准时，可采用行业标准或协议标准。

每一电子单证构成一笔完整业务的信息载体，适应某一业务功能，并与某一业务单证全部或部分对应。与《海上集装箱运输电子数据交换管理办法》同时发布的《海上集装箱运输电子数据交换电子报文替代纸面单证管理规则》，结合我国国际集装箱运输的实际业务需要和 UN/EDIFACT 报文的功能，确定了 23 种电子单证替代相应的纸面单证，并规定电子单证替代纸面单证时，电子单证与纸面单证具有同等的效力。

（2）集装箱多式联运对参与方的信息需求。

1）船舶信息。按规定，船代一般在所代理的船舶抵港前 72 h、48 h、24 h 向港务局报告船舶抵港预报和确报时间，并及时汇报变更时间。船舶预报、确报的内容有：船名、国籍、性质、抵港时间、艏艉吃水、进出口货名、数量、船舶规范、装卸设备状况及特殊货物装载情况和要求等。港方根据这些内容及时做出科学合理的安排，这对缩短船舶在港时间、降低运输成本具有重要的意义。同时，船公司也需要及时掌握船舶在港作业动态、待泊停时及离港信息等。

2）装卸船信息。在集装箱码头装卸作业过程中，进口资料主要是进口船图和进口舱单，是制定卸船计划、安排卸船顺序的依据。出口资料主要是集装箱预配清单，是制定收箱计划、检查、收箱、积载、安排装船顺序的依据，所产生的出口船图是下一挂靠港的必备资料。所要交换的信息有：船名、航次、箱号、箱型、箱类、箱重、始发港、目的港、下一挂靠港、提单号、箱位、发货人、收货人、货类、货名等，上述信息主要在船代、理货方和集装箱码头经营人之间交换。

3）内陆集疏运信息。内陆集疏运是集装箱多式联运中不可缺少的中间环节。内陆集疏运进出口业务过程中，需要交接的单证主要有：①货物托运单，包括货物名称、件数、包装、体积、重量、起运港、到达港、发货人和收货人等有关货物运输事项。②装箱指示，即箱内货物明细表。③箱体动态，包括集装箱进出站、拆装箱信息。

4）货源组织与管理信息。货源的组织与信息的管理在出口和进口两方面有所区别：

①出口方面。船公司通过发货人的暂时订舱与确定订舱了解和掌握货源情况。这些信息包括：订舱船名、接货地点、装货港、卸货港、交货地点、揽货代理人、货名、数量、包装、重量、接货方式、交货方式、所需空箱数、装箱地点等。应寄往卸货港的单证主要有：提单与场

站收据副本、集装箱号码单、集装箱积载图、货物舱单、特种货物一览表。

②进口方面。为保证集装箱船舶抵达卸货港后，尽快把集装箱货物送到收货人手中，船公司或其代理需要根据装船港寄来的运输单证向海关、商检以及其他有关部门办理验放手续；办理卸货与接收手续；向收货人发出通知；根据提单签发提箱单。

5) 监管放行信息。集装箱运输部门向海关报送的信息主要有：海关申报单或货物报告、货主提供的许可证、产地证、发票及商检证等信息。为减少箱货在港停留时间，提高运输效率，集装箱运输部门希望海关能尽快返回有关放行信息。

6) 银行、保险信息。必要时，理货公司要向保险公司提供溢卸、短缺及船期信息以核查保险金额。运输部门与银行之间存在到款、付款、结汇等信息传递。

(3) 基于 EDI 的集装箱多式联运单证管理系统设计。

该系统以 EDI 为基础，其功能包括：

①集装箱运输电子单证的处理功能。根据上述集装箱运输单证，通过数据通信网络和标准化的电子单证格式，实现电子单证在需要对电子单证进行处理的各参与方之间的传输和处理。

②集装箱运输过程动态跟踪功能。对集装箱运输过程动态跟踪的目的在于通过加强对集装箱运输过程的管理，掌握集装箱运输的动态变化，为各信息需要方提供信息，并提高集装箱的利用效率。

③集装箱箱务管理功能。集装箱箱务管理是集装箱运输系统重要的组成部分，其内容包括集装箱的备用、租赁、调运、保管、交接、发放、检验、修理以及清洗、消毒等工作。做好箱务管理，可以降低集装箱运输总成本，减少置箱投资，加快集装箱的周转，提高集装箱货物装载质量和货运质量。

该管理系统的基本框架如图 10-4 所示。

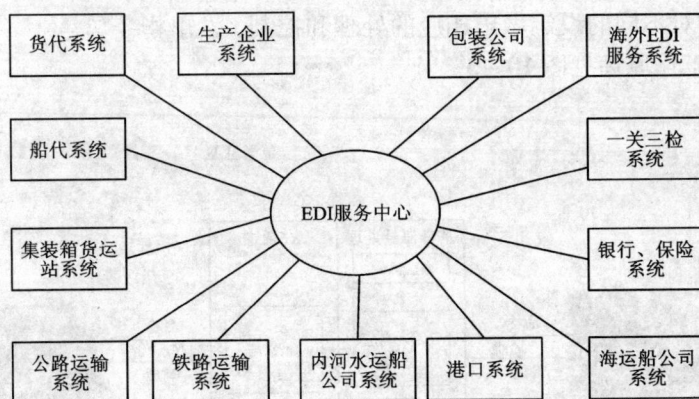

图 10-4　基于 EDI 的集装箱多式联运单证管理信息系统设计基本框架

10.2.2　RFID 技术及其应用

1. RFID 技术概述

(1) RFID 技术的定义。

射频识别(radio frequency identification，RFID)技术是一项利用射频信号，通过空间耦合

(交变磁场或电磁场)实现无接触信息传递，并通过所传递的信息达到识别目的的技术。它综合了自动识别技术和无线电射频技术，采用无线广播的方式来发射和接受数据，利用射频信号及其空间耦合、传输特性，实现对静止的、移动的待识别物品的自动识别。

RFID 技术具有读取方便快捷、识别速度快、数据容量大、使用寿命长、应用范围广、标签数据可动态更改、更好的安全性、动态实时通信等突出优点。

(2)RFID 系统构成。

一个最基本的 RFID 系统一般是由电子标签、阅读器以及天线三部分组成，为了能实现对标签数据的处理，还需具备相应的计算机系统支持。

①电子标签(即射频卡)：是 RFID 的核心部件，它被装置于被识别的物体上，存储着一定格式的电子数据，即关于此物体的详细信息。它是射频识别系统的数据载体，具有智能读写及加密通信的能力。

②阅读器：它能够自动以无接触的方式读取电子标签所存储的电子数据，是 RFID 系统信息控制和处理中心。阅读器与电子标签之间存在着通信协议，彼此互传信息。

③天线：是在电子标签和阅读器间传递射频信号的设备。阅读器上连接的天线一般做成门框形式，放在被测物品进出的通道口；在每个电子标签上也有自己的微形天线，用于和阅读器进行通信。

(3)RFID 系统的工作原理。

阅读器通过天线发送出一定频率的射频信号；电子标签(通常安置在被识别物体上)进入阅读器的电波接收覆盖范围时，其微形天线产生感应电流，电子标签获得能量被激活并向阅读器发送识别所需的数据等信息(电子标签从接收到的射频脉冲中解调出指令送到控制逻辑，控制逻辑接收指令完成存储、发送数据或其他操作)；阅读器接收到来自电子标签的载波信号，对信号进行解调和解码后送至计算机主机进行处理；计算机系统根据逻辑运算判断该标签的合法性，针对不同的设定做出相应的处理和控制，发出指令信号。

RFID 系统的工作原理见图 10-5。

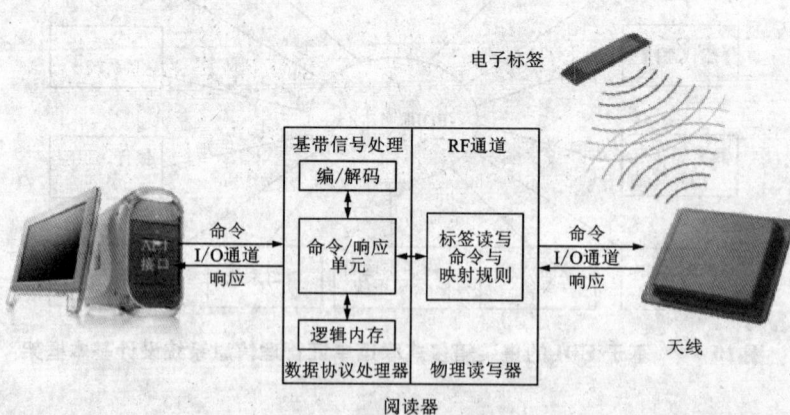

图 10-5　RFID 系统的工作原理示意图

2. RFID 技术在集装箱多式联运中的应用

在集装箱多式联运系统中，RFID 技术运用较多的是铁路车辆的识别、集拖的识别，以及集装箱的识别。

(1)铁路车辆自动识别。

电子标签安装在铁路车辆的车底表面中部,朝向地面方向,存储有车辆身份信息,如车号、车型和运输信息,车次、辆序、总辆数、车辆到达时间、车辆通过时间和其他需加载的信息等。

阅读器平天线安装在车辆通过的咽喉通道或必需的数据采集点,如车站进出口、专用线分界口、轨道衡安装点和其他特殊地段等,它能全天候自动采集监测点的车辆通过信息,将收集到的列车数据进行解析并形成标准格式,提交给后端的计算机系统进行处理。

(2)集拖自动识别。

电子车牌即电子标签,固定在车辆前挡风玻璃的内侧,存储有车辆身份信息,如车辆车牌号、车辆自重、车型、车队等信息。为确保一车一卡的严格对应关系,电子车牌按一次性安装原则设计,不能自行取下,如强行取下则损坏。

阅读器和天线安装在集装箱码头或场站等卡口通道处,每个通道一套,天线采用侧装或顶装方式,即在通道的侧面立杆安装,或在通道顶部架空安装,现在为避免侧装天线引起的邻道干扰问题,一般采用顶装方式。

当集拖通过卡口车道时,阅读器向电子车牌发出询问信号,电子车牌在收到信号后以存储在卡内的数据信息对收到的询问信号进行应答,阅读器收到电子车牌的应答信息后,经解析得到相应的数据,提交给后端的计算机进行处理,从而完成了与电子车牌的数据交换。

(3)集装箱自动识别。

集装箱电子标签安装在箱门的门楣中间位置,阅读器和天线安装在集装箱码头或场站的卡口、岸桥、场桥、集装箱正面吊运机及堆高机等码头常用机械处。卡口处的阅读器监控从陆路进出码头或场站的集装箱,岸桥处的阅读器监控从水路进出港口的集装箱。在港口的作业过程中,系统可以自动实时核对具有电子标签的集装箱的作业任务,通过电子标签进行运输信息的传递。

集装箱自动识别系统的作业环境是 RFID 应用领域中最为复杂的,技术难度也最大,各项技术指标、工艺性指标和功能性需求都远不同于其他领域。

RFID 技术的应用,实现了集装箱和车辆信息的实时采集,使集装箱运输状态包括货物状态得到实时追踪和有效监管,可以为运输公司、箱主、货主、港口、关检等服务对象提供真正全程透明管理,有力地促进集装箱运输事业的发展。

10.2.3　GPS/GIS 技术及其应用

1. GPS/GIS 技术概述

(1)GPS 技术。

全球卫星定位导航系统(global positioning system, GPS)是美国从 20 世纪 70 年代开始研制,历时 20 年,于 1994 年全面建成,具有在海、陆、空进行全方位实时三维导航与定位能力的新一代卫星导航与定位系统,最初主要用于武器的精确制导等军事领域,2000 年 5 月 1 日起向民用领域免费长期开放。

GPS 的基本定位原理是:每个 GPS 卫星不间断地发送自身的星历参数和时间信息,用户接收机接收到这些信息后,可以测量出每个卫星信号到达接收机的时间延迟,根据信号传输的速度就可以计算出每个卫星到接收机的距离，同时收集到 4 颗卫星的数据就可以求出接收机的三维位置、三维方向以及运动速度和时间信息等。

目前 GPS 系统提供的定位精度是优于 10 m，而为得到更高的定位精度，通常采用差分 GPS 技术，即：将一台 GPS 接收机安置在基准站上进行观测。根据基准站已知精密坐标，计算出基准站到卫星的距离改正数，并由基准站实时将这一数据发送出去。用户接收机在进行 GPS 观测的同时，也接收到基准站发出的改正数，并对其定位结果进行改正，从而提高定位精度。

(2) GIS 技术。

地理信息系统(geographic information system，GIS)是一种用于采集、存储、管理、处理、检索、分析和表达地理空间数据的计算机系统，是分析和处理海量地理数据的通用技术。GIS 主要由计算机系统和地理数据组成。

2. GPS/GIS 技术在集装箱多式联运中的应用

在集装箱多式联运领域，GPS 系统常常是与 GIS 系统结合使用的。

在集装箱码头，GIS 可以精确地描绘出码头的实际平面图，可以图形化对堆场进行管理，结合 GPS 的应用，实现码头机械的精确定位，便于码头机械的自动化管理。如 GPS 接收机可以装在轮胎式龙门起重机上，从而使轮胎式龙门起重机能够自动检测到当前所处位置信息，并通过该信息与正在装卸的集装箱箱位信息的相互转换，达到获得集装箱位置的目的。另外，利用 GPS 的位置信号，再加上软件编程，可以使轮胎式龙门起重机在堆场行驶大车时进行自动纠偏。

GPS 接收机还可以装在集拖上。在集拖移动的过程中，通过 GPS/GIS 的应用，集拖的准确位置信息通过网络发送到监控中心，监控中心经过系统的加工处理，可以形象直观地将各种数据体现在电子地图上，从而完成对车辆的实时准确跟踪，这为监管部门等有关单位对集装箱、货物和集拖的追踪与监管提供了有效的手段。

──────【 重点与难点 】──────

重点：(1)集装箱多式联运与信息；(2)集装箱多式联运信息系统的功能；(3)RFID 技术及其应用。

难点：(1)EDI 技术及其应用。

──────【 思考与练习 】──────

1. 简述信息化与集装箱多式联运的关系。
2. 集装箱多式联运信息系统的逻辑结构包括哪些部分？
3. 集装箱多式联运信息系统应具备哪些功能？
4. 简述 EDI 系统的组成及工作原理。
5. 简述 EDI 技术的核心问题。
6. 简述集装箱多式联运对参与方的信息需求。
7. 简述 RFID 系统的组成。
8. RFID 技术在集装箱多式联运中有哪些应用？

参考文献

[1] 朱晓宁. 集装箱运输与多式联运[M]. 第二版. 北京：中国铁道出版社，2011.

[2] 孙家庆. 集装箱运输实务[M]. 北京：北京大学出版社，2013.

[3] 孙家庆. 集装箱多式联运[M]. 第2版. 北京：中国人民大学出版社，2013.

[4] 杨菊花. 多式集装联运[M]. 北京：北京交通大学出版社，2013.

[5] 段满珍. 国际集装箱运输与多式联运[M]. 北京：清华大学出版社，北京交通大学出版社，2011.

[6] 伍德春，武骁. 集装箱运输实务[M]. 第3版. 北京：机械工业出版社，2011.

[7] 杨茅甄. 集装箱运输实务[M]. 第二版. 北京：高等教育出版社，2007.

[8] 吴强. 铁路集装箱运输[M]. 北京：中国铁道出版社，2011.

[9] 田聿新. 集装箱运输系统与操作实务精讲[M]. 北京：中国海关出版社，2009.

[10] 罗勋杰，樊铁成. 集装箱码头操作管理[M]. 大连：大连海事大学出版社，2010.

[11] 郭丽颖. 集装箱运输学[M]. 武汉：武汉理工大学，2008.

[12] 李金龙. 集装箱物流实务[M]. 北京：清华大学出版社，2010.

[13] 杨志刚. 国际集装箱码头实务、法规与案例[M]. 北京：人民交通出版社，2009.

[14] 苏顺虎. 中国铁路集装箱运输发展研究与实践[M]. 北京：中国铁道出版社，2010.

[15] 陈心德. 集装箱运输与国际多式联运管理[M]. 北京：清华大学出版社，2008.

[16] 彭其渊，闫海峰. 集装箱班列运输组织[M]. 成都：西南交通大学出版社，2010.

[17] 朱艳茹，吴鼎新. 集装箱运输与多式联运[M]. 南京：东南大学出版社，2013.

[18] 马天山，孙启鹏. 集装箱运输管理[M]. 北京：人民交通出版社，2009.

[19] 王艳艳. 集装箱运输管理[M]. 北京：北京理工大学出版社，2007.

[20] 刘鼎铭. 集装箱化与现代物流辞典[M]. 第2版. 大连：大连海事大学出版社，2010.

[21] 铁道部国际合作司. 国际铁路货物联运统一过境运价规程[M]. 北京：中国铁道出版社，2012.